香港城市掠影

馮邦彥 著

中華書局

前言

　　1987 年 9 月，筆者首次踏足香港。香港中區的繁華鬧市、維多利亞海港的璀璨夜景，都給筆者留下了深刻的印象。

　　當時，筆者是應香港東南經濟信息中心副董事長兼總經理楊振漢先生之聘，前往該公司任經濟分析員，從事香港經濟研究，聘任期是一年。筆者以為這只是一次短期的旅程和考察，不料自此就在香港工作、生活了整整七年。這期間，筆者在工作、研究之餘，幾乎走遍了港島中區、灣仔、銅鑼灣、北角、筲箕灣，九龍半島的尖沙咀、油麻地、旺角、九龍塘，乃至新界的沙田、屯門等新市鎮，觀看了不少香港電影、追看了一批優秀的電視劇和綜藝節目，閱讀了大量的報刊乃至金庸、梁羽生的武俠小說等，對香港這座國際大都會有了更多的感性認識和了解。

　　回到廣州暨南大學工作後，我繼續從事香港經濟、香港資本與財團、香港金融與地產等領域的研究，期間不斷往來於廣州與香港之間，對香港這座獨特城市的諸多領域，有了更深入的研究和理性認識。記得香港三聯書店總經理兼總編輯趙斌先生在退休前曾對我談及：「馮教授，你應該寫一本關於香港這座城市最獨特方面的專著！」此話引起我的共鳴，一直銘記在心，並為此孜孜不倦收集相關資料、文獻。終於，2020年全球性新冠疫情使得我有時間安心坐家、專心著作，經過一年多的努力，終於寫成這部題為《香港城市掠影》的新書。

　　全書共分上中下三篇，上篇「城市風貌」，主要從港島中區、銅鑼

灣，九龍油尖旺，新市鎮發展，市區重建與公屋建設，乃至九龍東、明日大嶼及北部都會區的規劃發展等方面，介紹香港這座國際大都會的演變發展。香港的城市發展，最早從港島北岸的「維多利亞城」起步，擴展至「四環九約」，乃至銅鑼灣、北角和九龍半島等，再發展至新界沙田、屯門、天水圍等眾多新市鎮，形成城市的總體框架結構。其中，港島中區成為香港的政治及經濟中樞，政府部門、金融機構、跨國公司總部等均設於此，高聳入雲的著名大廈比比皆是，一切商業活動應有盡有，高效便捷。而港島銅鑼灣、九龍油尖旺等地區則發展為香港的「銀座」、「購物天堂」。有評論認為：「全世界沒有一個像香港的市中心區如此濃縮、集中和多元化。」從九龍半島海傍南眺，維多利亞海港與港島的天際線可以說是世界國際大都會中最壯觀、最迷人的景色之一。

中篇「文化色彩」，主要從風水玄學、電影、電視、流行樂壇、賽馬、報業傳媒、武俠小說等方面介紹香港在文化領域的諸多獨特性和所取得的成就。過去，香港曾被一些人認為是「文化沙漠」，這其實是一個誤區。戰後以來，香港的繁榮，不僅表現在經濟發展方面，而且也體現在眾多文化藝術領域。香港作為一座中西文化交融的國際大都會的發展，使得它在文化領域中獨樹一幟，色彩斑斕。在一個相當長的時期內，香港在文學、電影、電視、流行樂壇、賽馬、報業傳媒等諸多領域都取得了非凡的成就。香港曾被譽為「東方好萊塢」、「馳名的夢工廠」；香港流行樂壇的輝煌歲月，被後來稱為「神仙打架的年代」；金庸、梁

羽生、古龍、溫瑞安的武俠小說，至今仍在全球華語圈經久傳讀。有評論認為：「可以自豪地說，在世界文化大百科全書的每一卷裏，香港都有值得書寫的章節。」

下篇「商業都會」，主要從貿易洋行、海港碼頭、航空、股市、交通運輸、電力供應等方面，介紹香港作為國際商業大都會的演變發展。香港開埠後，作為「自由港」和溝通海內外市場的貿易轉口商埠起步發展，期間，洋行扮演了極為重要的角色。時至今日，人們仍然可以看到昔日洋行的身影。二戰之後，在種種內外部因素的推動下，香港經濟邁向工業化，並迅速崛起，躋身「亞洲四小龍」之列，進而發展成為亞太區的國際貿易中心、國際航運中心、國際航空中心、國際金融中心，成為國際著名的商業大都會，以及聯繫中國內地與海外市場的橋樑和樞紐。香港這個資源匱乏的海隅小島創造了眾多的「經濟奇蹟」，其所取得的商業成就令全球矚目。

誠然，香港作為貫通中西的國際商業大都會，其城市面貌、文化色彩及商業都會的風采，還表現在眾多方面，本書只是選取了其中最為突出的或筆者比較熟悉的方面加以敘述，難免掛一漏萬，衷心希望識者指正。筆者期望透過本書，使得讀者對這座被譽為「東方之珠」的城市，有一個概貌式的了解和總體性的印象。

本書在順利出版之際，筆者首先要衷心感謝中華書局（香港）有限公司總經理兼總編輯侯明女士、副總編輯黎耀強先生的全力支持，衷心感謝本書責任編輯白靜薇女士的精心編輯和細緻勘正！衷心感謝尊貴的朋友、各位前輩和相關機構慷慨提供珍貴的圖片，他們的芳名是：香港大學榮休教授薛鳳旋博士、香港史專家高添強先生、張順光先生、吳邦謀先生、吳貴龍先生、邱健恩先生、許日彤先生、山頂纜車有限公司、天星小輪、中華電力有限公司、香港電燈有限公司、香港社會發展回顧項目、嶺南大學香港與華南歷史研究部等。沒有他們的鼎力支援、熱情

幫助、專業精神和辛勤工作，並得以配上珍貴的圖片，本書實難以出版成現在這個模樣！

　　誠然，由於筆者水平所限，對香港的深入了解有限，所掌握的資料有限，本書所涉及的領域亦較為寬廣，其中定有不少疵誤之處，懇請識者批評指正，並給予理解和原諒！

馮邦彥謹識

2022 年 5 月 15 日

目錄

下篇 商業都會

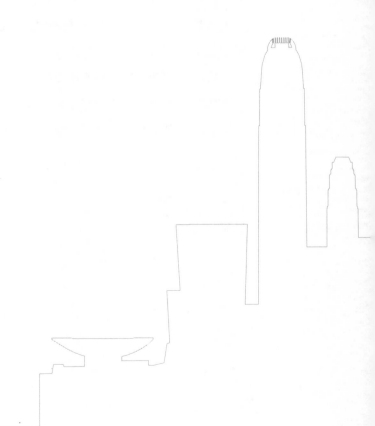

上篇

城市風貌

銅鑼灣世界，與中區對望，人人眾口稱讚輝煌，

紫荊花旁，獅山腳下，是世間的美食堂。

讓我自由自愛，讓我衝勁向上，與你做世間新偶像。

願這一曲歌罷，香港千秋百歲，永不會將快樂忘。

紅黃藍世界，紫青黑與雪白，叢叢獻彩色天堂，

燈飾光芒，繽紛兩岸，是我的驚世劇場。

願美夢陪熱愛，願歡聲襯笑浪，永遠望見新希望，

願這一曲歌罷，香港千秋百歲，永不會將快樂忘。

Hong Kong，我愛 Hong Kong！

——影視巨星張國榮演唱的《這是我家》

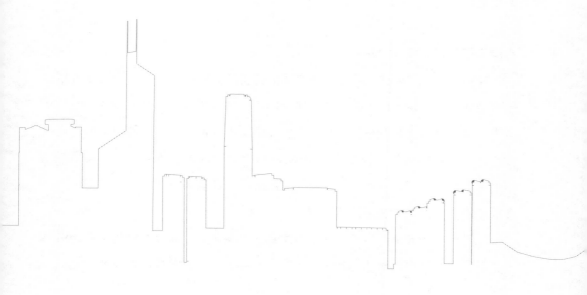

第一章

中區舊城：
香港的「經濟中樞」

　　香港的城市發展過程中，以港島中區舊城的歷史最悠久，也最為重要。中區舊城的發展，可追溯到香港開埠初期「維多利亞城」的建設與拓展。20世紀80年代以後，隨着香港崛起為亞太區國際金融中心，跨國公司大舉進入香港發展，中區舊城以中環為核心向東西兩側擴展，成為香港的「經濟中樞」和核心商業區（CBD），香港交易所、香港主要的大銀行、國際金融機構、跨國公司的地區總部和地區辦事處、大型高級購物商場等，均設於此。此外，在摩天大廈林立、聞名於世的天際線背面，中區舊城又有其華洋雜處、多元文化融合的斑斕色彩。有評論認為：中區是「濃縮的香港」。了解這一活力四射的中區舊城，可以説在很大程度上就了解了香港，了解了香港的歷史和現狀。

香港「維多利亞城」的建設

　　1841年1月26日，英國赴華遠征軍總司令伯麥率領英軍在香港島上環附近登陸，並沿着一條小路登上一座小山崗，在那裏舉行了升旗儀式，佔領香港。這條小路後來建成為「波些臣街」（Possession Street），即日後的水坑口街，小山崗則稱為「佔領角」（Possession Point）。同年6月7日，英國駐華商務監督義律（C. Elliot）代表殖民當局宣佈將香港開闢為「自由港」，允許船隻自由出入，香港正式開埠。

　　香港位處中國東南沿海，包括香港島、九龍半島、新界及附近230多個大小島嶼，陸地總面積約1,100平方公里。其中，以香港島最為重要，是香

港最早發展起來的城區。開埠前的香港島，約有 20 條村落，其中，位於北岸的有 8 條，即黃泥涌、筲箕灣、群帶路、紅香爐、西灣、石塘咀、掃桿埔、亞公岩等。香港開埠以後，隨着大批外資洋行、外國商船的湧入、人口大量增加，對土地和房屋的需求也相應急增，推動了香港早期城區的開發和建設。最初，英國殖民者曾計劃將城市建在港島南部的赤柱，因為該處遠離九龍半島，北面又有高山屏障，在防衛上較為有利；而且面向南中國海，是遠洋輪船進出港口的必經之地。然而，後來發覺赤柱瘴氣嚴重，加上東南風猛烈，屆時人貨皆損，得不償失，只好放棄，改選港島北岸今日中環一帶。

在英軍堅船利炮的保護下，廣州、澳門一批與鴉片走私密切相關的英資洋行相繼進入香港，搶先在香港島北岸從銅鑼灣到中環地段建立據點。原先停泊在伶仃洋海面的鴉片躉船也紛紛開進維多利亞海港。一時間，這個偏僻的漁港開始熱鬧起來。當時，部分財雄勢大的英資洋行搶佔港島沿海地段，如怡和洋行很快在海岸邊搭建起一座大型的草屋，作為倉庫，並派了一名經理駐守在怡和停泊在港灣的接貨船「伍德將軍號」（General Wood）上。不少洋商向港島原居民收購合適的地皮作為立足點，不過，這些土地的擁有和買賣都沒有徵得殖民當局的同意，也沒有經過適當的註冊程序以使購買者確認所有權。為了制止這種混亂情況，1841 年 5 月，義律代表香港殖民當局首次公佈土地拍賣原則，實行公開拍賣，價高者得。

1841 年 6 月 14 日，義律代表香港殖民當局首次拍賣香港沿海土地，他在港島北岸劃出 35 幅地段公開拍賣，每幅地段約佔有 100 呎海岸，面積則因海岸線與皇后大道的距離而各不相等，但均以底價 10 英鎊開投。結果，競投激烈，除一幅土地外，其餘 34 幅土地全部成功出售，最低價為 20 英鎊，最高價為 265 英鎊。中標者包括 25 家洋行，絕大部分是英資洋行。其中，「顛地洋行奪得了臨水又當街的最佳地皮，怡和洋行打算買一塊更大的地皮，可這塊地皮被政府強行獲得。作為補償，怡和洋行在（銅鑼灣）東角附近獲得一塊（筆者按：應為「三塊」）土地」。

在侵佔香港島之初，英國人對香港的城市發展，並沒有一個長遠的發

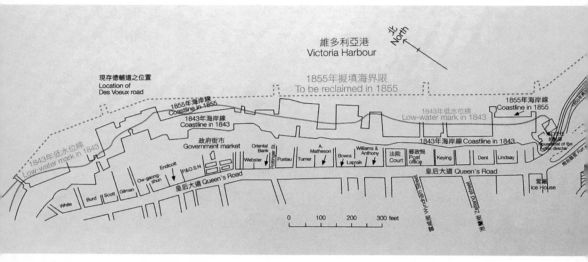

1843-1855 年港島規劃圖
資料來源：薛鳳旋編著：《香港發展地圖集》（香港：三聯書店，2010 年）

展規劃，只是按照一貫的殖民地政策進行部署。1841 年 11 月，港英政府把雅賓利渠和忌連拿利渠之間的山坡，劃為政府專用地區，定名為「政府山」（即後來開闢的花園道、上亞厘畢道、忌連拿利道及炮台里所圍繞的一帶山坡），後來的郵政局（1842 年）、輔政司署（1848 年）、港督府（1855 年），以及英國國教聖公會的聖約翰教堂（1849 年）都建築在這個山坡上。而英軍軍營「域多利兵房」和「威靈頓兵房」則設立在政府山以東至灣仔的大片土地。這種早期的佈局對港島北部的城區開發產生深遠影響：一百多年間，英軍軍營橫梗在港島北岸心臟地帶，商業及住宅區只能循政府山以西，以及軍營以東的地區拓展，形成相互分隔的中環和灣仔兩區。這種情況直至1960 年位於海軍船塢舊址一帶的夏愨道通車，才解決中環至灣仔的交通「樽頸」問題。

開埠初期，為了連接佔領角和西營盤軍營、域多利兵房、威靈頓兵房，港府於 1841 年建成第一條街道，它與佔領角的高度平衡，由於那一帶種植了不少冬青樹（Hollywood），因而該道路被命名為「荷李活道」（Hollywood

Road）。其後，港府又修築從中環半山直下海岸連接荷李活道的「雲咸街」，接近碼頭的一段則命名為「畢打街」。接着，沿太平山腳海岸線附近分東西兩路開闢「皇后大道」（Queen's Road）。1842 年，皇后大道建成，由西環的石塘咀一直延伸到灣仔的跑馬地，全長約 4 英里，分為大道西、大道中和大道東，將怡和洋行經營的銅鑼灣東角、林賽洋行經營的灣仔春園，與孟加拉志願軍駐紮的西營盤連結起來。皇后大道至海面的沿海地區是洋行、貨倉、碼頭的聚集地。其後，當局又先後修建多條從皇后大道或荷李活道通往半山的道路，包括德忌笠街、砵典乍街、閣麟街、嘉咸街、卑利街、鴨巴甸街、樓梯街等。

　　1843 年 6 月 29 日，港英政府正式把這座日漸繁榮的新城市命名為「維多利亞城」（Victoria's City）。據說，最初這座城市被命名為「皇后城」（Queen's Town），其後，當局以香港在英國女皇維多利亞在朝時代成為英國

中環砵典乍街，又稱為「石板街」（馮邦彥攝於 2016 年）

19 世紀中的皇后大道
圖片來源：Queen's road, Hong Kong. Photograph by John Thomson, ca. 1869. Wellcome Collection. Public Domain Mark.

殖民地的理由，正式將其命名為「維多利亞城」。維多利亞城依山勢不同的特點，分成海岸、半山和山頂三個區域。海岸區是商業區，包括上環、中環和下環（灣仔）一帶。半山區屬高尚住宅區，依山而建，錯落有致，別具一種寧靜、安謐的氛圍，是洋人和華人買辦（後期）的府邸。至於山頂，更屬禁區，華人不能在此建築房舍，這一禁令直到 1945 年二戰結束後，才逐步撤銷。

　　1843 年底，即中英《南京條約》批文交換後不久，首任港督璞鼎查（Sir Henry Pottinger）為了維護西方殖民者的利益，將中環維多利亞城中心劃為洋人專屬居住區和商業區，東西兩側為華人區，跑馬地一帶則供華洋上流社會打獵、郊遊之用。自此，域多利皇后街與花園道之間，包括威靈頓街、雲咸街、雪廠街和畢打街等的中環地區，逐漸發展為洋行、銀行的集中地，成為香港的核心商業區。數年間，貨倉、洋行和各類中西式住宅如雨後春筍般湧現。那些洋行的房子，大部分是三層建築，上層住人，下層辦公，前臨皇后大道，後對維多利亞海港。在臨海的那一邊則自設碼頭以便貨運。一些富

有的英商,則在較高的山地建造別墅居住。據記載,1844 年,維多利亞城僅有建築物 100 幢,但到 1846 年已增加到 1,874 幢,初具規模。港英政府建設香港的費用,最初幾年主要依靠鴉片戰爭賠款,此外,賣地收入也成為重要來源。

「維多利亞城」的拓展與「四環九約」

1851 年,港督寶靈(Sir John Bowring)上任後,制定了第一個填海計劃,計劃從西環至銅鑼灣,貫穿整個城市的海邊,修築海堤,並命名為「寶靈總督堤岸」,通過填海將港島北岸海岸線全面向北推移,以拓展城區。不過,這個計劃因遭到立法局和以寶順洋行為首的外籍業權所有者反對,推延至 1854 年 11 月才正式公佈,公告稱凡因此受到損失的業權所有者可用延長租地權的辦法來抵償。1857 年,英國殖民地部批覆港府,指令港督在經費落實的情況下,不妨實行。

寶靈的填海計劃因為受到種種阻撓和困難,只能斷斷續續地開展。最初的填海工程,是在維多利亞城西東兩側展開,先後建成上環、西環的「寶靈海旁西」和銅鑼灣黃泥涌入海處的「寶靈城」,即今日鵝頸橋地區。19 世紀五六十年代,由於香港人口驟增,港英政府又在下環,即灣仔一帶開發石水渠街、醫院山以南,即後來灣仔道及春園以東地區,從而形成一個新的華人居住區。1876 年,香港人口急增到 13.9 萬人,比寶靈時代翻了一番。香港政府為解決殷切的土地需求,遂在石塘咀以西地區展開填海工程,十數年間開闢成後來的「堅尼地城」,成為又一個新華人居住區。

1887 年,具有敏銳商業眼光的著名英商保羅·遮打爵士(Catchick Paul Chater)向港府提出規模龐大的中區填海計劃,結果獲得港督德輔(Sir George William Des Voeux)接納。中區填海工程由港府主持,從西營盤的屈地街到中環的海軍船塢全線展開,全長 3 公里多,前後歷時 15 年,從 1889 年開始,到 1903 年完成,共獲得 59 英畝新填海地,耗資 325 萬港元。填海工程的費用由各沿海地段持有人聯合負擔,條件是工程完成後他們可以每英

約 1868 年的港島中環海旁
圖片來源：Waterfront, Hong Kong. Photograph by John Thomson, ca. 1868/1871. Wellcome Collection. Public Domain Mark.

畝 800 港元的價格購買連接其原有地段的新填地。

　　填海工程展開的第二年，適逢英國王子干諾（Connaught）公爵夫婦訪港，並為該工程勒石紀念。填海工程完成後，「德輔道中」（Des Voeux Road Central）成為新建成的街道，原有的寶靈海旁西經拓展和擴建後改名為「德輔道西」（Des Voeux Road West）；而新填地所興建的海濱道則命名為「干諾道」（Connaught Road），分為中西兩段，干諾道中東起金鐘美利道，西至上環安泰街；干諾道西東起上環安泰街，西至石塘咀山道，成為貫穿港島中區東西沿岸的交通要道。此外，橫過中區皇后像廣場的遮打道，也在同期完成。這樣，港島中區的交通樞紐框架基本建成。

　　19 世紀 70 年代後期，華商勢力崛起，港督軒尼詩（Sir John Pope Hennessy）同意華人逐步超越過去的種族隔離線，華人勢力沿荷李活道和威靈頓街向中環洋商傳統商業區推進，部分富裕華商在皇后大道中、雲咸街、荷李活道和鴨巴甸街之間的區域購置原屬洋商的房地產，並投資房地產業。90 年代初，廣東台山籍華商金利源向港府購買中區新填海土地，並興建街道，在道路兩側建造樓房，樓房底層則開闢為店舖。該街道於 1894 年建成，共有 31 間店舖，即後來的「利源東街」。利源東街在早期又被稱為「報

紙街」，不少印刷行都在此開業至抗戰期間，內地來港辦報的人士，也大都將報館設於此。利源東街建成後，金利源資金不足，於是由另一台山籍富商李迺晉接手。李迺晉作風較穩健，他將利源東街的樓宇基本售罄後，才繼續向西拓展，於 1906 年建成「利源西街」。有評論認為：「這個具象徵意義的舉動表明，華資已衝破港府此前實行的種族隔離政策，開始在中區謀求發展。」

　　隨着維多利亞城的拓展，港英政府於 1857 年將維多利亞城範圍劃分為四環，即西環、上環、中環和下環。1903 年，港英政府正式在憲報刊登經拓展後的維多利亞城範圍，並在維多利亞城邊緣樹立一組「維多利亞城界碑」，以作界定。界碑為一四方柱體，頂部呈錐形，高 98 厘米，並刻有「CITY BOUNDARY 1903」字樣，至今尚存 6 塊。新拓展的維多利亞城，即當時華人所稱的「四環九約」。這裏的「環」，是形容港島北岸地區如迴繞環圓的地形，而「約」則表示地段的起迄。其中，四環分別是：（1）西環：堅尼地城至西營盤國家醫院（今西營盤賽馬會分科診所）；（2）上環：西營盤國家醫院至威靈頓街與皇后大道中交匯處；（3）中環：威靈頓街與皇后大道中交匯處至美利操場（今中銀大廈）；（4）下環：美利操場至銅鑼灣。「九

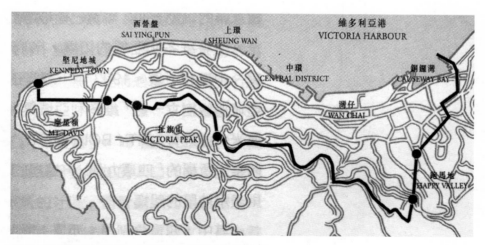

1903 年的維多利亞城，即華人俗稱的「四環九約」
圖片來源：馮邦彥：《香港地產史（1841-2020）》（香港：三聯書店，2021 年）。

約」則為更細緻的劃分，包括 9 個區域，分別是：（1）堅尼地城至石塘咀；（2）石塘咀至西營盤；（3）西營盤；（4）干諾道西東半段；（5）上環街市至中環街市；（6）中環街市至軍器廠街；（7）軍器廠街至灣仔道；（8）灣仔道至鵝頸橋；（9）鵝頸橋至銅鑼灣。不過，「四環九約」中的九約其實並非一個固定的概念，而是經過多次修訂，有多個版本。

在四環九約中，中環是香港的政治中心和核心金融商業區，也是香港開埠後最早發展起來的城區。在政治方面，港督府、輔政司署、立法局，乃至英國國教聖公會的教堂聖約翰教堂等都在這裏；在經濟方面，早期來港發展的洋行、銀行、保險公司等，包括東藩滙理銀行、有利銀行、渣打銀行、寶順洋行、於仁保險公司等，均將總部設於此。作為核心金融商業區的標誌，香港第一家本地註冊的銀行 —— 滙豐銀行，創辦時就設立在獲多利街（現稱銀行街）與皇后大道交界的獲多利大廈。1866 年，滙豐銀行購入該地段，於 1888 年建成巍峨古典的滙豐銀行大樓。在 1891 年香港首家證券交易所成立前，香港的股票經紀主要活躍於皇后大道中與雲咸街交界處。當時，中環被稱為「小歐洲」，皇后大道中以北是金融和商業區，而皇后大道以南的山坡則是商住區，半山和山頂則是豪華別墅，大多為維多利亞式的建築。

華人主要聚居於上環和西環，以西環的太平山為始點，東至砵甸乍街，西至西營盤（上環），成為港島人口最密集的社區。社區內，道路的兩旁是一排排兩層高的窄小唐樓，被稱為「依山而建，小若蝸舍，密若蜂房」，每屋擠住着多戶人家，且大都屬半商半住性質。道路多為斜路和石路，故「轎子」曾是普遍的交通工具，長袍馬褂和西裝革履混雜其間，熙來攘往，人群晝夜川流不息，形成與中環商業區迥然不同的繁華景象。當時，南北行、金山莊、錢莊、絲綢莊、藥行、古董舖、堆棧、茶樓、飯館，甚至賭場、妓院等都雲集在這一區。1894 年，香港發生鼠疫，太平山一帶是嚴重疫症區，疫情過後，政府強行清拆了區內一些舊樓，進行重建。

西環在香港開埠初期為英軍駐紮地，華人因而稱之為「西營盤」。19 世紀 50 年代，內地爆發太平天國運動，不少華人紛紛移居香港避難。為了容

納日益增加的人口，港英政府於是開發太平山以西的西營盤地區，西環因而成為華人另一個聚居的社區。西營盤以西是石塘咀，20世紀初，港府立例將水坑口的妓寨遷至此，所謂「塘西風月」的歷史便由此開始，這使得該地人口增加，酒樓林立，成為香港的煙花勝地。不過，1935年，港府立例禁娼，塘西花事煙消雲散。石塘咀以西是堅尼地城，由港督堅尼地任內開發，逐步成為碼頭、貨倉、工廠、菜市場、屠房的聚集地。1919年，西環建成愛德華式建築的「贊育醫院」，這是香港首間西式接生醫院，當年門口常有大量孕婦排隊就診，而一張床位服務兩位孕婦的情況亦屢見不鮮。

至於中環的東側下環，即灣仔春園一帶，亦是港島最早開發的地區之一，當時英資寶順洋行等在第一次賣地中，投得後來的春園街、雅賓利街、石水渠街等地，興建倉庫及別墅，數年之間，下環一帶儼然成為「歐陸之都」。可惜，其後由於寶順洋行破產，被迫將春園資產變賣，導致春園逐步淪為三教九流之地，黃色事業氾濫。灣仔春園因受制於西部域多利兵房的「樽頸」地帶，通往中環的交通不便，其後發展一直不甚理想。19世紀五六十年代，灣仔海旁主要為貨倉、碼頭區，沿海一帶興建了不少碼頭、貨倉和船塢，以及與航運相關的工廠。1884年，香港賽馬會成立，灣仔道一帶成為前往馬場必經之地，開始帶動灣仔繁榮。

踏入20世紀，香港人口增長更快。1900年，香港總人口達26.3萬人，到1920年更增加到62.5萬人。為滿足人口增長對土地的需求，1921年港府在灣仔展開大規模填海工程，從金鐘海軍船塢至銅鑼灣渣甸倉之間沿線展開，將海岸線從現在的莊士敦道拓展到告士打道，並將摩理臣山移平。填海工程於1929年完成，共拓展新填地約36公頃。這些新填海地，後來相繼建成軒尼詩道、洛克道、謝菲道、告士打道等，成為另一個華人聚居的商住區。這樣，香港城區範圍便分別從中環向東西兩個方向拓展。

置地公司經營的「中區王國」

中區舊城的歷史，繞不開置地公司的經營發展。置地公司早期稱為

「香港置地及代理有限公司」（The Hong Kong Land Investment and Agency Company Limited），創辦於 1889 年，創辦人是著名英商保羅・遮打爵士和怡和洋行。當時，遮打和怡和都意識到，香港遲早將發展為世界上最重要的商埠之一，香港的房地產業必將蓬勃發展，經營地產業將大有可為。因此，遮打和怡和攜手合作，於 1889 年 3 月 2 日註冊成立置地公司，註冊資本最初為 250 萬港元，數月後倍增至 500 萬港元，其中一半透過發行股份籌集，另一半則須徵集。這個數目在當時非常驚人，比 1982 年香港政府全年財政收入還要高。

置地從創辦起，業務就集中在中環，在中環區廣購物業。根據 1895 年至 1896 年的登記，置地擁有的物業主要集中在皇后大道中、德輔道中，其他地區則包括雲咸街、奧庇利街、庇利街、伊利近街及史丹頓街。置地的投資策略，一開始就集中在商業最繁盛的中區，自此成為傳統。其實，早在置地公司創辦前，保羅・遮打就積極遊說香港政府，在中環維多利亞港進行新的填海工程。在置地公司成立 6 天後，遮打終於得償所願，填海工程獲得批准。新填海地從當時的寶寧海旁道一直填至干諾道，於 1903 年竣工，置地即在填海區購買地皮，大興土木。1898 年，置地在新填海地建成第一幢商廈 —— 新東方行，即今日的友邦金融中心。到 1906 年，置地至少在區內共興建及擁有 8 幢新廈，包括干諾道 2 號、聖佐治行、皇帝行、沃行、亞歷山大行、皇后行、皇室行和安達銀行大廈，合共提供高達 6 萬平方米的寫字樓，全部由置地公司管理。這些大廈均樓高 4 層至 5 層，一律為維多利亞時代的風格，是當時最宏偉的建築物。

1911 年民國政府成立後，中國處於軍閥割據的內亂時期。這一時期，香港經濟日趨蓬勃發展，轉口貿易不斷擴大，對商業寫字樓的需求日益增加，推動了樓價、地價和租金的攀升。因而，置地繼續在中區拓展其物業王國。1923 年，置地以換股方式與中央地產公司合作，收購了皇后行及其東北角即文華酒店現址地皮。1926 年元旦，位於德輔道中與畢打街交界的香港酒店發生火災，酒店北座全部被燒毀，置地以 137.5 萬港元的價格，購入

這幅面積達 2.6 萬平方呎的土地，於 1931 年重建為告羅士打大廈。告羅士打大廈樓高 9 層，頂部設有高羅士打酒店，成為當時香港最高的建築物。該大廈設有一鐘樓，是當年中環地區的地標。1927 年，置地又以 300 萬港元的代價，購入皇后大道中的太子行。1938 年，置地再購入公主行毗鄰的勝斯酒店，重建為公爵行。經多年苦心經營，到 20 世紀 30 年代後期，置地在中區的物業王國，已粗具規模。

置地在港島中區展開的擴張活動因 1941 年日本侵佔香港而中斷了三年零八個月。不過，自 20 世紀 50 年代起，置地在中區的擴張步伐再度啟動。1950 年，置地重建公爵行。1956 年，置地展開戰後的首次大規模物業重建，先將原有阿歷山大行和皇室行拆卸合併，分兩期建成「歷山大廈」；又將皇帝行、沃行和 1946 年收購的於仁行一併拆卸重建，於 1962 年建成樓高 20 層的「於仁大廈」（1976 年更名為「太古大廈」）；同年，置地將太子行拆卸重建，於 1965 年建成樓高 29 層的太子大廈，每層標準樓面面積（淨

中區歷山大廈
圖片來源：香港社會發展回顧項目

值）約 2.10 萬平方呎。當時，香港因外來移民和資金湧入，成為一個商業及旅遊中心，置地看準時機，於 1961 年將告羅士打酒店租予旗下新成立的聯營公司 —— 城市酒店有限公司（City Hotels Limited），開始打造公司的酒店品牌，並於 1963 年在皇后行舊址建成「文華酒店」。同年 10 月 23 日，文華酒店正式開業，港督柏立基爵士（Sir Robert Brown Black）伉儷在酒店主持紅十字會 100 週年舞會。

　　1970 年，置地以 2.58 億港元的創歷史紀錄，高價投得港島中區面積達 5.3 萬平方呎的新填海地段，於 1973 年建成樓高逾 50 層，每層標準樓面面積（淨值）約 1.45 萬平方呎，初期命名為「康樂大廈」（1989 年改名為「怡和大廈」，成為怡和集團在香港的所在地）。這是香港第一座摩天大廈，以其獨特的圓形窗戶設計成為香港最具標誌性的建築物之一。到 20 世紀 70 年代中期，置地在中區的「物業王國」已趨建成。1975 年，置地進行資產估計，旗下可供出租商廈面積達 310 萬平方呎。置地成為香港地產「皇冠上的明珠」。

中環核心金融商業區向東西兩側擴展

　　20 世紀 70 年代初，隨着香港股市勃興，大批跨國金融機構，主要是商人銀行、國際投資銀行紛紛到香港開設分支機構，本地中小型財務公司、證券公司更如雨後春筍般湧現。其後，港府相繼放寬外匯、黃金管制，使石油美元東移，香港逐漸成為國際貸款的重要中心和世界四大黃金市場之一，形成「金股齊鳴」的繁榮景象。1978 年，港府宣佈「解凍」銀行牌照的發放，大批國際銀行進入香港。到 80 年代初，香港已從單純以經營銀行業務為主的模式，演變成世界第三大金融中心（以外資銀行數量計算），僅次於紐約和倫敦。大批跨國公司在香港開設分公司，大大增加了對香港港島中區商業樓宇的需求。

　　這種需求，首先反映為中區官地拍賣投標價屢創新高。1970 年 6 月康樂大廈現址拍賣時，每平方呎平均地價是 4,868 港元；到 1978 年 8 月金鐘

道一幅地皮拍賣時，每平方呎售價已躍升至 13,643 港元。1980 年 7 月夏愨道遠東金融中心現址拍賣時，每平方呎售價進一步升至 26,247 港元，升幅是康樂大廈拍賣價的 4.39 倍。然而，這些拍賣成交價與後來的紅棉道地皮和中區新「地王」相比，僅屬小巫見大巫而已。1981 年 4 月，香港地鐵公司以公開招標的形式出售紅棉道一幅地皮，結果以 4.8 億港元售出，平均每平方呎地價高達 34,720 港元，創香港地價最高紀錄。

　　同年 11 月，港府宣佈以公開招標形式售出中區位於康樂大廈以西一幅面積多達 14.4 萬平方呎的地王，當時是中巴及小巴在中環的總站，可以說是港島中環商業核心區的中心，是地王中的地王。當時，參加投標的財團包括置地、長江實業、新鴻基地產等大型地產集團。事前有人預測，這幅地王可售出 70 億港元價格。後來，地產市道從高峰滑落，結果到 1982 年 2 月開標時，置地公司以 47.55 億港元的高價投得。這幅地王平均每平方呎地價是 32,964 港元，雖稍低於紅棉道地段，但卻創下港府官地拍賣的歷史新紀錄，成為全球最大宗地產交易。

中環皇后大道街區夜景
圖片來源：馮邦彥攝於 2018 年

這一時期，對高級商廈的殷切需求推動了中區商廈的重建和興建熱潮。1974 年，置地宣佈斥資 6 億港元，展開為期 10 年的雄心勃勃的中區重建計劃。第一期是重建歷山大廈，於 1976 年完成，樓高 37 層，每層標準樓面面積（淨值）約 1.15 萬平方呎。第二期工程是拆卸重建告士打大廈及皇室行。為了將物業連成一體，以便興建一流的高層商廈及有廣闊平台的商場，置地以畢打街對面的怡和大廈及畢打行與會德豐公司的連卡佛大廈交換，於 1980 年建成告士打大廈及與之相連的置地廣場。第三期工程是拆建毗鄰的公主行和公爵行，於 1983 年建成公爵大廈。其中，告羅士打大廈（Gloucester Tower）樓高 48 層，每層標準樓面面積（淨值）約 1.26 萬平方呎。該大廈最大的特色是其疏格式的外牆結構，窗門深深凹入，利用大廈的結構遮蔭窗門，材料則採用鋁質窗框和有色玻璃，以減少室內所受熱量。大廈內所有設施均採用先進電腦系統控制。公爵大廈亦與告羅士打大廈和置地廣場連通，樓高 47 層（包括中庭），每層標準樓面面積（淨值）亦約 1.26 萬平方呎。1998 年，置地再將毗鄰的太古大廈拆卸重建，於 2003 年建成樓高 30 層的遮打大廈（Chater House），可出租辦公室及零售面積共 4.3 萬平方米，該大廈成為摩根大通在香港的總部所在地。

　　與告羅士打大廈和公爵大廈相連的置地廣場（The Landmark），共有 5 層平台，包括兩層是地庫，全部平台單位均闢作精品店和風格各異的飲食店，廣場中央可舉辦各項表演 ——時裝表演、音樂會及展覽等，四周設有咖啡廊、茶座、上蓋蓋有可透光的玻璃纖維，成為中區的高級購物娛樂場所。2002 年，置地對置地廣場展開改造工程，於 2006 年先後建成置地廣場中庭、置地文化東方酒店和樓高 14 層的約克大廈；與此同時，又對毗鄰置地廣場的旗下 3 幢商廈商場展開改造、翻新，相繼建成置地歷山、置地遮打和置地太子。2012 年 3 月，置地創立「置地廣場」品牌，涵蓋置地廣場中庭、置地歷山、置地遮打和置地太子 4 座建築地標，總零售面積達 46,000 平方米，雲集 208 所精緻名店及食府，包括約 30 間世界頂級品牌旗艦店，以及超過 50 間香港獨有的品牌及專門店，主要銷售高級時裝及配飾、鐘錶

珠寶、精緻家品、美容護理，並提供國際佳餚。目前，置地廣場已成為香港引領時尚潮流最頂尖購物商場之一。

　　早在 1965 年，置地就在遮打道興建行人天橋，將太子大廈與毗鄰的文華酒店購物區連接。1974 年，置地在重建歷山大廈時，再增設 4 條行人天橋。及至 80 年代中期，置地與港府合作，進一步在各大廈之間架設空中行人天橋，將置地旗下的多幢貴重物業，包括康樂大廈、太古大廈、文華酒店、太子大廈、歷山大廈、告羅士打大廈、公爵大廈以及置地廣場相貫通，並直通區內各處如郵政總局、天星小輪碼頭等，儼然自成一國，成為中環的「自然心臟」。

　　與此同時，置地又策動更矚目的拓展計劃，先是將位於雪廠街的荷蘭行和有利銀行拆卸重建，該項計劃在 90 年代初完成，建成著名的「大道中九號」物業。1982 年 2 月，置地以高價投得中區毗鄰康樂大廈的新「地王」。根據合約規定，置地須在地面興建一新的巴士總站，其上蓋則為龐大的寫字樓物業。這座後來被命名為「交易廣場」（Exchange Square）的發展計劃分兩期進行，總投資逾 80 億港元。第一期是兩幢樓高分別為 52 層和 51 層的交易廣場第一座及第二座，每層標準樓面面積（淨值）約 1.30 萬平方呎，於 1985 年落成；第二期在毗鄰再興建一幢 33 層高獨立商廈 ── 交易廣場第三座，每層標準樓面面積（淨值）約 1.12 萬平方呎，於 1988 年完成。交易廣場為香港證券交易中心、日本領事館和美國會等機構的所在地，並匯聚眾多名動國際的金融巨擘和律師事務所，被譽為「亞洲商務領域中心」，其富有動感的外形和大幅有色玻璃幕牆令維多利亞海港的景色迥然改觀。

　　中區商廈拆建熱潮所致，連有悠久歷史的香港會所也不能倖免。香港會所坐落在皇后像廣場毗鄰，是區內碩果僅存的維多利亞風格建築。該會所的拆建，曾遭受眾多會員的反對而擱置。然而 70 年代後期，地產市道空前暢旺，引起不少地產商的垂涎。結果，這座有百多年歷史、古色古香的建築物終於難逃被淘汰的歷史命運，取而代之的是一幢設計別出心裁，外形獨特而富有藝術色彩的新香港會所大廈。該大廈於 1984 年建成，樓高 22 層，另有

兩層地庫。全部建築費由負責興建的置地支付。

置地與香港會所平分租金收入，但 25 年後權益將歸還香港會所。幾乎就在置地大規模重建商廈的同時，新興地產發展商亦不甘後人，相繼在中區掀起投資熱潮。其中，最矚目的是李嘉誠旗下的長江實業。1977 年，長江實業以逾 3 億港元標價與地鐵公司達成協議，奪得中區舊郵政總局及金鐘海軍船塢舊址地段的上蓋物業發展權，建成樓高 28 層的環球大廈和兩幢樓樓高 32 和 26 層的海富中心。此外，位於中環的會德豐大廈、馬登大廈、中建大廈、華人行、新世界大廈、歐陸貿易中心、鱷魚恤大廈、永恆商業中心、馮氏大廈，等等，都展開重建工程，令中環的城市面貌煥然一新。

這一時期，港島地鐵全線通車還帶動了中環東西兩側高級商廈的發展。在中環東側的金鐘地段，八九十年代相繼建起了一系列的摩天大廈，包括：滙豐銀行總行大廈（1985 年）、奔達中心（1988 年）、新中銀大廈（1989年）、香港渣打銀行大廈（1992 年）、萬國寶通廣場（1992 年）、長江集團中心（1999 年）、太古廣場一二三期（1988 年、1991 年、2004 年）等。其中，滙豐銀行總行大廈、新中國銀行大廈、奔達中心（後改名為「力寶中心」）、交易廣場與灣仔的香港會議展覽中心，被譽為 80 年代香港最具代表性的五大建築。滙豐銀行總行大廈樓高 52 層，最大特色是由地基聳起直貫整座大廈的八組鋼柱支柱所組成；新中銀大廈外形設計以簡單的三角形為主，配以反光玻璃，猶如呈菱形鑽石直指高空，樓高 70 層，當時為香港及亞洲最高建築物，成為香港新地標。滙豐銀行大廈、香港渣打銀行大廈和新中銀大廈分別成為香港三大發鈔銀行的總部所在地。這一系列摩天大廈的建成啟用，使中環的金融商業中心區擴展到金鐘。

另外，太古廣場一二三期的建設，使金鐘成為中區繼置地廣場之後另一個重要的高檔購物娛樂中心。太古廣場舊址為駐港英軍的域多利兵房北部地段，香港政府先後於 1985 年和 1986 年推出拍賣，兩次均由英資太古集團高價奪得。太古集團耗時十數年，在該地段建成一龐大的綜合性商業物業——太古廣場（Pacific Place）。其中，太古廣場一期於 1985 年興建，

1988 年落成；二期於 1988 年動工，1991 年建成；三期土地由收購灣仔星街一帶舊樓而得，於 2004 年落成。太古廣場一二三期共包括 3 幢甲級寫字樓、3 家五星級酒店、一家精緻豪華酒店、270 個服務式住宅單位，以及龐大商場及停車場等，佔地面積達 71.1 萬平方呎。其中，商場共有 5 層，「薈萃世界著名品牌，雲集頂級購物及餐飲選擇，盡顯生活品味」。2011 年，太古廣場與國際級創意設計師 Thomas Heatherwick 合作，為太古廣場換上全新面貌，成為新一代時尚奢華的標記。目前，整座廣場匯聚了最時尚的購物、餐飲、娛樂、住宿及消閒等多元設施，被譽為「首屈一指的香港高級購物商場」、「香港最優越的綜合發展項目之一」。太古廣場與毗鄰的海富中心商場 —— 金鐘廊和統一中心商場，構成金鐘龐大的商業購物區。

與此同時，香港政府又在域多利兵房北部地段，耗資 3.98 億港元，建成佔地 8 公頃的香港公園，於 1991 年 5 月由港督衛奕信主持揭幕儀式。香港公園設有鐘樓、全港最大的壁球中心、室內運動場、尤德觀鳥園、霍士傑溫室、中央花園、奧林匹克廣場和兒童遊樂場等設施。另外，兵房部分歷史建築亦得以保留、改建，其中，舊三軍司令官邸（俗稱「旗桿屋」）改建為「茶具文物館」、「羅桂祥茶藝館」，前英軍副司令官邸羅連信樓改為「紅棉路婚姻登記處」，已婚英軍軍官宿舍華福樓改為「觀鳥園教育中心」、已婚英軍宿舍卡素樓改為「視覺藝術中心」。香港公園透過自動扶梯與太古廣場連接。

在中環西側至上環地段，摩天大廈亦拔地而起。首先是 1986 年港島地鐵上環站上蓋信德中心落成啟用。信德中心包括兩座樓高 41 層的甲級寫字樓、多層購物商場，以及往來港澳兩地水路交通的港澳碼頭等設施，地下通道直接連接地鐵上環站，樓頂設有直升機停機坪，提供往來香港與澳門的直升機服務。信德中心建成後，旋即成為連接港澳兩地的交通樞紐。1987 年，恒生銀行以 8.4 億港元價格，奪得中區消防局舊址「地王」，於 1991 年建成樓高 25 層的恒生銀行大廈，成為這家最大本地註冊上市銀行的總部所在地。90 年代中期，土地發展公司為了推動舊區重建計劃，啟動位於港島地

鐵中環站與上環站之間的「上環重建項目」，由長江實業集團於 1998 年建成「中環中心」，該中心樓高 346 米，共 80 層，成為當時僅次於灣仔中環廣場和金鐘新中銀大廈的香港第三高的建築物。

90 年代初，港英政府再次啟動規模龐大的中環及灣仔填海工程，包括「中區填海工程一二三期計劃」，以配合港府制定的「都會計劃」和「香港新機場核心計劃」發展。其中，中區填海計劃第一期是香港機場核心工程之一，於上環與卜公碼頭之間填海造地約 20 公頃，將中區海岸線向前伸展最高達 350 米，主要用於興建機場鐵路香港總站及擴展中環商業區，以及重置中環碼頭等，工程於 1993 年展開，1996 年 3 月完成。中區填海計劃第二期原址為添馬艦海軍船塢，總填海面積為 5.3 公頃，主要用於興建新政府總部大樓、立法會綜合大樓等，工程於 1994 年展開工程，1999 年完成。中區填海工程第三期主要是發展添馬艦對出用地，並連接中環填海區及灣仔填海

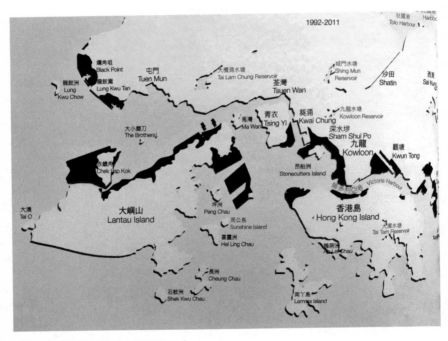

香港主要的填海區域（黑色部分）
圖片來源：薛鳳旋編著：《香港發展地圖集》（香港：三聯書店，2010 年）。

區，用作興建新中環天星碼頭及公眾碼頭、鐵路及道路預留位置、軍用碼頭泊位預留位置，以及海濱長廊等，工程於 2003 年動工，2009 年完成。三期工程相繼完成後，香港中區海濱面貌煥然一新。

在中區填海計劃第一期工程完成後，港府就機場鐵路香港總站上蓋物業展開招投標，結果，由新鴻基地產、恆基地產、中華煤氣等組成的財團，以總投資約 300 億港元的價格奪標，成為香港史上單一項發展成本最高的物業。香港總站上蓋的發展，包括 2 幢高級商廈、2 幢酒店大廈，以及連接這些大廈的大型零售商場，總樓面面積 447.7 萬平方呎，分四期展開。整個工程於 1997 年動工。1998 年及 2003 年，國際金融中心（IFC）一期、二期相繼落成啟用。其中，一期樓高 210 米，共 38 層，地下 4 層，總樓面面積 78.42 平方呎；二期樓高 415.8 米，共 88 層，總樓面面積約 195.16 萬平方呎。國際金融中心一二期建成後，旋即成為香港最優質智慧型商廈的典範，取代灣仔中環廣場而成為香港第一高樓（二期）。其中，一期的主要租戶包括香港交易所、香港強制性公積金管理局等。二期則由香港金融管理局以接近 37 億港元向發展商購入包括頂樓在內共 14 層辦公室面積，發展商之一的恆基集團總部也設於此，主要租戶包括日本野村集團、瑞士 UBS AG、美國道富銀行等國際金融機構。

其後，新鴻基地產等發展商還相繼興建了兩幢頂級酒店大廈，一幢為提供高級酒店式住宅服務的「四季匯」（Four Seasons Place），另一幢為全港首個以「四季酒店」（Four Seasons Hotel）品牌命名的酒店。此外，又興建了一個連接多幢大廈以及機鐵香港總站大堂的大型高級商場。該商場共有 4 層，樓面面積約 80 萬平方呎，匯聚了超過 200 家國際品牌商戶、多家名牌食肆，並設有電影院，成為中區又一頂級商場的典範。2005 年，全港最大規模六星級酒店四季酒店及四季匯盛大開幕，標誌着該項龐大發展計劃的完成。機場鐵路香港總站上蓋物業的完成，使得中區核心金融商業區從中環擴展到上環，打破置地公司的長期壟斷。

總體而言，經過 170 多年的發展、沉澱，在港島中區這塊步行距離僅

二三十分鐘的區域內，匯聚了香港政府及各部門總部、立法會、最高法院、圖書館、藝術館、郵政總局、香港證券交易所、金銀貿易場、世界各大銀行和國際金融機構，跨國公司地區總部、頂級時尚商場和世界名牌專門店、大酒店、各國餐廳和食肆、俱樂部、醫務所、律師行、會計師行、旅遊辦事處、各國領事館，乃至經營各行各業的寫字樓等。其中，德輔道中成為最著名的金融聚集區，香港多家本地註冊銀行，包括香港滙豐、渣打銀行香港、東亞銀行、創興銀行、富邦銀行、招商永隆銀行、集友銀行、恒生銀行、大眾銀行、大生銀行、南洋商業銀行等，均設於此，另外，多家銀行也在此開設分行，包括大新銀行、中信銀行（國際）、中國工商銀行（亞洲）、中國建設銀行（亞洲）、中銀香港、交通銀行、花旗銀行、星展銀行等。

在這裏，交通和電訊都相當便捷，人們可用半小時車程抵達前往全世界各地的海、陸、空的碼頭、火車站和機場，並有直撥全球的電訊公司，運輸全球的速遞公司。可以説，全世界幾乎難以找到一個像香港的中區如此濃

港島中區的摩天大廈，最高建築為國際金融中心（二期）
Photograph by Wikipedia user: Mk2010, 2011. Wikipedia Commons, https://bit.ly/3luawzl, CC BY-SA 3.0.

縮、集中和多樣化的「中央商務區」（CBD）。港島中區不僅是香港的政治中心，更是香港的「經濟中樞」，是香港作為國際大都會和全球性國際金融中心高效運作之關鍵節點。

中區舊城：華洋雜處的斑斕色彩

港島中區作為香港的經濟中樞，給訪港遊客的印象是高樓林立，「銀行多過米舖」，跨國公司匯聚。然而，中區還有其色彩斑斕的另一面，其代表是蘭桂坊酒吧區和蘇豪荷南美食區，以及附近的特色街區，走進這裏是迥然不同的人文景觀。

蘭桂坊（Lan Kwai Fong）位於港島中環雲咸街與德己立街一條呈 L 型的上坡小徑，是香港最具特色的酒吧與餐館中高檔消費區，深受居港外籍人士、時尚男女及年輕專業人士的歡迎，被譽為「香港商業文化的代表」，也是香港最具特色的旅遊景點之一。蘭桂坊酒吧區起源於 70 年代末至 80 年代初，當時，香港政府在中西區展開市區重建。原籍加拿大的猶太裔商人盛智文（Allan Zeman）在經營貿易公司時，需經常招待國際設計師和買家，但餐廳選擇有限，大多數高檔餐廳都設在大酒店裏，氣氛很正式，要求男士穿襯衫打領帶。基於西方週末狂熱（Saturday Night fever）的文化海嘯，盛智文決定建立一個可以讓世界各地人士聚在一起、輕鬆自由的地方。1983年，盛智文看中了離中環心臟地帶相隔只有幾分鐘，當時被花店、肉攤及小印刷商佔領的蘭桂坊街區，在該處開設了他的第一家餐廳——「加州酒吧」（California Bar），主打理念為「既有特色，又可輕鬆談生意」，從而奠定了香港蘭桂坊的基石。

80 年代中後期，香港經濟繁榮，文娛產業欣欣向榮，當時很多明星都是加州酒吧的常客。盛智文從東京找到靈感，發現由於底層的租金太高，東京的餐館和酒吧大多在辦公樓的 10 樓，於是創辦「香港蘭桂坊集團」，致力發展蘭桂坊街區的地產和餐飲業。從加州酒吧開始，蘭桂坊集團逐步向這條街道的業主收購業權，很快成為蘭桂坊最大的地主。隨着蘭桂坊附近酒吧

及餐廳的發展，德己立街、威靈頓街、雲咸街、雲安里、仁壽里及榮華里等部分街區也逐漸被納入蘭桂坊的範圍，成為香港最活躍、最時尚的餐飲娛樂熱點，並形成了香港獨具特色的蘭桂坊酒吧文化。盛智文亦因此獲得了「蘭桂坊之父」的稱號。

2010 年，蘭桂坊集團決定在蘭桂坊標誌性的酒店、餐飲娛樂地點，拆卸重建為一幢樓高 27 層的新「加州大廈」（California Tower）。加州大廈於 2015 年落成並重新開幕，雲集了城中高級餐廳、現代酒吧、潮流夜店和時尚生活品牌，每層商舖設有開放式露台、雙層挑高天花板和寬闊的窗戶，大廈內還設有空中花園以及大型活動空間。新加州大廈被認為是蘭桂坊的標誌和香港的地標性建築物之一。

經過數十年的發展，目前蘭桂坊一帶已擁有過百家餐廳、酒吧、會所、店舖、辦公樓、住宅及休閒設施。這條用石卵鋪設的小路，到處洋溢着歐陸情調，兩旁酒吧、餐廳林立。大多數酒吧從中午營業到凌晨一時或更晚，英式及澳式酒吧、日式卡拉 OK 酒廊都供應小吃。每當夜幕低垂時，許多香港的年青時髦新一代喜愛到這裏的迪斯可舞廳暢聚，也為小街增添了另一種獨特而刺激的氣氛。這裏的酒吧一般格調時髦，裝飾獨特，不尚奢華，陳設簡單，主要是木枱、高腳圓凳或高腳靠背椅等，酒櫃上陳放着各種啤酒和其它酒類及酒杯，也沒有多少飾物。許多酒吧都在臨街設檔，多數規模很小，只有幾十個座位；但招牌高張，且幾乎全是英文。榮華裏則是一條食街，各式餐館經營着日本「鐵板燒」、印度咖喱、馬來西亞、泰國、越南及中式美食。

每天下午 5 時到晚上 8 時，是蘭桂坊的「歡樂時光」（happy hour），酒吧裏擠滿了下班的白領一族。「歡樂時光」意指白領下班到晚飯之間的一段時間。因為受英國文化影響，香港人通常在下午 3 時左右會有喝下午茶的習慣，而晚飯時間則在 8 時左右。「歡樂時光」是上班族與同事喝兩杯啤酒、吐吐苦水的好時機，此時酒水也比晚上便宜。而到晚上 9 點，則有許多時尚新潮的年輕人及外國遊客來酒吧飲酒娛樂，流連忘返，通宵達旦。每逢遇到節慶日，如聖誕節、萬聖節、蘭桂坊嘉年華、蘭桂坊音樂啤酒節、除夕夜等

蘭桂坊酒吧區的街景
圖片來源：馮邦彥攝於 2016 年

日子時，蘭桂坊都會舉行盛大活動，設有遊戲攤位、比賽和娛樂表演節目等，入夜人群會把蘭桂坊擠得水泄不通，盡情狂歡。

　　正因為每逢假日人潮洶湧，1992 年除夕夜，蘭桂坊發生人踩人慘案。當晚，大批市民及遊客湧到蘭桂坊慶祝，接近元旦倒數時，在場聚集的人群接近 2 萬人，場面失控，有人噴射氣罐式彩帶、噴灑啤酒及汽水、擲扔酒瓶甚至磚塊，更有人焚燒報紙。到凌晨零時十分，有人首先跌倒，人群如骨牌般倒下，互相踐踏，有人甚至被三四層的人群所壓。及後發現有人受傷，呼救聲始起彼落，人群才停止擠壓，大量傷者倒臥在道路兩旁，遊人的個人物品則散落一地。事件導致 21 人死亡，數十人受傷。當時，電視台正在德忌笠街架設的舞台上做現場直播，慘案透過電視螢幕迅速傳播，震驚全港。

　　沿着蘭桂坊向西走，來到中環至半山的自動扶梯旁，便是新興的蘇豪荷南美食區（SoHo）。蘇豪荷南美食區是蘭桂坊之後的又一本地外籍人士聚集的街區。蘇豪區原本是一個街市，有魚檔、大排檔，甚至有家禽四處覓食。20 世紀 90 年代中環至半山自動扶梯建成後，畫廊、精品家具店、酒吧、餐廳等陸續出現，蘇豪區出現「士紳化」趨向，轉型為一個高端居住區和

飲食休閒區。據説，「蘇豪」這個名稱源於英國倫敦一個性質類似的社區蘇豪區。不過，主流的説法是，蘇豪位於荷李活道南部（South of Hollywood Road），因而經常活躍於當地的外籍人士特意從地名中抽出「So」及「Ho」合併而成。蘇豪荷南美食區包括中環的敦和里、士丹頓街、伊利近街至些利街一帶，這裏匯聚着數十家裝飾雅致、充滿異國情調的小餐飲及酒吧，幾乎來自世界不同地方種族的餐飲，在這裏都可以找到，菜式口味相當國際化。除了常見的美式西餐、歐陸式菜館、日本料理、東南亞美食之外，一些較少見的特色菜，如尼泊爾菜、西班牙菜、地中海菜、正宗印度菜及中東菜等，在這裏都能找到。

如充滿濃烈尼泊爾風情的「Nepal Nepalese Cuisine」，就是一家地道的尼泊爾皇家料理，曾連續多年被評選為「香港最佳餐廳」之一；「漢滿居」是一家聲名遠播的東北料理餐廳，以地道的哈爾濱菜受到食界追捧，哈爾濱紅腸、紅燒滑子菇是其人氣菜品，香港眾多名人都曾來此品嘗；而「山頂餐廳酒吧」則坐落在蘇豪荷南美食區心臟地帶，樓下是西方的小咖啡館，樓上是古樸風格的酒吧，十分獨特。有導遊介紹説：「SoHo 荷南美食區美女多，外國人多，酒吧多，美食多，醉鬼多。有時候也會見到 TVB 拍攝組在此取景，所以來香港必來此一遊。如果有時間，在 SoHo 荷南美食區找家餐廳，點些美食，可以靜靜呆個下午來感受來來往往的俊男靚女和各國遊客。」

至於蘇豪區以北的荷李活道，是香港開埠後興建的第一條街道，經過百年演變，現在已成為一條深具香港中西文化融合特色的街區，入選為「世界十大購物街之一」和「全球十大最受歡迎旅遊景點之一」。荷李活道的東端連接中環蘭桂坊，西端連接英軍當年佔領香港時登陸的西環水坑口街，道路彎曲綿長，兩旁佈滿各式各樣的古董店舖和林林總總的畫廊，街頭巷尾畫滿色彩繽紛的壁畫，為這條街道上的老建築、地道小店平添不少文藝氣息。在這條老街上，還坐落着歷史悠久的舊建築群 —— 大館。大館的前身是舊中區警署建築群，曾是香港警署（執法）、裁判司署（司法）、及監獄（懲教）重地，經活化後成為一所古蹟和藝術館，於 2018 年開放。大館內共有

16 座經保育活化的歷史建築，包括前中區警署、前中央裁判司署及域多利監獄，以及兩棟由國際知名建築師事務所 Herzog & de Meuron 設計的當代建築——當代藝術博物館「賽馬會藝方」和賽馬會立方。該項目在 2019 年榮獲「聯合國教科文組織亞太區文化遺產保護獎」。

　　從荷李活道到水坑口街，可進入太平山街和摩羅上街兩條特色街道。其中，太平山街兩旁排列着眾多的古廟，有依樓梯而建的太歲廟、水月宮、觀音堂，也有藏身於街巷之中的福德宮。其中，最引人注意的是在鐵皮下香煙裊裊的朱紅色廟宇廣福義祠。該祠建於 1856 年，是供街坊供奉先祖的百姓祠堂，也曾經是患病華人的收容所。時至今日，這些廟宇依然香火鼎盛。有人在太歲廟拜太歲祈求順境，也有人到觀音堂「借庫」。另外，位於荷李活道的文武廟亦香火鼎盛，前往觀光的歐美遊客絡繹不絕。而摩羅上街最亮眼的風景，則是一間又一間售賣中國字畫、藝術品，甚至是舊桌椅的古董店，以及售賣李小龍電影海報等各式各樣小物品的小攤位。摩羅街的起源，據說是香港開埠之初，不少前來香港謀生的印度人常在這裏擺賣二手貨，本地人稱印度人為「摩羅」，由此得名。此外，上環還有多條特色街道，位於皇后街和正街一段的德輔道西和永樂街一直是香港著名的「海味街」，永樂街和文咸街是參茸燕窩店舖雲集的街區，而位於上環與德輔道西相接的高升街則以售賣中藥材聞名。

　　總體而言，中環舊城區這個殖民地時代最早發展起來的城區，亦是香港最具華洋雜處特色的社區之一，正如香港旅遊發展局在推介「舊城中環」旅遊路線時所指出：這裏「中與西，古與今，傳統與創意，繁華與寧靜，看似對立的東西，卻完美並存、融合、碰撞。多元精彩的中環，彷彿是濃縮了的香港，也是旅人認識香港的絕佳起點」。

第二章

銅鑼灣：
香港「銀座」與文娛康體中心

　　銅鑼灣（Causeway Bay）地處港島中部北岸地帶，因原本的海灣形似銅鑼而得名。該區背靠港島香港仔南部地區，西接灣仔，東連北角，隔維多利亞海港與九龍半島對望，為港島的交通要衝，亦是香港最早開發的城區之一。香港開埠初期，英資怡和洋行就在銅鑼灣東角一帶經營，20 世紀 20 年代以後由華商利氏家族、南洋富商胡文虎等進一步開拓發展，80 年代日資百貨公司進駐，並曾一度雄霸天下。經過 170 多年演變發展，銅鑼灣已成為香港主要的繁華商業購物區之一，有香港「銀座」之稱。此外，銅鑼灣亦是香港主要的公共文娛康體中心，在香港城市發展中具有重要地位。

開埠初期：英資怡和經營下的銅鑼灣「東角」

　　據記載，香港開埠初期，位於今日銅鑼灣一帶的村落主要有黃泥涌村、紅香爐和掃捍埔等，均已有百年歷史。這些村落處於黃泥涌山谷一帶，該處一條溪流順山而下，沿聶高信山和渣甸山之間的黃泥涌峽一帶，經黃泥涌谷（今跑馬地），流入維多利亞海港。黃泥涌的黃泥在海中沖積成一個小島，英國人稱之為「奇力島」（Kellett Island），因其形狀似一個圓形燈籠，當地人俗稱為「燈籠洲」。黃泥涌兩旁是稻田、耕地和沼澤，為了防止海水湧入山下田地，村民在海邊用石頭築起一道堤壩，保護農田。而當年位於今日天后地鐵站附近的紅香爐村，則有一香火鼎盛的「紅香爐天后古廟」，據說由客家人戴姓家族集合捐款，經港英政府批准，於 1868 年修改而成。這就是香港開埠初期銅鑼灣一帶的基本狀況。

香港開埠後，在英軍堅船利炮的保護下，廣州、澳門一批與鴉片走私密切相關的英資洋行相繼進入香港，搶先在香港島北岸從銅鑼灣到中環地段建立據點。1841 年 6 月 14 日，義律代表香港殖民當局首次拍賣香港沿海土地，怡和洋行原本投得打算在中環購買一塊更大的地皮，但該塊地皮被政府徵用。不過，怡和洋行創辦人之一馬地臣（James Matheson）同時透過其代理人，以 565 英鎊的價格投得銅鑼灣上稱為「東角」（East Point）的三幅土地，面積共 57,150 平方呎，該三幅土地包括一座山丘（當地人稱為「鵝頭山」）和山丘以南臨海大片土地。怡和洋行將山丘命名為「渣甸山」，大概相當於現今波斯富街以東、軒尼詩道及渣甸街以南、邊寧街以西、禮頓道以北的區域。渣甸山以南臨海地段形成一個海角向海岸伸出，指向奇力島，被命名為「馬地臣角」（Matheson Point），又因為地處中區維多利亞城以東，故又稱為「東角」，即現今銅鑼灣地鐵站一帶，包括東角道、怡和街、渣甸坊等地段。東角對出海面，即現在銅鑼灣遊艇會一帶，港寬水深，正是修建碼頭、停泊船隻理想地點。

怡和洋行取得東角後，即大興土木，建築起第一批磚石結構的房屋、倉庫，作為洋行的香港辦事處。當初，這塊殖民地是由一些臨時搭建的蓆棚和木板房組成，怡和洋行在東角建造了第一棟高大端莊的樓房，鴉片倉庫就在樓下，洋行大班就住在樓上。由於當時島上瘟疫流行，氣候濕熱，怡和洋行又在渣甸山山頂修建了兩座西式大屋，作為大班的夏季別墅。怡和還在東角建造了香港第一個深水碼頭，以供該行裝卸貨物之用。為了盡快獲悉來自倫敦和印度方面的資訊，怡和在山頂建築了一座瞭望台，命名為「渣甸瞭望台」（Jardine's Lookout）。當守望者從瞭望台最先看見從倫敦或印度駛來的怡和快船桅杆在茫茫大海中出現時，便立即通知辦事處派出一艘快船去接取郵件，然後火速送回辦事處。在無綫電訊業尚未誕生的那個時代，怡和洋行憑藉這個瞭望台，最先掌握歐洲市場的情報和資訊，從而得以在貿易中牟取最大利潤。

19世紀東角山上的渣甸大班別墅
圖片來源：East Point, Hong Kong. Photograph by John Thomson, ca. 1868/1871. Wellcome Collection. Public Domain Mark.

　　1844年，怡和洋行將總部從澳門遷至東角辦事處。剛開始，辦事處由英國軍隊保護。東角在怡和洋行的經營下，日漸繁榮，不但貨倉、商店林立，而且出現了西式工廠。首家在東角出現的工廠是香港政府鑄幣廠，不過該廠於1868年因虧損過巨而結束，土地轉售予怡和洋行，改建為「渣甸糖廠」，這也就是銅鑼灣「糖街」名稱的來源。糖廠的地是向怡和租的，廠房機器也是向怡和貸款購買的。不過，渣甸糖廠亦不成功，因為煉糖廠用的是動物煤炭，燃燒時發出刺鼻臭味，而且印度人也不願買用動物煤炭煉出來的糖，由於無利可圖，不久亦告結束。1898年，怡和再在附近設立香港棉紡織染公司，不過，其後該公司遷往上海。東角一帶因而聚集了大批從中國各地來的搬運苦力和鑄幣廠、糖廠、紡織廠的勞工，不少就居住在當年離海邊不遠的掃桿埔。

　　此外，怡和又在東角海岸邊（現今銅鑼灣避風塘岸邊）安裝了一座炮台，並於每天正午12時鳴放禮炮，故名為「怡和午炮」（The Jardine Noonday Gun）。鳴炮前須搖鈴8響，據說傳統源自東角年代示意上午工作時段結束。除了每日鳴放午炮外，在元旦前夕最後一分鐘還要加放一炮，名為「子夜鳴炮」以迎接新年。同時，每逢有大人物抵達或離開，怡和職員就會鳴炮21響，致以最高敬禮。據說，19世紀50年代，怡和大班羅拔‧渣

甸（Robert Jardine）爵士從英國乘船回到香港，職員們按照慣例鳴放 21 響禮砲致意，結果引起駐港海軍不滿，於是命令怡和「在另行通知以前，只准在正午放一炮」，以示懲戒。在日佔時期，日本人一度將大炮拆卸運走。不過，日本投降後，英國皇家海軍又贈送了一門新禮炮，使此慣例一直延續。今日怡和午炮已成為銅鑼灣的一個旅遊景點。

怡和洋行在東角雖然自成一國，形勢理想，但它卻遠離市區，交通不便。1873 年，怡和洋行在中區另建新廈作為總部辦事處，毗鄰為滙豐銀行總行。其後，怡和陸續將東角的渣甸山、百德新街一帶土地出售。不過，在相當一段時期內，東角仍然是怡和的主要碼頭、貨倉基地。怡和洋行的貨倉在東角屹立超過一個世紀，直至 20 世紀 50 年代初期才因發展住宅項目被拆卸。

隨着香港經濟的發展，城市人口的增加，第四任香港總督寶靈爵士（Sir John Bowring）計劃展開從中環政府山以北一直到東角的填海計劃，並興建一條新的海旁大道。不過，有關計劃遭到寶順洋行為首的英資洋行反對，被

位於銅鑼灣避風塘旁邊的怡和午炮
圖片來源：Photograph by Wikipedia user: Chong Fat, 2009. Wikipedia Commons, https://bit.ly/3teMVrB, CC BY-SA 3.0.

迫擱置。寶靈退而求其次,在東角黃泥涌地帶率先展開,將原有的黃泥涌改
建為「寶靈頓運河」(Bowrington Canal,又稱「寶靈渠」),兩邊沼澤地經
堆填後即成為「寶靈城」。由於寶靈頓運河又長又窄,形狀彎曲,像鵝的頸
部一樣,故又稱為「鵝頸澗」,橫過這段河流的橋便稱為「鵝頸橋」,即今
天銅鑼灣著名的「打小人」之處。

　　1883 年,香港政府在銅鑼灣一帶展開大規模填海工程,由現時銅鑼灣
道填至高士威道(Causeway Bay),高士威道對出海灣,被修建為香港第一
個避風塘。1950 年,香港政府於銅鑼灣再次展開填海工程,將銅鑼灣避風
塘填平,在原址興建規模宏大的維多利亞公園(Victoria Park)。舊堤則被修
建為現在的維園道,而新的避風塘則遷至維園對出海灣。在 70 年代,銅鑼
灣避風塘有不少提供飲食及娛樂的船艇,提供具特色的避風塘美食,如避風
塘炒蟹等;塘內還有一艘紅色的三角天后廟船,信眾以漁民為主,遊客也可
於避風塘碼頭乘舢舨往來該船。

　　新銅鑼灣避風塘建成時,已有海堤從波斯富街連接奇力島。而在此之
前,奇力島已成為皇家香港遊艇會會所所在地。香港皇家遊艇會前身是
「維多利亞賽舟會」,1893 年改組為「皇家香港遊艇會」(Royal Hong Kong
Yacht Club),會所設立於港島北角油街,1938 年遷往奇力島。1951 年,當
局在會址建設一條堤壩,與銅鑼灣連接起來。1972 年,香港第一條海底隧
道開通,從九龍半島的紅磡連接至奇力島,奇力島經過多次填海終於與港島
完全連在一起,東角兩旁的海灣亦在多次填海後逐漸消失,東角的名字逐漸
被人們淡忘,取而代之的是「銅鑼灣」這一名稱。

銅鑼灣利園山的開發與虎豹別墅的興建

　　20 世紀 20 年代以後,銅鑼灣開發的主力,從早期的怡和洋行轉到新興
華商,其中的代表,是利氏家族開發的利園山和南洋華僑胡文虎興建的虎豹
別墅。

　　利氏家族祖籍廣東新會,第一代利良奕為謀生計,遠赴美國三藩市做

礦工，其後到香港開設「禮昌隆」、「金興」兩商號做小生意。其子利希慎在父親資助下，發展多種貿易，兼營棉業、公煙等，成為有名的「鴉片大王」。利希慎致富後，將投資觸角伸向地產等領域。1923年，利希慎創辦「希慎置業公司」，並於1924年1月以380萬港元代價，購入銅鑼灣渣甸山大片土地，即今日香港島銅鑼灣的利園山道、利舞臺、波斯富街、恩平道一帶，並改名為「利園山」。據說，利希慎原計劃將這塊地建為提煉鴉片的工場，不過，根據當時地產市道逐漸勃興，有評論認為更可信的是購入地段發展住宅圖利。戰前，利氏家族先是將南面的山頭夷平，北面的山頭用作發展「利園遊樂場」。

當時，香港人口增加，但遊樂設施缺乏，全港遊樂場只有跑馬地的「愉園」和「樟園」（已於1922年結業）、北角的「名園」、西環的「太白樓」等少數幾處。利希慎認為，香港市民對遊樂場仍有相當大的需求，而遊樂場的投資並不多，因而決定興建「利園遊樂場」。利氏在利園山將岩石峻嶒炸平，砍伐叢林樹木，並設置亭台樓榭、奇花異卉、水池石山、酒樓茶廳，以及書院、遊藝場等。當時，利園入口處為一斜坡通道，可容汽車出入，右側拾級而上，曲徑通幽，直達遊樂場，每晚演出粵劇、電影、幻術、國技及唱女伶等遊樂節目，以及有獎遊戲，如風槍射擊場、飛鏢場等，兒童遊戲則有鞦韆架、騎木馬等。利園遊樂場於1923年落成，很快壓倒名園和太白樓，成為各大遊樂場之首。

與名園一樣，利氏家族亦曾出資與香港影片公司合作拍戲，名為《左慈戲曹》，並在利園取景。此外，利園還曾是香港的佛教重地，不但有很多大大小小的佛像，還不時有佛教研習班。不過，隨着時間的推進，市民對利園的興趣日漸減退，最終於1931年關閉。雖然結束了遊樂場業務，但利氏家族並沒有急於清拆利園，有時更特別開放一兩天讓人參觀，如1934年為東華三院籌款就開放了一次。直到50年代，利園才正式拆卸，興建包括利園酒店在內的建築群。

當時，利希慎母親喜歡看粵劇，但香港僅西環有粵劇院。為方便母親看

戲，利希慎又在利園山山腳平坦處興建「利舞臺」。利舞臺由法國工程師設計，沿用 19 世紀末德國和意大利式歌劇院模式，外西內中，建築物由大理石建成，大門頂建有一小塔，正門及側面建有簷蓬；裏面的穹窿圓頂，繪有飾以金箔的九條金龍，舞台頂層精雕着丹鳳朝陽，下層為二龍爭珠，極盡豪華瑰麗。舞台兩旁掛有一副對聯曰：「利擅東南萬國衣冠臨勝地，舞徵韻護滿臺簫管奏鈞天」，當中擁有能 360 度旋轉的自動轉景舞台，內設超過 1,000 個座位。利舞臺於 1926 年由中國電影皇后胡蝶剪綵開幕，首場是由關德興領銜的新大陸粵劇團演出粵劇。利舞臺戲院落成初期，香港電車每晚均會有一輛「午夜專車」從利舞臺載客到石塘咀。很快，利舞臺成為當時香港最豪華的劇院，一代香港名藝人，包括馬師曾、紅線女、薛覺先、關德興、新馬師曾、芳艷芬、任劍輝、白雪仙等名伶，均曾在利舞臺獻藝。利園和利舞台的興建、啟用，推動了銅鑼灣地區的繁榮。

1928 年 4 月 30 日，利希慎在途經中環威靈頓街前往會所吃午飯時遭槍手暗殺，當場傷重死亡，成為香港開埠以來最轟動的謀殺案。利希慎長子利銘澤聞訊後從英國兼程趕回，時年僅 23 歲，開始參與管理家族生意。利銘澤參與管理家族生意後，曾計劃削平利園山，興建商業及住宅樓宇，先後建成利園山道、希慎道和蘭芳道等。二次大戰後，利銘澤、利孝和兄弟正式掌管家族生意。利銘澤透過希慎置業，大規模開闢利園山，先後在銅鑼灣建成波斯富街、恩平道、新會道、新寧道等街區的大批樓宇，建成格調豪華的利園酒店、希慎道一號、禮頓中心、興利中心、新寧大廈，及新寧閣等物業。

其中，利園酒店樓高 6 層，1971 年加高至 22 層，是銅鑼灣第一家三星級酒店，亦是當時香港少數由華人管理的豪華酒店。利園酒店在 70 年代中期聲譽達到高峰，當時利孝和是香港電視廣播有限公司創辦人、大股東兼董事局主席，每年香港小姐選美例必在利舞臺舉行，然後在利園酒店彩虹館設宴招待佳麗和嘉賓，利舞臺及利園酒店一時衣香鬢影，艷光四射，成為香港傳媒最關注的熱點。這一時期，利舞臺亦是香港歌手舉行演唱會等表演的場地，著名歌星如鄧麗君、羅文、甄妮等，就曾在利舞臺舉行個人演唱會，羅

文並曾在此演出舞台劇《白蛇傳》。利舞台除作粵劇及其他表演外，亦有作放映電影，1939 年上映的首部電影是《大獨裁者》，1991 年拆卸前最後一部放映的電影，則是阿諾‧舒華辛力加主演的《未來戰士續集》。

如果説利氏家族主要在銅鑼灣西部的利園山一帶開發，那麼，南洋富商胡文虎則主要在銅鑼灣東部大坑道發展。香港開埠初期，逐漸有大批閩籍客家人在紅香爐天后廟一帶聚居，這一帶逐步發展成為銅鑼灣市區中心，銅鑼灣街市、銅鑼灣消防局、銅鑼灣社區中心，以及現在已拆除的銅鑼灣警署、銅鑼灣裁判司署等後來都陸續設在這裏。銅鑼灣消防局和大坑的銅鑼灣道的英文名字分別為「Tung Lo Wan Fire Station」和「Tung Lo Wan Road」，而非「Causeway Bay」。後來銅鑼灣才「西移」，轉至以怡和街和百德新街一帶為中心。早期，福建人經香港轉運貨物到南洋，或經香港到南洋經商，因為信奉天后娘娘，多以銅鑼灣天后廟為落腳點，成為銅鑼灣居民中壓倒性的多數群體，一些南洋華人富商也在此建築樓宇，作為香港的居所。

胡文虎在南洋發跡後，也因而到銅鑼灣大坑口購建物業。胡文虎，祖籍福建永定，在緬甸仰光出生，早年與兄弟胡文豹繼承父親在仰光的中藥店「永安堂」，其後在祖傳秘方「玉樹神散」的基礎上，利用薄荷、樟腦、山基子等中藥原料，並採用西藥的科學研製方法，先後研製出多種良藥，包括萬金油、八卦丹、頭痛散等，迅速致富，被譽為「萬金油大王」。1932 年，胡文虎為了拓展中國大陸市場，將永安堂總行遷至香港，在香港開設虎標永安堂藥廠，並在銅鑼灣大坑道一帶購置大片土地，於 1935 年興建著名的「虎豹別墅」，作為在香港的居身之所，並藉此宣傳其虎標良藥。

虎豹別墅俗稱「萬金油花園」，佔地約 53.4 公頃，是一座依山而建、紅牆綠瓦的宮殿式房屋和園林建築，帶有很強的南洋色彩，總投資 1,600 萬港元。據稱，胡文虎在修建別墅時，目的有三個：一是將自己的私家花園開闢為公園供民眾遊覽、玩賞；二是通過花園內的景觀設計，向參觀者宣揚中華民族的傳統文化；三是借此宣傳自己的虎標藥品。為了實現這些目的，胡文虎邀請了以擅長創作廟宇的穹頂和雕塑出名的雕刻大師郭雲山弟弟郭俊燦主

1953 年位於銅鑼灣大坑道的虎豹別墅

持興建虎豹花園。在設計上，虎豹別墅一開始並沒有制定書面策劃，所有建造規劃皆出自胡文虎的想像和創意，工匠們按照他的指示進行設計、修建，將他的設想變為現實。

　　虎豹別墅包括一幢四層樓高的別墅和一個園林花園。大宅正門屬月洞門，可將私人花園的翠綠景致引入室內，地下為客廳、飯廳、閱讀室、遊戲室及音樂室等，客廳設計具有濃郁的中國色彩，採用飛蟾作壁飾，配有姜太公釣魚及八仙過海圖畫，飯廳以天花的金箔十字裝飾最為矚目。花園則以「虎塔」及「18 層地獄」最為聞名。虎塔高 44 米共 7 層，象徵「七級浮屠」，全座建築物呈白色六角形，早年用作收藏翡翠，是虎豹別墅的地標。「18 層地獄」則是花園裏壁上的浮雕，刻有宣揚佛、道和民間信仰中陰曹地府的故事，講出了警惡勸善的道理。虎豹別墅曾是香港早期的旅遊勝地，以四五十年代的遊客最多，大多來自日本和東南亞等地，尤以後者為甚，當時胡氏家族在東南亞發跡，聲名顯赫，慕名而來者眾多。

1954 年胡文虎病逝後，家族後人陸續把虎豹別墅的部分地段出售，先後建成「龍華花園」、「嘉景台」、「龍園」及「華苑」等私人住宅群落。2000 年，胡仙更把剩餘部分以 1 億港元出讓給長江實業集團興建私人住宅「渣甸山名門」。自此，虎豹別墅正式關閉，停止對外開放。其後，香港特區政府與長江實業達成協議，保留原有的「虎豹別墅」主樓及「虎塔」予香港政府，重新「活化」後再對外開放。2013 年，胡文虎慈善基金投得活化項目，變身為音樂學院「虎豹樂圃」，於 2019 年 4 月正式對外開放。

80 年代：香港「銀座」聲名鵲起

20 世紀五六十年代，隨着香港工業化進程的快速推進，整體經濟起飛，各業繁榮，銅鑼灣作為繼中區之後的另一個主要繁榮商業區逐步崛起。1960 年，連接九龍紅磡和灣仔的海底隧道通車，銅鑼灣亦成為通往東九龍和新界東的主要交通樞紐，地價、樓價節節上升。

在此背景下，除了早期利氏家族積極開發利園山之外，其他地產發展商也先後進入銅鑼灣發展。1953 年，新興地產發展商霍英東以現金 280 萬港元，向利氏家族購入銅鑼灣一幢高級樓宇 —— 使館大廈；兩年後，霍氏再以 130 萬港元向利氏家族購入銅鑼灣利園山一幅土地，並興建了當時全香港最高的住宅樓宇 —— 樓高 17 層的蟾宮大廈。蟾宮大廈屬商住樓宇，地下是舖位，二樓作寫字樓，其餘各層是住宅。這幢大廈今天仍然存在，只不過它的四周已全部是林立的摩天大樓，正好見證了數十年來銅鑼灣滄海桑田的巨變。其後，霍英東再接再厲，在銅鑼灣先後興建希雲大廈、禮頓大廈、加路連山大廈、東盧大廈、禮加大廈及禮希大廈等。

20 世紀 70 年代初，早期在東角發展的怡和洋行亦重返銅鑼灣。1970 年，怡和旗下的置地公司在銅鑼灣東角原貨倉地段相繼建成怡東酒店和世貿中心。其中，怡東酒店樓高 34 層，開幕時為當時亞洲最高的酒店，取「怡和的東角」之意。世貿中心早期曾開設碧麗夜總會，後改建為香港最豪華的電影院碧麗宮，並開設有名的美心皇宮大酒樓。1972 年，置地成功兼併

具有悠久歷史、在港島各處特別是銅鑼灣一帶擁有大片土地的牛奶公司。翌年,置地將牛奶公司在銅鑼灣的冰廠——一塊面積達 5.3 萬平方呎的地盤,改建為氣派豪華的溫莎公爵大廈(今皇室大廈)。該大廈樓高 41 層,建築樓面面積逾 81 萬平方呎,是區內最龐大的商業大廈。從樓頂遠眺,維多利亞公園及海港景色一覽無遺。

五六十年代,進入銅鑼灣發展的還有透過經營西藥崛起的華商張祝珊家族。當時,張氏家族透過旗下地產公司錦興置業有限公司,向英資卜內門化工原料有限公司購入銅鑼灣百德新街大批貨倉用地,拆卸重建為商住樓宇。百德新街街名源於怡和洋行。百德新(J. J. Paterson)是怡和創辦人威廉·渣甸胞妹珍·渣甸(Jean Jardine)的後人,1921 年出任怡和洋行董事,其後更出任怡和大班。百德新街正是以他的名字命名的街道。1960 年,百德新街的商廈和住宅樓宇先後落成,當時因市場疲弱、缺乏租戶,張氏家族通過好友利銘澤穿針引線,與日資百貨公司大丸合作,在百德新街開設「大丸百貨公司」(Daimaru),資本額為 300 萬港元,其中,大丸佔 51% 股權,張氏家族佔 49% 股權。大丸創辦於 1717 年,1928 年正式使用「大丸」商號,是一家歷史悠久的日本商號,亦是當時日本最大的百貨公司之一,其經營理念從早期的「先義後利」,發展到後來的「顧客第一主義」及「為社會貢獻」。

大丸百貨公司佔地 8 萬平方呎,設有兩層,分為 30 多個設計新穎的櫥窗,地下一層設有飾物、皮鞋、漆器、陶瓷、食品、日用品、化妝品、文具用品、玩具及廚房用品等部門,二樓則售賣嬰兒用品、餐具、男女服裝、電器用品、唱片及地毯等部門,另設有陳列室、茶樓及餐廳等,顧客對象以香港中產家庭和日本遊客為主,貨品主要來自日本。1960 年 11 月 3 日大丸百貨開業當天,在香港引發轟動效應,近萬名市民前往圍觀。當時,日本大丸百貨派遣員工前往香港分店做「開荒牛」,當中就有在日本留學的吳寶舜。據吳氏回憶,大丸開業初期,日本公司決定將貨品擺放在客人能夠觸摸到的地方,當時曾被中方老闆阻止,認為貨品必然會被偷光,但日方認為不會,決定嘗試一下,結果不出所料,開店不到兩個小時,貨品全部被拿走。該公

司還在頂樓 17 層位置裝設了巨型廣告招牌，非常顯眼，幾乎整個港島和在對岸的九龍半島都可以看見。

　　大丸百貨給香港人印象最深的，是其「顧客至上」的營銷理念和良好的服務態度。客人進店時，員工會列隊向客人鞠躬，初期香港顧客往往會被嚇一跳。大丸百貨更創下不少先河，如引入「分期付款」的銷售方式，大力鼓勵顧客購買日本電器，令日本家電，如電飯煲、電視機、電冰箱進入香港千家萬戶；又提供免費送貨上門服務、電話購物和禮券制度等，讓顧客能憑禮券兌現貨物；公司內還設有試食攤位、美容化妝服務等。據吳氏回憶，60年代，香港一般女性認為，化妝的人都是不正經的，因而在大丸化妝部，前來的顧客多為抱有好奇心的男士，造成男顧客多於女顧客的現象。大丸百貨成為銅鑼灣地區首家百貨公司，亦是日資百貨集團進軍香港百貨業的先聲。它的開業，在香港掀起一股「東瀛」消費風，為香港百貨公司的經營和消費文化帶來了翻天覆地的變化，並奠定了銅鑼灣作為香港繁華商業區的基石。

　　繼大丸之後，多家日資百貨公司，包括松阪屋、三越、崇光等亦相繼在銅鑼灣開業。其中，松阪屋和大丸一樣，也是一家歷史悠久的百貨公司，創辦於 1864 年，總部設於日本名古屋。1975 年，松阪屋與華商恒隆集團合作，在百德新街恒隆中心開業，共設有 4 層店面，與大丸展開競爭。1981年，松阪屋在中區金鐘開設第二間分店，不過，規模較銅鑼灣店要小。總體而言，松阪屋給香港人的印象，沒有大丸那麼深刻。

　　緊隨其後在銅鑼灣開業的是三越百貨。三越創辦於 1673 年，總部設在日本東京，是日本歷史最悠久、最高檔的大型百貨公司之一，以高檔消費和優質服務聞名於世。各國要人和富豪到日本，基本上都會選擇到三越購物。1981 年，利氏家族位於銅鑼灣軒尼詩道的興業中心落成，原計劃要將底層用作上演粵劇和國樂表演的場所，恰好日本三越到香港尋覓店舖，計劃進軍香港市場，於是由利銘澤引進，三越最終落戶銅鑼灣人流最旺的興業中心，連帶還引進了日本俱樂部和日本商會也設於此。

　　三越百貨於 1981 年 8 月 26 日開業，佔用地面到地庫共 4 層，連同貨倉

共 12 萬平方呎。三越售賣的是日本中高檔貨品，店內設有日文書店，吸引了大批喜歡東瀛文化的年輕人，帶動了日本偶像文化在香港的興起。三越在店內設有當時在香港並不多見的滾梯，客人沿着扶手電梯走下地庫時，就會聞到陣陣新鮮出爐的麵包香撲鼻而來，從而吸引顧客直達底層地庫購物。1988 年，三越在九龍尖沙咀太陽廣場開設第二分店，走中高檔路線；而銅鑼灣分店則轉而面向年輕人市場，引入 Ice Fire 等年輕人青睞的品牌，成功吸引了不少年輕消費者。三越百貨將港人帶進了中高檔商品的日式消費潮，其經營業績一直不錯，約佔三越海外業務銷售額的四成。

　　崇光百貨（Sogo）創辦於 1830 年，1969 年正式改稱「Sogo 株式會社」，總公司設於日本大阪，是日本一家規模較大的百貨公司，Sogo 百貨曾經以「把人、城市和世界連接，正是 Sogo 網絡」作為宣傳口號。與大丸、松阪屋、三越等不同，崇光為避免受租金波動影響，在銅鑼灣軒尼詩道三越對面購入一幢約 10 層高的商業樓宇 —— 東角大廈。1985 年 5 月 31 日，即港島

銅灣崇光百貨商店（左）及百德新街
圖片來源：馮邦彥攝於 2018 年

地鐵全線通車之日，崇光百貨正式開業，當時店舖設有 7 層，面積約 12 萬平方呎，售賣貨品遍及衣食住行等生活各個環節，多為中檔貨品，與三越拉開距離。在 7 樓則設置折價貨品，每逢週六日吸引大量顧客前往觀光購物，人流如鯽。1993 年，崇光收購鄰近舊樓進行擴建，使零售面積增加到 19 層，成為香港最大型的日資百貨公司、香港人及訪港旅客的在銅鑼灣的購物地標。1996 年 11 月，崇光又在對面東角道開設「The New Face by Sogo」，後易名為「Beaute @ Sogo」。1997 年 7 月，崇光又打通隔鄰金百利商場地庫，連接至崇光地庫，開設超級市場。

這一時期，銅鑼灣儼然是日資百貨公司的天下，從軒尼詩道的三越、崇光，到百德新街的大丸、松阪屋，以至 1997 年進駐皇室堡的西武，目光所到之處，都是日資百貨公司的巨幅廣告和大型電視螢幕。當時，香港人和外地遊客都專程到銅鑼灣日資百貨公司購物，不少香港人都把到銅鑼灣日資百貨公司購物、觀光視為一種時尚，即使不購物，也要去這些公司走走。因而，銅鑼灣成為香港人流最興旺的商業繁華區。受到日資百貨公司經營方式的帶動，銅鑼灣一帶的商場、店舖都紛紛轉變經營模式，跟上潮流。銅鑼灣作為香港的「銀座」迅速崛起，聲名遠播。

可惜，好景不常，1997 年金融風暴席捲亞洲，令香港經濟陷入戰後以來最嚴重的衰退之中，加上日本經濟泡沫爆破後的調整，種種因素使得日資百貨公司受到相當大的衝擊，呈現退潮式的撤退。2000 年 7 月，日本崇光株式會社宣佈破產，其在香港的分店由華商鄭裕彤與劉鑾雄聯手收購，後於 2004 年 4 月以利福國際的名義在香港上市，成為華資的龍頭百貨零售營運商。同時，大丸、松阪屋、西武等百貨公司為了削減開支，亦相繼關閉店舖，撤離香港市場。2006 年 9 月，由於利氏旗下的興利中心拆卸重建，在銅鑼灣開業 25 年的高檔百貨公司三越亦在租約到期後撤離香港。至此，一度雄霸香港百貨市場的日資百貨基本上只剩下永旺集團一家，透過旗下永旺（香港）百貨在港經營百貨零售業務。

時代廣場和利園區：引領大商場消費新潮流

踏入 20 世紀 90 年代中期，隨着日資百貨公司的消退，另一股勢力在銅鑼灣迅速崛起，這就是以「時代廣場」和「利園區」所引領的大商場和專業商場的新潮流。

90 年代初期以前，銅鑼灣的商業繁華區，主要集中在從崇光百貨經過百德新街到皇室堡之間的地段。而在霎東街香港電車公司車廠附近的街區，還是舊城模樣。當時，每天早上，電車從四面高牆的車廠隆隆開出，接載市民到港島各區；而到晚上，電車又返回車廠維修、停頓，到翌日再投入服務，日復一日，風雨無間。車廠四周則是狹窄的街道，兩旁小店舖林立，出售各種日常用品，如蔬菜、魚肉、家禽、鮮花、水果等，也有店舖專營電器、汽車零配件、衣服鞋物等，更有小攤販推着木頭車販賣各種小飾物、雜物。旁邊的羅素街則佈滿各式各樣的大排檔，售賣香濃咖啡、奶茶、雲吞麵、粥粉麵飯等，供附近的市民大眾一日三餐。當時，這一帶是富有香港特色的市集，既熱鬧又多彩多姿，令人目不暇給。

70 年代末，隨着銅鑼灣社區的發展，香港電車公司車廠被納入重建計劃。不過，初期的計劃只是在原址發展一座小型住宅樓宇，由九龍倉旗下的香港電車公司與英資四大洋行之一的會德豐屬下聯邦地產合作進行。1979年，實施「棄舟登陸」策略的「世界船王」包玉剛透過收購九龍倉股份，與二女婿吳光正一同加入九龍倉董事局，吳光正被委派接手電車廠址的重建發展。吳光正驚訝地發現電車廠址正處於銅鑼灣區極具發展潛力地段，故要求公司重新檢討該項重建計劃。吳氏的這項革新建議，在當時並未被看好，加上適逢中東第二次石油危機爆發，故兼任九龍倉主席的怡和大班紐璧堅亦贊同押後此重建計劃。及至 1980 年和 1985 年，包玉剛先後收購九龍倉及會德豐兩家公司，該項計劃便完全落入出任九龍倉主席兼行政總裁的吳光正手中，成為吳氏入主九龍倉的首項大型地產發展計劃。

吳光正後來回憶説：「鑑於中港城商場的成功經驗，我深信此廠址的重建，定能帶出類同的效果；尤其是在銅鑼灣，商舖的營業時間可延至很晚，

零售業定必大有可為。但要達成這個目標，則舉步維艱。很簡單來説，就是對城市規劃署和市政事物署所提出的種種指引，我們都要一一細心處理，符合要求。」經過數年磋商，九龍倉終於得到香港政府同意，將電車廠遷至西區屈地街和東區的西灣河，騰出車廠舊址進行重建發展。

　　該項重建工程於 1988 年動工，1994 年落成啟用，前後歷時 5 年。整座建築物包括兩幢樓高 46 層和 39 層的辦公大樓——當時稱為「蜆殼大廈」和「西敏寺大廈」（現改為「時代廣場」一座、二座），一座 17 層高的商場，6 層地庫，共容納逾 300 間商店、18 間食肆、4 間戲院和 700 個泊車位，總樓面面積約 197.60 萬平方呎，其中，商場面積約 94.3 萬平方呎。由於不須補地價，整項投資建築成本僅 24 億港元，開業初期每年為集團帶來的租金收入超過 9 億港元。這項被命名為「時代廣場」的計劃，可以説取得了矚目的成功。

　　時代廣場外形為一座直立式建築，透過一條地下行人通道連接銅鑼灣地鐵站，交通方便。為了美化環境，廣場地面一層留有大量的活動空間，供行人使用，並設有一小鐘樓，出自名家 Petit en Fritsen 之作，該公司在歐洲已有 300 多年的製作鐘錶歷史。廣場外牆裝有超大型電視螢幕，內部設有亞洲首部環形電梯、玻璃升降機、最穩妥的保安系統，以及最先進的內部通訊系統。在商場設計方面更是別具匠心，如連卡佛坊最高一層商場的玻璃天花，精緻玲瓏，陪襯着坊內所售的高檔服飾，如天造地設。17 層的大型商場分門別類設有購物、娛樂、休閒及飲食等區域，即將百貨公司傳統模式用在商場的設計上，將不同類型的商舖匯集在一起，使顧客能夠享受一站式的消費娛樂。來自世界各地的超過 200 家知名品牌進駐商場。時代廣場建成後，即以其恢宏的氣勢、美侖美奐的外觀、綜合性的超大型商場傲視同儕，成為銅鑼灣最優質的商廈和地標，並引領銅鑼灣大商場的時代革命。

　　幾乎就在時代廣場策劃發展的同時，被稱為「銅鑼灣地王」的利氏家族亦透過旗下上市公司希慎興業，開始籌劃將集團物業重建發展的龐大計劃，包括興建嘉蘭中心、重建利舞臺及利園酒店等，以便用盡土地的地積比率，擴大和鞏固希慎興業在銅鑼灣的地產王國。嘉蘭中心位於銅鑼灣恩平道，是

希慎透過收購整條街舊樓地皮重建而成的，於 1992 年底落成，樓高 34 層，樓面面積 62.1 萬平方呎，是該區的高級商廈，希慎總部亦設於此。利舞臺的重建計劃始於 1991 年，由希慎興業以 4.5 億港元向大股東利氏家族購入波斯富街 99 號利舞臺地皮，再斥資 8.5 億港元拆卸重建利，計劃建成一幢日本銀座式的戲院和購物商場。重建工程於 1995 年完成，命名為「利舞臺廣場」。

利舞臺廣場樓高 26 層，總建築面積為 31.4 萬平方呎。該建築保留了舊利舞臺法國式建築物的部分設計特色，除了通往主要入口前扇形平台的四級樓梯外，還有昔日入口大堂上的穹頂玻璃天窗設計，亦分別在新大樓底層前座上和高 122 米的樓頂重現；昔日利舞臺舞台兩旁的對聯亦予以保留，懸掛於利舞臺廣場正門大堂內兩側。而面向波斯富街的牆則簡化了舊有柱子和壁柱的古典設計，由底層伸延至頂層，支撐着古典柱式設計的屋頂。與其他商業大廈不同的是，利舞臺廣場全幢建築均用作商舖，包括購物、餐飲和娛樂等用途，不設寫字樓。利舞臺廣場重建落成時，曾在 5 樓設有一間電影院，早期由嘉禾電影管理，後改由新寶娛樂有限公司經營。不過，由於電影院的設計、設備及面積等問題，無法面對同區其他電影院的競爭，最終在 2005 年結業，原址改為餐廳。利舞臺廣場建成後即成為毗鄰時代廣場的另一高級購物娛樂中心。

利園酒店的重建計劃亦於 1993 年展開。利園酒店在 70 年代曾有過輝煌歷史。然而，利園酒店與利舞臺一樣，亦未能阻擋歷史潮流而風流雲散。當年，希慎興業以配股形式集資 12.9 億港元，由大股東利氏家族行使認股證再集資 16 億港元，以 24.5 億港元向利氏家族購入利園酒店物業。該項重建計劃總投資達 42 億港元，於 1997 年落成啟用，為一幢金鐘太古廣場式大型綜合物業，當時命名為「宏利保險大廈」，後改名為「利園一期」。利園一期共 53 層，總建築面積約 90.03 萬平方呎，設有寫字樓和商場。其中，商場共 7 層，內設多家國際名店，商場四五樓為食肆，底層設有超級市場，也是一家綜合性大商場。

1997 年回歸之後，希慎興業進一步加強對旗下投資物業展開重建或者

翻新改造工程，銳意發展銅鑼灣的利園區。這些工程包括：2003 年完成翻新「利園二期」（前稱「嘉蘭中心」，1992 年建成）商場部分；2004 年完成翻新「利園六期」（1988 年建成）；2009 年完成翻新「利園五期」（1989 年建成）；2011 年完成翻新「希慎道壹號」和「禮頓中心」（1977 年建成）；2012 年建成「希慎廣場」；2013 年完成翻新利舞臺廣場低層等。其中，希慎廣場為重建項目，是在興利中心原址拆卸重建，樓高 40 層，基座設有 17 層零售店舖，逾 120 間商戶，高層為寫字樓，總建築面積約 71.6 萬平方呎。希慎廣場在 4 樓設置 10,000 平方呎的空中花園公共空間，並在 5 至 6 樓削減部分樓面面積，營造大型通風口「城市綠窗」，以減低大廈造成的屏風效應。希慎廣場是希慎興業旗下最大型的商場及灣仔區由單一業主持有的第二大商場，僅次於時代廣場。此外，希慎廣場還是香港第一幢獲美國 LEED 白金級綠色建築認證的建築物，並同時獲得香港 BEAM Plus 白金級綠色建築認證，建成開業後即成為銅鑼灣廣受歡迎的商場之一。

2017 年 11 月，希慎旗下的「利園三期」落成開業。利園三期樓高 32 層，建築面積約 46.7 萬平方呎，為銅鑼灣的租戶提供了新的選擇。2019 年，希慎興業進一步再對「利園二期」商場部分展開翻新工程。至此，希慎興業持有投資物業組合增加到 450 萬平方呎，包括商舖、寫字樓、住宅等。其中，位於銅鑼灣的商舖約佔 30%，銅鑼灣的寫字樓約佔 55%，其餘 15% 為半山區住宅物業。希慎興業表示：「利園區位於銅鑼灣黃金地段，匯聚了各類全球及本地零售商舖。我們致力透過完整、便利及多元化的綜合零售方案，支持香港零售業的增長及發展。」「我們繼續銳意發展利園區，成為香港的首選熱點。」

時代廣場的興建和利園區的重建，帶動了銅鑼灣區內綜合性商業物業的拆卸重建潮流。2006 年至 2010 年期間，位於高士打道的皇室堡展開翻新工程，總零售樓面面積擴大到 18 層（從兩層地庫至 16 樓）共 41 萬平方呎，商場內設立近 130 間國際及本地知名品牌、中外食府、設備齊全的電影院，以及佔地超過 3.5 萬平方呎的電腦及數碼廣場。2018 年 10 月，怡和集團宣

佈將投資 50.7 億港元，將已有 46 年歷史的怡東酒店拆卸重建為高級商廈，在原址重建成一幢總建築面積約為 6.35 萬平方米的綜合商業樓宇，重建計劃於 2019 年展開。

　　與此同時，透過重建和翻新工程，一批各具特色的專業性商場相繼崛起。1994 年，華商新鴻基地產向怡和購入世貿中心（今「WTC」），將碧麗宮改建為商場，當時租戶主要為洋服、眼鏡店、酒樓等。2006 年，新地將原有商場從 6 層擴建至 15 層，透過翻新、擴建，將面積增至 28 萬平方呎，初期商戶以食肆為主，其後逐步引入韓國、日本等地連鎖品牌，變身為時尚潮流購物中心，走中檔和設計師品牌路線，廣受年輕人喜愛。另外，四層樓的金百利商場內，眾多小商舖售賣的流行服裝、項鍊耳環、生活雜貨等，既有香港新銳設計師的創意之作，也有從日本、韓國進口的青春潮流服飾。而恒隆集團旗下的 Fashion Walk 涵蓋百德新街、京士頓街及食街，提供室內與戶外購物環境，包含時尚、生活品味及國際美食。

　　如今，銅鑼灣從皇室堡的高士打街、百德新街，崇光和希慎中心的軒尼詩地段，到時代廣場的霎東街、羅素街和利園區附近街區，已發展成為港島最繁華的商業購物區之一。區內商廈、店舖林立，大型綜合性商場和各類專業性中小商場並存，車水馬龍，遊人如鯽。其中，羅素街於時代廣場興建後，街內多幢舊建築展開重建計劃，從昔日舊式街區蛻變成名店林立的繁華街區，2012 年羅素街在兩年內先後超過法國巴黎香榭麗舍大道和美國紐約第五大道，成為全球商用租金最昂貴的街道。

　　來自世界各地的名牌時裝、時尚玩意、首飾精品和家俬電器等，在這裏應有盡有，包括 Gucci、Versace、Prada、LV 等優雅時尚品牌，以及 Versus、OZOC、D&G 等青春品牌等等。與此同時，銅鑼灣大街小巷中，還遍佈各種美食店舖，既有高檔酒店食肆，亦有平民化的酒樓、飯店、茶餐廳等，匯集了不同種類的中西食品，除了傳統的粵菜之外，還有潮州打冷、京滬小菜、特色私房菜、甜品，以及日、韓、越、泰、印度小食及歐洲菜系等等。

　　目前，銅鑼灣已成為香港乃至全球最著名的商業購物區之一。自 20 世

紀 80 年代中後期以來，銅鑼灣就與紐約第五大道、日本東京銀座、英國倫敦牛津大街等，一道名列全球最昂貴零售租金街區前列。根據 Cushman & Wakefield 的數據，2018 年，在全球 64 個最昂貴零售街道中，銅鑼灣以每平方呎租金 2,671 美元超過美國紐約第五大道的 2,250 美元而名列第一位，成為全球最昂貴的零售街區。

銅鑼灣：港島公共文娛康體中心

　　銅鑼灣作為香港島的公共文娛康體中心，有其歷史和地理等方面的原因。從歷史的角度看，在香港開埠之初，港英政府制定維多利亞城發展規劃時，就在黃泥涌、跑馬地一帶建起賽馬場，作為市區華洋上流社會娛樂、郊遊、打獵之用；其後，銅鑼灣的利園、利舞臺的興建，以及皇家香港遊艇會會所從北角搬遷至銅鑼灣奇力島之後，其作為港島主要的公共娛樂中心的地位逐步凸顯。從地理位置來看，銅鑼灣地處香港島中心，西連灣仔，東接北角，特別是港島地鐵線通車、連接九龍半島的香港海底隧道和連接港島南區的香港仔隧道先後通車以後，銅鑼灣更成為香港主要的交通樞紐。在此種背景下，隨着城市建設的發展，銅鑼灣逐步成為了港島的公共文娛康體中心，聚集了眾多的公共相關設施，包括維多利亞公園、香港大球場、海軍球場、賽馬場、香港中央圖書館、香港皇仁書院、虎豹樂圃等。

　　維多利亞公園（Victory Park）簡稱「維園」，透過填海工程於 1957 年 10 月正式落成啟用。維園南鄰近港鐵天后站，北隔維園道與銅鑼灣避風塘毗鄰，面積約 19 公頃，是香港島最大的公園，南面入門處聳立着維多利亞女王銅像，公園內設有多種文娛體育設施，包括由馬會資助興建的游泳館、設有 3,600 個座位的網球場主館、13 個標準網球場、6 個硬地七人足球場、4 個戶外籃球場、2 個共設有 12 個人造草球道的草地滾球場、4 個戶外籃球場、2 張戶外乒乓球球枱、1 個戶外手球暨排球場（1 個手球場／2 個排球場）、2 個滾軸溜冰場，同時設有健身站及緩跑徑、卵石路步行徑、兒童遊樂處、模型船池、音樂亭，以及大面積中央草坪和公眾休憩區等，可滿足不同市民及

遊客的需要。維園還是香港大型公眾活動的主要場所，每逢周日正午，公園內舉行頗具特色的時事辯論會——城市論壇；另外，農曆新年前夕的年宵市場、3 月份的香港花卉展覽、中秋節期間的綵燈晚會、12 月份的工展會，以及每年的國際網球精英大賽或格蘭披士小型賽車活動等等，都在此舉行。每逢此時，維園必定人山人海，熱鬧非凡，成為社會輿論關注的焦點。

香港大球場的前身是政府大球場，地處銅鑼灣掃桿埔，該地原本是埋葬1918 年馬場大火死難者之處。其後，港府把白骨墳塚遷往香港仔華富邨附近的雞籠灣，於 1953 年建成可容納 2.5 萬人的「政府大球場」。政府大球場曾見證了六七十年代香港足球史的光輝一頁。當時，每逢聯賽大戰，大球場都會全場爆滿，掛起紅旗；買不到球票的球迷，會攀上大球場後面正民村附近的山坡，觀看球賽。由於歷史悠久，政府大球場只有部分看台設有上蓋，座位及設備都明顯不足。有鑑於此，90 年代初香港賽馬會提出重建計劃，香港大球場於 1994 年 3 月完成重建並啟用，草地總面積 9,620 平方米，可容納 4 萬名觀眾，是香港最大的戶外多用途康體場地。香港大球場是每年三四月舉辦的香港國際七人欖球賽的比賽場地，亦是香港足球賽的主賽場，很多國際足球比賽、演唱會和其他各類大型活動都在這裏舉行。1996 年，香港大球場舉行南華對快譯通的香港甲組足球聯賽，有超過 3.1 萬人入場，創造了本地足球最高入座紀錄。此外，回歸後的多次中國太空人訪港大匯演、中國國家奧運會金牌運動員訪港奧運精英金牌大匯演等活動，都在此舉行。

香港中央圖書館位於維園對面，於 2001 年 5 月 17 日建成啟用，由香港特首董建華主持揭幕儀式。該圖書館佔地 9,400 平方米，樓高 12 層，樓面面積 3.38 萬平方米，設有逾 2,000 個座位，總投資 6.9 億港元。在香港中央圖書館建成前，香港共有 5 間中央圖書館，分別是香港大會堂圖書館、九龍中央圖書館、沙田中央圖書館、荃灣中央圖書館及屯門中央圖書館。香港中央圖書館建成後即取代大會堂公共圖書館而成為香港公共圖書館的總館，開館時館藏圖書資料約 120 萬項，後增至逾 250 萬項，佔香港公共圖書館系統

香港大球場
圖片來源：Photograph by flicker user: Tom Booth, 2007, https://bit.ly/3tuPB4u,
CC BY 2.0.

香港中央圖書館
Photograph by Wikipedia user: Wing1990hk, 2008. Wikipedia Commons, https://
bit.ly/3qrBWcm, CC BY 3.0.

總館藏 1,435 萬項的近五分之一。香港中央圖書館內外隨處可見由圓形、正方形和三角形結合而成的幾何圖案,含有「天圓地方」以及「知識累積成塔」之喻意。圖書館啟用當日,即有超過 5 萬名市民入場。

　　圖書館館內設有觀景升降機來往地面至 10 樓,並設有多條扶手電梯連接各樓層,大樓每層地台均採用網絡式地板設計,方便電源和資料系統聯繫及新資訊科技的應用。館內共安裝了約 80 部連接了傳統影音分配網絡系統的互聯網數碼站,並設有 700 部電腦連接區域網絡(LAN)的互聯網數碼站,供市民攜同手提電腦插線免費使用。此外,多媒體資訊系統亦提供數碼圖書館服務,輯錄的資料包括老相片、舊地圖、香港舊報紙、藝術家剪輯、手稿等。目前,香港中央圖書館已獲指定為 9 個國際組織的托存圖書館,包括亞洲開發銀行、歐洲聯盟、國際勞工組織、國際海事組織、聯合國、聯合國教科文組織、世界銀行、世界貿易組織及世界糧食計劃署。

　　另外,銅鑼灣還有兩家值得一提的書院 —— 皇仁書院和虎豹樂圃。皇仁書院是香港一所歷史悠久的著名學院,其前身是創立於 1862 年的中央書院(The Central School),孫中山曾於此上課。皇仁書院的辦學宗旨,是為學生提供各方面的教育,目的是使學生在德、智、體、群、美各方面均有卓越的發展,藉此讓他們在人生各方面都有成就感和能成為明日的領袖。20 世紀 50 年代以前,香港的名校多集中於中環,但居住於中環的富裕人士卻比銅鑼灣少,因此,香港政府決定將全港第一家官立中學皇仁書院和庇理羅士女子中學從中環遷至銅鑼灣,這兩間名校一直是全港最難申請的男校和女校。1950 年 9 月 22 日,皇仁書院遷至銅鑼灣鄰近維多利亞公園的現址校舍,由港督葛量洪(Sir Alexander William George Herder Grantham)揭幕,一直沿用至今。另外,虎豹樂圃的前身是虎豹別墅,經「活化」後變身為一所音樂學院,於 2019 年 4 月對外開放,提供中樂及西樂訓練,並舉辦社區外展活動,以推廣音樂文化。

　　近年來,香港特區政府對文娛康體的發展日益重視,如在九龍油尖旺區銳意發展「西九文化區」,在啟德發展區設立文化區等。為此,香港商界、

社會和學者建議，可在銅鑼灣維園一帶興建地下城，將其發展為一個為全港市民服務的大型文化、室內運動、飲食及商舖綜合空間，並將維園和銅鑼灣避風塘相連，建造成一個世界級海濱長廊。若該等構想能夠付諸實施，則銅鑼灣作為香港「銀座」和公共文娛康體中心的地位將更加凸顯。

第三章

油尖旺：
購物天堂、文化重鎮與多元社區

　　1860 年，英國發動第二次鴉片戰爭，迫使清廷簽署《北京條約》，將界限街以南的九龍半島割讓給英國，九龍半島納入香港地域。九龍半島最早開發的城區，當屬油尖旺區，包括尖沙咀、油麻地和旺角。不過，直到 20 世紀 60 年代前，該地區基本上仍屬於碼頭、貨倉地帶和居民住宅區。其後，香港經濟轉型，碼頭、貨倉搬遷到葵青地區，九龍倉將尖沙咀龐大地段發展成為著名的「海港城」，帶動了尖沙咀蛻變，加上尖東商業娛樂區及油麻地、旺角特色商業購物街區的發展，奠定其作為「購物天堂」的地位。近年來，香港特區政府銳意打造世界級的「西九文化區」，更逐步凸顯該區作為香港文化重鎮的功能。此外，由於歷史等多種原因，油尖旺區還是一個多元文化、華洋共融的社區，是香港作為國際大都會的一個縮影。

九龍油尖旺區：早期的城市發展

　　英國佔領九龍半島之初，該地區仍然處於漁農社會，約有 5,000 多居民，多屬農民、漁民和打石工人。當時，英軍在九龍半島沿岸，包括今日的佐敦道渡輪碼頭、油麻地、九龍公園、紅磡黃埔花園一帶以及尖沙咀東南岸各處佈防，並計劃把南九龍半島列為軍事區域。不過，港督羅便臣（Sir William Robinson）為紓緩港島土地不足的壓力，並看準九龍西南沿岸作為商業區的發展前景，希望取得行政、商業用地，遂與英軍爭持，結果獲得英國政府批准。但其時區內許多重要地段，均已被英軍佔據。

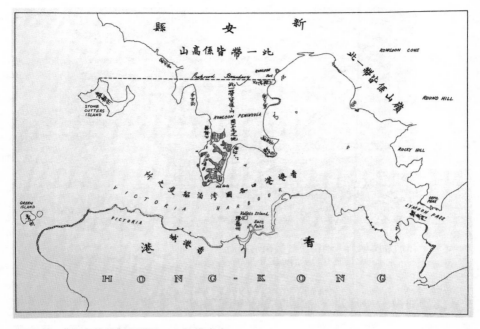

1860 年《北京條約》附圖 —— 九龍半島
圖片來源：薛鳳旋編著：《香港發展地圖集》（香港：三聯書店，2010 年）。

　　九龍半島最早開發的城區，是油麻地、旺角、大角咀一帶及尖沙咀、紅磡沿岸。油麻地的名稱與油麻地天后廟及區內捕魚業密切相關，根據天后廟內於 1870 年所立碑記，該地稱為「蔴地」，為當地漁民晾晒船上蔴纜的地方。其後，不少經營補漁船的桐油及蔴纜的店舖在區內設立，故改稱為「油蔴地」。根據 1873 年的差餉手冊，居住油麻地的人士，除了經營船隻維修、蔴纜、漿櫓、鐵匠及木材外，還有經營雜貨、理髮、米店、妓院、鴉片、長生店、儀仗花轎等。

　　1880 年和 1887 年，油麻地先後建成沿南北走向的新填地街和上海街。其中，新填地街由港府將油麻地沿岸的沼澤地填平，由被判處勞役的犯人修建，初期定名為「懲戒街」（Reclamation Street），其後隨着填海區的擴展，該街道延伸到旺角，並改名為「新填地街」。上海街為一條沿原海岸線修建的街道，因中段建有油麻地警署，初期定名為「差館街」（Station Street），後改稱「上海街」。在彌敦道尚未發展起來之前，新填地街和上海街是當時

早期油麻地新填地街及甘肅街附近街景
圖片來源：香港社會發展回顧項目

主要的營商街區。此外，油麻地最早的街道還有一批東西走向的街道，由北至南分別命名為第一街至第八街，第一街後改名為「甘肅街」，第八街命名為「寶靈街」。

到 20 世紀初，油麻地發展成為九龍半島人口稠密的商住區。1905 年，香港歷史悠久的豆製品品牌 —— 廖孖記腐乳在閩街創辦。1913 年，油麻地果欄開業，成為港九有名的水果批發集散地。目前，油麻地還留下不少歷史建築物，如油麻地警署（1873 年）、油麻地抽水站宿舍（俗稱「紅磚屋」，1895 年）及油麻地戲院（1925 年）等。

旺角古稱「芒角」，古時此處芒草叢生而地形像一隻牛角伸入海裏，故稱為「芒角咀」，附近村落稱為「芒角村」。芒角村位於現今弼街與通菜街、西洋菜街、花園街一帶，村民以種菜、種花、養豬、養雞為生。1860 年芒角隨九龍半島一併納入香港，村民將蔬菜、禽畜、鮮花等運往香港出售。1909 年，香港政府開始在旺角海邊附近填海及興建避風塘，建設碼頭和道路，原有的菜田被填平，發展出洗衣及染布等工業。到 30 年代，旺角已成為九龍半島主要的工業區，製煙廠、紡織廠、五金廠林立，芒角亦正式定名「旺角」。1925 年，位於現今亞皆老街以西、櫻桃街以東一帶的露天旺角街

市開始營運，主要售賣肉類、蔬果、海鮮及日用品等。50 年代以後，旺角逐步轉型為人口密集的繁華商住區。

19 世紀 80 年代以後，港府陸續在油麻地、大角咀、尖沙咀和紅磡沿岸展開填海工程。20 世紀初，華商何啟、區德合組「啟德營業有限公司」，計劃在九龍灣北岸展開大規模的填海工程。工程於 1914 年獲得港府批准，1916 年正式啟動，計劃發展成為花園城市住宅區。到 1927 年，先後完成一二期工程，新填海區面積約有 120 公頃，稱為「啟德濱」（Kai Tak Bund）。其中，靠近九龍寨城外的龍津埗頭新填地，被發展成多條街道，包括啟德道、啟仁道、長安街、啟義道、一德道、二德道、三德道等，建成數百棟民房，形成九龍寨城外另一個住宅區。不過，該計劃後期發展不理想，導致啟德公司倒閉，部分空地被港府收回，改為興建早期的啟德機場。二戰期間，日軍佔領香港，為擴建機場作軍事用途，將九龍寨城牆及啟德濱住宅拆卸，啟德濱成為啟德機場一部分，該地名因而消失。

1904 年，港督彌敦（Sir Matthew Nathan）上任。他將香港城區開發的重點轉移到九龍半島，並策劃興建九廣鐵路英段。當時，香港與廣州的貿易頻繁，香港政府因而與清政府商議修建連接香港與廣州的鐵路，鐵路按地域分為中英兩段，分別由中、英兩國政府負責建設。其中，英段從深圳羅湖到九龍尖沙咀，於 1906 年動工，1910 年完成。九廣鐵路最初以油麻地站為九龍總站，但彌敦決定把鐵路伸延到九龍半島的最南端尖沙咀，於是修路工程人員將阻隔油麻地與紅磡海岸之間的小山夷平，把泥土運往東南海岸填海，在新填海區修築了漆咸道、梳士巴厘道，並在梳士巴厘道末端興建起尖沙咀總站及著名的鐘樓。

為了開發九龍半島，彌敦下令在九龍半島開闢一條主幹道 —— 彌敦道（Nathan Road）。其實，早在 1860 年，彌敦道已開始由英國工兵修建，在英國尚未與清政府簽署《北京條約》之前，九龍半島已由當時的兩廣總督勞崇光以租賃形式，即每年 500 銀元租予英國。彌敦道最初命名為「羅便臣道」（Robinson Road）。1887 年，彌敦道的範圍只是南至中間道，北至柯士甸

道，南端後因填海而由中間道延伸至梳士巴厘道。1904 年，彌敦總督力主發展九龍半島，於是拓寬彌敦道為九龍半島的主幹道，並延長至窩打老道。1909 年，為了避免此路與港島的羅便臣道混淆，港府將該道路改名為「彌敦道」。擴建後，彌敦道成為六線行車大道，兩旁種滿林蔭大樹。彌敦道的

1941 年九龍街道
圖片來源：薛鳳旋編著：《香港發展地圖集》（香港：三聯書店，2010 年）。

建成，成為貫通半島南北的要道，大大加快了油尖旺一帶的城區開發。

在九龍半島最早投資發展的大公司，是創辦於 1886 年的「香港九龍碼頭及倉庫有限公司」（Hong Kong and Kowloon Wharf and Godown Company Limited，簡稱「九龍倉」），創辦人為保羅‧遮打爵士和怡和洋行。1874 年颱風襲擊香港，尖沙咀一帶不少倉庫和碼頭東主破產，投資者自願將地段交還政府。1885 年，港府將尖沙咀臨海地段重新拍賣，由遮打投得。當時，該地段尚未發展，有充足的土地興建貨倉碼頭，且臨深海，可停泊大輪船，是建設貨倉碼頭的理想地點。1886 年遮打和怡和洋行合作，創辦九龍倉公司，在尖沙咀沿海地段建設兩座碼頭，因其形狀得名「九龍倉橋」。九龍倉的創辦，使維多利亞海港有了嶄新的碼頭及貨倉設施，奠定了這個深水港的重要基礎。

九龍倉創辦後一段時期，業務一度出乎意料的好，每年使用九倉碼頭的船舶直線上升，不少歐洲輪船公司都致函表示支持九龍倉，船舶到港時，即寄碇於九龍倉碼頭。到 20 世紀 40 年代，九龍倉已發展成為香港一家以效率著稱的大型碼頭貨倉公司，無論在漲潮或退潮時，其碼頭都能夠同時停泊 10 艘水深 10 米以上的遠洋貨輪。九龍倉還備有容量約 75 萬噸貨物的倉庫，運輸貨棚備有專門設計的充足燈光和寬敞的貨場，貨倉是一座鋼筋混凝土的 6 層樓房，全都安裝了貨運電梯和起重機。九龍倉還設有汽艇和駁船，為繫在水鼓上的船隻卸貨，並經營一般貨物的轉運業務。

在尖沙咀發展的另一家大公司是「香港上海大酒店有限公司」（The Hong Kong and Shanghai Hotel Ltd.，簡稱「大酒店」），創辦於 1866 年。早期，香港大酒店主要在港島發展，先後投資興建了中環畢打街的香港酒店，及港島南區的淺水灣酒店。由於業務蒸蒸日上，香港大酒店董事局於是放眼九龍尖沙咀旅遊區。當時，該區已設有火車站、渡輪碼頭、遠洋輪船碼頭，開始發展為繁榮的商業區，具備優越條件興建觀光酒店。1921 年，大酒店開始在尖沙咀海旁興建一座新型酒店 —— 半島酒店。新酒店不僅面積大，還在相當長時期成為香港最高樓宇（7 層）。酒店所用的一切金屬品，皆用

黃銅或不銹鋼製成，大堂、廳、客房及走廊均鋪滿地毯。燈飾華麗為新酒店的另一特色，整間酒店設有各式電燈 4,000 盞。1928 年 12 月 11 日，半島酒店揭幕，紳商名流紛紛出席觀禮，署理港督修頓（Sir Thomas Southorn）爵士主持開幕典禮，並致詞表示：「自九廣鐵路及粵漢鐵路通車後，旅客可從倫敦乘搭火車直達九龍半島酒店前，他們可以發現半島酒店的設備不比歐美任何酒店遜色。」

20 世紀初，九龍半島市區發展，尖沙咀、油麻地、旺角、深水埗一帶新建樓宇如雨後春筍，居民移居者眾，商業繁盛，除了九廣鐵路全線通車之外，與此相關的公共設施亦起步發展。當時，香港電燈公司的電力供應已難以應付，香港政府於是批准在九龍地區成立新的電力公司。1901 年 1 月，中華電力公司創辦，負責九龍、新界地區的電力供應。初期，中電於 1903 年在九龍紅磡漆咸道設立第一間發電廠。1918 年，香港政府徵用紅磡發電廠地段，並用紅磡鶴園新填海地作為交換。1920 年，中電在紅磡鶴園建成新的發電廠，裝置新式機組，發電量大增。

在港九交通方面，1888 年，九龍渡海小輪公司創辦，提供往來尖沙咀與中環的渡輪服務。1898 年，九龍倉收購該公司，改名為「天星小輪」，其後更建成中環及尖沙咀天星碼頭。1923 年，經營中環至深水埗、旺角及油麻地之間的輪渡航線由「香港油麻地小輪有限公司」投得，並於 1924 年啟航。1933 年，油麻地佐敦碼頭及中環統一碼頭建成啟用，油麻地小輪開始提供往來中環至佐敦道的雙層渡輪服務。港九兩地的渡輪交通進一步改善。

早期，九龍半島沒有醫院設施，病人需要舟車勞頓到香港島就醫。為解決就醫難的問題，1907 年，一群社會賢達倡議在油麻地設立中式醫院——廣華醫院，於 1911 年獲港府批准，在油麻地撥地 12.35 萬平方呎興建。廣華醫院院址原為一處荒蕪山崗，經在任總理努力籌措，以及港府和社會各界支持，於 1911 年 11 月 9 日正式落成，成為九龍半島第一家醫院。開業時，醫院正門掛有創院總理所贈對聯：「憫蒼黎火熱水深喚我國魂起四百兆同胞痼疾，合中外良醫妙藥仗君佛手拯二十紀世界沉痾。」

尖沙咀：從貨倉碼頭區蛻變為「購物天堂」

50 年代初期，朝鮮戰爭爆發，以美國為首的聯合國對中國實行貿易禁運，香港的轉口貿易自此衰落，進出香港的船隻銳減，九龍倉的業務深受影響。為了穩定公司利潤，九龍倉開始推行業務多元化。60 年代初，香港的對外貿易再度蓬勃，九龍倉決定興建一座現代化的客運大樓。1962 年，九龍倉取得港府資助，將原第一號碼頭重建為樓高 4 層的「海運大廈」。1966 年 3 月 22 日，海運大廈落成，可供 5 萬噸級郵輪停泊，由瑪嘉烈公主（The Princess Margaret, Countess of Snowdon）剪綵揭幕，第一艘巨輪「坎培拉號」首先停泊海運大廈碼頭。海運大廈還設有兩層樓面面積達 64.8 萬平方呎的商場 —— 海港塢，內設 112 間商店、2 間餐廳、4 間酒吧，以及郵局、美容院、大型停車場等，是當時全亞洲第一個大型購物商場。1969 年，九龍倉再接再厲，與華商許世勳及陳德泰合作，建成香港酒店和海運戲院。

幾乎就在海運大廈興建的同時，華商霍英東、何鴻燊等組成九龍置業公司，於前九龍倉碼頭旅遊中心地段，投資興建「九龍商業大廈」，於 1967

1960 年代高空俯瞰尖沙咀
圖片來源：許日彤

年落成並改名為「星光行」。星光行樓高 19 層，底座四層為商場，原計劃主要用於收租。當時，香港發生政治騷動，港英政府處處限制親中企業的發展，結果星光行的出售及出租均遭到意想不到的困難。最終，霍英東只好以 3,750 萬港元的低價賤售給英資置地公司。置地購入星光後，在短時間內將數百間辦公室和商舖成功租出，成為尖沙咀另一個主要的購物商場。1970 年，星光行曾開設惠文蠟像院，以吸引遊客觀光；1975 年，市政局租用星光行為新成立的香港歷史博物館作館址，直至 1983 年遷出。

進入 70 年代，隨着香港貨運方式的革命，九龍半島沿岸的面貌迅速發生巨變。在 60 年代以前，九龍半島沿岸主要為碼頭、貨倉和船塢。當時，尖沙咀一帶是九龍倉的舊式碼頭貨倉，主要為客貨輪服務；沿岸而上，在尖沙咀與大角咀之間是眾多的碼頭泊位，供貨船和躉船使用，各停泊區之間，有無數的駁船等候接貨。從尖沙咀向東伸延，是著名的藍煙囱輪船公司的貨倉碼頭，而尖東紅磡一帶，則是龐大的黃埔船塢，與港島鰂魚涌的太古船塢遙遙相對。沿岸街道上，是各種為航運服務的店舖，充斥着麻繩、機械及各種船舶用品，此外就是專供水手使用的酒吧、餐館。

然而，70 年代期間，香港的航運業進入貨櫃化時代，葵涌貨櫃碼頭相繼建成使用，九龍倉原有的功能日漸式微。1971 年，藍煙囱貨倉碼頭停業，華商鄭裕彤透過旗下上市公司新世界發展，以 1.31 億港元的價格向太古洋行購入藍煙囱貨倉碼頭舊址，面積達 19.9 萬平方呎。當時，香港政府希望新世界能在該地段興建一幢世界一流的建築物，作為香港的標誌，因此陸續將鄰近土地批予新世界，令該地段面積增加到 43 萬平方呎。這座日後被命名為「新世界中心」的工程共分兩期進行，首期工程包括一幢 14 層高寫字樓、5 層商場及擁有 800 多間客房的新世界大酒店；第二期工程包括一幢有 700 多個單位的豪宅大廈及擁有 650 間客房的麗晶酒店，全部工程於 1982 年竣工。

新世界中心落成後，旋即成為尖沙咀最繁華的商場之一。1982 年開業的日資東急百貨公司，是該中心最大的租戶，也是時尚人士購買日本服裝和

雜誌的地標。商場二樓的海城大酒店夜總會,是當時香港最大規模的中式酒樓,曾邀請不少歌影紅星登台表演,包括歌壇巨星羅文及影視紅星歐陽佩珊等。位於地庫的酒城(Bar City)更是當年年輕人光顧的熱點,曾有不少國際歌星、樂隊前來獻唱。該中心並設有多間食肆,包括王子日本料理、韓國貴賓飯店、福陞小廚房及 Pizza World 等。中心的服務式公寓設備齊全,包括林青霞、葉倩文、鍾楚紅等歌影明星都曾入住。此外,新建成的麗晶酒店更是聞名中外,與半島酒店、文華東方酒店一道,成為 80 年代全球 10 大最佳酒店之一。

與此同時,九龍倉亦訂下發展大計,展開規模宏大的重建計劃。該計劃耗資約 15 億港元,歷時 10 餘年,在原有的海旁碼頭、貨倉地段上,先後建成了海洋中心(1977 年)、海洋廊(1981-1983)等綜合物業,到 80 年代中期全部完成。1987 年,九龍倉將旗下所有廣東道沿路物業統稱為「海港城」。海港城共有 4 組相連的建築群,分別為海運大廈、馬可孛羅香港酒店、海洋中心和港威大廈,總建築面積超過 1,200 萬平方呎。其中,寫字樓樓面面積 440 萬平方呎;商場樓面面積 200 萬平方呎,包括約 450 間高檔時尚零售商店,60 多家食肆,1 間大型電影院;其他部分樓面面積 600 萬平方呎,包括 3 家高級酒店(香港酒店、馬可孛羅香港酒店及太子酒店,客房共逾 1,500 間),500 個單位服務式住宅,私人會所九龍太平洋會,及 2,000 多個泊車位,成為香港最大面積的購物中心及名牌集中地,被譽為「亞洲最龐大及成功的綜合商業中心」。自此,美侖美奐的高級商廈和酒店矗立在尖沙咀沿岸,使之面貌煥然一新。

受到海港城的帶動,尖沙咀從廣東道到彌敦道之間的大批街區相繼掀起高級商廈的興建、重建潮流。在海港城北端的廣東道,於 1988 年建成綜合性商業物業 —— 中港城,該物業包括 5 幢海景高智慧寬帶主幹寫字樓、6 層大型購物商場、一間五星級酒店,以及中港客運碼頭、巴士及的士總站,配合四通八達的交通網絡,成為聯繫香港與澳門、中國內地城市的交通樞紐。中港城商場是熱門潮流服飾的集中地,網羅了各種式樣的店舖,從時尚

服飾、家居精品，到化妝用品乃至美容護膚等，一應俱全，使得來往內地與香港之間的旅客，得以方便購物。中港城因其獨特的金色幕牆及中港客運碼頭，被譽為「通往中國的黃金大門」，並榮獲健力士世界紀錄大全「最大的金色玻璃幕牆建築物」。

位於海港城東側梳士巴厘道的半島酒店也展開擴建工程。半島酒店為香港現存歷史最悠久及最豪華酒店之一，名列全球最佳 10 大酒店之列。半島酒店有「影人茶座」之稱，80 年代期間香港著名影星張國榮、鍾楚紅、張曼玉等曾是酒店常客，曾入住的名人有美國前總統尼克森、英王伊麗莎白二世、影星克拉克·蓋博等。1988 年，半島酒店展開維修工程，並於 1991 年進行擴建工程，在酒店北面加建一幢 30 層高的新翼，於 1994 年完工。酒店設有全港最尊貴、最高雅的餐廳酒吧，包括被譽為亞洲最出色的法國餐廳之一的吉地士餐廳、時尚人士雲集的 Felix 餐廳，及全港最正宗的粵菜嘉麟閣等。新翼北面為寫字樓，並於中間道設有獨立大堂，頂樓設有直升機場，方便重要貴賓使用直升機往來香港國際機場或暢遊香港上空。半島酒店的附屬建築物半島閣拆卸後與旁邊的美輪大酒店重建為「九龍酒店」。

尖沙咀彌敦道兩旁也展開興建、重建工程，位於彌敦道九龍公園東側的柏麗購物大道於 1986 年落成，全長 300 米，均為兩層白色建築，雅典大方，在高廈林立的尖沙咀區顯得十分突出，整條街道林立超過 50 間店舖，均為本地或國際時尚流行品牌專門店，商舖外的行人道寬達 10 米，保留了當年彌敦道興建時種植的不少大樹，更擺放了一座雙手緊握、以「請」為主題的雕塑，故又稱為「禮貌徑」。每到晚上，柏麗大道的綠蔭上會掛滿一閃一閃的燈飾，十分璀璨漂亮。柏麗大道有「香港的香榭麗舍大道」之稱，是遊客到尖沙咀必去的旅遊購物景點之一。

位於柏麗大道對面的是著名的美麗華酒店，創辦於 1957 年，包括美麗華酒店和基溫大廈等。這兩項物業在興建時，由於地處啟德機場飛機航道附近而受政府高度限制，致使地積比率未能用盡。機場搬遷後附近建築高度放寬，於是拆卸重建為一幢高級商場；2007 年再對酒店展開翻新工程，重

新命名為「The Mira Hong Kong」。2010 年，美麗華酒店將商場展開翻新、擴建工程，吸引大品牌進駐，並命名為「Mira Mall」，於 2012 年開放。其後，美麗華酒店又對旗下四大物業 —— 美麗華商場、Mira Mall、美麗華大廈及 The Mira Hong Kong 展開軟硬體優化及策略性整合，並於 2017 年命名為「Mira Place」（美麗華廣場）及對外開放，在尖沙咀黃金購物消費區建立起面積達 120 萬平方呎的一站式綜合購物樞紐。

香港回歸以後，隨着尖沙咀繁華商業區的崛起，新世界發展為了適應千禧一代的生活方式，亦着手展開旗下位於尖沙咀海旁新世界中心的重建工程。2003 年，新世界在尖沙咀海濱長廊贊助特區政府興建「星光大道」。新世界中心的重建工程於 2008 年完成補地價，2009 年展開拆卸。2012 年，新世界發展宣佈耗資 200 億港元，在新世界中心舊址打造藝術及創意設計新地標 —— Victoria Dockside（中文名為「維港文化匯」），其中，Victoria 代表香港維多利亞海港，Dockside 意指舊址前身為「藍煙囪」碼頭。2017 年，重建工程完成第一期項目，建成樓高 66 層的甲級商廈 K11 Atelier。Victoria Dockside 全部工程於 2019 年完成，總面積達 300 萬平方呎，包括甲級寫字樓 K11 Atelier、六星級的香港瑰麗酒店、酒店式住宅瑰麗府邸，以及大型購物商場 K11 MUSEA（中文名為「K11 人文購物藝術館」）等。

其中，K11 MUSEA 樓高 10 層，佔地 120 萬平方呎，以購物藝術館為經營理念，場內有多項特色結構，包括大廈外牆為全球最大的綠化牆之一；地面設有佔地 2,000 平方呎的露天廣場 Sunken Plaza；設有動態水幕牆，並裝上噴霧系統，上方設有 25 呎高的 LED 螢幕，以用作戶外電影放映、現場音樂會及各種藝術表演。而商場中庭則命名為 Opera Theatre，高 33 米，由數百盞燈飾組成螺旋形效果，天花拱頂 Oculus 設有兩個 7 米寬的天窗。另外，二至三樓設懸掛着金色三角圖案構成的球形空間 Gold Ball，除可營造星空效果外，亦可用作展覽、藝術表演和 pop-up 商店等多用途空間。K11 MUSEA 開業後每月平均客流量超過 140 萬人次，成為尖沙咀海濱的新地標，被譽為「香港最值得期待的旅遊點」之一。

至於新世界持有的毗鄰新世界中心的麗晶酒店，於 2001 年 5 月出售給英國巴斯集團（Bass Hotel & Resort），並改名為「香港洲際酒店」。2015 年，巴斯集團旗下的洲際集團將酒店物業業權出售予香港的基匯資本，但仍保留香港洲際酒店 37 年管理許可權及三次管理合約延期權。2018 年初，洲際酒店集團宣佈將於 2020 年初對香港洲際酒店展開大規模翻新工程，初步計劃於 2022 年重新開業，屆時將再以「香港麗晶酒店」面世。

經過數十年的發展，尖沙咀從昔日的貨倉碼頭區蛻變為海內外聞名的「購物天堂」，區內大型及超大型綜合性商場、寫字樓、高級酒店林立，夜總會、卡拉 OK、酒吧、超市、食肆遍佈各個角落，中外遊客蜂擁而至。內地「自由行」政策實施後，廣東道一帶街道兩旁更擠滿手拎推箱、瘋狂購物的內地遊客，成為一道矚目的景觀。

東西兩翼：尖東商娛區和西九文化區

尖東（尖沙咀東部）的發展，起源於港九鐵路總站從尖沙咀搬遷到紅磡。20 世紀 60 年代，尖沙咀的發展，只局限於在金馬倫道方圓一里的地區內，這裏早已商戶林立，十分擁擠，不足以應付發展中的新需求。為了使尖沙咀經濟發展得以持續擴大，港府決定將港九鐵路總站從尖沙咀搬遷到紅磡新填海地，拆卸從尖沙咀到紅磡段的鐵路，並在此基礎上展開大規模的填海工程，將尖東原駐港英軍漆咸道軍營和紅磡灣連成一片，共填得約 17.4 公頃土地。

港九鐵路總站搬遷到新填海地紅磡後，港府從 70 年代後期起相繼在紅磡至尖沙咀海旁興建了香港體育館（俗稱「紅館」）、香港文化中心、香港藝術館、香港太空館、星光大道、尖沙咀海濱長廊等一系列文化、娛樂設施。最早興建的是紅館，毗鄰港九鐵路總站（現稱「紅磡站」），於 1977 年動工，1983 年啟用，並由港督尤德爵士主持揭幕典禮。紅館外形像一個倒金字塔，建築獨特，最多可設有 1.25 萬個座位，中央表演場地面積 1,680 平方米，空中懸掛巨大電視屏幕，可即時播放館內活動，在當時相當先進。紅

館建成後，不僅成為香港的體育中心，更有大批歌影巨星相繼在此登台獻唱，引起轟動效應，成為全城輿論關注的熱點。

位於尖沙咀原址的港九鐵路總站於 1978 年拆卸後，在保留火車站鐘樓的同時，於 1986 年動工興建「香港文化中心」，1989 年落成，由英國王儲查理斯和王妃戴安娜主持揭幕儀式。香港文化中心佔地 5.2 公頃，外形呈凹弧形向兩側翹起，據説設計意念是令建築物從空中俯瞰像展開的翅膀，從地上仰望像風帆。文化中心總建築面積 8.22 萬平方米，設有音樂廳（2,019 個座位）、大劇院（1,734 個座位）和劇場（可容納近 500 名觀眾）等 3 個主要表演場地，提供各式音樂會、歌劇、戲曲、舞蹈及電影等，中心亦設有展覽館、排演室、會議室和露天廣場，成為香港最主要的藝術表演場地。國際級大型音樂劇《歌劇魅影》和《孤星淚》等都曾在大劇院上演，香港電影金像獎頒獎典禮也在此舉行。

毗鄰香港文化中心的香港藝術館，原設於中區大會堂，1991 年位於尖沙咀的新館落成後，乃遷至此。該藝術館設有多個展廳，擁有藏品超過 1.5

位於尖沙咀海邊的香港文化中心和鐘樓
圖片來源：Photograph by Wikipedia user: Wing1990hk, 2014. Wikipedia Commons, https://bit.ly/3LaMpB5, CC BY 3.0.

萬件，包括中國書畫、古代文物珍品、香港藝術品等，致力於保存中國文化精髓和推廣香港藝術。香港太空館於 1977 年動工，1980 年建成，佔地約 8,000 平方米，是亞洲最著名的天象館之一。該館分東西兩側，東側為蛋形外殼建築，設有天象廳、宇宙展覽廳、全天域電影放映室等，西側設有太空探索廳和演講廳等，是香港天文和太空科學教育中心。

至於尖東地段的大片新填海區，港英政府則相繼以拍賣方式出售予多個地產集團，包括信和集團、嘉里建設、永安集團等，計劃在尖東建成一個新的商業、娛樂新區。其中，以來自新加坡的黃廷方家族及其旗下的信和集團購入的土地最多。信和地產購入這些土地後，即推行連串龐大發展計劃，一名曾在信和集團工作了 10 年的高級行政人員事後回憶說：「我在七九年加入信和工作，當時主要負責尖東的發展，我記得當時的尖東是一大塊填海土地，要發展它，一切從無到有，必須具有卓越的遠見和魄力。公司參與發展工程多達 8 項，計有：尖沙咀中心、帝國中心、好時中心、永安廣場、南洋中心，及已經易名為明輝中心的尖沙咀廣場，這些龐大的發展，不但將紅磡和尖沙咀連成一片，而且將尖東發展成本港一個現代購物旅遊中心，奠定了信和集團的根基。」

尖東的商業樓宇先後於 80 年代初落成，因受到啟德機場航道高度的限制，樓高由 10 層到 16 層不等，附設地庫，多採用鋼構玻璃幕牆，為盡用地積比率而建成方匣子形狀，如東海商業中心、尖沙咀中心、帝國中心等都是這類建築的典型。從 1982 年起，由「東尖沙咀地產發展商聯會」主辦的「璀璨閃耀匯尖東」（原名為「金光璀璨耀尖東」）成為香港最具代表性的聖誕節慶祝活動之一。每逢聖誕期間，尖東商廈外牆都裝飾着璀璨的五彩燈飾，吸引眾多的港人和外地遊客前來觀賞、購物。從尖沙咀鐘樓連貫到紅磡的尖沙咀海濱長廊，也成為外地遊客觀賞維多利亞海港璀璨夜景的必到之地。尖東地區日間以商業和旅遊活動為主，夜間則以酒吧、夜總會、卡拉 OK、的士高、小吃店最為熱鬧，成為九龍半島繁華的商娛區。八九十年代全盛時期，以大富豪、大都會、中國城等為代表的夜總會匯聚尖東，一到入夜霓虹

燈熠熠生輝，成為外地遊客的打卡地和部分人士的「銷金窩」。

　　為配合尖東的發展，香港政府還將香港科學館和香港歷史博物館安設在此區。香港科學館於 1988 年動工興建，1991 年正式啟用，由港督衛奕信爵士（Sir David Clive Wilson）主持揭幕儀式。香港科學館是一所以科學為主題的博物館，樓高四層，總面積為 13,500 平方米，是政府康文署轄下 10 個博物館中每年平均參觀人數最多的博物館。香港歷史博物館前身是市政局於 1962 年在中環香港大會堂設立的「香港博物美術館」，1975 年分拆為「香港藝術館」和「香港博物館」。香港博物館早期曾租用星光行為館址，1983 年遷至九龍公園。1995 年，香港政府耗資 3.9 億港元，在尖東漆咸道興建新館，於 1998 年落成，並命名為「香港歷史博物館」，以展示香港歷史的發展。

　　稍後，尖沙咀西側的西九龍也起步發展。90 年代初中期，香港政府為發展赤鱲角國際機場，在西九龍展開大規模填海工程，以興建機場鐵路九龍站。為此，鐵路公司將九龍站上蓋的物業第五、六、七期合併公開競投。結果，由新鴻基地產於 2000 年 9 月成功投得機鐵九龍站該項發展權。該項目坐落於東鐵、西鐵及地鐵三條主要鐵路的交匯處，總投資約 200 億港元，包括甲級商廈環球貿易廣場、豪宅「天璽」、兩間六星級酒店 W Hotel 和 The Ritz-Carlton Hotel、豪華服務式住宅，以及 100 萬平方呎大型主題商場「圓方」等。

　　2005 年，新鴻基地產將九龍站第七期項目命名為「環球貿易廣場」（ICC）。環球貿易廣場於 2005 年開始分三期動工興建，2011 年全部落成啟用。環球貿易廣場樓高 490 米，共 118 層，為香港最高、全球第五高建築物，總樓面面積為約 282 萬平方呎，其中，甲級寫字樓面積 250 萬平方呎。項目落成後，與維港對岸的國際金融中心（二期）組成「維港門廊」，成為 21 世紀香港的新標誌。環球貿易廣場建成當年，即獲國際建築業權威機構高樓建築與城市住宅協會評選為全球性的「最佳高樓大廈」之一。其後，相繼獲得芝加哥摩天大樓研究組織、亞太地區智慧綠建築聯盟等權威機構頒發

多個獎項，更被美國權威建築雜誌 *Architectural Record* 評選為過去 125 年來最重要的時代建築之一。

與此同時，香港特區政府又在西九龍籌劃建設「西九文化區」。西九文化區起源於香港首任行政長官董建華在 1998 年政府施政報告中提出的「西九龍文娛藝術區」，計劃在西九龍填海區臨海地段興建一系列世界級的文化設施，將香港發展成為亞洲的文化藝術中心。不過，該計劃一波三折，擾攘 10 多年。2012 年，城市規劃委員會公佈西九龍文化區發展圖則草圖，涵蓋總面積約為 40.91 公頃。其中，位於柯士甸道西和西區海底隧道繳費廣場以南土地為第一階段工程，內容包括一個名為「M+ 視覺文化博物館」、演藝綜合劇場、中型劇場 I、音樂中心、大型表演場地、展覽中心及音樂劇院等；第二階段計劃於 2030 年或之前竣工，內容包括大劇院、戲曲中心的小型劇場、中型劇場 II 及「M+」第二期。

西九文化區的核心建築，主要包括戲曲中心、香港故宮博物館、M+ 視覺博物館、自由空間、演藝綜合劇場、新晉建築設計師展廳等，共 17 座建築物。其中，戲曲中心已於 2019 年 1 月 20 日開幕，將發展成為世界級的表演場地，致力保存、推廣及發展戲曲（包括粵劇和其他劇種）；M+ 視覺文化博物館於 2021 年 11 月 12 日開幕，由 6 個專題展覽組成，包括約 1,500 件作品，約 1.7 萬平方米，旨在展現 20 世紀 50 年代至今，視覺文化的發展歷程與當中豐富多彩的故事。此外，香港故宮博物館亦預計於 2022 年建成。此外，西九文化區還將建設一條長兩公里的海濱長廊，並設有佔地 23 公頃的公園，旨在打造一個集結一系列世界級文化、藝術、潮流、消費及大眾娛樂於一體的綜合性文化區域，以提升香港文化的水平。可以預期，西九文化區建成後，將發展成為香港的文化重鎮，乃至世界級華人文化藝術中心。

油麻地與旺角：獨具特色的商業購物區

油麻地與旺角，在城市景觀方面則呈現出與尖沙咀迥然不同的風貌。油

麻地和旺角都是九龍半島最早發展的社區，這裏舊樓林立，人口密集，尤其是旺角，人口密度極高，平均密度為每平方公里 13 萬人。據思匯政策研究所一項調查，旺角居民人均享有的公共空間，只有 0.6 平方米；油麻地的情況稍好，人均公共空間為 1.5 平方米，兩者均低於政府訂立的 2 平方米的標準，低於香港市區人口平均享有的 2.7 至 2.8 平方米水平。由於早期開發時缺乏城市規劃，發展商為了充分利用昂貴的土地，這裏建設的樓宇均向高空發展，樓宇之間密度極高，相當擁擠，形成屏風樓效應。

油麻地和旺角亦是九龍半島重要的商業購物區。兩區與尖沙咀主要以國際遊客為購物對象不同，尤其是旺角主要以本地顧客和內地遊客為主要購物對象。油麻地以彌敦道為分界，購物中心、活動場所主要集中在西面，著名的廟街、砵蘭街、上海街、新填海街、廣東道等都在這裏。與香港其他舊區一樣，油麻地的樓宇多數是地下和二樓為商業用途，其餘樓層是住宅。與油麻地相反，旺角以彌敦道為分界，購物中心則主要集中在東面，著名的女人街、西洋菜街等都在該區，而西面則以傳統民生活動為主。旺角區內交通發達，有公共巴士、地鐵、港九鐵路等貫穿其間，更有專線小巴通宵行駛，整個區域內新型的摩天大廈與舊式唐樓縱橫交錯，大型現代商場與傳統小攤舖穿插分佈，假日時彌敦道及西洋菜街一帶經常車水馬龍、人流如鯽，成為世界一大都市奇觀。油麻地和旺角最大的特色，是擁有一系列獨具特色或專業化的商業購物街道。

油麻地最著名的是廟街，因油麻地天后廟而得名，該廟宇是九龍半島規模最大的天后廟，位於廟街近眾坊街一帶，建於 1865 年，其後經 1870 年和 1890 年兩次重建，成為當地的宗教中心及最繁盛地區。20 世紀 20 年代，天后廟對出廣場（俗稱「榕樹頭」）開始發展成「大笪地」式的休憩場地，帶動了廟街附近不少販賣雜貨及小食攤檔的發展。1968 年，香港政府計劃在天后廟的廣場附近興建社區服務中心，引發在該處經營的 200 多個流動攤販的不滿，經協調後，政府決定在廟街及上海街近榕樹頭一帶劃出地段作攤販之用。1979 年，香港政府正式劃出「小販認可區」，包括北段文明里至眾坊

人流如鯽的旺角街區
圖片來源：馮邦彥攝於 2018 年

廟街夜市
圖片來源：Steven Wei

街，及南段甘肅街至南京街一段，共 600 多個攤位。

經過多年發展，廟街已成為九龍半島一條以售賣平價貨的夜市而著名的街道。每到夜晚，廟街就熱鬧非凡，這裏售賣的貨品，包括男性服裝、手工藝品、茶具、玉器、古董、廉價電子產品乃至成人用品，多是男性用產品，因而訪客多為男性，故又稱為「男人街」。廟街天后廟、榕樹頭一帶有不少江湖賣藝者聚集，占卜算命、演唱歌曲、説書講故事，被稱為「平民夜總會」。此外，整條街道佈滿各種特色小食攤檔，最受歡迎的是售賣港式小食如牛雜、魚蛋、車仔麵的舖位，價錢不貴而味道獨特，吸引不少食客前來光顧。廟街夜市遠近聞名，充滿香港地道文化的味道，成為遊客觀光的一個景點。《廟街皇后》、《廟街十三妹》、《廟街故事》、《廟街十二少》等不少香港電影都在廟街取景或以廟街為背景，廟街往往被電影描繪成一個低俗、龍蛇混雜、充滿犯罪行為的地方。

2010 年，特區政府建成香港第一座地標 —— 廟街牌坊，正反兩面掛有兩幅對聯，分別為：「廟宇輝煌四海昇平千業盛，街衢熙攘九州物阜萬邦通」，以及「廟顯中華傳統文化，街現香港創新精神」，顯示特區政府有意將廟街打造成一個弘揚中華傳統文化、香港創新精神的街區。

油麻地另一條著名街道是砵蘭街，以兩度出任英國首相的波特蘭公爵（Duke of Portland）的名字命名，頗具諷刺意味。砵蘭街從文明里一直伸延到旺角的界限街，曾經是香港一個「聲色犬馬、龍蛇混雜」的「紅燈區」。不少警匪黑幫電影，如《砵蘭街大少》、《龍虎砵蘭街》、《砵蘭街馬王》等都以此為背景。該街區南段主要是商業街，街道兩旁佈滿長生店、同鄉會、皮革店、燒豬店、道堂、雜貨舖、藥材店、舊書舖、印刷舖、各種中西式食肆及學校等。中段咸美街至亞皆老街一帶一度為猖獗的「紅燈區」，這裏麻雀館、時鐘酒店、指壓中心等四處可見，黃色招牌五光十色，張揚奪目。當時，砵蘭街與上海街、新填地街、豉油街、長沙街等並稱「色情五街」。特別是在 90 年代初，「馬欄」和「指壓」開到成行成市，每晚都有大批嫖客和西裝男子前來遊覽、光顧。

不過，回歸以後，警方於 2002 年展開代號為「火百合」的大規模掃黃行動，將「大圈幫」淫業頭目抓捕。自此，「紅燈區」走向沒落。目前，砵蘭街正逐步轉型，由土地發展公司和鷹君集團合作發展的大型高級商廈 —— 樓高 60 層的「朗豪坊」就聳立在這裏。郎豪坊集甲級寫字樓、15 層的大型購物商場和高檔酒店於一體，鷹君集團表示，希望將該處從平民化娛樂購物區轉型為高品位和潮流的購物區，為地區發展注入新的活力。

旺角最著名的街區是俗稱「女人街」的一段通菜街。20 世紀 70 年代，香港有很多小販於路邊無牌經營，影響市容之餘，亦為附近居民帶來諸多不便。為了規範經營，1975 年市政局在九龍 20 個地點推行「小販認可區」計劃，其中，亞皆老街至山東街的一段通菜街，成為首個獲准成立的小販認可區。其後，該區延長至登打士街。通菜街早期小攤檔售賣的貨品，多以女性服裝和女性用品為主，顧客也以女性居多，故被稱為「女人街」。女人街最矚目的是擺設在街道中心兩旁的合法攤檔，小販通常用鐵支架起藍白帆布，然後在小販車上擺賣各種商品，小攤檔一個接一個佈滿整條大街，遊客躋身於其中購買貨物，人頭湧動，形成蔚為壯觀的街景。女人街售賣的貨品多為平價貨，種類繁多，從流行服飾、眼鏡、手錶、玩具、皮具、飾物、電器、燈飾、天文望遠鏡，到玉器、紫砂茶具、工藝品、錢幣、古玩、明星掛曆等，應有盡有。

女人街在 90 年代期間達到巔峰，成為外地遊客特別是內地遊客必到之處。不過，近年來，隨着內地居民生活水平的提高，來自內地的遊客銳減，女人街亦開始轉型，街道兩側開了很多食肆，這些食肆主要針對青年顧客，以一些價錢中等的新派特色菜餚及日本菜為主，由於店舖窄小，旺市時輪候的顧客不少，形成旺角美食街的新景觀。

旺角另一條繁華街區是女人街毗鄰的西洋菜街，是深受香港青年人歡迎的消費熱點之一。1924 年，位於旺角的芒角村拓展道路，由於該道路原本為種植西洋菜的菜田，故稱為「西洋菜街」。西洋菜街以太子站附近的旺角警署為界，一分為二，旺角警署南面稱為「西洋菜南街」，北面稱為「西洋

菜北街」。80年代，西洋菜南街陸續開設了不少電器店，經過多年發展，已成為旺角主要的電子產品售賣街區，遍佈百老匯攝影器材、豐澤電器、泰林電器、蘇寧鐳射、衛訊電訊等連鎖店。此外，地舖亦有不少化妝品店、電話服務公司、街邊小吃店，而樓上書店更成為這條街道的特色，不少讀者在此「打書釘」。

2000年，西洋菜南街被劃為「時限行人專用區」，西洋菜南街更成為旺角一個重要的遊人熱門地點。每到入夜，不少表演藝術團體或者個人都會在此進行街頭表演，甚至大媽舞團亦不遑多讓，吸引大批途人和遊客駐足圍觀，把街區圍得水洩不通，熱鬧非凡。不過，由於愈來愈多的非法攤檔在此擺賣，而街區愈來愈大的聲浪亦對附近居民和商戶造成嚴重滋擾，有鑑於此，香港特區政府遂於2018年撤銷西洋菜南街的行人專用區。西洋菜南街逐步回歸車水馬龍的景象。

連接窩打老道和渡船街的登打士街（Dundas Street），亦是一條深受香港年輕人歡迎的街區。登打士街以街道兩旁樓上的咖啡店聞名於香港，初期主要集中在近西洋菜南街及女人街盡頭一帶，後來延伸到彌敦道以西一段；該街後半段為街頭小食匯聚處，亦為不少香港年輕人的消費熱點。此外，油麻地、旺角一帶還有不少專業售賣街道，如以專門售賣鮮花盆栽店為主的花墟道；專門售賣雀鳥、鳥籠及相關用品的康樂街（俗稱「雀仔街」）；專門售賣金魚及相關用品的金魚街（通菜街的另一段）；專門售賣運動鞋和運動用品的花園街一段（俗稱「波鞋街」）；專門售賣氣槍與軍用物品的廣華街（俗稱「槍街」）；專門售賣玉器的廣東道北段（後轉移到甘肅街玉器市場）等等。這些特色街道和專業售賣街區，構成油麻地和旺角城市景觀的一大特色，也使得該區成為香港重要的購物商業區之一。

重慶大廈：多元文化、華洋雜處社區的一個剪影

與香港各區相比，油尖旺區無疑亦是多元文化共融的區域之一。其中，尖沙咀主要是來自全球各地商人和遊人聚集的地區，而油麻地和旺角則主要

是本地人聚居的場所，也是內地遊客喜歡光顧的商業區。從社區來看，這裏
既有如半島酒店、嘉諾撒聖瑪利書院等這種英式場所，也有南亞裔及非裔人
士聚居的重慶大廈；從宗教場所來看，既有玫瑰堂、聖安德列堂等天主教、
聖公教的教堂，也有伊斯蘭回教清真寺（位於九龍公園旁）和油麻地天后廟
等不同宗教的場所；在餐飲方面，金巴利街內開設了不少韓國餐廳及韓國食
品超市，被譽為「韓國街」，而有「九龍蘭桂坊」之稱的諾士佛台，以及天
文台圍、亞士厘道等地則開設有不少土耳其、俄羅斯、意大利、日本的食
肆。來自全球各個地區、各種文化背景的人士在這裏匯聚、融合，構成了香
港另一個多元文化、華洋雜處的街區。

其中，最典型的當數位於尖沙咀彌敦道的一幢 17 層樓高、共 770 個單
位的破舊大樓 ── 重慶大廈（Chungking Mansions）。重慶大廈建於 1961
年，建成後剛開始有不少華人在此經商，後來有越來越多的南亞居民入住和
聚居。早在 19 世紀中後期，南亞人已開始大量聚集在尖沙咀一帶，當時香

位於尖沙咀彌敦道黃金地段的重慶大廈
圖片來源：馮邦彥攝於 2015 年

港政府雇傭了大量的印度人做警員和士兵，重慶大廈斜對面兩個街口的九龍公園，前身就是英軍威菲路軍營，曾居有大批南亞裔穆斯林兵，因此軍營建有清真寺。到 60 年代末，重慶大廈逐漸蛻變為「一個廉價的大旅館，住客來自歐洲、美洲和澳洲，特別是學生，還有一些嬉皮士和癮君子」。到 70 年代，重慶大廈更成為全球各地尤其是歐美日「背包客」的聖地。1981 年，著名的旅遊指南《孤獨星球》撰文推介「香港廉價住宿的魔力詞彙 —— 重慶大廈」，並聲稱：「或許世界上再沒有像重慶大廈一樣的地方。」這使得世界各地的遊客慕名而來。到 90 年代，背包客逐漸減少，取而代之的是愈來愈多的來自印度、巴基斯坦和尼泊爾背景的南亞裔人。踏入千禧之年以後，來自非洲裔的人大幅增加，形成今日的狀況。

經過多年發展演變，這幢位於尖沙咀黃金地段的重慶大廈，已成為一個擁有大量廉價商店店舖、各式餐館、廉價旅館、外匯兌換處的混合體，是一個大量南亞裔和非洲裔乃至少數族裔人群的聚集地。這些人群既有商人、業主和經理、遊客、臨時工、家庭傭工，也有避難者、性工作者、癮君子等等。香港中文大學人類學系主任麥高登（Gordon Mathews）教授在其 2011 年發表的專著《香港重慶大廈：世界中心的邊緣地帶》（*Ghetto at the Center of the World: Chungking Mansions, Hong Kong*）中，這樣描述這幢大廈：「眼前的景象非同尋常：穿鮮豔長袍、嘻哈服裝或不合身西裝的非洲人，頭戴無沿平頂小帽的虔誠的巴基斯坦人，穿伊斯蘭教黑色罩袍的印度尼西亞婦女，穿中短褲挺着大啤酒肚的老年白人，還有一些彷彿是來自上一個年代難民的嬉皮士。尼日利亞人大聲喧嘩，年輕的印度人把人搭在彼此的肩膀上談笑風生，還有一些中國內地人看起來掩飾不住對這一切的驚訝。你很可能還會看見南亞人推着手推車，搬運三四個標有『拉各斯』或『內羅畢』的大箱子，非洲人拉着塞滿手機的行李箱，還有掌櫃們販賣着各種各樣地球上能找得到的東西，從咖喱角（samosa）、手機卡、剪髮服務、威士卡、房地產、電源插頭、自慰器到鞋子。排隊等電梯的人什麼膚色都有，他們都等着去 100 多家不同的旅店。」（引自 2015 年華東師範大學出版社出版的中文版，第 5 頁）

2011 年 9 月 27 日，英國《金融時報》發表題為〈香港重慶大廈成低端全球化中心〉的評論文章，表示：「香港九龍重慶大廈破敗的外牆下，路過的行人步履遲疑，臉上透着既緊張又好奇的神色……然而，穿過燈光昏暗、毫不起眼的大廈入口，裏面卻隱藏着一個雜亂（且基本上很安全）的大集貿市場。來自亞洲和非洲十幾個國家的人，在這裏從事着廉價電子產品和紡織品的全套貿易交易，而不只是簡單的買賣。」文章並表示：「如此大規模的商品交易 —— 採用現金交易，商品裝在手提箱或軟塌塌的破紙箱裏飄洋過海運來 —— 令重慶大廈成為了最不可思議、但可謂最活躍的低端全球化中心之一。」

麥高登教授認為，重慶大廈已成為「低端全球化」的一個「中心支點」，連接着世界上許多其他類似的支點，包括曼谷、迪拜、加爾各答、拉各斯、內羅畢等等。根據他的研究，之所以出現這種情況，主要有三個方面的原因：第一，重慶大廈價格低廉，起居飲食均十分便益。這座大廈從一開始就有許多南亞人，其人口逐年增加，而香港社會對南亞人持有偏見，導致大樓物業價格低迷，成為廉價的旅館和商舖的集中地。第二，香港有較為寬鬆的簽證條例，許多亞洲和非洲國家的商人來香港並不需事先簽證，即便只有 30 天甚至 14 天的逗留期限，他們也足以來重慶大廈查驗貨物，購買商品和進行貿易，並在時間充裕的情況下回國，或者申請到中國內地的簽證。第三，中國特別是南方省份經濟崛起，成為世界工廠。許多發展中國家的商人蜂擁而至，在重慶大廈或在中國內地購買中國製造的貨品，包括二手和偽劣的手機、衣服、建築材料、家具，甚至漩渦浴缸，還有蛋白石精品等。

正因為如此，重慶大廈甚至被認為是「全球化的一個縮影」、「當地甚有特色的一個另類國際化地標」。從這個角度看，重慶大廈正是油尖旺區多元文化融合、華洋社區雜處的一個剪影、一種典型。

第四章

新市鎮發展：
從荃灣到新界東北

　　新市鎮是香港城市發展的一個重要特色。所謂新市鎮，根據香港政府前拓展署助理署長潘國城博士的解釋：「在香港，新市鎮是指那些有計劃的，由多個專業隊伍策劃、協調及推廣，用以供 20 萬甚至更多人口居住的都市發展。這些計劃是獲得特別財政支持的。」香港新市鎮的發展，從 50 年代後期的觀塘、荃灣開始，經過七八十年代沙田、屯門、大埔、粉嶺、上水、元朗、將軍澳、天水圍、東涌的發展，到回歸後香港特區政府推動「新界東北發展計劃」及「新界北新發展區計劃」，前後歷時超過半個世紀，成為承載香港人口及經濟發展的重要載體。

新市鎮的早期發展：觀塘與荃灣

　　香港新市鎮的概念，與英國規劃師霍華德（Ebenezer Howard）於 1898 年提出的「花園城市」（Garden City）的理念一脈相承，其主導思想是遵循「自給自足」和「均衡發展」兩大原則，但規模比霍華德的花園城市更龐大。所謂「自給自足」，是指新市鎮在房屋、就業、教育、康樂及其他社區設施方面均能滿足其居民的基本需要，從而減低其對舊社區中心的依賴和壓力；所謂「均衡發展」，是指所建立的社區應該是由一個具備各種社會經濟背景和技能的人士構成的和諧社會。

　　20 世紀 20 年代，香港政府根據「花園城市」的理念，在九龍塘規劃興建一個交通便利、自給自足的中型工商業市鎮。1920 年，以義德（Charles Montague Ede）為首的一批英商組成「九龍塘及新界發展有限公司」，計

劃將九廣鐵路火車路軌與九龍仔之間約 25 公頃土地，闢建為英國式花園城市 —— Kowloon Tong Estate，即今日九龍塘，並於 1922 年獲得港府批准。不過，1925 年，該工程遇上省港大罷工，及義德病逝而面對的清盤危機，由怡和買辦何東協助，組成「九龍塘花園會所」，終於 1929 年完成。九龍塘成為香港市區罕有的低密度豪華住宅區，區內以平房和別墅為主，環境優雅，名校林立。開發初期，該區頗多英國富商居住，區內因而有頗多以英格蘭的郡名或地方名命名的街道，如歌和老街、森麻實道、多寶街、律倫街、根德道等，也有一條以何東名字命名的何東道。這是香港開埠以來港府首次以城市規劃為原則的市鎮開發計劃。

　　二次大戰後，香港致力於重建工作。1947 年，港府聘請英國著名的建築規劃師柏德·阿拔高比（Patrick Abercrombie）爵士負責為香港制訂長遠城市發展規劃。1948 年 9 月，發表《阿拔高比報告書》，認為香港城市發展模式應走「分散發展」的道路，並提出多項建議，包括興建海底隧道、填海以增加土地供應、在新界發展新城鎮等。不過，有關建議其後因朝鮮戰爭爆發、聯合國對中國禁運、香港經濟出現衰退而被擱置。

　　1954 年，港府基於沉重的人口及房屋壓力，並為解決香港廠家發展土地不足問題，決定重新考慮新市鎮計劃。當時，港府考慮到觀塘鄰近牛頭角寮屋區，有利吸引寮屋居民遷入，從而有效清拆寮屋，加上該地區便於夷山填海以發展新工業區，決定選擇發展觀塘為香港第一個新市鎮。觀塘舊稱「官塘」，位於九龍半島的東面，北望獅子山，南臨鯉魚門，東連飛鵝山的蜿蜒山徑，西接啟德機場跑道以北的海岸，包括觀塘市中心、牛頭角、九龍灣、秀茂坪、藍田、油塘等地，佔地面積約 11.26 平方公里。1925 年左右，香港政府劃定官塘海灣為傾倒市區垃圾的處所，並修築海堤以防止垃圾流入海裏。1947 年，港府以 20 萬英鎊代價將該地帶約 200 萬平方呎土地批租給亞細亞火油公司用於興建油庫，於是遷移垃圾堆田區至觀塘灣鄰近的茶果嶺。由於連年廢物傾倒，該區海岸一帶逐漸變成一片淺灘。

　　從 1953 年起，港府在官塘先後分三期展開大規模填海工程，取得約 90

公頃土地，連同原來堆填垃圾所得土地，計劃發展觀塘新市鎮。「觀塘」之名亦開始採用。港府將填海所得土地，發展為觀塘工業區。到 1970 年，已有超過 1,200 間工廠設於該區，雇傭工人近 40 萬人。同時，港府又清拆雞寮這個百年古村，興建觀塘徙置屋邨。從 1958 年起，港府於秀茂坪、藍田及油塘一帶大量建設公共屋邨，先後建成第一代翠屏邨、牛頭角下邨、秀茂坪邨、藍田邨及油塘邨等。港府又在觀塘游泳池對開大海灣填海，逐步發展起觀塘市中心區 —— 裕民坊。到 70 年代末，觀塘人口已超過 70 萬，其中逾七成人口居住於公共屋邨。鑑於觀塘發展帶來大量車流、人流，港府便興建地下鐵路修正早期系統（現稱「港鐵觀塘線」），於 80 年代通車。

　　觀塘雖然是香港新市鎮的鼻祖，不過，從嚴格意義上說，它並不是真正的新市鎮，港府在官方文件中亦僅稱為「工業衛星城市」。觀塘的開發，缺乏整體社區規劃的概念，過份偏重工業用地的開闢和公共房屋興建，而且居民區和工廠區太貼近，造成工業污染，包括污水排洩、煙塵、噪音都使居民受到莫大傷害，生活環境極不理想，加上缺乏獨立的社區設施，到 70 年代初，學校、診所、醫院、電影院及各種康樂設施均嚴重不足。種種原因，導致該區成為香港中低層人口比例最高區域之一。有評論認為：「這個計劃的最大成就，是透過公共屋邨疏散了市區過剩的人口及提供了工業地段，解決了廠商一時之急。」儘管如此，觀塘的發展成為了香港新市鎮的起端。

　　繼觀塘之後，1960 年，港府決定在葵涌醉酒灣進行首個新市鎮填海計劃。荃灣位於新界南部，與九龍相距約 5 公里，古稱「淺灣」，據説因此地海灣水淺而得名。荃灣與觀塘不同，早在 50 年代已發展成為香港的紡織工業中心，當時全港最大的紗廠和染廠都設於此，其後更帶動紡織、漂染、搪瓷及熱水瓶製造等輕工業發展，各類工廠相繼在德士古道、楊屋道和柴灣角一帶開設，開發前已是一個擁有 8 萬人口、由內地新移民和原居民混雜組成的一個市鎮，有「小曼切斯特城」之稱。荃灣新市鎮涵蓋荃灣、葵涌和青衣島 3 個地區，總發展面積約 3,286 公頃，規劃人口約 86.0 萬。該處三面環山，高達 958 米的大帽山高踞其上。其中，青衣島與荃灣及葵涌遙相對望，

闊達 400 米的藍巴勒海峽介於其間。

　　20 世紀 50 年代後期至 60 年代初，港府在荃灣沿岸及醉酒灣展開大規模的填海工程，發展工業用地，興建大型公共屋邨。1973 年，港府公佈新市鎮發展計劃，目標是在荃灣、沙田及屯門這三個第一代新市鎮興建房屋，以便容納約 180 萬居民。70 年代初中期以後，荃灣臨海地帶的葵涌、青衣貨櫃碼頭發展快速，先後建成 1 至 9 號貨櫃碼頭，荃灣的發展更加顯著。60 年代後期至 70 年代中，港府又在葵涌沿岸及青衣島南岸展開填海工程，發展貯油庫、混凝土配料廠、船塢、船廠及其他船運業等需臨海的重工業。到 80 年代，荃灣已發展成一個以製衣、紡織、塑膠、金工、電子為主要支柱的工業重鎮和全港最重要的航運物流樞紐。

　　與同為第一代新市鎮的沙田和屯門規劃有固定的市中心地帶不同，荃灣新市鎮在發展初期並沒有規劃市中心，原有的舊市中心位於荃灣沙咀道及楊屋道附近。其後，隨着青衣大橋（1974 年）、港鐵路荃灣線（1982 年）、青馬大橋（1997 年）、青衣站（1998 年）、荃灣西站（2003 年）、昂船洲大橋（2009 年）等各項基建設施相繼落成，荃灣市中心逐步擴展至三個主要發展區，包括行經荃灣區的荃灣線荃灣站及西鐵線荃灣西站，葵涌的荃灣線葵芳站及葵興站，以及東涌線和機場快線青衣站等，呈現多中心發展的態勢。高層商業及住宅項目、購物商場、政府及社區設施等均設於此，如荃灣的南豐中心、荃灣廣場、荃灣新天地、如心廣場，葵涌的新都會廣場、葵涌廣場，青衣的青衣城等。政府並在發展區北面和東面的城門谷、中葵涌及下葵涌等地發展公營房屋，包括石圍角邨、葵盛邨、石籬邨、石蔭邨及荔景邨等等。

　　不過，荃灣與觀塘一樣，由於早期缺乏周詳的城市規劃，亦存在着同樣的問題：住宅區與工業區雜陳其間，新型大廈與舊式唐樓相映成趣，繁華熱鬧中又顯得雜亂擠擁。然而，與觀塘相比，荃灣的社區建設已有很大改善，包括設立城門谷公園和城門谷運動場、葵涌運動場及青衣運動場，荃灣公園、荃灣海濱公園、青衣公園和青衣海濱公園，以及提供各種文娛活動的大會堂，又加建了學校、圖書館、醫院、健康中心等。因此，從「自給自

足」、「均衡發展」的原則看，許多人將荃灣視為香港第一個新市鎮。

20 世紀 90 年代以來，隨着香港製造業式微，荃灣工業區開始轉型。2001 年，葵涌區內有超過 60 公頃工業用地改劃為「其他指定用途」，並註明「商貿」地帶。荃灣東工業區亦有超過 4 公頃土地改劃為「綜合發展區」，以便用作綜合發展和重建作住宅用途。市中心邊陲的大型工廠及重工業區重建為住宅樓盤，包括麗城花園、翠豐臺、海濱花園、灝景灣及碧堤半島等。2009 年，香港特區政府宣佈一系列利便舊工廈重建和改建的措施，推動部分工廈改建為酒店、寫字樓及購物商場，典型例子是南豐紗廠的改建。

新市鎮的大規模開發：沙田與屯門

1972 年 10 月，港督麥理浩（Sir Murray MacLehose）宣佈推行龐大的「十年建屋計劃」。該計劃最早可追溯到 1967 年香港釀成的社會動亂。60 年代初，香港經濟起飛，然而，隨着經濟的蓬勃發展，各種社會問題亦日漸暴露，尤其是貧富懸殊、中下層市民居住的環境惡劣等問題。1967 年香港爆發政治騷動後，香港政府意識到當時徙置區存在的種種問題，並認為惡劣的居住環境是構成社會不安的泉源。隨着十年建屋計劃的推行，香港政府亦相應地加快了計劃中的新市鎮開發，以獲得興建公屋所需要的大量土地。當時，港府決定加快第一代新市鎮荃灣、沙田、屯門的開發，並將原屬墟鎮的大埔、粉嶺／上水、元朗等亦列入新市鎮發展計劃。為了協調新界新市鎮的規劃和發展，香港政府於 1973 年成立「新界拓展署」（於 1986 年與市區拓展署合併並命名為「拓展署」），其工作範圍主要是在新市鎮提供足夠的土地供應公共及私人房屋、社區設施和基本設施發展之用。

沙田新市鎮位於九龍以北新界東部的沙田谷，總發展面積約 3,591 公頃，東南西三面環山，包括馬鞍山、大老山、獅子山、筆架山等，北面則以吐露港為界，與九龍半島僅相距數公里，涵蓋火炭以南、大圍以北的城門河兩岸土地，原稱為「瀝源」。1911 年，九廣鐵路（英段）建成通車，並在沙田村附近設立一個火車站。從 1950 年起，沙田站附近的大塊農地（現新城

市廣場一帶）被發展為沙田墟，並於 1956 年落成。1967 年獅子山隧道通車後，沙田交通更加方便，成為發展新市鎮的理想地點。當時，沙田人口約為 3 萬，大體上是一個充滿鄉村氣息的市集。沙田新市鎮的開發，始於 60 年代初期。1961 年，香港城市規劃委員會制定出沙田第一份城市規劃圖，計劃可居住約 36 萬人。當時，沙田僅被視為九龍一個近郊住宅區。

1965 年，港府工務局制定一項綜合發展計劃，建議在沙田發展新市鎮，並於 1967 年獲得通過。60 年代末 70 年代初，沙田展開大規模的夷山填海工程，沙田海灣南北兩旁的山坡夷成平地後，將沙石堆填在淺海區，整個海灣成為今日的「城門河」。沙田新市鎮的開發，在 1973 年至 1983 年的 10 年間，共完成土地發展 834 公頃。其中，257 公頃土地建有私人商住樓宇（包括居屋），首先發展的是恒基地產等四大地產商建設的沙田第一城，入住約 2 萬居民，此外還有銀禧花園、世界花園、富豪花園、碧霞花園等；118 公頃建有公共屋邨，包括瀝源邨、美林邨、博康邨、沙角邨、新翠邨、新田圍邨、禾輋邨等 7 個公共屋邨，容納近 12 萬居民；64 公頃建作工業大廈，包括四個工業區，分別在火炭、大圍、小瀝源谷等地；其餘 395 公頃發展成公共設施和綠化休憩地區，主要在城門河一帶，其重點是市中心毗鄰的中央公園。城門河貫穿新市鎮中央，將新市鎮分割成東、西兩區 —— 河東區、河西區，河面分別建立 5 座橋樑，將兩區連接起來，河的兩岸遍立高樓大廈，1983 年入住人口達到 28.5 萬人。

與觀塘、荃灣相比，沙田新市鎮無疑是城市規劃的典範，整個發展計劃事先經過周密規劃，根據「自給自足」、「均衡發展」的原則展開。新市鎮中心作為舊墟鎮的擴展區，設在港鐵東鐵線沙田站與城門河之間，建有綜合商業物業、大會堂、劇院、禮堂、公共圖書館、運動場、體育場，以及中央公園等。其中，主要商業購物中心是新鴻基地產旗下的新城市廣場，坐落於地鐵沙田站，由一、三期和 Home Square 組成，總面積合共約 200 萬平方呎，連同第二期的商業大廈及帝都酒店，成為全港最大商場之一。另外，高密度的住宅區主要集中在城門河兩旁沙田谷開闢的土地上，而低密度的樓宇

則建在新市鎮外圍較高的地勢上，郊區則是火炭一帶的工業區和著名的賽馬場。經過 10 年的拓展，沙田發展成為香港一個各類型設施齊備的社區，不少曾參觀過沙田建設的外國專業人士，都對它給予極高的評價。

　　70 年代後期，沙田新市鎮發展迅速，港府為擴大沙田新市鎮的發展範圍，於 1979 年批准發展馬鞍山以作為沙田的擴展部分。馬鞍山位於新界東部大埔海南岸地段，佔地約 818 公頃，其中逾 100 公頃來自填海造地，西接沙田原區。馬鞍山首份發展大綱草圖於 1980 年制訂，1982 年獲得通過。整個發展計劃分四期進行，計劃發展成可容納 20 多萬人口的新型市鎮。其中，六成人口居住在公共屋邨、居者有其屋苑及私人機構參與屋苑，四成人口居住在私人樓宇。

　　馬鞍山的發展雖然歷史較短，但經過多年開拓已頗具規模，區內屋苑林立，人口急增，社區設施一應俱全，設有休息公園、圖書館、中小學校、室內運動場、單車徑等，且交通網絡直通港九市區，包括吐露港公路、西沙公路、大老山隧道、城門隧道、輕軌鐵路等等，儼然成為沙田區的新焦點、新

沙田市中心
圖片來源：Photograph by Wikipedia user: Wpcpey, 2016. Wikipedia Commons,
https://bit.ly/3D17BXj, CC BY-SA 4.0.

市鎮發展的新典範。目前，房委會在區內已建有 22 個公共屋邨（包括 5 個租者置其屋計劃的屋邨）、18 個居者有其屋計劃屋苑和 7 個私人機構參建居屋計劃屋苑，包括公共屋邨恒安邨、耀安邨、利安邨，居者有其屋屋苑錦禧苑、錦英苑、錦龍苑、錦安苑，以及私人參建居屋的富安花園、福安花園、富輝花園等。此外，私人發展商亦在區內發展多個大型私人屋邨，包括新鴻基地產的雅典居、恒基的新港城、長江實業的海柏花園，以及南豐的馬鞍山中心等。

屯門新市鎮位於新界西部，亦是三面環山，屬優良的天然避風港，與九龍半島市區相距約 32 公里，總發展面積約 3,266 公頃。屯門地處珠江口交通要衝，古代曾為軍事要塞，該處西倚青山山脈，，東靠大欖山麓，兩座山脈相峙如「門」，因而得名「屯門」，意即「屯兵之門」。1960 年前，屯門居民大多以捕魚和務農為生，其市集是屯門新墟。60 年代，港府計劃在屯門發展第一代衛星城市，當時名為「清山新市鎮」。1973 年，香港政府正式宣佈將屯門發展為新市鎮，並在青山灣展開大規模的填海工程，將大部分海灣收窄為屯門河。當時，屯門人口約 4 萬人，居民以漁民及農民為主。

屯門新市鎮的發展，亦遵照「自給自足」和「均衡發展」的規劃原則，其發展模式呈南北走向長廊式發展，新市鎮的中心地帶位於屯門谷的平地及青山灣填海所得的土地上，設有龐大的綜合商業物業。其中，大型商場 V City 面積高達 2.8 萬平方米；一個規模龐大的文娛廣場內，設有政府辦公室、大會堂、裁判法院、公共圖書館和表演及展覽場地等；而供市民休閒的屯門市鎮公園則毗鄰市中心。市中心及其周邊地區並設有高密度屋邨以至附高密度的房屋，較低密度發展的樓宇則散佈在邊陲地區及連接大欖的沿岸一帶。其中，高密度的樓宇多數是房屋委員會興建的公共屋邨，包括新發邨、大興邨、三聖邨、安定邨、友愛邨等等，每個屋邨內都設有商場大廈、學校和其他社區設備。

與其他早期的新市鎮一樣，屯門亦劃有大量工業用地，主要集中在屯門河西岸及青山灣北面和西面，大多為分層工廠大廈，適合作輕工業、倉庫及

辦公室之用，可提供足夠的就業機會予區內居民。其中，特殊工業主要集中在屯門西南部，包括新鴻基地產旗下的香港內河碼頭、中電控股旗下的龍鼓灘發電站，以及水泥廠、鋼鐵廠及資源回收場等。2016 年 4 月，屯門污泥處理設施「源・區」投入服務，成為香港首個為回收業而興建的設施。鑑於屯門地處珠江口，是為香港與內地之間的海路貨運提供停泊設施的理想位置，特區政府已計劃就龍鼓灘填海工程和重新規劃屯門西（香港內河碼頭和周邊地區）進行研究。

屯門最大的問題，就是遠離市區、交通不便。為此，港府於 70 年代投資數億港元動工興建連接屯門與荃灣的屯門公路，於 1983 年全線通車。不過，由於交通量大，而且彎多路斜，容易發生交通意外，交通不便的情況仍然明顯存在。部分市民要往市區上班，被迫輪候數十分鐘搭油麻地小輪，或以高昂代價乘搭的士或公共小巴，先往元朗，再經荃錦公路出荃灣。1988年，連接屯門與元朗的輕鐵通車開通，特別是 2021 年通車的屯馬線，把屯門新市鎮與九龍馬鞍山連接起來，大大改善屯門的交通狀況。另外，擬議中的屯門南延線亦會將西鐵線伸延至新市鎮的南部，而擬建中的屯門西繞道則會將新市鎮與南面的赤鱲角連接路及北面的港深西部公路連接起來，屆時屯門的對外交通將有根本性的改善。

此外，屯門的另一個問題，是區內居民多數為中下層入息市民，社會問題叢生，諸如治安不靖、家庭糾紛和虐待兒童個案日增。1992 至 1993 年，就發生轟動全社會的「屯門色魔案」，犯罪人林國偉在一年多內總共犯下 9起搶劫及強姦案件，一時間區內居民人心惶惶。另外，黑幫案、搶劫案等亦時有聽聞。這種情況影響了區內的生活素質和樓價水平。

沙田、屯門新市鎮按規劃全部完成後，公營房屋（包括公共租住房屋和資助出售單位）與私人永久房屋（包括鄉村屋宇）的整體單位比例將均為約55：45，總規劃人口分別為 77.0 萬人和 61.8 萬人。

第二代新市鎮發展：大埔、粉嶺／上水、元朗

70 年代後期，香港政府在發展第一代新市鎮的同時，亦開始策劃大埔、粉嶺／上水、元朗等第二代新市鎮的發展。第二代新市鎮最大的特點，就是在發展為新市鎮之前已經是人口聚集的舊墟鎮。

大埔新市鎮坐落新界東北部，北西南三面分別為八仙嶺、九龍坑山、大帽山和草山等山脈環繞，東面臨向吐露港，風景優美，總發展面積約為3,006 公頃。大埔古稱「大步」，在清朝初期已有發展，主要位於大埔舊墟。1892 年，以泰亨文氏為首的大埔 64 條村共 7 個鄉約的村民結成同盟，在林村河東北岸創建「太和市」新墟（即今「大埔墟」）。此後，大埔墟成為新界北部著名的產品零售及批發墟鎮之一，成為新界東第一大墟市。1898 年英國租借新界時，接管儀式就在大埔墟舉行。1910 年建成通車的九廣鐵路（英段）在大埔墟設立車站，更使大埔墟成為新界的貿易中心。

20 世紀 70 年代，大埔墟人口已增加到近 7 萬人。1974 年，港府決定在大埔興建全港第一個工業邨，並於 1976 年展開填海工程。同時，大埔第一個公共屋邨，即位於汀角路旁的大元邨填海工程亦同步開始。1977 年，港府在魚角興建一個大型臨時房屋區，以收容受發展大埔區而採取的清拆行動影

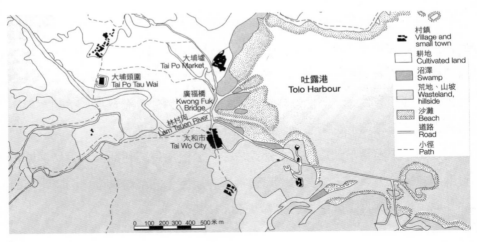

1902 年的大埔
圖片來源：薛鳳旋編著：《香港發展地圖集》（香港：三聯書店，2010 年）。

大埔新市鎮
圖片來源：Photograph by
Wikipedia user: Wpcpey,
2017. Wikipedia Commons,
https://bit.ly/36h6ExH,
CC BY-SA 4.0.

響的居民。1979 年，港府將大埔提升為新市鎮，翌年頒佈大埔首份分區計劃
大綱草圖，計劃到 90 年代中期將填海造地 300 多公頃，並發展為一個基本
自給自足的社區，具備完善的工商業和社區設施，約為 30 萬人口提供居所。

　　大埔新市鎮的規劃範圍，包括原有的大埔舊墟和大埔墟，以及主要由填
海而成的新區，即今日汀角路以南以東大片土地。其中，大埔新市鎮中心位
於大埔墟和毗鄰的吐露港填海區，設有大埔墟鐵路站和各種公共運輸設施，
以及毗連大埔墟鐵路站的新達廣場等。以往，大埔墟以唐樓居多，不過其中
不少近年已經重建。大埔汀角路以南的填海區則主要用作住宅和工業發展，
包括公共屋邨和大埔工業邨等。早期的公共屋邨包括大元邨、太和邨、富善
邨、廣福邨等。目前，大埔已建有 7 個公共屋邨、9 個居屋屋苑和 3 個私人
參建計劃屋苑。私人大型樓盤主要集中在大埔墟、大埔舊墟、大埔中心／大
埔廣場及大埔頭等地，中至低密度的住宅則位於新市鎮邊緣和郊野地區附近
的地方，如大埔中心、嵐山、淺月灣、倚龍山莊、太湖花園、帝欣苑、康
樂園等。其中，由新鴻基地產發展的大埔中心，由 22 座樓高 20 至 30 層不
等的樓宇組成，包括超過 4,000 個住宅單位，以及龐大的購物商場。根據規
劃，大埔新市鎮發展完成後，公私營房屋整體單位比例將約為 51：49，總
規劃人口為 32.4 萬人。

大埔新市鎮市民主要的休憩中心是位於市中心沿林村河畔而建的散步長廊。該長廊東望吐露港，西覽大帽山，與佔地 22 公頃的大埔海濱公園連接，並將市中心與工業邨隔離。此外，大埔新市鎮預留約 223 公頃土地作鄉村發展之用，並將約 1,404 公頃土地劃為「綠化地帶」，旨在保育區內的天然環境，及提供戶外靜態康樂場地。

大埔工業邨於 1978 年建成啟用，佔地約 75 公頃，主要發展一些較高科技的特殊工業。目前，在工業邨營運的公司超過 70 家，主要包括食品製造、媒體服務及時尚產品公司，並涵蓋本地及國際知名品牌，未來重點將發展精密產品製造、醫療用品製造等科技產業。另外，回歸以後，特區政府致力於在大埔白石角透過大規模填海，發展「香港科學園」，佔地 22 公頃，旨在吸引科技公司落戶香港。目前，香港科學園已先後完成一二三期工程，成為香港打造科創中心的重要平台，全園共有超過 1,000 家科技公司，逾 1 萬名研發人員，分別來自全球 23 個國家和地區，其中包括 3 家獨角獸 —— SenseTime、Lalamove 和 Smartmore 等，主要聚焦於人工智能和機器人技術、生物醫藥科技、數據和智慧城市、金融科技等領域。

粉嶺／上水新市鎮位於新界北部，總發展面積約 667 公頃，距離深圳約 4 公里，而與大埔和沙田的距離則分別為 8 公里和 21 公里，發展前已有多條鄉村，區內的商業中心是石湖墟和聯和墟。70 年代後期，香港政府開始規劃發展粉嶺／上水新市鎮，首先發展的是上水市中心和石湖墟一帶。第一個項目是上水鐵路站以南的公共屋邨彩園邨，於 1982 年落成入伙。80 年代初，港府委聘顧問進行「新界東北研究」，於 1983 年完成「粉嶺／石湖墟中心區研究」，為新市鎮的未來規劃奠定基礎。當時，位於上水東北部的天平村一帶已開始發展，大批村屋被清拆以興建公共房屋和居屋，包括 1986 年入伙的公屋天平邨，居屋屋苑安盛苑、翠麗花園，及私人住宅奕翠園等。

粉嶺／上水新市鎮基本上屬線型發展模式，區內的發展主要以通往內地的鐵路、區內河流的洪泛平原為軸心。其中，石湖墟東南方一帶被規劃為市鎮中心，相繼興建了上水廣場、新都廣場、上水中心、上水名都等商業設

施。80 年代，新市鎮開始發展粉嶺鐵路站以北一帶地區，90 年代則重點發展聯和墟和粉嶺南一帶地區。現時，粉嶺／上水新市鎮共建有 10 個公共租住屋邨、7 個居屋苑和 4 個私人機構參建計劃屋苑，合共提供約 5.3 萬個住宅單位，多數位於鐵路站及主要巴士總站步行範圍內，居民出入方便。此外，新市鎮還有 9 條認可鄉村，其中以粉嶺圍和上水鄉為居民人數最多的聚居地，政府並已預留約 83 公頃土地，計劃於該新市鎮內進行鄉村式發展。根據規劃，粉嶺／上水新市鎮發展完成後，公私營房屋整體單位比例將約為 65：35，總規劃人口為 28.9 萬人。

粉嶺／上水的工業大部分位於安樂村和石湖墟以西地區，其中，安樂村工業區佔地 34 公頃，多年以來一直是粉嶺／上水新市鎮主要的工業基地。近年來，廣東珠三角經濟快速發展，安樂村工業區為跨境貿易提供了大量樓面空間作輕工業和貨倉用途。另一個主要的工業區位於上水站北面、松柏朗村以北的地區，以配合不斷轉變的工業所需和區內的工業活動。粉嶺／上水新市鎮除了與深圳有毗鄰的優勢之外，最大的問題是遠離香港市區，交通不便。

元朗新市鎮位於新界西北部，涵蓋大橋、水邊圍、雞地、水牛嶺等地區，總發展面積約 561 公頃，北面以元朗工業邨的外圍為界，東接元朗舊墟鄉村，南達元朗公路，西面則以朗天路為限，距離屯門東北面約 6 公里，距離九龍市區約 20 至 25 公里。18 世紀，位於現時元朗市東北面邊緣的元朗舊墟是區內各項鄉郊活動的集中地。20 世紀初葉，元朗的墟市活動轉移至西南部，形成元朗新墟，並逐步擴展至青山公路沿路一帶。

1978 年，香港政府規劃發展元朗新市鎮，初期主要沿着被稱為「元朗大馬路」的青山公路，圍繞元朗舊墟和元朗新墟進行軸線式發展，向西發展至朗天路，並向南北擴展。新市鎮中心主要集中在圍繞元朗新墟的青山公路元朗段地帶，公共設施包括大會堂、劇院、圖書館、政府合署、警署、消防局、醫院及診所、運動場、表演場地及公園等設施，為約 15 萬人口提供服務。西鐵元朗站大型綜合發展項目落成後，大型購物商場林立，成為新市鎮的新地標。元朗新市鎮的主要土地用途是發展住宅物業，提供不同種類的房

屋，從公屋到私人永久房屋，從高密度住宅發展到鄉村式房屋，均一應俱全。為保留元朗的景觀和特色，新市鎮採用梯級式的概念，使建築物高度由市中心向西部、北部及南部遞減，從而保留了外圍地區的鄉郊特色。根據規劃，元朗新市鎮發展全部完成後，公私營房屋整體單位比例將約為 2：8，總規劃人口 18.6 萬人。

元朗新市鎮亦劃出工業用地，在市中心的北面設有兩個工業區，分別是元朗工業邨和東頭工業區，為區內居民提供就業。其中，元朗工業邨於 1982 年動工興建，1983 年建成，佔地約 67 公頃，涵蓋產業廣泛，包括醫藥、生物醫學以及物流等，未來將重點發展新一代微電子產品的開發和試產。東頭工業區起源於 80 年代，當時主要為適應發展極度興旺的製造業。不過，90 年代以後製造業北移，區內部分土地丟空，有鑑於此，特區政府重新規劃土地用途，該區正逐步轉型為一個具混合用途的商業區。元朗的問題與粉嶺／上水一樣，也是遠離市區，交通不便。不過，隨着西鐵線、三號幹線（郊野公園段）、大欖隧道及深港西部通道建造工程的完成，元朗的對外交通連繫已有所改善。

第三代新市鎮發展：將軍澳、天水圍、東涌

20 世紀 80 年代以後，港政府制定「都會計劃」，在確立「回到港口」的發展策略，將城市發展的重點轉向市區重建的同時，並沒有放緩新界新市鎮的開發。這一時期，港府積極開發第三代新市鎮，包括將軍澳、天水圍、東涌等。第三代新市鎮不再刻意強調「自給自足」原則，而是強調興建交通運輸基礎設施的重要性，以吸引更多居民到此定居。

將軍澳舊稱「佛頭灣」，位於新界東南部西貢區南部一狹長海灣，南部為調景嶺，西南部為鯉魚門，東部則為向東南延伸的清水灣半島，三面環山，在地理上與東九龍分隔，自成一角。早期，將軍澳為一小漁村，坑口一帶為人口聚集的舊墟鎮。1949 年，國民黨政府退守台灣，部分未來得及撤退的國民黨政府官員和軍隊湧入香港，其後被安置在現今調景嶺一帶，發展為

一個獨具特色的小社區。60 年代，將軍澳工業活動蓬勃發展，主要包括造船、修船、拆船及軋鋼，以及鑄造非鐵金屬、生產工業氣體等，其中有多種產業須依靠水路交通。1982 年，港府決定將將軍澳開發為第三代新市鎮，當時該區沿海一帶盡是舊式船塢，漁鄉居民以嵌砌舊船為生，人口僅 1.5 萬人。

　　將軍澳新市鎮總發展面積約 1,718 公頃，包括翠林、寶林、坑口、市中心、調景嶺、百勝角、小赤沙、大赤沙，以及佛堂澳等地區，將發展為一個自給自足的社區，提供齊全的購物、社區及康樂設施，其中大部分土地均由填海而來。1983 年，將軍澳新市鎮第一期發展正式展開，主要包括翠林、寶林、坑口 3 個住宅區，以及大赤沙和小赤沙兩個工業區，預計可容納人口約 17.5 萬人。1987 年，港府進行第二期工程，重點發展將軍澳市中心，包括發展尚德邨、唐明苑、富康花園、寶盈花園和清水灣半島等，並計劃將人口增加到 32.5 萬人。1988 年，港府再展開第三期工程，主要發展將軍澳市中心南部、調景嶺和大赤沙，包括將軍澳工業邨、碼頭、海濱休憩用地、避風塘、彩明苑和維景灣畔等，並將計劃人口擴大到約 45 萬人。早期，將軍澳在發展為新市鎮的同時，亦成為香港垃圾的堆填重地，先後開闢將軍澳第一、二期堆填區（已先後關閉）。

　　將軍澳作為第三代新市鎮，一個很重要的特點就是依託交通運輸系統的發展來拓展市區。1986 年，港府興建貫通將軍澳與九龍東觀塘區的將軍澳隧道，於 1990 年完成。2000 年，地鐵線延伸至將軍澳，建成將軍澳地鐵支線，並設有 4 個地鐵站，分別為調景嶺站、將軍澳站、坑口站及寶琳站，2009 年建成康城站。2016 年動工興建的將軍澳－藍田隧道及跨灣連接路，在完成後將進一步使新市鎮與港九都會區連接起來。將軍澳新市鎮的市中心和高密度住宅均設於區內 5 個地鐵站附近，而低密度住宅則設於市區邊緣。

　　將軍澳市中心位於新市鎮中部，調景嶺以東，坑口西南，寶林以南，因大型公共屋邨尚德邨發展較早，曾俗稱為「尚德」。目前，將軍澳市中心泛指將軍澳站、將軍澳南、尚德邨、廣明苑一帶，除了發展起大批商業及高層住宅外，還設有政府設施、市鎮公園及文娛廣場等。其中，將軍澳南市中心

將軍澳新市鎮
圖片來源：Photograph by Wikipedia user: Wing1990hk, 2014. Wikipedia Commons, https://bit.ly/3wqgsR3, CC BY 3.0.

正逐漸發展成將軍澳及東面水道附近別具一格的新海濱區，住宅、零售、消閒和娛樂性質的土地用途夾雜交錯，貫穿南北的「中央大道」把將軍澳站與海濱公園連接起來，為市民提供一個優質的消閒康樂地帶。新市鎮並在邊陲土地劃出面積達 753 公頃的「綠化地帶」，以促進自然環境保育。

到 1997 年中期，將軍澳新市鎮人口已增加到 16.1 萬人，其中約六成居住在公共屋邨。當時，已興建的公共屋邨有翠林邨、寶林邨、尚德邨、景林邨、厚德邨，居屋屋邨有景明苑、英明苑、欣明苑、浩明苑、裕明苑、頌明苑，私人參建居屋有康盛花園、富寧花園及安寧花園等。其中，翠林邨於 1988 年落成入伙，是將軍澳最早建成的公共屋邨之一，也是將軍澳唯一並非在填海區發展起來的公共屋邨。90 年代中期以後，將軍澳更成為私人發展商角逐的戰場，已興建的私人屋邨包括慧安園、富麗花園、新都城、東港城等。根據規劃，將軍澳新市鎮發展完成後，公私營房屋整體單位比例將約為 53：47，總規劃人口為 47 萬人。

將軍澳新市鎮也設有工業區，西南面劃為與港口有關和具危險工業用地，而東南面海旁地段則作為香港第三個工業邨 —— 將軍澳工業邨用地。將軍澳工業邨佔地 85 公頃，適合有舶位需要的海運工業或項目，包括重工業、商用製造業、資訊及通訊科技業等，截至 2019 年，工業邨內約九成的

工業用地已發展，聚集了各種種類的公司，包括電視廣播城、數據中心、多媒體製作室和飛機工程及維修集團等。未來該工業邨將重點發展數據技術中心和先進製造業中心。

　　天水圍新市鎮位於新界西北的西北部，在元朗和屯門兩個新市鎮之間，總發展面積約 406 公頃，早期原屬后海灣內灣濕地系統的一部分，後來當地村民修建池塘，闢作魚塘及養鴨場。1916 年，趙姓族人透過「聯德信託」收購全部天水圍魚塘。1978 年，長江實業聯同會德豐取得聯德信託 52% 權益，稍後將其中八成權益轉售予華潤集團及大寶地產。1980 年，華潤聯合大寶地產、長江實業和會德豐組成「巍城有限公司」，制訂天水圍發展計劃，並呈交港府，但遭到拒絕。事後港府表示，拒絕的原因是不希望整個社區的發展計劃均由私人發展商控制，從而令社區發展不健全。不過，有人士則認為，當時，港府在未明確獲知新界租約九七期滿如何解決之前，不願批出任何類似龐大計劃。

　　1982 年，港府與巍城簽訂合營企業協議，決定將天水圍發展作住宅用途，正式構思天水圍新市鎮的發展計劃，並於 1984 年制訂發展大綱。根據規劃，天水圍新市鎮分兩期工程進行，首期工程集中在天華路南面約 169 公頃土地，計劃容納約 13.5 萬人口，其中半數居住私人屋邨，其餘一半居住公屋和居屋；而天華路以北的餘下土地則留作儲備土地，以配合該區的策略性發展。1985 年，香港政府對天水圍開始展開收地清拆行動，以及地盤平整工程。其中，魚塘填整工程於 1988 年展開，於 1990 年完成，共用 1,900 萬立方海沙。

　　1991 年，李嘉誠透過旗下公司開始在天水圍發展大型私人屋邨 —— 嘉湖山莊。嘉湖山莊共分 7 期發展，包括樓高 27 至 39 層不等的 58 座住宅大廈，由樂湖居，賞湖居，翠湖居，麗湖居，景湖居，美湖居，兩座購物商場 —— 嘉湖新北江商場和嘉湖銀座（現稱＋WOO 嘉湖），兩間住客會所 —— 嘉湖鄉村俱樂部和嘉湖會所，一間五星級酒店及服務式住宅 —— 嘉湖海逸酒店，以及天水圍公園等組成，屋苑總面積超過 400 萬平方呎，住

宅單位數目超過 15,000 個，為超過 4 萬名居民提供住屋。天水圍公園位於嘉湖山莊中央，佔地約 15 公頃，由長江實業投資 1.1 億港元代香港政府興建，完成後交由政府管理。嘉湖山莊不僅是香港最大規模的私人屋邨，並且因為設備齊全、綠化面積龐大而成為香港 10 大藍籌屋苑之一。

就在嘉湖山莊開始建設的同時，港府亦在天水圍興建公營房屋，包括公共屋邨天耀邨、天瑞邨等，以及居屋屋苑天祐苑、天愛苑等。到 1997 年中，新市鎮人口已增加到 13.5 萬人。其中，新市鎮市中心位於天水圍公園附近，建有大批高密度住宅樓宇、購物商場、酒店，以及一系列的公共設施，包括巴士站及輕軌鐵路車站等。天水圍的輕軌鐵路系統於 1989 年動工，1993 年通車，1995 年延長至天水圍總站（現稱「天榮站」）。與其他新市鎮的發展不同，天水圍新市鎮的建設有兩大特色，首先，它是由私人發展商和政府攜手合作開發的，其中，由李嘉誠旗下長江實業主導的私人發展商巍城公司在開發中發揮重要作用。其次，天水圍接近是一個純住宅用途的新市鎮，區內沒有劃出工業用地，需要附近的新市鎮如屯門、元朗等提供就業機會，反而是綠化園林地帶面積居各新市鎮之冠。

從 1994 年起，天水圍北部作為預留發展區也開始規劃。回歸以後，為了配合特首董建華提出的「八萬五」建屋計劃，天華路北部地區也加快規劃並興建了大量房屋，主要是公營房屋。北部地區從 2000 年開始發展，到 2010 年除了靠近香港濕地公園範圍附近土地之外，其他多項公共房屋樓盤建設相繼完成，為香港提供了大量的公營房屋。特區政府並在新市鎮東北部，興建一個世界級的生態景點 —— 香港濕地公園（Hong Kong Wetland Park），作為米埔濕保護區的緩衝區。公園於 2006 年 5 月落成開放，建有佔地一萬平方米的室內展覽館 —— 濕地互動世界，以及超過 60 公頃的濕地保護區，保護區的生態環境包括淡水沼澤、季節性池塘、蘆葦床、林地、泥潭和紅樹林，擁有數百種雀鳥、蜻蜓、蝴蝶及飛蛾等，為亞洲首個擁有同類設施的公園，並成為香港一個獨具特色的旅遊景點。2013 年，香港濕地公園被香港市民選為 21 世紀香港 10 大傑出工程項目之一。

目前，天水圍新市鎮共 10 個公共屋邨，包括天恒邨、天澤邨、天逸邨、天恩邨、天悅邨、天晴邨、天華邨、天瑞邨、天耀邨及天慈邨，6 個居者有其屋計劃屋苑，包括天富苑、天頌苑、天愛苑、天盛苑、天祐苑和天麗苑等，以及一項私人機構參建居屋計劃發展項目——俊宏軒。私人屋邨除了嘉湖山莊之外，還有位於北部的慧景軒。根據規劃，天水圍新市鎮發展完成後，公私營房屋整體單位比例將約為 75：25，公營房屋在整體房屋中所佔比例在各新市鎮中最高，總規劃人口為 30 萬人。

不過，後來有批評指出，天水圍北部地區由於規劃倉促，區內聚集了多個公共屋邨及私人屋苑，導致這一地區公共房屋的樓宇高度和密度都比南部高得多而社區設施跟不上的局面，生活環境擠擁。到 2007 至 2008 年，北部休憩設施如天秀路公園、天暉路社區會堂等公共生活設施才陸續啟用。整個天水圍的康文設施，如天水圍公園、天水圍運動場、屏山天水圍公共圖書館、屏山天水圍游泳池、天水圍泳池等均設於南部，分佈不平衡。另外，自2001 年天水圍北部多個屋邨入伙後，區內發生了一些嚴重的家庭問題，引起社會的廣泛關注，一時間令新市鎮天水圍的形象變得較為負面。2009 年，由著名導演許鞍華執導的電影《天水圍的夜與霧》就講述了在此發生的一宗人倫慘劇。

東涌新市鎮最初稱為「北大嶼山新市鎮」，範圍包括東涌東及東涌西擴展區，總發展面積約 245 公頃。東涌新市鎮臨近大嶼山北岸，與赤鱲角機場島之間相隔一條水道。1989 年，香港政府制訂「港口及機場發展策略」，決定在赤鱲角興建國際機場，並首次提出發展北大嶼山新市鎮作為機場支援社區的規劃構想，以發揮「香港門廊」的作用。1992 年，港府完成「北大嶼山發展研究」，為北大嶼山新市鎮的規劃及發展制訂大綱，並建議新市鎮的人口容量為 26 萬人。其後，北大嶼山新市鎮計劃的東涌發展計劃第一期被納入香港赤鱲角國際機場十項核心工程之一，正式落實了該新市鎮的發展。

初期，北大嶼山新市鎮由兩個位於東涌及大蠔的市鎮發展區組成，故又稱為「東涌／大蠔新市鎮」。新市鎮發展計劃將分四期進行，首期工程是

機場核心工程的其中一項，主要包括建設富東邨、裕東苑兩個公共屋邨，警署、消防局及東涌新發展碼頭等公共設施，於 1997 年中完成。第二期計劃於 1996 年展開，包括填海工程、地盤平整及基礎建設工程，建設逸東邨等，於 2001 年完成。第三四期計劃亦於 2003 年和 2007 年展開。目前，東涌新市鎮的市中心位於東涌港鐵站附近一帶，設有零售、辦公室及酒店設施，包括東薈城名店倉、東薈城一座及香港諾富特東薈城酒店等。另外，主要的政府、機構或社區設施，包括游泳池、郵政局、體育館、圖書館、社區會堂及醫院等已經建成。已落成的公營房屋主要包括富東邨、逸東邨、迎東邨及滿東邨等，私人住宅樓宇則有東堤灣畔、海堤灣畔、藍天海岸、映灣園、昇薈和東環等。按規劃發展後，東涌新市鎮公私營房屋整體單位比例將約為 64：36，總規劃人口為 27 萬人。

2007 年，香港特區政府決定在東涌附近興建港珠澳大橋及屯門至赤鱲角連接路。為增加房屋土地的供應，政府於 2012 年委聘顧問進行東涌新市鎮擴展研究，並於 2016 年完成東涌新市鎮擴展區的發展大綱草圖，擴展區涵蓋東涌東擴展區及西擴展區，總面積超過 200 公頃，其中約 120 公頃透過填海取得。東涌新市鎮經擴展後，可提供約 4.9 萬個新住宅單位。2017 年，東涌擴展區的填海、土地平整工程開始分期進行，據預計，首批居民最早可於 2023 至 2024 年入住，整個發展計劃可於 2030 年完成。根據規劃，東涌新市鎮發展完成後，公私營房屋的整體單位比例將約為 65：35，總規劃人口約 27.0 萬人，其中，14.5 萬人來自擴展區。

根據香港特區土木工程拓展署的數據，截至 2020 年 5 月，香港 9 個新市鎮（觀塘除外）的整體人口達 355 萬人，佔香港總人口（756 萬人）的 47％；比 1997 年回歸前後約 270 萬人增加了 31.5%。其中，荃灣 81.0 萬人，沙田 71.22 萬人，屯門 50.7 萬人，大埔 27.5 萬人，粉嶺／上水 26.3 萬人，元朗 17.1 萬人，將軍澳 41.4 萬人，天水圍 28.0 萬人，東涌 11.4 萬人。預計到 2024 年，新市鎮整體人口將增加到 370 萬人。按規劃完成全部發展（包括東涌擴建）後，整體人口將達到 408.7 萬人。

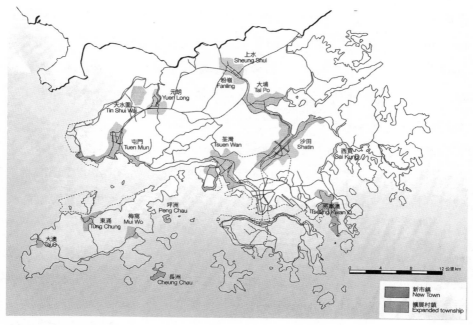

1990 年代新市鎮分佈
圖片來源：薛鳳旋編著：《香港發展地圖集》（香港：三聯書店，2010 年）。

回歸後新進展：新界東北、洪水橋與新界北

　　回歸之後，香港特區首任行政長官董建華提出了在新界東北發展「無煙環保城」構想。90 年代末，特區政府展開「新界東北規劃及發展研究」，選定古洞北、粉嶺北和坪輋／打鼓嶺為新發展區，並將三地結合為單一計劃，進行整體發展。不過，由於受到亞洲金融危機的衝擊和經濟衰退的影響，新發展區計劃於 2003 年被暫時擱置。2007 年，曾蔭權於連任香港行政長官後，在施政報告中宣佈，將恢復進行洪水橋新市鎮，以及古洞北新市鎮、坪輋／打鼓嶺新市鎮以及粉嶺北新市鎮的規劃及工程研究。

　　2008 年，特區政府土木工程拓展署和規劃署聯合發佈《新界東北新發展區規劃及工程研究》文件，並先後展開三階段的公眾諮詢。2013 年 6 月，特區政府在第三階段公眾諮詢的基礎上，通過新界東北發展計劃最新修訂方案，方案使用「加強版」的傳統新市鎮發展模式，即容許土地擁有者直接申請修訂土地契約，如由農地改為住宅用途及補地價的形式進行（原址換地）；

同時，將增加古洞北及粉嶺北發展區的發展密度，公私營房屋比例亦調整至 60：40，主要增加居屋單位；而坪輋／打鼓嶺發展區計劃則被暫時擱置。 2015 年 4 月，香港城市規劃委員會審議通過粉嶺北和古洞北分區計劃大綱草圖。稍後，兩份分區計劃大綱草圖獲得特首會同行政會議審核通過。至此，新界東北新發展區正式展開實質性的起動發展。

根據政府公佈資料，古洞北發展大綱圖涵蓋的規劃區佔地約 447 公頃。在全面發展後，該區可容納的總人口約為 11.97 萬人，提供約 1.71 萬個就業機會；新建住宅單位的公私營房屋發展比例約為 66：34。由於新發展區鄰近鐵路、公路和現有口岸，為善用此地利，同時顧及該區豐富的天然和生態資源，該區會發展成為「多元化發展中心」，集住宅、商業、研究與發展及農業用途於一體，另會發展零售和服務業，以及設有社區和政府設施。新發展區中部鄰近擬議古洞鐵路站及公共交通交匯處一帶，將規劃發展成為未來的市鎮中心，集中包括住宅、零售、休閒及社會服務與社區設施，作為新發展區的主要活動地點。

粉嶺北新發展區涵蓋的規劃區佔地約 165 公頃。全面發展後，該區可容納的總人口約為 7.41 萬人，提供約 6,800 個就業機會；新建住宅單位的公私營房屋發展比例大概為 70：30。由於粉嶺北新發展區位於梧桐河畔，北面為翠綠的山巒，因而該區將會發展成為「河畔社區」，以善用優美的河畔和山巒景致，為居民提供舒適的生活環境。該社區會集住宅、零售及服務業和農業用途於一體，以及提供社區和政府設施。粉嶺北新發展區將會有兩個地區樞紐：一個在東部，位於聯和墟現有墟市北鄰；另一個在西部，位於天平山村北面，兩者均集住宅、零售、社會服務與社區設施、公共交通交匯處及公眾休憩用地於一體，作為該區的主要活動地點。

2018 年，特區政府發佈「加強向受政府發展清拆行動影響的合資格寮屋住戶及業務經營者而設的一般特惠補償及安置安排」，開始啟動清拆行動。2019 年，特區政府正式展開新界東北新發展區第一階段工程，以配合首批居民可於 2023／24 年入伙。預計古洞北及粉嶺北新發展區可於 2031 年

全面完成。屆時，古洞北／粉嶺北兩個新發展區將成為粉嶺／上水新市鎮的延伸部分。

　　就在新界東北發展計劃落實、推進的同時，特區政府又展開洪水橋和新界北發展計劃研究。2011 年，特區政府委聘顧問公司展開洪水橋新發展區規劃及工程研究為洪水橋新發展區訂立規劃及發展綱領。洪水橋位於新界西北部，介於屯門和天水圍兩個新市鎮之間，包括洪水橋和廈村地區，總發展面積約 710 公頃。2016 年，洪水橋新人口約為 2.84 萬。根據規劃，洪水橋將發展成為新界西北的區域經濟及文娛樞紐，提供各種商業、零售、社區、康樂及文化設施，並創造大量就業機會，為新發展區和屯門、天水圍及元朗等鄰近地區提供服務。市中心將設在計劃建設中的洪水橋站周邊地區，設有大型購物設施、商店、寫字樓、酒店及服務行業等；新市鎮西北部為物流、企業和科技區，成為新界西北的重要經濟及就業樞紐，可提供約 6.1 萬個住宅單位及 15 萬個就業職位。根據規劃，洪水橋新發展區完成後，公私營房屋整體單位比例將約為 69：31，總規劃人口約為 21.8 萬人。

　　新界北發展區位於新界北部，總發展面積超過 1,500 公頃，涵蓋 3 個發展潛力地區，包括新田／落馬洲發展樞紐、新界北新市鎮、文錦渡物流走廊，預計可提供不少於 10 萬個住宅單位、容納不少於 28 萬人，並可創造約 20 萬個就業職位。該區毗鄰深圳口岸經濟帶，可把握粵港澳大灣區經濟增長帶來的機遇。其中，新田／落馬洲發展樞紐已完成可行性研究，該區毗鄰落馬洲／皇崗口岸，北面設有企業及科技園，可配合落馬洲河套地區「港深創新科技園」的發展。據初步研究，新田／落馬洲樞紐總發展面積約 320 公頃，包括逾 80 公頃棕地，可提供約 3.1 萬個住宅單位，容納 8.4 萬名居民，並創造約 6.4 萬個就業職位。該區預計最早將於 2024 年展開工程。至於新界北新市鎮和文錦渡物流走廊的規劃及工程研究，則可望在 3 年內完成。其中，新界北新市鎮位於上水、粉嶺東北面，涵蓋香園圍、坪輋、皇后山及恐龍坑一帶，總發展面積約 1,100 公頃，包括 160 公頃棕地，預計可容納超過 20 萬人，提供約 13 萬個職位。

第五章

城市建設：
公屋發展與市區重建

　　二次大戰以後，香港城市建設面臨兩大沉重壓力：其一，隨着經濟的發展，香港人口急速增長，對房屋供應和社會穩定發展造成嚴峻的挑戰。因此，以 1953 年聖誕節發生的石硤尾大火為導火線，香港的公屋建設起步發展，從初期的徙置大廈，到港督麥理浩的「十年建屋計劃」，再到回歸後特首董建華的「八萬五」政策，公屋發展成為了香港城市建設，特別是新市鎮開發的一個重要推動力。其二，70 年代以後，隨着城市老化日趨嚴重，舊市區長期積累的問題逐步尖銳，市區重建成為香港城市發展面對的另一個重大挑戰，這導致早期的房屋協會、80 年代的土地發展公司，乃至回歸後市區重建局的相繼成立，透過市區重建，使得香港這一國際大都會重新煥發新的活力。因而，公屋發展和市區重建，成為香港城市建設中的兩大特色。

公屋發展：從徙置大廈到「十年建屋計劃」

　　二戰結束後，香港經濟逐步復原，刺激了人口急速膨脹。40 年代後期，隨着內地政局動盪，大批平民為逃避戰爭或饑荒，紛紛到香港避難、定居。到 1947 年底，香港人口急增至 180 萬人，已超過戰前的最高水平。人口的急劇增加，給香港的住房、就業、交通、治安等各方面造成了巨大的壓力，「房荒」成為當時香港社會最矚目的問題之一。

　　這一時期，大批被迫遷的香港居民和內地新移民因住房短缺、租金昂貴，被迫在大街旁、在城區周邊搭建起大量的棚屋、木屋，甚至「紙皮屋」，在港島、九龍半島乃至新界形成了大批木屋區。當時，木屋區甚至發

展到樓宇天台上，位於灣仔和旺角區的唐樓天台，就僭建了大批木屋。這些木屋一間緊接一間，從街頭搭建到街尾，形成蔚為奇觀的「天台木屋街」。由於搭建木屋在當時亦需要好幾十元購買木材及鐵皮，一些貧民索性到街頭收集紙皮盒，搭建「紙皮屋」。這些紙皮屋多用幾條木做屋架，以「瀝青紙」蓋屋頂，四周釘上紙皮，形成木屋區的另一朵奇葩。這些木屋區、天台木屋街、紙皮屋往往成為黑惡勢力犯罪、藏污納垢的地區，社會問題叢生。

到 1956 年，在木屋區居住的居民已佔香港人口的一成左右。這些木屋區在港島主要分佈在大坑、銅鑼灣、北角和筲箕灣一帶的小山頭；在九龍則主要分佈在獅子山一帶，從九龍西區大埔道下方，經石硤尾、大坑西、九龍仔、九龍城、東頭邨、竹園、鑽石山、牛頭角、觀塘和秀茂坪，一路向東延伸，在新界更深入到鄉村地帶，包括許多小漁村和離島。

這些木屋區的居住條件極為惡劣，普遍使用鐵皮和木材依城區附近的山坡地勢而搭建，一間緊挨一間，連成一片，全是一二層高的矮小房屋，土地使用率極低，佔據了大批鄰近市中心區的極具發展潛力的土地，嚴重阻礙了戰後香港城市發展。與唐樓相比，木屋的居住面積較大，亦不用繳付昂貴的租金。然而，木屋區的供電、排水、衛生以至治安情況都極為惡劣。區內沒有街燈，可能幾百人共用一條街喉；沒有電力供應，各戶惟有偷電，往往令電線負荷過重，引起觸電爆炸和火災。從 1950 年起，木屋區的大火災已接連不斷，實際上正醞釀着極嚴重的社會問題。可惜，這種危機並未引起港府的高度重現，終於爆發「石硤尾大火」慘烈的一幕。

1953 年 12 月 24 日聖誕前夕，一場空前規模的大火終於在九龍半島石硤尾村一帶發生。火災首先從白田上村燃起，在強烈的北風下火乘風勢，迅速蔓延到白田中約和下村、石硤尾村、窩仔上下村，以及大埔道村等地區，一發不可收拾，火場之廣縱橫達 41 英畝，相當於 16.4 萬平方米，一時間大火吞噬木屋的聲音、災民的哭叫聲震天動地。大火整整燃燒了 6 個小時。據災後統計，這場大火共燒毀 2,580 間木屋，令約 1.2 萬戶合共 57,151 名居民喪失家園，為香港有史以來所罕見。

1950 年代大坑木屋區
圖片來源：許日彤

　　為安置數量龐大的災民、穩定社會，港府打破其一貫實施的不干預政策，在災區原址興建了一批兩層高的平房（當時稱為「鮑寧平房」）。1954年，港府成立「徙置事務處」，開始實施徙置計劃。當年 10 月，港府在石硤尾興建了首個徙置屋邨——石硤尾邨，包括 8 幢 6 層高的「第一型」徙置大廈及大批鮑寧平房。這批徙置大廈每幢共有 384 間房，分佈在大廈的兩翼，每間面積約 11.2 平方米，室內並無廚房或浴室，居民須使用設於兩翼之間的公共廁所和浴室，並在家門口的走廊煮食和晾曬衣物。大廈也沒有電梯，居民要使用設於兩翼末端的樓梯上落。這些屬「第一型」設計的徙置大廈，從上俯瞰，外形呈「工」字型，故亦被稱為「工字型大廈」。其後，石硤尾邨進一步擴展，再陸續落成 21 幢 7 層高的徙置大廈，以及 7 幢 13 層高的住宅大廈。

　　這一時期，參與公屋發展的除了港府，還有一民間獨立非牟利組織——香港房屋協會（簡稱「房協」，Hong Kong Housing Society）。房協成立於 1948 年，1951 年成為法定團體。1952 年，房協在九龍深水埗興建全

港首個「出租屋邨」——上李屋（即今李鄭屋邨前身），提供的 360 套住房，令 1,500 名中低收入的香港市民獲得安身之所。這是香港最早出現的公屋。該年，房協再獲得港府以當時地價的三分之一批地，並取得政府 40 年期的低息貸款，興建上李鄭屋邨，成功解決了 1,800 多人的居住問題。50 年代後期，房屋協會配合政府的大規模徙置計劃，興建各種實驗性房屋以迎合低收入市民的需要，如為工廠區工人興建大單位的集體宿舍，每間房屋可居住 12 名工人，而每月租金僅 16 港元。

不過，港府的徙置計劃及房協的參與，並未能遏止木屋區的擴展、蔓延。到 60 年代高峰時期，木屋區居民人數高達 60 多萬人，佔人口總數的比例增加到兩成。1961 年，港府正式推出「廉租屋計劃」，並開始興建第二型徙置大廈。這些大廈的特點，是每層的兩端，均建有 4 個面積 310 平方呎、有獨立廚房、自來水及陽台設備的單位，主要分配給受清拆影響、擁有地契的原村民。第二型大廈平面呈「日」字型，外觀上與第一型明顯不同。1961 至 1964 年，港府興建的第二型大廈達 94 幢，分佈在大窩口、黃大仙、橫頭磡、老虎岩及柴灣等地。據統計，石硤尾大火 10 年後，香港政府興建的徙置大廈已為約 50 萬居民提供了固定居所。

1965 年，政府興建的徙置大廈向高空發展，住房設施亦逐步改善。由「第四型」徙置大廈開始，單位內設有獨立衛生間和露台。這一年，在公共屋邨居住人口達 100 萬。港府最初 10 年的徙置計劃，主要是建設屋邨安置火災災民以及木屋遷拆戶，所以建造標準極低，每個成年人可使用面積只有 2.2 平方米，10 歲以下兒童減半。這些徙置大廈內部均不加裝修，牆的四壁不塗泥灰，地板是粗糙水泥地，屋內沒有電，僅在中央走廊設有公用的洗衣、廁所和沖涼設備。居民的居住條件儘管已比木屋區大為改善，但仍然是相當原始、簡單。

與此同時，港府決定大規模地興建公共廉租房屋，於 1954 年頒佈《房屋事務管理處法例》，組成半獨立的「香港屋宇建設委員會」（Hong Kong Housing Authority），負責統籌廉租屋建設。1957 年，屋宇會建成首個廉租

公共房屋第一型——李鄭屋邨（1970 年）
圖片來源：高添強

屋邨——北角邨。北角邨大廈樓高 11 層，居住條件較徙置大廈已有明顯改善，大廈設有升降機，每個住宅單位都有獨立的廚廁設備、陽台和房屋間隔，空氣流通，光線充足，人均面積達 3.9 平方米（42 平方呎）。屋邨內還配有休憩場地、社區大堂、商店，附近設有巴士總站、渡輪碼頭，交通方便，極受符合資格市民的歡迎。

其後屋宇會又相繼建成西環邨、蘇屋邨、牛頭角邨、馬頭圍邨、和樂邨、福來邨及華富邨等。其中，蘇屋邨的建設於 1955 年展開，於 1963 年完成，歷時 8 年。整個屋邨共有 16 幢樓高 8 至 18 層高的大廈，共提供 5,000多個住宅單位，邨內設有多項設施，包括休憩場地、商舖、銀行、診所、學校、郵政局等，被形容為「當時亞洲區內最大型的綜合式住宅發展計劃」。有評論説：「蘇屋邨可説是本港中產階級的搖籃，不少社會名人亦曾在此居住及成長。邨內清幽的環境，孕育了很多本地音樂演藝人才，包括許冠傑兄弟、Beyond 樂隊的黃家駒、家強兄弟等。」

早期的廉租屋邨中，以華富邨規模最大，亦最值得稱道。華富邨位於港島西南岸薄扶林與香港仔之間的一個海角，三面環海，遠離市中心。華富邨包括 25 幢 8 至 24 層不等的住宅大廈，於 1971 年落成。華富邨在設計上

引入了城市規劃的概念，邨內擁有商業、文教和各類社區設施，並配有交通網絡與市區聯繫，儼然一獨立式小市鎮。梁美儀博士在《家——香港公屋四十五年》一書中認為：「當香港人口日漸膨脹，市區及市區附近可供發展的用地日益短缺之際，華富邨的經驗，有着『先驅者』的價值，它成為日後香港大型屋邨設計，以至城市發展的主導模式。」

　　為了解決中低市民住屋難的社會頑疾，1972 年 10 月，港督麥理浩（Sir Crawford Murray MacLehose）宣佈推行一項空前龐大的「十年建屋計劃」，準備在 1973 至 1982 年的 10 年間，為香港 180 萬居民提供設備齊全、有合理居住環境的住所。為實現這一計劃，港府於 1973 年將原有的屋宇會改組為「香港房屋委員會」（簡稱「房委會」），並將徙置事務處和市政事務署轄下的屋宇建設處合併為「房屋署」，作為房委會的執行機構，以統籌管理原屬不同系統的各類公屋，並統稱為「公共房屋」。當年，「第一型」和「第二型」徙置大廈的重建工作率先在石硤尾邨展開。

　　1974 年，房委會建成位於九龍城的首個公共屋邨 —— 美東邨。其後，愛民邨、瀝源邨（1975 年），荔景邨、興華邨二期、麗瑤邨（1976 年），漁灣邨、長青邨、南山邨、禾輋邨、大興邨（1977 / 78 年度），富山邨、彩雲邨、順利邨、象山邨、順安邨、華富邨擴建部分（1978 / 79 年度），環翠邨、鴨俐洲邨、三聖邨、沙角邨、梨木樹邨擴建部分、龍田邨、大元邨、大窩口邨重建（1979 / 80 年度）等公共屋邨相繼落成，使約 54 萬居民得以入住公共屋邨。由於這些公屋租金低廉，使得香港中下層居民獲得環境稍微改善的居所。到 70 年代末，連同早期入住徙置區、廉租屋的居民，已有 200 萬名香港市民獲住公共房屋。

　　70 年代下半期，港府將公屋政策的重點，轉向那些既不夠條件入住公屋、又缺乏足夠經濟能力自置樓宇或繳付昂貴租金的「夾心階層」，並於 1976 年推出「居者有其屋計劃」，以協助中低收入家庭和公屋租戶成為業主。1978 年，首期居屋計劃推出，包括 6 個屋苑共 8,440 個單位。同年，為加快居屋建設，港府再推出「私人參建居屋計劃」，邀請私人發展商參與興

公共房屋第二型——
大窩口邨（1975 年）
圖片來源：高添強

公共房屋第四型——
慈雲山邨（1976 年）
圖片來源：高添強

雙塔式的公共房屋——
華富邨（1978 年）
圖片來源：高添強

建居屋單位，並以政府批准的價格售予經房委會甄選的家庭，樓價與申請者資格亦與居屋計劃相同。1979年，首期「私人參建居屋計劃」推出約1,500個單位，獲超額認購38倍。這時期，居屋質素已可媲美私人樓宇，大部分設有兩三間睡房、客廳、廚房、浴室、現代裝置及保安系統。

十年建屋計劃在推行期間，雖然因移民潮、中東石油危機、通貨膨脹以及土地缺乏、地盤面積過小等種種原因而受阻延，但公屋建設一直發展迅速且效率較高。在這10年間，房委會共興建了22萬多個住宅單位，包括18萬多個出租單位和2.3萬個居屋單位。1981年，房委會轄下公共屋邨住戶人口達200萬。不過，80年代初，香港的住屋問題仍然嚴重，僭建寮屋一直未能清除，輪候公屋的人數有增無減。1982年，港府宣佈將十年建屋計劃延長5年。到1987年，港府總共建成居屋及租屋的單位，可供150萬人居住，算是與當初預定的目標180萬人大致接近。

當年，香港政府發表《長遠房屋策略》，制訂1987至2001年香港的房屋政策綱領。為貫徹實施長遠房屋策略，1988年4月，香港房屋委員會改組，脫離政府而成為財政獨立的公營機構。當時，基於社會和財政理由，考慮到大部分舊式屋邨（包括第三至第六型公屋及前政府廉租屋邨）都必須進行重建，以配合房屋的發展，政府又透過房委會展開「整體重建計劃」，逐步拆卸和重建566幢在1973年以前落成的公屋大廈。1991年，房委會完成「第一型」和「第二型」徙置大廈的重建及有關安置計劃。1992年，房委會推出「資助夾心階層置業計劃」。當年，房委會的首批「和諧式」大廈落成，成為新一代公屋設計的標誌。

到1997年中，港府建成的出租公屋單位達70萬個，出售居屋單位26萬個（其中私人參建居屋8.44萬個），港府並在「自置居所貸款計劃」中向中低入息家庭貸款20,048宗及補助金1,282宗，共收回出租公屋單位1.19萬個；在「資助夾心階層置業計劃」中向中等入息家庭貸款4,500宗，貸款額達21億港元。在全港650萬居民中，居住在出租公屋以及政府補助出售單位的人口達331.38萬人，佔全港總人口的50.97%。

這一時期，房屋協會在香港公屋發展中亦扮演了積極角色。1974 年，房協在港島堅尼地城開展首個「市區改善計劃」項目，將舊樓拆掉重建，命名為「美新樓」。1984 年，房協開展「郊區公共房屋計劃」，首個項目西貢對面海邨落成，主要安置受填海影響的水上居民。1987 年，房協開展「住宅發售計劃」，首個項目荃灣祈德尊新邨於 1989 年落成。1993 年，房協獲香港政府委托推行「夾心階層置業貸款計劃」，首個項目青衣宏福花園於 1995 年落成。據統計，從 1960 年至 1997 年底，房屋協會共興建的出租單位達 3.35 萬個，為 11 萬多市民解決了居住問題。

不過，綜觀港府自 1987 年推出「長遠房屋策略」以來的政策，其政策的重點實際上是從出租公屋轉向出售居屋，並強化私人發展商在地產市場中所扮演的角色。它實際執行的結果，是公營房屋供應量的減少。這一時期，房委會將公屋租金和居屋售價與市場掛鈎，形成水漲船高的局面。這實際上成為 90 年代中期香港私人樓宇市場樓價大幅攀升的一個重要間接原因。

和諧式大廈──元州邨（2006 年）
圖片來源：高添強

市區重建的早期發展與土地發展公司

二次大戰後，隨着香港人口的急增，香港市民居住環境擁擠、公共衛生條件惡劣、火災隱患突出等問題逐步凸顯，城市更新和市區重建逐步成為社會各界廣泛關注的議題。

1959 年，香港當局為大坑村部分地區制定了發展藍圖，試圖合併小地塊，重新劃定界限，並配建街市、學校、休憩用地等設施，不過，最終因當地居民反對而被迫擱置。及至 60 年代，港府鑑於當時市內住宅區人口擠迫、環境骯髒、建築物大都殘舊頹毀，於 1964 年由港督委派出一個「貧民區清拆工作小組」，並選定上環為「試驗性重建區」，展開重建計劃。該計劃在被皇后大道西、荷李活道和城隍街包圍的一塊 5.2 公頃土地範圍內展開重建試點。由於缺乏經費，試點內的收購和清拆工作都比原定時間大幅推遲，結果整個計劃需時十多年才完成。

上環被選定為都市重建區後，港府開始考慮其他地區。1973 年，港府提出了「環境改善區」的構想。當時，被確定為「環境改善區」的除上環外，尚包括灣仔、油麻地、石硤尾、大角咀、長沙灣和堅尼地城等。為此，港府成立「市區重建和環境改善統籌委員會」，專責環境改善區的整體統籌和規劃，其中的典型個案是「油麻地六街重建計劃」。

不過，油麻地六街重建計劃在執行的過程中，亦因遇到種種困難而拖延長達 10 年之久才最終起步發展。油麻地是香港最早發展的地區之一，不但遍佈殘舊樓宇，而且極為缺乏社區設施及遊憩場地，其中以東莞街、眾坊街、利達街、祥瑞街、澄平街和廣東道圍繞的一帶尤具重建潛力。1971 年，港府公佈油麻地分區發展大綱，將上述六街的土地用途由「住宅」改為「遊憩場地」及「政府、團體及社區用地」（後再改為「其他用途／綜合性重建區」）。

六街重建計劃在 1976 年獲得通過，並由房屋協會負責籌建，整個區佔地 1.4 公頃，包括 120 幢 5 層高的建築物。1991 年至 1995 年，房屋協會將六街發展為住宅小區「駿發花園」，包括 5 幢住宅樓宇、共有 1558 個單位，

以及擁有一間迷你戲院的商場和一個中央遊憩場地。其中，4 幢住宅共 896 個單位出售，單位面積在 53.23 至 78.41 平方米之間；1 幢共 662 個單位出租（部分為年長者單位），單位面積在 15.90 至 78.41 平方米之間。重建後其中兩條街道消失在歷史裏。

為全面推動市區重建，港府於 1987 年頒佈《土地發展公司條例》，並成立法定機構 —— 土地發展公司。根據法例，土地發展公司是一家獨立的公共法定機構，實行自負盈虧。公司最初的運作，由政府提供 3,100 港元計息貸款作為營運資金，並根據土地發展公司條例所訂，以審慎商業原則運作。因此，土地發展公司在推行重建計劃時，除了需考慮有關區域的重建價值之外，亦需顧及有關計劃能否為公司帶來利潤，以便能在沒有外來財力的支持下仍可繼續營運。

土發公司成立後，即根據第一個五年計劃推行首批 8 個重建計劃，分別是位於中環的永樂街、租庇利街，灣仔的李節街，旺角的奶路臣街、西洋菜街、彌敦道，油麻地的雲南里及西環的第三街，可發展樓面面積約 400 多萬平方呎，動用資金接近 120 億港元，其中以商業用途為主，約佔 70%。8 個重建計劃中，以由長江實業負責發展的中環租庇利街重建計劃最貴重，總投資達 40 億港元，亦最為成功。該項目位於中區皇后大道港島地鐵上環站和中環站之間，建成樓高 346 米、共 80 層的「中環中心」，於 1998 年落成。該大廈佔地 10 萬平方呎，提供甲級寫字樓樓面面積逾 140 萬平方米，並實踐高智能商廈的要求，其設施包括提升式活動平台、地面裝置式活動空調系統、香港首台全自動外牆清洗系統，以及全自動電腦操控的外牆燈光系統等。為了配合舊區重建計劃，大廈的地面設計成一個供公眾享用的開放式廣場，擁有面積達 1,500 平方米的前庭花園。中環中心巍峨高聳，盡覽璀璨海景，儼然成為維港兩岸的新地標。2017 年，長江實業將所持中環中心 75% 權益出售，價值高達 402 億港元。

這一時期，土地發展公司的條例內並未清楚地列明「保育」是否「市區重建」的職能之一，但土發公司的一項明確政策，是要盡可能保留香港的建

築文物，而土發公司亦「視保留有歷史或建築價值的樓宇為其主要的角色之一」。不過，這一時期，土發公司所作出的努力有限，主要包括：保育西港城（建於 1906 年）；複製灣仔李節街建築物門面，以模擬原有舊建築物的獨特建築門面；計劃保留衙前圍村的天后廟（不是圍村），作為以表達重視廟宇多年來的宗教和歷史價值的一種姿態；保留窩打老道／雲南里項目中現存最古老、有 100 年歷史的政府抽水站建築物（「紅磚屋」）等。

從 1988 到 1998 年，土地發展公司前後 10 年間共開展了 52 個重建項目，其中，15 項已告完成，包括上環西港城，中環新紀元廣場、中環中心、皇后大道中 152 號，西營盤高雅閣、高雋閣、居仁閣，灣仔李節花園、太源閣、忻怡閣，旺角鼓油街 12 號、周大福商業中心、銀城廣場、園圃街雀鳥花園，及深水埗單身人士宿舍等，共提供商業面積 1.78 萬平方呎、寫字樓面積 25.13 萬平方呎、住宅單位 1,050 個。另外，5 項正在施工、9 項在積極進行中、23 項在規劃中，全部完成後總共可提供超過 20,000 個住宅單位、915 萬平方呎的商業／寫字樓面積、97 萬平方呎政府、團體及社區設施以及 82 萬平方呎休憩用地。

特首董建華的「八萬五」政策與公屋發展

回歸前夕，香港地產市道大幅飆升，市民的住房問題成為日益嚴重的社會問題。為了回應社會需求，1997 年 7 月 1 日香港特別行政區成立當天，新上任的行政長官董建華在就職演辭中，明確表明解決房屋問題是特區政府面臨的首要任務，他並宣佈未來 10 年的房屋計劃，目標在 10 年後全港 7 成家庭可以擁有自置居所。

同年 10 月，董建華在他的首份施政報告中，公佈了「建屋安民」三大目標：（1）從 1999 年起，每年興建的公營和私營房屋單位不少於 8.5 萬個；（2）在 10 年內使香港 7 成的家庭可以擁有自置居所；（3）於 2005 年將輪候租住公屋時間從現在的 6 年縮短至 3 年。這就是著名的「八萬五」房屋政策，即透過每年供應 8.5 萬個住宅單位去扭轉房地產市場供不應求的局面，

其中，3.5 萬個為私營房屋單位，5 萬個為公營房屋單位。換言之，公屋建設將在政府「八萬五」計劃中擔任要角。

　　為實現每年建屋「八萬五」這一目標，特區政府財政司司長成立一個房屋用地供應督導委員會，專責解決房屋問題，該督導委員會按照特區政府訂立的三個目標，就有關工作進行界定及部署，並將制訂一個長遠發展的 10 年規劃大綱；同時，負責修訂土地和房屋發展程序，以確保與房屋有關的問題獲得優先處理。與英國管治時代港府着重從抑制需求、打擊投機方面去解決房屋問題迥然不同，由於回歸後已消除了每年批地 50 公頃的限制，特區政府轉而從擴大供應着手，透過每年供應 8.5 萬個住宅單位去扭轉房地產市場供不應求的局面，試圖從根本上解決香港市民的住屋問題。

　　為了實現每年建屋「八萬五」政策目標，行政長官董建華在其施政報告中強調採取兩項措施：一是擴大建屋用地供應，二是加快和精簡土地供應及樓宇建造的審批程式。在供應建屋用地方面，特區政府公佈了一項 5 年賣地計劃，在 1999 年 3 月前提供 120 公頃土地興建私人樓宇，並在其後的 3 個財政年度再供應 260 公頃土地。同期，政府還將供應約 285 公頃土地興建公營房屋。為此，特區政府決定在未來 10 年大力發展將軍澳、天水圍、大嶼山的東涌及大澳、新界西北部和九龍東南部等策略性發展地區，進行荃灣海灣和青洲填海計劃，並把合適的農地和工業用地重新規劃，興建房屋。

　　1998 年 2 月，特區政府房屋局發表題為《建屋安民：邁向 21 世紀》的長遠房屋策略白皮書，以貫徹落實特首董建華提出的解決房屋問題三大目標。白皮書將原擬定的 10 年房屋發展計劃延長至 13 年，令其更具前瞻性。為確保 13 年內的建屋目標，政府將頭 3 年（1998 年 4 月至 2001 年 3 月）的發展房屋土地批出，涉及土地 442 幅，建屋目標是 22.79 萬個單位；至於其後 5 年（2001 年 4 月至 2006 年 3 月）的土地，白皮書表示：「政府已物色了可供興建 480,000 個房屋單位的土地（即平均每年 96,000 個單位）」，其中，「已在現有城市規劃圖則內劃定預留的房屋用地，以及在公營和私營機構現有可用作重建的房屋用地的發展，共可提供約 290,000 個單位，即平

均每年約 58,000 個」；其餘所需的 19,000 個單位，則會採取多種方法增闢土地，包括：開闢新的策略性發展區，如西九龍、啟德—九龍灣、將軍澳和東涌—大蠔的新發展區；在基建容量許可和符合環保要求的情況下，重新規劃現有和已規劃的工業用地、農地和其他合適的土地，作建屋用途；透過改善有關的基礎設施和靈活應用規劃指引，增加房委會屬下房屋的發展密度；物色其他合適的地區增加發展密度；以及選擇房委會一些合適的舊型分層工廠大廈，進行重建。而最後的 5 年（2006 年 4 月至 2011 年 3 月）建屋用地，則會加速規劃，以確保每年的建屋目標。

與此同時，特區政府還採取了一系列措施，包括推行「租者置其屋計劃」、「重建置業計劃」、「可租可買計劃」、「長者租金津貼」試驗計劃等一系列措施，積極介入房地產市場，試圖從加大供應的角度平抑高企的樓價，切實解決香港市民住房困難的問題。

1998 年，房委會首先推出「租者置其屋計劃」，讓公共租住房屋的租戶可選擇以折扣價購買所居住的單位。第一期率先推售了 6 個屋邨的單位。不過，該計劃推出後香港經濟即受到亞洲金融風暴的嚴重衝擊，樓市大幅下跌，特區政府於 2002 年為房屋政策重新定位，包括不再採用置居比例為指標，以及房委會盡量退出房屋出售市場，因此房委會決定在「租置計劃第六期乙」於 2005 年 8 月推出後，終止「租者置其屋計劃」，不再出售公屋單位。這一時期，實施租置計劃的共有 39 個屋邨，合共約 18.37 萬個可出售單位。截至 2012 年 9 月底，已出售的單位約有 12.11 萬個，佔可供出售單位總數約 66%，租置計劃屋邨內未出售的單位仍有 6.26 萬個。

與此同時，房委會還推出一項資助置業的「重建置業計劃」，旨在為受各種重建計劃影響的居民，提供自置居所的機會，以取代遷入指定接收屋邨單位。1998 年 9 月，房委會推出的第一期單位為何文田冠暉苑 —— 由何文田邨公屋轉為此計劃下出售居屋，並預留靜文樓撥入計劃內出售，只供附近的山谷道邨、何文田邨廉租屋大廈及紅磡邨的居民申請。不過，由於反應並不熱烈，房委會最後沒有加推靜文樓，該計劃亦於 2000 年 1 月宣告終止，

所有未售屋苑均改作公屋出租。

　　1999 年，房委會再推出「可租可買計劃」，以協助在公屋輪候冊上的人士以綠表居屋價購買指定的新建公共屋邨。合資格的申請人成功置業後，可獲得按揭補助金。補助金分 6 年按月發給，總額最高可達 16.2 萬港元，單身申請人可獲的補助金，為家庭申請人的一半。1999 年 4 月，房委會推出第一期計劃，包括旺角海富苑海寧閣、天水圍天頌苑（頌澤閣和頌琴閣）及粉嶺雍盛苑雍薈閣等；2000 年 6 月，再推出第二期計劃，包括將軍澳彩明苑（彩富閣、彩貴閣、彩榮閣、彩耀閣）。其中，第二期由於最終沒有單位售出，最後全部改作公屋。2002 年，特區政府宣告停售居屋後，亦終止該計劃。

　　2001 年，房委會進一步推出「長者租金津貼」試驗計劃，提供租金津貼予合資格高齡申請人，讓他們租住私人樓宇，以代替公屋單位編配。這一年，香港清拆最後一個位於沙角尾的「臨時房屋區」，為這類有 40 年歷史的房屋劃上句號。此外，最後三個位於摩星嶺、掃桿埔和荔枝角的平房區，也宣告完成清拆。當年 8 月，鑑於地產市場大幅下跌，房委會宣佈停售「居

牛頭角下邨
圖片來源：Photograph by Wikipedia user: Wpcpey, 2017. Wikipedia Commons,
https://bit.ly/3qobAbl, CC BY-SA 4.0.

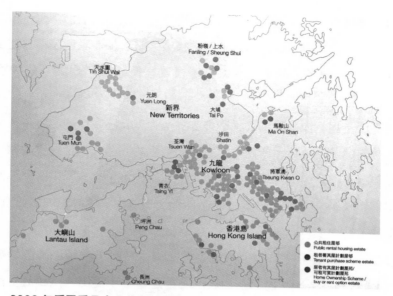

2008 年房屋委員會公共租住房屋分佈
圖片來源：薛鳳旋編著：《香港發展地圖集》（香港：三聯書店，2010 年）

屋計劃」及「私人參建計劃」單位 10 個月，直至 2002 年 6 月底。

　　這一時期，在特區政府的政策主導下，公營房屋迎來一個快速發展的新階段。1999 / 00 年度，公營房屋落成數量創歷史新高，達到 3.18 萬個；居屋落成數量亦達到 1.38 萬個，全年落成公營房屋達 4.56 萬個，比上年度大幅增長 2.49 倍，已接近特區政府每年建造公屋 5 萬個目標。2000 / 01 年度，落成的公營租住房屋單位和居屋單位分別達到 4.76 萬個和 2.35 萬個，全年落成公屋單位增加到 7.11 萬個，同比在大幅增長 55.9%。從 1997 / 98 年度至 2001 / 02 年度的 5 年間，全港共建成公營房屋 19.84 萬個，平均每年落成 3.97 萬個，其中，公營租住房屋平均每年落成 2.81 萬個，居屋每年平均落成 1.16 萬個。5 年期間，共為約 19.84 萬個中低收入家庭提供了租住及購置的居所。

　　可惜，就在「八萬五」政策推出不久，香港遭遇前所未有的亞洲金融危機的嚴重衝擊，處於高位的股市、樓市大幅下挫，董建華政府推出的「八萬五」政策一時成為社會輿論抨擊的焦點。2000 年 6 月 29 日，董建華在禮

賓府接受無綫電視新聞專訪,被問及會否修訂「八萬五」目標時,董建華表示:「從 98 年就再沒有説過『八萬五』這個字眼,那你説還存不存在?」

2002 年,為了振興深受金融危機及其後持續數年通縮打擊的香港經濟,特區政府決定就房屋政策進行全面檢討。2002 年 11 月 13 日,新上任的香港房屋及規劃地政局局長孫明揚在立法會就特區政府的房屋政策發表聲明,為政府的房屋政策重新定位,並提出著名的「孫九招」房屋政策,其中的重點包括:停止定期賣地,將來新土地以「勾地」方式提供;停建及停售「居屋計劃」;終止「私人參建計劃」。至此,董建華雄心勃勃的「八萬五」計劃最終落幕。

多年後,當香港的普羅大眾飽受高房價之苦時,社會輿論開始發生變化。2012 年,香港地產商胡應湘表示,董建華當年提出「八萬五」計劃是正確的,「如果當年沒有八萬五」,香港年輕人「只可能住籠屋和劏房」。不過,前政務司司長唐英年則認為,「八萬五導致落重藥的孫九招,引致今天的地產霸權」。無論如何,「八萬五」政策的夭折,致使「居屋計劃」停擺時間長達 10 年,公屋建設大幅放緩,中低層普羅市民「上樓」的輪候時間更漫長。據特區政府統計,截至 2021 年 3 月底,香港一般公屋申請者的平均輪候時間已延長至 5.8 年。自 2010 年以後,香港的住宅樓宇供求逐步嚴重失衡,樓價大幅飆升,社會矛盾積累,成為香港維持繁榮穩定的一個深層次問題。

這一時期,房屋協會在特區政府的公屋發展中仍繼續扮演重要的輔助角色。1999 年,房協在政府支持下,開展「長者安居樂」住屋計劃,其中兩個項目「樂頤居」及「彩頤居」先後於 2003 年及 2004 年落成,共提供 576 個單位。2006 年,房協在深水埗區開展首個「市區活化計劃」,以改善舊區居住環境,先後在葵青、大埔、荃灣、西貢、長洲、天后、坪洲、元朗及屯門等地區進行了 9 個同類計劃。2012 年,房協發售首個位於深水埗的市區重建項目,命名為「喜雅」。2013 年,為協助中等收入家庭置業,房協推出位於青衣青綠街的資助出售房屋項目「綠悠雅苑」,結果獲得市場熱烈反

應。2014 及 2015 年，房協先後推出位於深水埗的市區重建項目「喜盈」、「喜韻」、「喜薈」及「喜漾」等項目的預售，再次獲得市場的熱烈反應。據統計，到 2018 年，經過 70 年的發展，房協通過發展出租屋邨、郊區公共房屋，開展市區改善計劃、住宅發售計劃、夾心階層住屋計劃、市值發展項目、市區重建項目、「長者安居樂」住屋計劃、雋悅等共 92 個項目，合共發展住房單位 7.1 萬個。

為解決住房嚴重短缺問題，特區政府自 2012 年起重新啟動「居屋計劃」，並且於 2014 年制定和公佈為期 10 年的《長遠房屋策略》（簡稱《長策》），以圖逐步扭轉香港土地、房屋供求失衡情況。為此，特區政府每年發表報告，訂定逐年延展的 10 年房屋供應目標，並採取相應的落實措施，包括積極拓展新市鎮、大規模填海造地等，加快公屋建設。根據最新發表的《長策 2019 年周年進度報告》，特區政府於 2020 / 21 至 2029 / 30 年度的 10 年總房屋供應目標為 43 萬個單位，其中，公營房屋單位 30.1 萬個，私營房屋單位 12.9 萬個，即公私營房屋新供應比例為 7：3。

市區重建：「以人為先，地區為本，與民共議」

在市區重建方面，從 80 年代以來的實踐看，土地發展公司這一商業模式並未能有效抑制香港城市房屋持續「老化」的趨勢。1996 年 6 月，港府發表一份以香港市區更新為題的政策文件，指出：「若沒有新的營運機制及更多政府支援，土發公司不能促使有足夠規模的社區更新，避免長期的市區退化。」該文件建議，成立一個新的法定機構——市區重建局，以推行市區更新。

香港回歸後，特區政府對此展開進一步研究。2000 年 7 月，特區政府制定並頒佈《市區重建局條例》，並於 2001 年 5 月正式成立「市區重建局」（The Urban Renewal Authority），以取代之前的土地發展公司，負責統籌、推進香港的市區更新。與此同時，特區政府頒佈經修訂的《市區重建策略》，要求市建局遵循「以人為本」的原則，「採取全面綜合的方

式，藉着重建、復修和保存文物古蹟等方法，更新舊區面貌」，並明確規定市建局的四大業務策略（4R），即重建發展（Redevelopment）、樓宇復修（Rehabilitation）、文物保育（Reservation）及舊區活化（Revitalization）。為此，特區政府自 2002 年以來，分 5 次向市建局注入 100 億港元。

市建區成立後，土地發展公司的歷史任務宣告完成。土發公司從 1988 年正式運作，到 2001 年 5 月結束，前後經歷了 13 年。這一時期，土地發展公司共推行了 27 個重建項目，總發展成本 660 億港元，其中，16 個項目已經竣工及出售，其餘項目大部分亦均已清場或在清拆中。這些項目將總共提供 8,200 個住宅單位，以及 54 萬平方米商業及在寫字樓樓面。另外，重建計劃亦開闢 3.9 萬平方米政府、團體及社區設施和 4 萬平方米休閒地方。全部項目都沒有耗費政府公帑。

新成立的市建區在土地發展公司的基礎上，展開為期 20 年的市區重建計劃，該計劃包括 200 個新項目和 25 個土地發展公司已公佈項目，涉及面積達 67 公頃，預計包括 32,000 個住宅單位，為約 12.6 萬名居民提供居所，目標是要在這段時期內控制市區老化的問題。具體的目標包括：（1）重建大約 2,000 幢破舊失修的樓宇；（2）改善殘破舊區內超過 67 公頃土地的環境；（3）安置大約 27,000 個受影響租戶；（4）提供大約 6 萬平方米的休憩用地；（5）提供約 9 萬平方米樓面面積用作社區及福利設施；（6）提供 7 所新校舍。為更妥善地進行重整和重新規劃工作，特區政府並劃定 9 個面積頗大的重建目標區，當中包括：觀塘、馬頭角、西營盤、深水埗、大角咀、荃灣、灣仔、油麻地以及油塘等。

從 2001 年 5 月開始，到 2008 年 7 月特區政府發展局展開《市區重建策略》檢討，市建局順利開展從前土地發展公司接手的 25 個重建項目。其中，於 2007 年 12 月開展了前土發公司遺留下來的最後一個項目，履行成立後優先處理這 25 個項目的承諾。這一時期，市建局透過推展 35 個重建項目（其中 6 個涉及保育元素）及 2 個保育項目，為約 1.8 萬名居民改善居住環境；市建局還透過推行多項復修計劃，使超過 450 幢樓宇大約 3.6 萬個住宅

單位的住戶受惠，並保育超過 25 幢歷史建築物作活化再利用。與此同時，還提供了大約 2 萬平方米的公眾休息用地及約 5.5 萬平方米的政府、社區和福利設施，如青年中心和護理安老院等。在財政方面，由於這一時期正值地產市場復蘇，以及某些項目的合作協議結構所帶來的額外收益，截至 2008 年 3 月底，市建局淨資產總值達到 144 億港元，其中包括特區政府注資的 100 億港元，以及自 2002 年以來累積的 44 億港元盈餘。

在保育工作方面，市建局為「保存具歷史、文化和建築學價值的樓宇、地點及構築物」亦作出不少努力，主要包括：（1）在莊士敦道項目和利東街項目，總共包括 8 幢戰前商舖樓宇的保育項目；（2）保存沿嘉咸街 3 幢沒有保育級別的騎樓式唐樓、另一幢在威靈頓街的建築門面以及在嘉咸街／卑利街項目內的街景；（3）保存在太原街和交加街的露天市集；保育太原街項目內的舊灣仔街市的核心要素；（4）在衙前圍村項目的保育公園主題內，保存圍村門樓、牌匾、寺廟和若干村屋；（5）保育茂蘿街／巴路士街內一組二級歷史建築的樓宇；（6）與房協合作保育「藍屋」；（7）保育在士丹頓街／永利街項目以及餘樂里／正街項目的一系列建築物等。2008 年 9 月，市建局還宣佈根據城市規劃條例，打算保留兩組分別位於上海街／亞皆老街及太子道西／園藝街共 10 幢戰前騎樓式唐樓。

不過，自市建局成立以來，香港社會保育意識大幅提升，公眾普遍認為有需要檢視以重建為主導的市區更新策略。一些舊區居民和關注團體對市建局推行的個別重建項目，表達了強烈的意見。其中，特別是從天星碼頭、皇后碼頭事件，到喜帖街、嘉咸街、波鞋街等重建項目，更引發一連串有關市區重建背後的社會願景和價值觀的問題。有鑑於此，特區政府發展局於 2008 年 7 月展開《市區重建策略》的全面檢討工作。

就在重建策略檢討期間，2010 年 1 月，九龍馬頭圍道一棟樓齡超過 50 年的 6 層樓老屋，不幸發生崩塌慘劇，造成一死兩傷，另外四人失蹤，事件震驚全港。根據市建局統計，當時香港屋齡超過 30 年的房子高達 1.6 萬幢，而屋齡超過 50 年的房子，更超過 4,000 多幢。其後，香港特區政府房

屋署成立專責小組，對超過 50 年以上的舊樓展開調查，發現其中超過 25% 的舊樓存在不同程度的安全隱憂。

2011 年 2 月，特區政府在公眾諮詢的基礎上，頒佈經修訂的《市區重建設策略》文件，在引言中開宗明義地指出：「香港的樓宇正迅速老化。目前，全港約有 4,000 幢樓齡達 50 年或以上的樓宇。在未來十年，這些樓宇的數目更會按年遞增 500 幢。儘管政府、專責機構如市區重建局和香港房屋協會、業主立案法團及相關專業機構已不斷努力，本港舊樓的整體情況依然不理想，對公眾安全構成威脅。」《重建策略》並將過去「以人為本」的原則，修訂為「以人為先，地區為本，與民共議」的原則，並強調在重建發展、樓宇復修、舊區活化和文物保育等四大策略之間要「取得更佳的平衡和協調」。

與此同時，市建局推行了一個香港歷史上最大規模的重建項目 —— 觀塘市中心重建項目。該項目位於東九龍觀塘區觀塘裕民坊一帶，佔地面積 5.35 萬平方米。2008 年 5 月，市建局宣佈斥資逾 300 億港元分期推進該項重建計劃。整個重建項目涉及業權逾 1,653 個、居民約 4,763 人，分為 5 期發展，工程預計耗時約 12 年。該重建項目包括兩部分，分別是主地盤及月華街地盤。其中，主地盤除裕民坊外，還包括北至物華街雙數號，東至協和街，南至觀塘道，西至康寧道，總面積約 4.886 萬平方米，重建範圍除了私人樓宇、商舖及小販攤檔外，還包括了觀塘（裕民坊）巴士總站、位於同仁街的觀塘政府合署及郵政局、觀塘賽馬會健康院等公共設施。而月華街地盤則位於月華街及協和街交界，即前觀塘（月華街）巴士總站，地址為月華街 8 號，面積大約 4,640 平方米。

2009 年，該項目獲得城市規劃委員會核准。當年，第一期工程展開，由信和集團以逾每平方呎樓面地價 7,000 港元，力壓其餘 7 家投標財團奪得月華街巴士總站住宅發展項目。第一期工程於 2014 年 7 月完成，命名為「觀月・樺峯」，屋苑地底兩層設有新觀塘賽馬會健康院，已於 2015 年 1 月投入服務。

2014 年 8 月，市建區再展開第二、三期工程，由信和置業及華人置業合組的財團成功投得。第二、三期為商住發展項目，範圍包括裕民坊、康寧道、物華街及協和街，地盤佔地約 2.2 萬平方米，除要求興建 4 幢 48 至 52 層高住宅，設 1,700 伙實用面積 600 至 800 平方呎的單位外，基座 4 層平台上將設有商場、面積達 6,400 平方米的公眾休憩用地、交通交匯處（地下及 1 樓）、電力支站（2 樓，共 6 個）、垃圾站（地下高層）及永久的小販市集（地庫一層）等，總樓面約 17.2 萬平方米，總投資約 180 億港元。2021 年，第二、三期發展區竣工，全港最大的有蓋公共運輸交匯處——裕民坊公共運輸交匯處啟用，重置原裕民坊構築物經營者的裕民里和重置原物華街及協和街小販市場檔販的裕民市集相繼開業。

2017 年 6 月，市建局向城市規劃委員會提交修訂第四、五期發展規劃申請，並於 2018 年 2 月獲得批准。整個項目重建工程全部完成後，將建成總樓面面積 40.125 萬平方米，包括住宅單位約 2,298 個、商業樓宇面積約 20.964 萬平方米、政府／團體／社區設施總樓面面積約 1.43 萬平方米、休憩用地超過 9,348 平方米，以及其他用途（包括公共運輸交匯處）約 1.67 萬平方米。屆時，該帶地段將會變身成為一個集住宅、酒店、商業、休閒用途設施及交通為一體的新地標：全香港綠化率最高的市中心，闢出大約 1.6 萬平方米土地以保留現時的街舖及市集特色，並設有梯間式瀑布和玻璃鵝蛋形社區中心，以及高逾 280 米的甲級商廈。

從 2016 年開始，市建區根據新修訂的「地區為本」方針，以「小區發展模式」在土瓜灣開展 6 個重建項目作試點，為整個面積達 2.2 萬平方米的小區制訂全面而宏觀的規劃方案。該項目是市建局繼觀塘市中心及海壇街後第三大重建項目，計劃斥資 116 億港元展開收購及發展。在「小區發展」下各重建項目會提供超過 3,000 個新住宅單位，並透過整體規劃改善交通網絡，釋放地面空間提供休憩用地和重置更多街舖，再加上透過美化及綠化周邊行人路，活化整個小區及提升其宜居性。目前，該項目進展良好。按照市建局已核准業務綱領內規劃的重建項目，預計該等項目在未來 5 年，合共可

提供超過 1.2 萬個住宅單位，是項目內現時單位總數的 2.7 倍，即平均每年規劃約 2,400 個新住宅單位。

此外，市建局亦在九龍城以「小區發展」模式啟動 6 個項目，分別是庇利街／榮光街項目（KC-009）、鴻福街／銀漢街項目（KC-010）、鴻福街／啟明街項目（KC-011）、榮光街項目（KC-012）、啟明街／榮光街項目（KC-013）及榮光街／崇安街項目（KC-014）。這 6 個項目連同啟明街「需求主導」先導計劃項目（DL-8），構成九龍城行動區的發展群組，地盤面積超過 2 公頃，涉及住戶約 2,700 伙。其發展願景是透過重整和重新規劃現有行人路及道路網絡、調整樓宇排列、盡用土地用途、提供公共廣場及具地方營造元素的行人專用區景觀，創造暢達好行及智慧生活的社區。其中，DL-8 項目已於 2015 年完成遷置工作，2019／20 年研向特區政府提交該地段另外 6 個項目（KC-009 至 KC-014）的收回土地申請，其中 5 個項目的申請已於 2019 年獲得批准。

近年來，為實踐《市區重建策略》所提出的市區更新不再是零星拆建的過程，市建局正從項目主導轉向規劃主導，並引入「智慧樓宇」的概念。2017 年開展的 3 個新項目，包括崇慶里／桂香街（C&W-005）、皇后大道西／賢居里（C&W-006）及橡樹街／埃華街項目（YTM-011）等，就是以規劃角度出發的重建項目。在引入「智慧樓宇」的概念方面，卑利街／嘉咸街重建項目（地盤 A）（H18）、福澤街／利得街需求主導項目（DL6:YTM）、新填地街／山東街發展項目（YTM-010）等，都已率先引入智慧元素，如家居用電及用水量系統、家居保健系統、智慧顯示屏、家居廢物管理系統、建築資訊模型及樓宇管理系統。此外，亦把建築資訊模型技術應用在上海街保育活化項目，理順工程的程式，增強有關工程的效能。

2017 年，市建區在「四大策略」（4Rs）基礎上，加入第五個「R」——改造重設（Transformation to Reset）。同年 5 月，市建局展開全面性油旺地區研究，將工作重點從傳統以項目為本的重建模式轉移到涵蓋 5R 的小區發展模式，並同時探討優化政策框架及實施機制的策略，從而建立市建局的定

位及新的營運及業務模式。油旺地區研究作為試點項目,將劃分行動區域、5R 業務、地方營造及智慧城市元素等納入執行方案內,從而使該區 212 公頃面積的市區環境得以優化,增加宜居性,以及研究需要新增的重建實施模式等。

截至 2020 年 6 月底,市建區在重建發展方面,已啟動及執行 64 個發展項目,當中包括 61 個重建項目、2 個保育項目及 1 個活化項目,另外有 6 個與香港房屋協會合作進行的重建項目。這 70 項重建項目中有 26 個項目已經完成,其餘均處於不同的執行階段。經過多年努力,市區重建局共改善市區面貌 20.8 公頃,重建或已公佈重建的失修樓宇共 1,495 幢,新建住宅樓面面積 117.80 萬平方米,包括 2.32 萬個新建住宅單位,新建商業樓宇(包括商舖、辦公室和酒店)面積 43.80 萬平方米,新政府、團體或社區設施用地 5.60 萬平方米,安置及補償家庭 14,250 戶,項目惠及的居民人數達 3.26 萬人。另外,市建局於成立時接管前土地發展公司的 10 個項目均已全部竣工。綜合所有重建項目,合共惠及 4.6 萬名曾居於殘破樓宇內的人士,改善其生活環境。

香港的市區重建,從 1948 年香港房屋協會成立,到 1987 年土地發展公司的創辦,再到 2001 年改組為市區重建局,至今已走過了超過 70 個年頭。然而,從實踐看,相關的架構和機制仍未能有效壓制香港市區房屋老化的趨勢。據市建局於 2019 至 2020 年的預計,香港樓齡在 50 年的樓宇仍以每年 600 幢的驚人速度增長,預計到 2046 年,樓齡在 50 年以上的樓宇數量將會增至接近 2.8 萬幢。由此看來,市區重建的任務仍然任重道遠。

第六章

都會計劃：
從九龍東到「北部都會區」

從 20 世紀 70 年代起，隨着香港作為國際城市的地位日益凸顯、城市面積日益擴大，香港政府決定制訂「全港發展策略」，並每 10 年檢討一次，以便建立一個長遠的土地－運輸規劃架構，並據此制訂更詳細規劃圖則和計劃，以滿足新的需求和期望。80 年代檢討的結果，是制定「回到港口」的「都會計劃」。這個計劃最具體的落實措施，包括興建赤鱲角國際機場十項核心工程、建設西九文化區，以及「起動九龍東」，打造香港第二個核心商業區（CBD2）。2016 年，特區政府公佈新的「全港發展策略」《香港2030+：跨越 2030 年的規劃遠景與策略》，其中的重點之一，就是打造香港第三個核心商業區（CBD3）——東大嶼都會（交椅州）。2021 年，特區政府進一步提出建設「北部都會區」的規劃，計劃形成「維港都會區」與「北部都會區」並駕齊驅，「南金融」、「北創科」相互輝映的發展態勢，以推動香港的可持續發展。

全港發展策略：都會計劃下的香港發展模式

為了制訂「全港發展策略」，港府於 1980 年先後在工務司署轄下成立「市區拓展署」及在布政司署轄下環境科成立「發展策略組」。前者負責統籌市區，特別是九龍東北部的發展；後者負責制訂全港土地發展的策略。1986 年 4 月，地政、測量及城市設計處被納入新成立的屋宇地政署，並改名為「城市規劃處」，負責擬備次區域發展綱領；同時，將市區拓展處和新界拓展處合併成「拓展署」。這一時期，港府經過多次架構重組後，形成了

一個三層架構的規劃制度，即全港策略性規劃、次區域規劃（涵蓋 5 大次區域）和地區層面的法定及非法定規劃。

　　1983 年，港府完成了「海港填海及市區發展研究」，就進一步填海、新闢土地，以及重建市區等方面所帶來的發展潛力進行評估。當時，報告考慮了保留啟德機場和搬遷機場兩種方案下的多個發展模式，同時建議進行多項填海大型工程，包括中環灣仔填海、西九龍填海、紅磡灣填海等，以擴展市區土地。該研究為「全港發展策略」提供了基礎。與此同時，港府還展開多項次區域研究，包括新界西北、新界東北、北大嶼山和將軍澳／西貢等。在此基礎上，港府於 1984 年完成制訂第一份「全港發展策略」。當時，港府確認了兩個可供選擇的發展方案：第一個是以新界西北（元朗及天水圍）及海港西部（油麻地及青洲填海區）為發展重點，第二個是以海港西部為發展重點。

　　1985 年，港府地政科對未來地產發展作評估，發現部署中的新市鎮建設（當年部署中只有將軍澳和天水圍兩處），以及現有屋邨的拓展，至 20 世紀末只能容納 630 萬人口，而預計屆時香港人口將增加到 700 萬人。因此，必須部署新的屋邨建設。當時，地政工務科一位官員大膽設想，在喜靈洲、周公島和坪州三個小島之間的淺海進行堆填，以獲得大量土地，作為繼將軍澳和天水圍之後的一個大型新市鎮。1986 年，合和主席胡應湘提出「人工島新機場」計劃，而選址則正好在這三個小島之間。自此，港府再度展開對新機場興建的研究。

　　1986 年、1988 年及 1996 年，港府又先後多次檢討「全港發展策略」。這一時期，香港日益成為亞太區著名的金融、貿易及旅遊中心，香港製造業大規模內遷亦強化了它作為中國內地最重要貿易轉口港的地位，葵涌貨櫃碼頭已成為全球最繁忙的港口之一，而啟德國際機場亦已漸趨飽和及不敷應用。在這種背景下，港府於 1988 年展開「港口及機場發展策略研究」，該項研究建議在大嶼山北岸對開的赤鱲角興建一個新的國際機場以取代啟德機場，並在大嶼山東北端興建新的貨櫃碼頭，以及在屯門和大嶼山北部增建大

型的內河航道碼頭，以維持香港作為一個主要轉口港的地位和競爭力。

　　1989 年，港府採納了「港口及機場發展策略研究」的建議，並隨即構思了整套全面的機場核心計劃項目，包括東涌新市鎮第一期、北大嶼山快速公路、青嶼幹線、三號幹線（葵涌及青衣段）等。鑑於這份策略研究將會對包括市區和荃灣的整個都會區造成深遠影響，加上港府日益關注到都會區城市發展所積累的各種尖銳問題，決定制訂「都會計劃」，為整個都會區（包括港島、九龍、荃灣及葵青）的重建確立一個全面性的總綱規劃和指引，提供了直至 2011 年的規劃及發展大綱。

　　都會計劃於 1987 年啟動研究，經過多次諮詢，於 1991 年 9 月獲港府正式通過。根據都會計劃，未來香港都會區的發展可能有兩條主軸線，一條是由北至南，沿着當時的九龍主線，連接新建的海底隧道；另一條是由東至西，沿着香港島的北岸，有一部分跨越九龍半島，建啟德機場連接將軍澳的新交通線。而沿着上述兩條主線進行的市區發展，大致可形成三個發展模式，分別就新工業區、新商業區、新住宅區等的土地面積大小及分佈，以及與港口有關發展、與交通有關發展、啟德機場原址的使用、取消機場高度管制等作出取捨。不過，這三個方案並非互相排斥，而是互相相容、相輔相成。總體而言，中環、灣仔及九龍南部等地將會繼續發展成主要商業區，提供大規模的商業和旅遊設施；西九龍和灣仔、銅鑼灣一帶海旁地區將會發展豪華住宅及相應的商業用途；而各主要交通交匯處，如鰂魚涌、九龍塘、旺角及葵芳等，也將成為發展寫字樓的核心地帶，香港仔、柴灣、荃灣、長沙灣、葵青和觀塘等地區會發展成主要工業區。

　　根據都會計劃的三個發展模式，香港市區面積將會從原來約 6,500 公頃擴大到 9,090 至 9,170 公頃，主要的發展地區將集中在與赤鱲角國際機場有關展開的各主要填海區，包括西九龍填海區、青洲填海區、中環至灣仔填海區、荃灣填海區、九龍角填海區等，以及啟德機場搬遷後的舊址，而目標人口則定在 401 至 420 萬人之間。在主要的新發展區和綜合重建區內，公私營機構將提供各類型的房屋以及各種社區設施和商業用途。在較舊的地區內，

適合重建的殘舊樓宇將由土地發展公司、房屋委員會、房屋協會以及私人機構重新發展。而所有這些發展或重建計劃，都應與其毗鄰已發展地區的重整計劃相配合，從而協助這些地區降低人口密度和改善環境。

都會計劃並就改善環境設定一系列目標，包括：（1）降低極度擠迫地區的人口密度和工人密度；（2）淘汰或遷移與都會區不配合的用途；（3）藉填海工程和實施污水排放策略，消除水質黑點地域；（4）隨着機場搬遷，九龍大部分地區的飛機噪音便可消除；（5）廣闢風景區，作為住宅區和主要公路之間的緩衝區；（6）重整受採礦業破壞的地區，作美化環境用途或合適的市區發展；（7）整理市區邊緣地區。為此，都會計劃建議在市區增闢約 39 公頃的休憩用地，連同現有和落實的新計劃，總面積將增至約 1,080 公頃。市區內將遍設互相連接的公共休憩用地和大型公園，把不同用途的土地結合起來。此外，海旁地區將建有綿延 33 公里的海濱走廊。在一些主要的交通交匯處，一些重要的海旁地點和進出市區的主要地段，將建設獨特的標誌，以樹立地方形象，而原有的建築、歷史和文化傳統亦將會加以保存。

都會計劃和新機場計劃的相互配合，無疑有助於改善整個香港都會區的面貌、環境、生活質素和交通，並為地產業的發展提供更多的土地資源。不過，需要指出的是，都會計劃並不是一個由政府投資的計劃，不像十年建屋計劃和新市鎮開發計劃那樣主要由政府投資推動，它需要由香港房屋委員會、香港房屋協會、土地發展公司、大小私人發展商、主要公用事業及公共交通運輸公司等共同努力，並由政府新成立的規劃署負責推動及統籌協調。它的目的主要是為所有參與城市發展的機構，不論是公營機構還是私人發展商，提供一個廣泛的基礎和指引。

「起動九龍東」的背景與啟德發展計劃

從後來的實踐看，都會計劃的具體落實措施之一，除了與赤鱲角國際機場相關的工程以及西九龍文化區的發展之外，最重要的就是啟德機場搬遷後的「起動九龍東」計劃。九龍東包括啟德機場舊址、九龍灣商貿區和觀塘商

貿區。其中，九龍東最早發展起來的地區是啟德機場。1925 年，啟德機場正式啟用，並帶動周邊地區發展。1998 年赤鱲角國際機場落成啟用後，啟德機場結束其歷史使命，被重新規劃發展。

九龍灣商貿區的前身是九龍灣工業區。九龍灣原指香港九龍半島海灣，泛指紅磡至觀塘一帶海域，屬於維多利亞海港一部分。在大規模填海興建啟德機場之後，海灣面積大幅縮小。九龍灣通常指原海灣東面一帶，大部分土地均為新填海區，位置為牛池灣以南，牛頭角以西，在香港工業化時期主要是工廠、住宅區。該區以西是啟德機場跑道和停機坪等設施，因而有大量物流公司於該區設置倉庫。不過，啟德機場關閉後，物流、倉庫等行業也遷移到葵涌、青衣等地區。九龍灣設有地鐵九龍灣站、地鐵九龍灣車廠，車廠上蓋的德福花園是區內的重心。德福花園於 1980 年左右建成入伙，共有 41 座樓宇約 4,000 個單位，以及大型購物中心德福廣場。九龍灣還設有九龍灣國際展貿中心，總樓面面積約 176 萬平方呎，在香港會議展覽中心啟用前是香港主要的國際商品展覽會場之一，附設的辦公室亦可作不同產品陳列室之用，適合舉辦各種不同形式的展覽活動，如家居展、婚紗展、車展、就業展、美食展等等。總體而言，在香港製造業全盛時期，九龍東見證了一個重要的工業基地的迅速發展，不僅創造了數以十萬計的職位，亦推動了香港的繁榮昌盛。

不過，隨着回歸後香港國際機場遷往赤鱲角、香港製造業大規模北移廣東珠三角等地區，九龍東逐漸失去原有的活力，留下大量未有被充分使用的工業大廈。與此同時，隨着香港金融及服務業持續興旺，很多跨國公司都在香港設立區域總部和區域辦事處，港島中區等傳統的核心商業中心區已無法應付這些公司對優質辦公室的需求。一些私人發展商憑着敏銳的市場觸覺，把握時機，率先在九龍東進行發展，興建了一些高級的商業大廈和購物中心。其中最矚目的，是 2007 年開業的九龍灣超大型購物中心 ——MegaBox，該項目包括一座 19 層的購物中心、2 幢 16 層高寫字樓及各種公共設施。MegaBox 佔地 110 萬平方呎，在開業之初就創造了多個「香港之

最」，包括全港首個符合國際標準的溜冰場 Mega-Ice；全港最大的單層書城和電子城；全港首個 IMAX 影院等。此外，九龍灣國際貿易中心發展商合和實業亦於 2005 年向政府補地價，將部分樓面改為零售及寫字樓用途，設有 600 平方呎至全層 10 萬平方呎的寫字樓單位及一個佔地約 90 萬平方呎的購物消閒商場 E-Max。2021 年中，市場傳聞中資億京財團將收購九龍灣國際貿易中心，涉及資金超過 100 億港元，並且不排除將拆卸重建為甲級商廈或住宅項目。這種發展正逐步改變九龍灣作為工廠、物流倉庫的舊態勢。

觀塘商貿區前身為觀塘衛星工業城市。不過，踏入 90 年代以後，隨着香港製造業北移到廣東珠三角地區，觀塘大量工業樓宇空置，觀塘道附近部分工廠大廈紛紛重建或該建為商業樓宇或貨倉。而該區不少住宅樓宇亦日趨老化，其中，牛頭角邨、藍天邨及秀茂坪邨等公共屋邨全部拆卸重建，部分私人住宅也是一樣。而觀塘市中心裕民坊亦擴展到附近街區，如物華街、輔仁街、仁愛街、仁愛圍等，街區內銀行、金舖、時裝店、當舖、超市、食肆林立。鑑於該區正逐步經濟轉型，1998 年，土地發展公司（後改組為「市區重建局」）提出規模龐大的「觀塘市中心重建項目」。2005 年 11 月，市

九龍東觀塘海濱長廊
圖片來源：Photograph by Wikipedia user: Ceeseven, 2011. Wikipedia Commons, https://bit.ly/3twZu1u, CC BY-SA 3.0.

區重建局宣佈成立觀塘分區諮詢委員會，落實方案，該項目於 2007 年正式啟動。同時，房屋委員會也發表報告，希望於觀塘區發展類似太古城綜合發展區，以配合居民的生活需要。2011 年，香港特區政府決定將九龍東發展為香港第二個核心商業區（CBD2），觀塘商貿區亦被納入其中，進入新的發展階段。

在此背景下，港府於 90 年代初開始研究九龍東轉型發展的可能性。1992 年 6 月，香港政府規劃署聘請顧問公司展開《東南九龍發展綱領研究》，並於 1993 年 9 月完成，計劃將東南九龍（即啟德機場舊址）發展為「城中城」，總面積為 936 公頃，其中，新發展區為 676 公頃，包括填海面積 300 公頃，目的是平衡分佈住宅、商業及工業用地，發展為一個可以容納 28.5 萬人口的新市鎮。計劃首次提出興建佔地 7.9 公頃的都會公園及 2.7 公里的海濱長廊，發展區內設有兩條集體運輸系統，南北連接鑽石山及觀塘一帶。是次研究將「都會計劃」的各項概念轉化為比較具體的地區規劃目標和計劃。

1995 年，香港政府規劃署進一步展開《東南九龍發展可行性研究》，於 1998 年 11 月發表研究報告。報告計劃將啟德的戰略地位提升為「相容全港性設施的城中城」，總面積為 579 公頃，包括啟德機場舊址及建議中於九龍灣及啟德明渠／觀塘避風塘的填海區，容納人口則提高至 31.94 萬人。計劃並擴充都會公園面積至 50 公頃，使之「成為發展區園景設計的主要元素，與吸引遊客的景點」；同時首次提出興建綜合性體育館和航空博物館等康樂設施，更加入了醫院、學校、鐵路車廠、直升機坪、垃圾轉運站、郵務中心及公眾填土躉船轉運站等全港性及地區性設施，集體運輸系統則改為以沙田至中環線為主體，南北貫通土瓜灣與鑽石山，南線連接何文田及牛頭角。研究報告並指出：「『東南九龍發展計劃』的實施，將為土瓜灣、馬頭角及紅磡這三個擠逼的舊區帶來大量重建機會」；「這些『優先重建區』的重新發展，需與『東南九龍發展計劃』及『東南九龍鐵路發展計劃緊密配合』」。

香港回歸後，1999 年，香港特區政府規劃署進一步展開《東南九龍發

展修訂計劃的整體可行性研究》，於 2001 年 10 月發表研究報告。研究報告表示：「隨着 1998 年的啟德機場遷至赤鱲角，東南九龍發展計劃將香港帶入一個新紀元。這個新紀元為香港市區發展帶來新展望，主要規劃特色包括：環保理念的落實、以人為本的規劃、景致怡人及四通八達的海旁、一個充滿吸引力的旅遊點，及一個薈聚娛樂及休閒設施的中心。」為此，報告計劃將啟德發展成為「環保城」。為了回應香港輿論對大規模展開填海工程的反對意見，計劃將填海面積大幅減少至 133 公頃，總面積減縮至 460.8 公頃，容納人口亦相對降低至 25 萬人。其中，都會公園面積減少至 24 公頃，但海濱長廊則延長至 5.4 公里，同時首次提出興建郵輪碼頭，並提出以鐵路為本、環保連接系統、區域性中央冷水系統等環保建議等。

2002 年，香港特區政府通過以該研究報告為藍本的《啟德（北）分區計劃大綱圖》和《啟德（南）分區計劃大綱圖》，主要發展項目包括：在啟德客運大樓原址興建沙田至中環線鐵路車廠、多用途體育館、都會公園，在原機場跑道末端興建啟德郵輪碼頭客運大樓及旅遊樞紐連上蓋直升機坪，興建全長 3.9 公里、連接九龍灣公路德中九幹線等。不過，2003 年，保護海港協會向法院提出司法覆核，認為香港城市規劃委員會通過的「灣仔填海計劃第 2 期」工程違反《保護海港條例》，結果法院裁定城市規劃委員會敗訴，該判決對《啟德發展計劃》的填海計劃具有約束力。

在此背景下，規劃署於 2004 年在「不填海」的前提下對啟德發展計劃再次展開檢討，並於 2007 年修訂及通過《啟德分區計劃大綱圖》，將啟德重新定位為「香港的歷史、綠茵、體育及旅遊中心」，規劃範圍由 460 公頃減縮至 328 公頃，容納人口修訂為 8.65 萬人。2009 年，城市規劃委員會再次通過新修訂的《啟德分區大綱圖》。2011 年 8 月，發展局就保育龍津石橋及優化城市設計，提出對《啟德分區大綱圖》的修訂建議。其後，分區計劃大綱圖再經過兩次修訂，於 2018 年 5 月獲行政長官會同行政會議核准。

根據 2007 年通過的《啟德分區計劃大綱圖》，啟德發展區共分為 6 個規劃分區：（1）啟德城中心：位於北停機坪東部，以沙田至中環線啟德站為

中心,車站上蓋發展為車站廣場,佔地 7 公頃,廣場東面建築啟晴邨、德郎邨及工業貿易大樓,北面連接新蒲崗及九龍城的土地將發展為辦公室區,南面將發展低密度住宅;(2)體育場館:將興建具有地標特色的大型多用途體館;(3)混合用途區:主要用於商業及住宅發展,並與九龍灣商貿區進一步整合;(4)都會公園:規劃面積為 24 公頃,是維多利亞公園的 1.4 倍,是區內主要海濱活動的休閒設施,建有海濱長廊、緩跑道、觀景台、高爾夫球練習場、划艇、遊樂區等 24 個休閒設施;(5)跑道休閒區:位於機場跑道中部,連接旅遊休閒中心與都會公園,為低密度住宅商業區;(6)旅遊及休閒中心:位於啟德跑道南端,主要設施為啟德郵輪碼頭,附近將發展為一個集合酒店、零售及娛樂設施的旅遊中心,並設有一個以航空發展為主題的啟德跑道公園。

九龍東:打造「智慧型綠色核心商業區」

為了更新九龍東舊都會區的面貌並注入新的發展活力,2011 年,行政長官曾蔭權在其題為《繼往開來》的施政報告中,宣佈會採取具前瞻性、相互協調和綜合的方式,把九龍東轉型為第二個富吸引力的核心商業區(CBD2)。他表示:「香港的傳統核心商業區已無法滿足經濟增長對寫字樓的需求,我們必須開拓另一個核心商業區──九龍東。過去 10 年,位於觀塘和九龍灣的甲級寫字樓樓面面積已大幅增加兩倍半至 140 萬平方米。隨着啟德的寫字樓地帶及旅遊休閒設施投入市場,和工廈活化的效應,九龍東有極大潛力蛻變成為優越的商業區,再增添 400 萬平方米的寫字樓樓面面積。」為此,特區政府擬備的策略包括:加強九龍東的區內聯繫,包括改善行人通道網絡,並考慮以環保連接系統貫通全區,及通過港鐵觀塘線和沙中線加強對外聯繫;制訂富吸引力的城市設計概念和綠化環境,發展行人通達的海濱長廊,締造舒適怡人的商業區;倡議包括文化、休閒、水上活動的多元化發展,為商業區注入動力。

為「起動九龍東」,特區政府於 2012 年 6 月 7 日成立「起動九龍東辦

事處」，負責督導和監察九龍東的發展，願景是「九龍東應成為香港第二個核心商業區，以支持香港的經濟增長和加強香港在全球的競爭力」。「九龍東」包括啟德發展區（320 公頃）、九龍商貿區（91 公頃）及觀塘商貿區（77 公頃）三個組成部分，共 488 公頃。為「起動九龍東」，辦事處於 2011 年發佈九龍東首份概念總綱計劃 1.0，以改善連繫（易行九龍東）、品牌（全球矚目的核心商業區）、設計（優質公共空間和迷人的海濱）和多元化（從商就業機遇處處，消閒娛樂好地方）為策略重點和發展主題。2012 年 6 月，辦事處再發佈概念總綱計劃 2.0，在加強連繫、改善環境及加快釋放發展潛力三個範疇上提出了十項任務。2013 年 6 月，概念總綱計劃 3.0 發佈，提出了「飛躍啟德、創意文化藝術、綠色建築及工業文化傳承」為新九龍東的發展新機遇。2015 年 1 月，概念總綱計劃 4.0 提出了 5 個主題，包括：易行九龍東、綠色核心商業區、智慧城市、飛躍啟德及創造精神等。及至 2016 年 11 月，概念總綱計劃 5.0 發佈，內容以智慧、創新和可持續發展為主軸，在延續九龍東的「創造精神」的同時，繼續加強連繫和改善環境，推行多項以人為本的措施，目標是「締造一個智慧型的綠色核心商業區」。

為此，起動九龍東辦事處展開《發展九龍東為智慧城市區－可行性研究》的第一階段公眾參與活動，旨在為九龍東智慧城市發展制訂框架，及為智慧城市方案制定策略及優先次序，以切合該區的挑戰、限制和機遇。自 2017 年起，「起動九龍東」措施延伸至新蒲崗商貿區（約 26 公頃）。2019 年 1 月，辦事處發佈經修訂後的《發展九龍東為智慧城市區－可行性研究》，再啟動第二階段公眾參與活動。根據該份文件，九龍東智慧城市框架包括：創新平台、治理及社會經濟活力、資源管理及城市環境、流動及易行、資訊及通訊科技等 5 部分組成。為了實施智慧城市試驗，特區政府在九龍東新出售的地段加入新條款，規定新發展須達到綠建環評金級或以上認證及較高綠化比率；提供智慧水錶系統和電動車充電設施；以及在合適的出售地段提供空置泊位的實時資訊。

在起動九龍東規劃中，以啟德發展區的發展最為矚目，土地面積也最

大，佔全區總面積（514 公頃，包括新蒲崗商貿區）的 62.26%。根據分區發展大綱圖，截至 2021 年中，啟德發展區已經完成的主要基礎發展項目和政府、機構及社區設施包括：

（1）前北面停機坪區：公共房屋（啟晴邨及德朗邨）；兩所小學（聖公會聖十架小學及保良局何壽南小學）；工業貿易大樓；啟德社區會堂；啟德發展計劃－啟德機場北面停機坪配合公共房屋及政府合署發展的第一期基礎設施；啟德發展計劃－啟德機場北面停機坪第 2 期基礎設施；啟德發展計劃－啟德明渠重建及改善工程；啟德發展計劃－啟德機場北面停機坪第 3A 及第 4 期基礎設施；一所中學（文理書院（九龍））；居者有其屋計劃（啟朗苑）；東九龍總區總部及行動基地暨牛頭角分區警署；屯馬線。

（2）前跑道區：啟德郵輪碼頭；啟德郵輪碼頭公園；啟德跑道公園第一期；啟德郵輪碼頭發展的土地平整工程；啟德發展計劃－前跑道南面發展項目的前期基礎設施工程第一期；啟德發展計劃－在郵輪碼頭大樓頂部重置雷達；跑道公園碼頭；啟德發展計劃－前跑道南面發展項目的基礎設施工程（第二期）。

（3）前南面停機坪區：啟德發展計劃－前跑道南面發展項目的前期基礎設施工程第一期；啟德消防局；香港兒童醫院；香港兒童醫院旁的海濱長廊；啟德發展計劃－前跑道南面發展項目的基礎設施工程（第三期）。

（4）其他：觀塘海濱花園；啟德發展計劃－啟德明渠進口道及觀塘避風塘的改善工程（第一期）；區域供冷系統第 I，第 II 及第 III 期（組合甲）。

其他正在施工中的主要公共工程項目，包括啟德發展計劃－前北面停機坪第 3B 期及第 5A 期基礎設施；中九龍幹線；啟德大道公園；稅務大樓；車站廣場；啟德體育園；啟德發展計劃－前北面停機坪第 5B 期的基礎設施工程；啟德發展計劃－前跑道及南面停機坪發展項目的基礎設施工程（第四期）；新急症醫院；T2 主幹路；啟德發展計劃－前跑道及南面停機坪發展項目的基礎設施工程（第五期）；海心公園等；啟德發展計劃－啟德明渠進口道及觀塘避風塘的改善工程（第二期）等。

另外，策劃及設計中的項目包括：宋皇臺公園；啟德發展計劃－啟德機場北面停機坪的基礎設施；前跑道區；都會公園；飛躍啟德；啟德發展計劃－前跑道及南面停機坪發展項目的餘下基礎設施工程；啟德跑道公園第二期等。

其中，以啟德郵輪碼頭的建成啟用具有標誌性的意義。啟德郵輪碼頭位於啟德機場跑道末端，屬於《啟德發展計劃》首階段的項目之一。香港的郵輪碼頭原位於尖沙咀海運大廈，於 60 年代後期落成，可停泊兩艘 5 萬噸級郵輪，但隨着郵輪日趨大型化，愈來愈多的郵輪排水量超過 10 萬噸，導致訪港郵輪只能停泊在葵涌貨櫃碼頭，香港急需新的大型郵輪碼頭。為此，香港特區政府期望在啟德發展區興建啟德郵輪碼頭，以把握亞太區郵輪旅遊市場增長所帶來的機遇，將香港發展成為區內的郵輪中心，並提升香港國際旅遊中心地位。2006 年，香港特區政府完成前期可行性研究，並於 2008 年決定自行投資興建、設計及建造，並計劃交由中標公司經營。

啟德郵輪碼頭於 2009 年動工興建，2013 年 6 月啟德郵輪碼頭客運大樓及首個泊位落成，總投資 72 億港元。啟德郵輪碼頭客運大樓高 3 層，全長約 850 米，相當於兩座橫臥的環球貿易廣場的連接長度，設有兩個泊位，水深平均 12 至 13 米，分別可停泊長達 455 米和 400 米的郵輪。首個泊位可供

啟德郵輪碼頭
圖片來源：Photograph by Wikipedia user: Ceeseven, 2014. Wikipedia Commons, https://bit.ly/37ls8UQ, CC BY-SA 3.0.

排水量 11 萬頓、總噸位達 22 萬頓的世界級郵輪停泊。啟德郵輪碼頭交由中標公司 Worldwide Cruise Terminals Consortium 經營，為期 10 年。該公司由環美航務、皇家加勒比國際遊輪及信德集團轄下的冠新公司等 3 家公司組成。啟德郵輪碼頭佔地 6.7 公頃，除發展郵輪碼頭外，還包括相關的旅遊設施、酒店、商場及會議場館等。啟德郵輪碼頭的落成有助推動香港發展為區域性郵輪航線的樞紐。2016 年，共計有 191 艘船次停泊該碼頭，2017 年處理了 73 萬多個郵輪乘客，比前一年增加了近 1 倍。

與此同時，啟動發展區的土地批租亦相應展開。自 2013 年起，特區政府相繼推出啟德發展區的土地拍賣，第一批土地是在 2013 至 2014 年間推出，包括現階段已經入伙及即將入伙的啟德一號、天寰、嘉匯、龍譽及 Oasis Kai Tak 等，當時這 6 幅土地每平方呎價格價由 4,913 港元至 6,530 港元不等。其中，首幅土地在 2013 年招標，由中資公司中國海外投得，發展成啟德一號兩期（共 1,169 個單位）出售，並且是香港首個「港人港地」項目。其後陸續招標及出售的項目包括建灝地產發展的天寰（共 822 個單位）、嘉華國際發展的嘉匯（共 900 個單位）、保利置業發展的龍譽（共 930 個單位）、會德豐發展的 Oasis Kai Tak（共 648 個單位）。第二批啟德土地招標拍賣是在 2016 至 2017 年間，也是出售 6 幅住宅土地，不過，每平方呎售價已升至 10,220 港元至 13,600 港元。其中，最引人矚目的是中資公司海南航空集團透過旗下公司接連投得 4 幅啟德地皮，令集團瞬間成為啟德大地主（現已將購入地皮全部售出）。

啟德發展區第三批土地拍賣於 2018 年開始。當年 5 月，新鴻基地產以 251.61 億港元投得啟德第 1F 區一號地盤，若以最高可建樓面面積 141.5 萬平方呎計，每平方呎樓面地價達 1.7776 萬港元，打破 2017 年長沙灣興華街西地皮的 172.9 億港元紀錄，成為住宅官地的新地王。新地首奪啟德地，預計投資總額約為 400 億港元。受此影響，會德豐旗下的 Oasis Kai Tak 大幅加價推出，由 2017 年 9 月首張價單、折實呎價 17,059 至 22,900 港元，大幅加升至 24,188 至 33,502 港元，整批單位大幅加價約 36.2%。

及至 2019 年，啟德土地招標拍賣再創新高。當年 4 月，由會德豐、恒基地產、新世界發展、中國海外合組的財團以 98.93 億港元，投得啟德第 4B 區 1 號住宅地，每平方呎樓面地價約 1.37 萬港元。5 月份，由會德豐、華懋集團、中國海外、恒基地產、新世界發展及帝國集團合組的財團，擊敗獨資入標的嘉華國際、長實、信和置業、新鴻基地產、高銀旗下財團，以及合景泰富夥拍龍湖集團和雅居樂集團合組財團，以 125.9 億港元投得啟德第 4C 區 2 號地皮，每平方呎樓面地價 1.96 萬港元，較年初新鴻基地產投得的毗鄰地皮呎價 1.74 萬港元高出近一成三，打破了跑道區地價新高外，也創下啟德地價新高。

正如香港特區政府土木工程署在九龍東《概念總綱計劃 5.0》中所指出：「九龍東（包括啟德機場舊址、觀塘和九龍灣商貿區）曾是工業重地及進入香港的大門。在『起動九龍東』的措施帶動下，這地方轉型及再次成為重要的經濟中心，成為香港另一個核心商業區（CBD2）。」

「香港 2030+」：從「東大嶼都會」到「明日大嶼」

東大嶼都會的提出及發展，最早可追朔至早年港英政府提出的多項大嶼山發展計劃。20 世紀 80 年代初期，港府展開的《North Lantau Development Investigation》（NLDI）研究中，已有大型填海工程的倡議。80 年代後期，港府曾建議於交椅洲一帶填海發展港口的計劃，其後因貨運需求增長放緩，以及保護海港條例生效等因由而擱置。

回歸之後，由於先後受到亞洲金融危機和「非典」疫情的衝擊，香港經濟面臨重大調整，另一方面，香港與內地的經貿聯繫更趨緊密，香港如何鞏固和擴大其作為中國門戶和樞紐的功能顯得更為迫切。在此背景下，香港特區政府對「全港發展策略」展開新的檢討，並於 2007 年公佈，題為《香港2030：規劃遠景與策略》。其後，受到 2008 年全球金融海嘯的衝擊，加上香港土地供應日趨緊缺，特區政府於 2015 至 2018 年間先後對該報告展開檢討、修訂，並計劃出台《香港 2030+：跨越 2030 年的規劃遠景與策略》（簡

稱《香港 2030+》）。2011 年，特區政府展開《優化土地供應策略：維港以外填海及發展岩洞》的研究，初步評估在中部水域有發展人工島的潛力。

2014 年，香港行政長官梁振英在發表施政報告時，公佈了「東大嶼都會」計劃，表示政府將會研究進一步開發大嶼山東部對開水域及鄰近地區，打造「東大嶼都會」，以容納新增人口，並作為中區及九龍東以外、香港第三個核心商業區。2016 年初，大嶼山發展諮詢委員會發佈的「全民新空間」工作報告，羅列多項大嶼山的發展策略建議，其中「東大嶼都會」被視為用作「長遠策略性增長區」的空間規劃框架。2016 年 10 月，特區政府發佈《香港 2030+：跨越 2030 年的規劃遠景與策略》（簡稱《香港 2030+》），「東大嶼都會」被列作香港其中一個策略增長區，建議填海面積 1,000 公頃。

《香港 2030+》旨在更新全港發展策略，為香港未來的規劃、土地、基建發展，以及為塑造跨越 2030 年的建設及自然環境提供指引。根據香港特區政府最新修訂的《香港 2030+》，未來香港發展的願景，是要「成為宜居、具競爭力及可持續發展的『亞洲國際都會』」；總體規劃目標是「倡導可持續發展，以滿足香港現時及未來的社會、環境及經濟需要和訴求」。為此，將實施「三大元素」，包括：「規劃宜居的高密度城市」、「迎接新的經濟挑戰與機遇」及「創造容量以達致可持續發展」。在此基礎上，特區政府提出了「一個都會商業核心圈、兩個策略增長區和三條主要發展軸」的城市空間發展格局，及相關運輸配套網絡。其中，一個都會商業核心圈包括三個都會商業核心圈，分別為港島中區、九龍東和擬議中的第三個核心商業區（CBD3）——東大嶼都會；兩個策略增長區分別為東大嶼都會和新界北，三條主要發展軸分別為西部經濟走廊、東部知識及科技走廊和北部經濟帶。

東大嶼都會（ELM）位於香港島與大嶼山之間，其基本概念是在交椅洲附近水域及喜靈洲避風塘填海發展興建人工島，並善用在梅窩未被充分利用的土地，創造一個包括第三個商業核心區的智慧、宜居和低碳的發展區，總發展面積為 1,000 公頃，人口約在 40 至 70 萬之間，最少提供 20 萬個就業職位，主要透過新建及經改善的運輸基建設施，有效連接珠三角東西兩岸，

創造具發展潛力的新平台。東大嶼都會的整體規劃模式包括 6 個主要元素，即完善規劃及設計，實現規模效益；建立新的商業核心區；與自然生態共融；促進「城、鄉、自然」共融；加強可達性及連接性；以及採取智慧、環保及具抗禦力的城市概念。其中，交椅洲地位最為重要，定位為東大嶼都會的發展核心，將設立為香港第三個商業核心區，將提供寫字樓、酒店及其他商業發展項目，為企業提供傳統商業核心區以外的另一地點選擇，從而使得香港的就業分佈更為均衡。

根據《香港 2030+》，該規劃落實後，香港已建設面積將從現時的 268 平方公里增加到 324 平方公里；未來經濟用地的供應中，甲級寫字樓的總樓面面積將從約 900 萬平方米增加到逾 1,400 萬平方米；市場主導的工業及特殊工業總樓面面積將從約 2,000 萬平方米增加到 2,900 萬平方米，通過創造容量以實現可持續發展。

2018 年，行政長官林鄭月娥在施政報告中，在東大嶼都會的基礎上，進一步提出了「明日大嶼願景」。她表示：「政府提出發展大嶼山的願景，涵蓋中部水域交椅洲和喜靈洲附近的人工島、大嶼山北岸和屯門沿海地帶，包括重新規劃後的內河碼頭區和龍鼓灘等多個發展區；並配以一套全新的運輸基建網絡貫通各區，為香港經濟發展、民生改善，為市民安居樂業燃點希望。」

為了實現東大嶼都會發展計劃和「明日大嶼願景」，特區政府宣佈成立「明日大嶼計劃辦事處」，以統籌該項目的發展。2019 年 3 月，發展局宣佈，特區政府將在香港大嶼山填海興建人工島，以解決香港土地供應緊張問題。其中，首階段將展開預料交椅洲 1,000 公頃的人工島的填海工程，可興建約 15 至 26 萬個住宅單位，當中 70% 即 10.5 萬至 18.2 萬個屬公營房屋，將可紓緩香港房屋短缺情況。在經濟方面，人工島可成為香港第三個核心商業區，為香港經濟作出直接貢獻，帶來每年約 1,410 億港元的增加值（以 2018 年價格計算），相當於本地生產總值約 5%。另外，商業區也會提供 400 萬平方米商業樓面面積，並創造約 20 萬個高端、高增值就業機會。在財務方

面，交椅洲首階段 1,000 公頃人工島的填海工程將涉及 1,400 億港元，而整個「明日大嶼願景」計劃的成本約在 6,240 億港元以上。在收益方面，根據香港測量師學會早前的估算，交椅洲人工島上的私人住宅和商業發展土地收益約為 9,740 億至 11,430 億港元。對此，發展局表示該估算非常保守，並未計及其他項目的土地收益和大量公營房屋的價值。

「明日大嶼願景」三個階段的初步發展計劃

第一階段		
發展地區	中部水域人工島	
	交椅洲以東、西	喜靈洲南、北
可供土地	1,000 公頃	700 公頃
發展方向	第三核心商業區、綜合住宅區等	
可供住宅單位	26-46 萬個單位（首批涉及約 300 公頃，最快 2032 年入伙，公私營比例為 7：3）	
第二階段		
發展地區	大嶼山北岸		
	欣澳	小蠔灣車廠及周邊填海	東涌新市鎮發展
可供土地	80 公頃	40-50 公頃	130 公頃
發展方向	休閒和娛樂樞紐	住宅及基建連接	綜合商住
可供住宅單位	不適用	1.4 萬個單位	4.9 萬個單位
第三階段		
發展地區	屯門沿海地帶		
	龍鼓灘填海	屯門西發展（包括內河碼頭及周邊地區）	屯門東發展
可供土地	220 公頃	240 公頃	未知
發展方向	工業及重置棕地作業者	工業或其他用地	有待研究
可供住宅單位	不適用	有待研究	有待研究

資料來源：香港特區政府發展局

　　「明日大嶼願景」提出後，曾受到部分環保團體和利益團體的質疑和反對。對此，發展局局長黃偉綸表示，儘管明日大嶼計劃總投資約 6,240 億港元，但分 10 至 15 年進行，即每年平均四五百億港元，因此，不會「掏空我們的庫房」。行政長官林鄭月娥亦表示，「明日大嶼願景」填海和基建工程

需動用公款，但有關數額特區政府能夠負擔，而且項目回報巨大。

　　不過，對於特區政府提出的「東大嶼都會」和「明日大嶼願景」計劃，團結香港基金認為並不能有效解決香港目前土地發展嚴重短缺的問題，「認為這個建議過度保守，既未能應付香港的總體需求，亦不能釋放香港的發展潛力」，並提出針對性的「跳出框框，想像未來 —— 強化東大嶼都會」計劃，建議實行東大嶼都會計劃的「加強版」，即在同樣的中部水域，將原計劃由三個獨立人工島組成的東大嶼都會，從約 1,000 公頃面積擴展到約 2,000 公頃，從而建造相當於半個九龍半島的海上都會。團結香港基金認為，該建議有 5 大好處，包括可進一步紓解土地房屋需求，提升港人生活素質，釋放舊區重建潛力，擴展行業發展空間，以及完善區內交通樞紐等。該建議提出後，引起香港有關方面和社會輿論的廣泛關注。

北部都會區：「雙城三圈」對接大灣區

　　2021 年 10 月 6 日，香港特首林鄭月娥在其任內最後一份施政報告中，提出建設「北部都會區」的規劃；同日，特區政府並發佈《北部都會區發展策略》。根據該規劃，北部都會區位於元朗區和北區，佔地面積 300 平方公里，涵蓋天水圍、元朗、粉嶺／上水等已發展成熟的新市鎮及其相鄰鄉郊地區，並包括古洞北／粉嶺北、洪水橋／廈村、元朗南、新田／落馬洲、文錦渡和新界北新市鎮等 6 個處於不同規劃及建設階段的新發展區和發展樞紐。施政報告認為：這裏「是香港未來 20 年城市建設和人口增長最活躍的地區。這裏擁有多達七個跨境陸路口岸，是香港境內促進港深融合發展和連繫大灣區最重要的地區」。

　　施政報告並指出，北部都會區的發展，特別是港深之間由西至東建設的七個陸路口岸和相連的交通基建，使兩地有條件跨越後海灣、大鵬灣和深圳河而相互連接，形成「雙城三圈」的空間佈局。所謂「雙城」，即香港與深圳，所謂「三圈」，即由西至東分別形成「深圳灣優質發展圈」、「港深緊密互動圈」、「大鵬灣／印洲塘生態康樂旅遊圈」，覆蓋深港口岸經濟帶和深圳

的都市核心區，以及香港的北部都會區。這種空間格局，將有利於港深兩地獲得優勢互補、融合發展的紅利，促進香港更好融入國家發展大局。

根據特區政府公佈的《北部都會區發展策略》（簡稱《發展策略》），西部的深圳灣優質發展圈，主要包括香港的元朗、天水圍、洪水橋／廈村新發展區和元朗南發展區，對接深圳的蛇口、南山、前海和寶安，重點發展金融、專業服務、物流及科技等核心商務業。中部的港深緊密互動圈，主要包括香港的新田／落馬洲發展樞紐、港深創科園、古洞北及粉嶺北新發展區、粉嶺／上水新市鎮及新界北新市鎮，對接深圳的羅湖和福田市中心區，重點將發展創新科技產業。東部的大鵬灣／印洲塘生態康樂旅遊圈，主要包括香港的蓮麻坑、沙頭角、沙頭角海、吉澳海／印洲塘、沿岸村落和其他外島，對接深圳的沙頭角、鹽田和大鵬半島，主要發展生態康樂旅遊產業。

《發展策略》認為：「在『雙城三圈』的空間結構下，北部都會區將會與深圳緊密合作發展創科產業，成為香港的國際創新科技中心。」其中的重點，是構建香港的矽谷 —— 新田科技城。目前，北部都會區正在建設中的「港深創科園」可提供創科用地約 87 公頃，可容納約 5 萬個創科職位，規劃的總樓面面積大概等於 3 個位於白石角的香港科學園的規模。然而，相對於深圳河北岸面積超過 300 公頃的深圳科創園區，港深創科園仍規模較小，因此，要善用落馬洲管制站遷往深圳新皇崗口岸後騰出的土地和毗鄰的部分鄉郊土地及魚塘，加上新田／落馬洲發展樞紐內原有用地規劃，增加合共約 150 公頃土地，從而構建香港矽谷 —— 新田科技城（擴建後按可興建樓宇面積計算，連同港深創科園總共相當於 16.5 個香港科學園），透過聚集創科企業及支援設施，形成完整的創科產業生態系統。預計經過 20 年的發展，北部都會區將可容納約 250 萬人居住，並提供 65 萬個職位，包括 15 萬個創科產業相關職位。透過上述策略性發展，以打造國際創新科技中心為重點的北部都會區，將與支撐香港國際金融中心地位的維港都會區（包括港島中區、九龍東和明日大嶼）互補，形成並駕齊驅、互相輝映的態勢，進而推動香港未來發展。

北部都會區的發展，將以運輸基建先行，重點發展鐵路運輸系統，建議中的鐵路項目包括 5 項，分別是連接洪水橋／廈村至深圳前海的港深西部鐵路，延伸北環線、東鐵線，並探討興建尖鼻咀至白泥自動捷運系統的可行性。在延伸北環線方面，其中一項建議是把正在規劃的北環線向北延伸，經落馬洲河套地區的港深創新及科技園接入深圳的新皇崗口岸；另一項建議是由古洞站向東延伸，接駁羅湖、文錦渡、香園圍一帶，再南下經打鼓嶺、皇后山至粉嶺。

與維港都會區以兩岸「山脈」、「城市」、「海港」優美結合所形成的景觀不同，北部都會區將發展成為具備「城市與鄉郊結合、發展與保育並存」的獨特都會景觀，成為宜居宜業宜遊的地方。北部都會區擁有豐富多樣的生態環境，西面有濕地，中部有大面積的魚塘，而東面則有擬議的紅花嶺郊野公園、海岸公園及世界級的地質公園。特區政府將制訂及實施積極保育政策，提升包括米埔內后海灣拉姆薩爾濕地共約 2,000 公頃保育用地的生態功能，加強保育香港的濕地，亦為北部都會區締造優質生活環境。

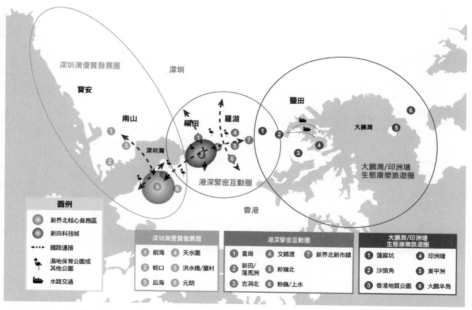

「雙城三圈」空間佈局圖
資料來源：香港特區政府：《北部都會區發展策略》，2021 年 10 月

中篇

文化色彩

"

人生中有歡喜，難免亦常有淚，

我哋大家，在獅子山下相遇上，總算是歡笑多於唏噓。

人生不免崎嶇，難以絕無掛慮，

既是同舟，在獅子山下且共濟，拋棄區分求共對。

放開彼此心中矛盾，理想一起去追，

同舟人誓相隨，無畏更無懼。

同處海角天邊，攜手踏平崎嶇。

我哋大家，用艱辛努力寫下那不朽香江名句。

"

—— 黃霑作詞、顧嘉煇作曲，「歌聖」羅文演唱的《獅子山下》

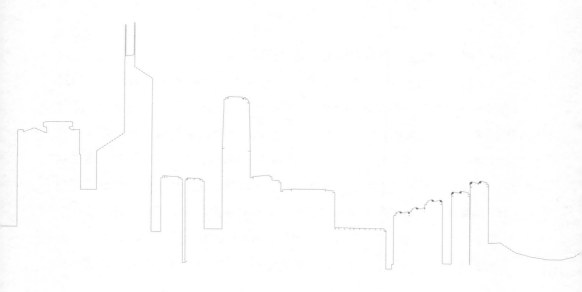

第七章

風水玄學：
香港社會的「商業文化」

　　香港經濟社會高度發展，不僅躋身「亞洲四小龍」之列，更是全球最富裕、經濟最發達和生活水平最高的地區之一。不過，在這座國際化大都會中，風水玄學卻長盛不衰，處處彰顯。不少香港人深信，香港的繁榮興盛離不開香港的好風水，香港本身就是一塊無價的「風水寶地」。香港人講究風水，可謂事無巨細，小到生兒育女、紅白喜事，大到買樓、投資發展、創辦公司，都要請風水先生勘察。有評論表示：「在香港，由販夫走卒到富商大賈，莫不信風水。」不少香港人認為，風水既不是迷信，也不是科學，而是一種商業文化，而這種文化已滲透到不少香港人的骨髓裏。香港應該是全球保留中國傳統風水文化最完整的地方。可以不誇張地說，風水玄學已成為這座城市一種斑駁的文化底色之一。

香港「風水寶地」與滙豐大廈的「風水佈局」

　　中國古語有云：「一命、二運、三風水、四積陰德、五讀書。」所謂「風水」，其學術性稱謂是「堪輿」。據說，對「風水」最早的經典定義是晉代郭璞在《葬書》中所說：「葬者，乘生氣也，氣乘風則散，界水則止，古人聚之使不散，行之使有止，故謂之風水。風水之法，得水為上，藏風次之。」據此理解，風水之術就是相地之法，其核心是人們對居住或埋葬環境進行的選擇和對宇宙變化規律的處理，以達到趨吉避凶之目的。風水玄學流派眾多，如形勢派、理學派等。其中，形勢派注重覓龍、察砂、觀水、點穴、取向等辨方正位；而理氣派則注重陰陽、五行、干支、八卦、九宮等相

生相剋理論，並建立起一套嚴密的現場操作工具棄羅盤，確定選址規劃方位。不過，無論形勢派還是理氣派，一般都遵循三大原則，即天地人合一、陰陽平衡、五行相生相剋等。

香港自 1840 年開埠，在一個半世紀以來一直受英國人管治，作為一個國際化的大都會，可説處處充滿西方的文化色彩。奇怪的是，無論是富豪權貴、公司老闆、明星藝人，還是普羅市民，眾多香港人都對中國傳統的風水命理文化篤信非凡，有的甚至到了如癡如醉的地步。不少香港人認為，香港開埠以來之所以能夠經濟繁榮、百業興旺，重要原因之一是香港的風水好。

根據香港風水堪輿學家的分析，香港的龍脈可追溯到中國西部的昆侖山脈，該龍脈蜿蜒自西而東，綿延數千里，其中一支經廣東羅浮山，伸展到香港新界的大帽山。大帽山主峰高 958 米，巍峨宏偉，成為香港最高山峰 ——「祖山」。大帽山繼續向東南伸展，經城門、石梨貝兩水塘，再形成九龍半島的筆架山主峰，成為九龍半島的「主山」。筆架山龍脈分九條支脈向南伸展，覆蓋整個九龍半島。九龍龍脈再分兩支，分別從飛鵝山經鯉魚門港口的護龍，以及由筆架山直透尖沙咀的主龍，雙雙渡過維多利亞海港，在港島太平山會合，形成「雙龍出海」之勢。太平山高 554 米，風水土名稱「香爐峰」，莊嚴宏偉，形態肥滿，為香港島群山之首，主富貴。太平山再分數支山脈，遍佈整個香港島。其中，中脈沿舊山頂道及花園道一帶延伸，氣勢雄厚有力，並結成兩個龍穴 —— 主「貴」的「港督府」（現稱「禮賓府」）和主「富」的「滙豐銀行」地段。所謂「龍穴」，按照風水大師的説法，就如針灸師傅所謂的經絡點一樣，是某種超強「氣」源所在的地。

香港風水堪輿學家們認為，作為世界三大天然良港之一的維多利亞海港，也是一個極為利好的風水佈局。該海港有九龍半島和香港島護衛，水流從西北方的珠江河湧入，經過較為寬闊的汲水門進入海港，再經過觀塘蓄水口，從較為狹窄的鯉魚門流出，最後還有個東龍洲阻擋，形成急水入、緩水出，即所謂「天門開，地門閉」的形勢。與此同時，水流在海港中間兩個拐彎處形成兩個「曲水聚寶盆」，風水師稱為「九曲來水」，正是聚財的地方。

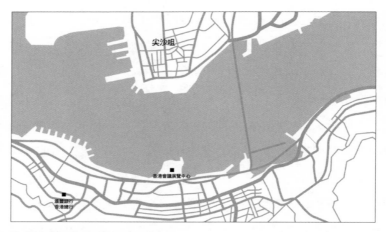

維港南北兩岸的「迎送合局」

　　從維港南北兩岸來看，九龍半島的尖沙咀形成「凸」字地形，而港島中環則形成「凹」字地形，在風水玄學上稱為「迎送合局」。這種格局形成了「環弓」和「反弓」的格局，在環弓的尖沙咀可以受益於聚寶盆的財氣，但處在反弓形的中環則相對不利。為此，後來就有了「香港會展中心」的建設。香港會展中心是香港最具特色的現代綜合建築之一，佔地 25 萬平方米，中心前面是維多利亞港灣，背後緊接香港特區政府的辦公機構，整個建築氣勢宏偉。站在側面看，像一隻展翅欲飛的大鳥；站在中心背後的大酒店裏看，又像是一隻笨拙的海龜正慢慢向對岸爬行；而在尖沙咀臨水則造了一個「香港太空館」，俯瞰就像一枚烏龜蛋，兩者隔海對望，形成「靈龜出海尋蛋」格局，呼應兩岸的「迎送合局」。於是，維多利亞海港這一「聚寶盆」就發揮了極致的功效，導致港島中環和尖沙咀南北兩岸的繁榮昌盛！

　　從風水角度來看，滙豐銀行地處香港太平山山腳的「龍穴」位置，由於山坡形似馬頭低垂，在維港飲水，故有風水大師稱之為「天馬飲水穴」（或稱「天馬跳海穴」）。據傳說，滙豐銀行舊址以前曾是大會堂，屋頂有一座躍馬雕刻，一天夜晚，附近居民聽見馬蹄聲，探頭一望，竟看見一匹駿馬在維港飲水。水為財，故主富，為香港的「藏金庫」。因此，長期以來滙豐在香

港處於不可挑戰的龍頭大哥地位，它每年賺取龐大利潤，股票年年上升，是香港恒生指數成分股裏面第一重磅股，被稱為「大笨象」。它的股票在以前甚至被稱為「孤兒寡母股」，意思是買了滙豐銀行股票的寡婦，可以憑藉收息養兒養老，甚至滙豐地庫裏的銀行保險箱，也相傳為風水極佳的龍穴，想租到一個保險箱需要排好幾年的隊，有些人甚至把祖宗牌位放在保險箱裏，期望好風水能夠保佑子孫後代富貴發達。滙豐銀行執行董事王冬勝就曾無比篤信地說：「香港所有高樓大廈中風水第一的，就是滙豐總行大廈！」

滙豐銀行大廈位於港島皇后大道中 1 號，前後經歷了四代發展，現行第四代由著名建築師諾曼・福斯特（Norman Foster）設計，整座建築物高 180 米，共有 46 層樓面及 4 層地庫，全部使用鋼鋁結構建設，由八組參差的組合柱以貫穿蒼穹的氣勢組成。這座石油塔式的大廈總投資高達 52 億港元，是當時全球最昂貴的建築物。大廈建設期間，正值香港前途問題浮現，當時有傳言說，若回歸後形勢不妙，滙豐銀行需要撤回英國，就可以將這座鋼架大廈全部拆卸成零部件，運回倫敦重建。該大廈建成後，被稱為香港「八十年代五大建築物」之一，同時還獲得多種稱號，如「未來的造型」、「《星球大戰》裏的建築」、「金錢大教堂」，等等。

滙豐銀行大廈雖然由英國設計師設計，但仍隨鄉入俗，據說曾聘請著名風水大師指點迷津，無論是在選址、整體佈局等方面，都充分尊重香港的風水文化。從選址來看，該地段雖然處於港島中環主富龍穴位置，但在地形上則正對準北岸尖沙咀的尖角，在風水學上稱為「三煞位」。據說，為化解此，滙豐不惜將大廈前方至海旁香港渡輪碼頭的整片土地買下，種植茂盛樹木，建成著名的「皇后像廣場公園」，交由政府管理，利用公園茂密的樹木緩衝尖沙咀渡海而來的強大煞氣，形成「開揚廣闊，藏風聚氣，水聚明堂」的氣場，並保住「天馬飲水」之勢。

為了進一步阻擋和減弱煞氣，滙豐大廈門口還擺放了兩頭雄獅雕像——張口吼叫的「史提芬」（Stephen）和閉口不言的「施迪」（Stitt）。根據中國習俗，大宅門前總會放置一對獅子，作用是保衛大門前廣闊空間（亦

滙豐銀行大廈
圖片來源：Photograph by Wikipedia
user: Wpcpey, 2008. Wikipedia
Commons, https://bit.ly/3wqVT77, CC
BY 3.0.

即「明堂」）的一股強大靈氣。滙豐銀行的這對獅子，來歷不凡，分別取
自滙豐銀行總行總司理史提芬（Alexander G Stephen）和上海分行經理施迪
（Gordon H Stitt）的名字。這對雄獅鑄成後搬來鎮守滙豐銀行大門時，曾請
風水大師勘察。據説風水大師指點，獅子必須在星期天清晨四時放到入口兩
側指點位置，而且必須將兩頭獅子同時放好，免得它們互相嫉妒，銀行董事
們必須在那裏隆重歡迎獅子光臨。對此，滙豐銀行家們一一照辦。傳説中，
這對獅子不能輕易搬動，否則會發生災難。1942 年，日軍侵佔香港後，曾
將這對獅子運回日本，準備熔為軍火材料，結果香港就度過了三年零八個月
的黑暗歲月。戰後，香港如有神助，這對銅獅竟在日本一家煉鋼廠尋回。
1981 年 7 月，滙豐銀行第三代總行大廈拆卸重建時，兩隻銅獅被安排擺放
在對面的皇后像廣場，結果就發生了 1982 年大股災。這就是所謂的「獅子
魔咒」。

　　第四代滙豐銀行大廈在整體結構設計上也充分體現了風水玄學的佈局：

首先，是大廈底層完全架空，讓從尖沙咀渡海而來經過公園和雄獅阻擋而減弱的煞氣，直沖而過，僅用兩條引導人流進入大廈大堂的電動扶梯，去吸納這「萬鈞之力」的一點煞氣，並將煞氣散發於整個大廳，形成所謂「龍吸水」的格局。其次，在大廈一樓地面採用巨大的玻璃面作為地板，這在建築學上被解釋為給首層架空空間增加採光，消解一層空間的壓迫感；而在風水學上就是吸納一部分煞氣入樓，轉入中庭擴散。另外大廈中央設置了一個共有 9 層樓高的中庭，在建築生態學中，這種高曠的中庭空間會產生煙囪效應，拉動建築內的自然通風；而在風水中則可以進一步擴散煞氣，並轉化為「財氣」。亦有風水大師指出，因為有電動扶梯直通建築物中心，滙豐銀行大廈擁有很重的陽氣，能量被聚集在大廈內部，因此銀行內的財產非常安全。

該建築還有一個奇特之處，即面向皇后像廣場的這一側只是後門，正門是面對着太平山皇后大道的那一側。據風水師分析：「常規來說建築背山面海是好的，但滙豐銀行則是背海面山，因為煞氣是從尖沙咀而來，這樣一反向就組成了『騎龍格』，最終完成了這個絕好的風水位。」所謂「騎龍格」，即滙豐大廈猶如一個跨開雙腳的鋼鐵俠，將穿越維港充滿煞氣長驅直入的過江龍騎上，形成「騎龍上太平（太平山），伴我入凌霄（凌霄閣）」的態勢。有評論說：「滙豐的總風水設計師，體現了其對於風水實操的渾厚經驗和判斷能力！」滙豐銀行家們在總部大廈設計中對風水的重視，成為香港商業風水文化盛行的一個經典縮影。

香港島中環大廈的「風水鬥法」

就如滙豐銀行大廈一樣，香港幾乎所有重要的高樓大廈在興建時都受過風水大師的指點，都有其特定的風水佈局。其中，流傳最廣泛、最經典的就是港島中環各個高樓大廈之間的「風水鬥法」。

事緣 80 年代初，港府將港島中環花園道與金鐘道的交界處一幅地基面積約 8,400 平方米的舊美利樓地段，以 10 億港元的較低價格批租給香港中國銀行集團。當時，正值地產市道處於高峰期，消息傳出，樓市、股市相繼

急挫。該地段四周均被道路和高架路束縛着，地勢逼仄且交通條件惡劣，這對中銀興建高廈無疑是一項重大障礙。為此，香港中銀聘請世界著名美籍華裔建築大師貝聿銘設計，其設計靈感來自竹子「節節高升」，象徵着力量、生機、茁壯和鋭意進取精神，也寓意香港中銀未來繼續蓬勃發展。

香港中銀大廈
圖片來源：Photograph by Wikipedia user: WiNG, 2008. Wikipedia Commons, https://bit. ly/3574KQ4, CC BY 3.0.

整座大廈由四個不同高度的三角柱體構成，呈多面菱形，層層疊起，節節高聳；大廈的外牆鑲嵌着銀色的反光玻璃，凸顯出大廈多面體的特色，白晝與藍天白雲相映，夜晚猶如一顆璀璨奪目的鑽石。大廈高 315 米（加上頂上兩桿共 367.4 米），共 70層，另設有地庫停車場 4 層，總建築面積 12.9 萬平方米。該大廈於 1985年 4 月正式動工，1989 年建成，旋即成為香港及亞洲第一高廈和香港的新地標。

據説，在設計過程中，為了減輕周圍車輛噪音的影響，貝聿銘原來想利用陡峭的地勢，從大樓後門引入一股噴泉水，再讓水從前門一端噴出，讓流動的水與不動的牆相映成趣。不過，風水先生表示反對，説這樣做就會破財。於是，貝聿銘只得修改設計，在地基兩側設置兩座傾斜式噴泉，高樓兩旁都有水流下來，最後匯聚到門口一個大池中蓄起來，並在池中飼養金魚，形成一個「聚財」的風

水局。不過，該大廈在設計及建成後，香港即有風水師表示，中銀大廈外形有許多尖角和刀刃一樣的菱線，特別是那具有貝氏特色的「三角式」頂端，猶如三把犀利的鋼刀，刀鋒一面對着港督府，一面對着英軍軍營，一面直指滙豐銀行，在佔盡風水之餘，也破壞了港督府和滙豐銀行的富貴氣。

事緣湊巧，正當中銀大廈破土動工之際，1986 年 12 月 5 日晚上，因公前往北京訪問的香港第 26 任總督尤德爵士（Sir Edward Youde），在下榻的英國駐北京大使館心臟病突發，在睡夢中去世，終年 62 歲，成為歷任港督中唯一一個在位時去世的港督。對此，有傳聞繪聲繪色地説：當時，「風水先生登高一望，只見不遠處一座摩天大樓拔地而起，棱角鋒利，寒光逼人而出，好似一把長劍指向天空，觀者膽寒。風水大師驚慌失措，大呼『煞氣太重』，立馬叫來英國高管，指點一二。」不過，按照時間來算，其時，中銀大廈剛動工一年半，尚未「拔地而起」。儘管如此，「中銀大廈破壞港督府風水」之説仍甚囂塵上。

據説，有着「中國通」之稱的繼任港督衛奕信（Sir David Wilson），本着「寧可信其有，不可信其無」的心態，聘請了風水大師指點化解，在港督府花園正對中銀大廈尖角的延長線上種植了三棵柳樹，以化解「煞氣」。衛奕信解釋説：「由於在許多人眼裏，總督府代表香港政府，我們在那個尖角和總督府中心位置之間的直線上種了三棵柳樹，算是採取了保護性措施。柳樹的形狀柔和、圓潤，對大樓刀一般的尖利角度起了緩衝作用。就這樣，問題解決，皆大歡喜。」可是，據説由於「煞氣」太重，柳樹屢種屢死，港督府卻屢死屢種。及至「末代港督」彭定康（Christopher Francis Patten）剛上任不久，有評論就預言：「從風水角度來看，中銀大廈位於港督府後左方，巍峨逼迫兼尖射，彭督與各路英雄搏鬥在所難免，明年趨白熱化。」

香港回歸後，總督府改為「禮賓府」。傳聞，首任特首董建華在上任前就聘請了風水師察勘，發現前港督府風水不佳，所以拒絕入住，堅持住在自己家中。對此，據説董特首的助理曾鄭重其事地解釋，「看了對香港也好」，「寧可信其有」。繼任的特首曾蔭權雖然是個虔誠的天主教徒，但據説也自

掏腰包找了一名風水師察看禮賓府風水，指點迷津。天主教徒看風水的故事，一時成為城中市民茶餘飯後的話題。事有湊巧，曾蔭權上任後，香港經濟持續好轉，失業率下降，股市上升。「曾蔭權運氣好！」一時在香港政壇盛傳。兩任香港特首對風水的傳聞，或多或少反映了風水這一行業在香港受歡迎的程度。

據坊間傳聞，被「刀鋒」劈向的滙豐銀行也受到影響，原本滙豐銀行經營業績如日中天，可是，受到中銀「煞氣」影響，業績大幅倒退，股價也隨之大跌（這其實是受到 1987 年全球股災影響所致）。為此，滙豐銀行請來風水大師指點迷津，風水大師給出五字對策：「洋炮對鋼刀」。於是，滙豐在大廈樓頂對中銀大廈的方位架設起兩門「大炮」，反擊中銀大廈的殺氣，從而令業績轉佳。有趣的是，據說一年颱風把滙豐銀行樓上的炮筒吹歪了，對準了鄰近的渣打銀行大廈，雖然彼此都是英資銀行，但事關重大，渣打銀行一紙律師函送到了滙豐銀行，要求限期改正。不過，另有一種說法是，滙豐銀行大廈共有四門「大炮」，其功能其實是「吊重機」，專為工人清潔大廈的玻璃外牆服務。

值得一提的是，面向中銀大廈後門的前「萬國寶通廣場」，由鷹君集團於 1992 年建造，整幢建築呈不對稱組合，由兩幢高 50 層和 40 層的大廈連接為曲尺形，前面是依地勢而建成的上下互通的兩層露天廣場，並與多條行人道和行人天橋連接，成為人流樞紐。由於中銀大廈的一面「刀鋒」正對萬國寶通廣場，因而該廣場外形在設計上呈現為一部直聳的開卷書本。有風水先生解釋說，這也是一個風水佈局，面對中銀大廈的「刀鋒」，形成一個「寶劍回鞘」的迎送合格局。

加入中環「風水鬥法」大戰的，還有位於中銀大廈與滙豐銀行大廈之間的「長江集團中心」。長江集團中心原址為中環著名的希爾頓酒店。1994年，長江實業將該酒店拆卸，連同附近的花園道停車場大廈和拱北行合併發展，建成樓高 283 米的「長江集團中心」，包括 62 層樓及地下 5 層，不設 4、14、24、34、44、54 等層數，總樓面面積 125 萬平方呎。該中心由國

際大師西薩‧佩里（César Pelli）主持設計，美國著名建築師 Leo A Daly 為主建築師，屬智慧型辦公室大廈，呈「圓角方形」建築。長江集團中心於1995 年底動工興建，1999 年竣工啟用，成為李嘉誠旗下長和集團的總部所在地。

據風水師的解釋，長江集團中心的風水佈局，首先表現在高度方面，該大廈比中銀大廈低 32 米（若按照桿高相差 84.4 米），比滙豐銀行高 103 米，處於中銀與滙豐樓頂之間斜線下端，巧妙避開了兩座大廈「刀炮」相對的鋒芒。對此，西薩‧佩里說：「如何定出長江中心 283 米高的高度，是一項風水藝術」，「他（李嘉誠）說要高過旁邊的滙豐總行，但要矮過另一旁的中銀大廈。」

其次，大廈外形呈圓角四方台盾型，不僅四面密閉，外牆還特意採用高強度的特種防彈玻璃，使得中心就「猶如一個身穿金屬保護衣的鐵甲人一樣刀炮不入」。對於長江集團中心的設計，設計師西薩‧佩里曾表示：「從外表看，長江集團中心設計得四四方方，欠缺線條美，在香港芸芸摩天大廈中並不算耀眼。因為要解決中銀大廈的風水問題，我要根據風水大師的意見來設計。因此，在外形設計上有很多限制。」「李嘉誠信風水，他相信四四方方的盒子形大廈可抵擋中國銀行的煞氣。」不過 Leo A Daly 則表示：「長江集團中心採用四方形之建築物平面，使辦公室空間更見實用。」

對此，風水師分析說：「長江集團大廈在外形上做成了方形，方形為土，滙豐銀行的火炮為五行火，要克中國銀行鋼刃的五行金，那麼夾在中間的長江實業就建成了五行土。這樣火克金局就形成了火生土，土生金的格局。」此外，長江集團中心南面還附建有一個 5.6 萬平方呎的「長江公園」，公園裏除了用流水來改善風水之外，還屹立了一座巨型的茶晶，作為風水鎮物。通過這種風水佈局，「長江實業在滙豐銀行與中國銀行之間來回騰挪，左右逢源，滙豐銀行和中國銀行的直接矛盾在長江實業的調和中巧妙化解。」

香港大多數商業建築大廈，亦都或多或少地考慮了風水因素。如聳立在維多利亞海港旁的怡和大廈，樓高 52 層，曾經是香港最高建築，被稱為「千

洞大廈」，其獨特的圓形窗戶就被風水師視為招財象徵。2007年建成的位於西九龍的環球貿易廣場，就被認為因為吸取了九龍區的能量而風水極佳。

滲透香港商業社會的「風水命理」文化

有人認為，「風水」是一種迷信。不過，在相當部分香港人看來，風水既不是迷信，也不算科學，而是一種地道的商業文化，這種商業文化甚至已滲透到不少香港人的骨髓裏，成為社會生活中不可或缺的一部分。在不少香港人看來，風水是和財富緊密相連的。香港是一塊「風水寶地」，有一股很強的風水風氣，因而，只要充分利用「風水」，就能事事順利，順風順水，財源滾滾。風水庇護香港人的發展，香港人反過來也促進風水文化的興旺，相得益彰。

從整體社會看，對於相當多香港人來說，不論貧富、階層、職位、職業，從買樓裝修、室內陳設、生活起居、紅白喜事、婚戀配偶、生兒育女、大病小痛，到興辦公司、辦公場所設置、開張誌慶等等，事事都離不開風水，凡事都要徵詢風水師的建議。香港地少人多，尺土寸金，買樓、入住、佈置房屋被視為頭等大事，不少人都會請風水師「睇風水」，做風水策劃，包括建築物的選址、朝向、房屋構造以及室內大件物品的擺放等。例如，在風水學上水主財，很多人就會在家裏擺放魚缸或修築魚池，以積聚財富；在香港的住宅裏，更是隨處可見吉祥風水飾物以及驅邪之物，據稱可避邪消災、保平安、增福祿。

正因為不少香港人篤信風水命理，適應這種市場需求，市面上有關風水命理的書籍多不勝數，題材涵蓋相理、家居風水、易經占卜法、紫微斗數等等，主要是教人如何生財、旺姻緣、升職加薪、佈置屋中傢具電器、放置風水擺設，甚至如何於賭博中贏錢等等，內容各適其適、應有盡有。其中最受市民歡迎的，莫過於一年一度出版的運程書。因而，香港的運程書成為出版界的奇葩，無論經濟好壞，銷量都相當穩定。每逢運程書出版時節，地鐵站、書報攤、街上看板、報紙、雜誌就會湧現形形色色的宣傳海報、相關書

籍。另外，不少報章、雜誌、電台等都會開闢風水專欄，如「神機測字」、「易經占卜」等，由玄學家回答讀者來信來電，或以深入淺出的方式暢談風水命理，譬如「睡房佈置不宜動」、「剋夫剋妻相」、觀音開庫的程序等，各適其適，相當受歡迎。此外，為地產經紀而設的風水講座及課程應運而生，課程旨在增加學員對玄學的了解，令他們能夠與客人有更好的溝通及有更多的話題。

人們對風水命理的熱衷，還帶動了電視的興旺。90 年代初，亞洲電視推出一檔風水節目——《玄機妙算顯神通》，結果居然在一片慘淡經營中異軍突起，市民拍手叫好。該節目其中一集，由風水大師林國雄推算一星期九九金的走勢，成為小市民茶餘飯後的重要參考。對此，有評論表示：「風水命相本來就是香港人小圈子流行的玩意，作為一種無傷大雅的遊戲，它有許多優點——便宜、多變、過癮、實用、神秘、刺激。這門學問玄之又玄，術語繁多，卻又可自練自學，毫無禁區。香港有一個職業林國雄，卻可能有數十萬個業餘林國雄。」

風水文化的核心是運程的計算和設計。因此，盼好運來得快的做法通常是求籤許願、求神拜佛，因而香港的寺廟歷來香火鼎盛。其中，以黃大仙廟尤為受歡迎。有人説，香港每年最後一場競賽，不是在馬場、球場或運動場進行，而是在香火鼎盛的黃大仙廟。每年除夕夜，就有眾多善信在黃大仙廟外大排長隊等候，爭取在新一年零時零分進入廟內上「頭炷香」。據説，能夠第一個把香插入香爐內的善信將會行整整一年的大運。時辰一到，所有善男信女就會像潮水般湧入大殿，務求搶在別人前面，一償心願上得「頭炷香」。沙田車公廟亦是善信在年初二的指定朝聖動作，很多善信都會趕來上香祈福求籤，希望車公告訴自己流年的運程。

不僅普通老百姓，就是演員明星也常常找玄學家為他們看相或看家居風水，希望能夠「星路亨通」、「年年賺大錢」；有的找師傅問卦擺陣，為的不是求名求利，卻是為了擺脫「狗仔隊」。香港著名電視藝人梁藝玲就是一個典型，據報道，梁自小就篤信風水命理，每年都算一次命，看一次時辰八

黃大仙廟
圖片來源：Photograph by Wikipedia user: Chong Fat, 2007. Wikipedia Commons, https://bit.ly/3lxlT2U, public domain mark.

字，長大後進入娛樂圈收入增加後，每次買樓總要帶風水師去算一下是否適合自己，甚至養成每事都要致電風水師的習慣。不過，後來梁藝玲轉變成一名虔誠的基督教徒。據說，香港不少歌影巨星，如劉德華、郭富城、黎明、舒淇等，都會在家中放置一些風水吉祥物，祈求事事順風順水。有傳聞就曾報道，前兩年，篤信藏傳佛教的郭富城，為了即將生產的愛妻方媛，曾請風水師在住屋處布下了「護胎風水陣」，來確保妻兒平安。另外，一些明星養小鬼求紅、下降頭的傳聞，聽起來更是神乎其神。當然，這些都是傳聞，並未得到任何證實，但信者眾多。

　　演員藝人在開鏡禮上燒香拜神切燒豬，基本上是電影、電視劇開拍前的指定動作。開機儀式上，通常老闆、導演、監製、編劇、主要演員及幕後一眾工作人員等，都會齊聚燒香拜神，務求平安、心安，精神爽利，然後將燒豬一刀由頭切到尾，示意好頭好尾，事事順風順水。若是拍攝「鬼片」時，禁忌更多，據說拍攝前一定要拜拜「地基主」和「好兄弟」；道具組人員要負責給在場演員及工作人員發紅包，討個吉利；每一次拍攝結束時，導演要大聲喊「CUT」，告知在場的「好兄弟」，這只是在演戲，而演員則要哈哈

笑，把陽氣「哈」回來，且鬼片現場不能嬉戲，如此等等。

香港社會的這種「風水文化」，在電影、電視劇中亦都有充分反映。1991 年上映的《衛斯理之霸王卸甲》，就是香港迄今為止一部關於風水玄學的最經典電影，由著名導演徐小明拍攝。為了拍好這部電影，徐小明高薪聘請殿堂級風水玄學大師呂克明作風水顧問，影片講述風水師阮氏與師弟衛天玄，憑藉師傅留下的一本風水奇書《隱龍鐵骨秘》，在深山覓得一塊名為「霸王卸甲」的佳穴，能給家族帶來 24 年的好運，並由此引發幾個家族興衰的故事。另外，從 1997 年開始拍攝的《陰陽路》系列，就是香港最長壽的靈異電影，前後拍了 10 年，共 21 部影片。有評論指出：「《陰陽路》的驚嚇指數不高，特別是前兩部反而彌漫着一股頹廢文藝的都市氣息，晃動的鏡頭、迷蒙的燈光，面目模糊的街景和人群，乍看之下還有股《重慶森林》的味道。不過這些都是表象，真正深入人心的是影片對『規矩』和『民俗』的刻畫與重視，它們通過『陽』與『陰』的互相碰撞來告訴觀眾『人為啥會倒楣』。」此外，許多電視劇如《再造繁榮》（1991 年）、《飛星尋龍》（1993 年）、《清宮氣數錄》（1993 年）、《命轉乾坤》（1994 年）、《天機算》（2007 年）等等，內容都有涉及風水玄學的故事。

香港不少富豪、公司老闆對風水更是篤信無疑。不少富豪都配有御用風水大師，每月定期上門，小到辦公室擺設、家居佈置，大到經貿活動、起地蓋樓，都要請大師測算，選點、選向、選擇黃道吉日方能開工。有報道稱，香港首富李嘉誠就經常聘用不同的風水師，就不同的項目給予意見。李嘉誠的辦公室，都有精心佈局的風水擺設，金木水火土五行俱全。名列香港富豪第二位的恒基地產主席李兆基篤信道教，他的師傅是中國道教協會會長任法融。李氏曾透露，他與任法融「亦師亦友」，對方建議的風水擺設及卜卦「十有九中」。另外，香港女富豪龔如心，就曾聘請風水師陳振聰祈福轉運。

在香港，許多商家都在店舖裏設有財神位，張掛「鎮宅七十二靈符」。據說，這是根據中國古代傳統仿製的靈符，一式兩款，掛着它可以避難消災，身心安泰，生意興旺。臨街的店舖，還會在門口靠牆處擺上神龕，店主

人有事無事都要出來拜一拜。求神問卜和貼靈符、請財神也都是大小商舖開張的重要步驟，黑白兩道同拜關公，公司大樓中的佈局與物品擺放都要有講究。不少公司都掛有「通勝」掛曆。老闆們談生意，大都會看日子，遇到大生意開張，更會設壇切燒豬，祈求神佛保佑。

富豪們對居住的環境更是萬分重視，多選擇在港島的深水灣、淺水灣，新界的大浪灣等風水寶地。深水灣位於港島南區，有所謂「石間結奇穴，富貴自可來；石穴力雄偉，富貴天下聞；如得龍虎蟠，神聖稱象拱，如得象馬拱，財富比石崇」的說法，氣足靈厚，結穴甚多，猶如遍地黃金，李嘉誠、郭鶴年等都居住於此。淺水灣號稱「天下第一灣」，也有「東方夏威夷」之稱，依山傍海，冬暖夏涼，環境優美，海灣的坡地上遍佈眾多富豪別墅豪宅。大浪灣主要由西灣、鹹田灣、大灣及東灣四個海灣組成，連同大浪灣北部的山峰蚺蛇尖，合稱為「一尖四灣」，被譽為「香港四大奇景」之一，香港很多頂尖富豪都住在其中。

香港盛行風水堪輿，雖說是華人傳統，但奇怪的是，平時很少理會民意的港英政府官員，在風水問題上往往會「聽從民意」，「從善如流」。自新界開發以來，每每遭到鄉民以風水理由反對，政府會支付一筆可觀的「薑符」費，以便建設工程得以順利進行，令雙方皆大歡喜。所謂「薑符」是道教名詞，在動土施工時，或在風水遭到破壞後，必須做法事，使村民得以心安。80 年代後期，港英政府計劃在元朗建設污水處理系統，遭到村民反對，擾攘經年之後，最終政府答應支付村民「薑符」法事開支 114 萬港元，事情才得以平息。據港府工務科資料顯示，1990 年支付的「薑符」費用幾達 400 萬港元。90 年代初，港府規劃環境地政司班禮士（Graham Barnes）就曾宣稱，當局在制訂土地規劃時，會考慮風水這個因素，並說：「風水變幻無常，難有實質形態。」

90 年代初期，港府興建新機場，需要在大嶼山赤鱲角大量填海及建設新市鎮，附近一個村莊的村民認為，這些工程會攔腰切斷該村一座酷似象鼻的山頭，破壞風水，要求政府另外尋地安置。後來，政務專員蘇啟龍表示，

政府決定保留東涌及大濠的一些山丘，以免破壞當地風水。2007年，香港特區政府發表一份報告指出，提倡研究發展、深信科學精神的「應用科技研究院」，竟然在2002至2006年的四年半間，花費十多萬港元，三度聘請風水顧問，就辦事處遷址及辦事處環境提供意見。該事件被揭發後，隨即在社會上引起譁然，研究院有關負責人因此被迫辭職。

甚至連身在香港的洋人商行，在耳濡目染之下，也對中國傳統的風水文化產生「偏愛」。不少外國大公司在香港開張動土，除了燒豬拜神、上香祈福外，也要找堪輿家趨吉避凶，找風水師擺位擋煞。80年代後期，英國馬莎百貨公司（Marks & Spencer）到九龍尖沙咀海洋中心開設首家店舖，聘請風水專家宋韶光察看風水，宋建議在門市部擺放一魚缸，外籍老闆並不喜歡，但最後迫於無奈還是同意了。之後，該公司在香港開設的5家分店也都「照辦煮碗」，擺放魚缸。事後有評論說：「一家在英國、加拿大及歐洲其他地方擁有600多間分店的外資公司，也得向中國的『風水學』讓步，看來這股中國文化傳統在華人社會的影響力實不容忽視。」

香港迪士尼樂園也是一個很好的例子。這家來自美國的公司在興建樂園時，也徵詢風水大師的意見，以保證佈局合理，生意興隆。因此，園區的多處佈局都是根據風水而設計的：該樂園的兩旁被群山環繞，遵循了風水學中「左青龍、右白虎」（據說「龍」勢弱）的格局；樂園入口大門方位根據風水師的意見調整12度，改為斜線排列，迪士尼火車站通往大門入口及碼頭的行人路亦改為微彎，以確保樂園啟用後能夠聚集園內財氣，不至外流。從整體來看，樂園裏不論是地理形態（湖泊、溪流），還是人工裝飾（瀑布、噴泉、特別效果），「水」都成為一個重要的組成元素。負責香港迪士尼的華特迪士尼幻想工程副總裁及執行創作發展總監莫里棟（Tom Morris）表示，很多香港人深信中國傳統風水學說，認為可影響公司的運作，為此樂園在「明日世界」、「白雪公主」、「許願洞」等景點特別建設多個瀑布，入口亦建有銅製米奇老鼠噴泉，希望多個流水擺設可令樂園「豬籠入水」。

香港迪士尼樂園內亦佈滿幸運號碼：酒店內宴會廳的設計，總面積為

888 平方米，寓意「發發發」，而中菜廳「晶荷軒」內，亦設有一個虛擬鯉魚池，賓客一踏上魚池，鯉魚便會迅速跳開，池中「水」花四濺，波紋迭起。鯉魚池內金木水火土五大元素俱全，祈求平衡與幸運。此外，迪士尼還按照香港風俗，儘量避免用「四」字，兩家酒店都沒有四樓，其中，好萊塢酒店每層房間的編號，亦以好意頭的「628」開始。莫里棟並透露，就連迪士尼樂園的開業，也是按照通勝內開張、宴會及搬屋的吉日指示，挑選 9 月 12 日作為開幕日子。

甚至連外資金融機構也不例外，香港知名的外國機構里昂證券，自 1992 年起，每年都會發佈風水指數 ——《里昂證券風水指數》（後改為《中信里昂證券風水指數》），在年初預測一年的香港股市、樓市行情。最初，里昂證券只是在春節時寄給客戶的賀卡上簡要地附上幾位風水大師的預測，再輔以該券商分析師的觀點。孰料，竟然準確地預測了恒生指數全部 7 個主要轉折點，由此名聲大噪，成為每年慣例。

該指數於 2006 至 2008 年曾短暫休刊，其後於 2009 年復刊。例如，在 2019 年初發佈的第 25 次豬年指數時就宣稱，豬勤奮踏實、惹人喜愛，但在新的一年裏，小口角和惱人的情緒可能讓平時敦厚善良的豬大發雷霆。因此，「今年風水命盤多波動，宜止蝕，不宜追高。」「新的一年裏，指數先是在泥裏打滾，偶爾有急跌。五六兩月陰金陽火相合，市場信心回暖，有利可圖，但七月中旬勢必低收。九月市場將出現下半年最大一跌。十一月是本年最佳月份，十二月股市四處蹣跚跌宕。最後以豐收終結這個歉歲。」

興旺發達的風水命理師行業

正因為香港的風水文化深入人心，風水命理學成為一門入息固定、收入可觀的專業。據說，從事這一職業的人數多達數千人之眾，星相學家開設的店舖到處可見。即使在香港一些繁華地段，如港島的灣仔道、駱克道和皇后

大道等，這些著名的商業地段目不暇給的霓虹燈廣告中，不時地就會夾雜着一些另類燈箱，上面寫着四個大黑字——「禪玄命館」，經營項目也介紹得很詳細，通常包括「掌相」、「命理」、「擇日」、「改名」、「易數」、「占卦」、「陰陽」、「風水」等。據一位從內地來的女士說：「開始我懷疑如此昂貴的商業地段，這樣一間間的『算命公司』，日子怎麼過得下去？後來想鬧個明白，就動心想請大師給我的本命年算上一卦，結果在敲開一家其安身於普通住宅樓裏的算命公司的門後，看家先生說：『對不起，今天是星期日，大師不上班。不過，就是大師上了班，你要算命，也得提前預約。』」

在上世紀八九十年代，香港人熟悉的星相命理相士，就有林真、黃運來、宋韶光、李居明等人，香港人要請教他們往往需要三至五個月時間預約，他們的生意可以說是客似雲來。據香港《資本》雜誌 1991 年 4 月期的一項調查顯示，林真會客需要在五個月前預約，每次 45 至 60 分鐘，每次收費 1,500 港元，若每星期工作逾 40 個小時，每個月會客觀相收入便有 24 萬港元。另外，為住宅看風水，以中型住宅計算，一次收費 1.5 萬港元，另加旺屋收費 2,500 港元。此外，他還主持每月兩班的相學班，每班收生 40 人，每人一期（三個月）收學費 2,400 港元。合起來計算，林真每月總收入 32.15 萬港元，全年總收入 385.8 萬港元。其他知名星相學家的全年總收入，如黃運來為 314.76 萬港元，李居明 204 萬港元，宋韶光 172.8 萬港元，林國雄 165.84 萬港元。據該雜誌並表示：「以名氣而言，擅長鐵板神數的董慕節，可能更是全港之首，收入方面，自然非同小可。不過，董慕節沒有公開掛牌營生。據知董慕節每天只限會客兩名，每人收費 3 萬港元，從此推算，他全年收入當在 2,000 萬港元以上，為全港之冠。」

1991 年香港十大命相家每月平均收入

命相家	命相性質	每月會客時間（小時）	每月會客收入（港元）	每月看風水一次收入（港元）	每周其他收入	每月總收入（港元）
林真	風水、相命、相學班	40	240,000	17,500	64,000（相學班）	321,500
黃運來	相命、住宅風水	40	256,000	6,300	—	262,300
禤百昌	紫微斗數	10	100,000	—	120,000（紫微斗數班）	220,000
蔡爾椿	相命、住宅風水	40	192,000	8,000	—	200,000
李居明	相命、住宅風水	10	160,000	10,000	—	170,000
宋韶光	住宅風水	7 天	—	144,000（每天住宅風水兩個個案）	—	144,000
林國雄	相命、住宅風水	22	132,000	6,200	—	138,200
司馬長安	紫微斗數，風水	40	106,000	4,000	—	110,000
陳偉明	占卦	5 天	108000	—	—	108,000
李京龍	相命、住宅風水	36	97,920	9,000	—	106,920

資料來源：梁智：〈十大星相學家的財富收入〉，香港：《資本雜誌》，1991 年 4 月號。

踏入千禧之年以後，由於受到金融危機的衝擊，經濟前景不明朗，風水星相學家更受歡迎。根據香港鳳凰娛樂網的資料，香港十大風水大師分別是：陳伯、鍾應堂、徐墨齋、蘇民峰、李居明、麥玲玲、智德師傅、宋韶光、麥榮輝、李丞貴。其中，首席大師當數大名鼎鼎的「陳伯」。陳伯，原名陳朗，祖籍四川，為人低調，有着富豪風水師之稱，曾為香港多個首富及明星看過風水改過運，是香港風水界泰斗級人物。傳聞陳朗身患肺炎時，英皇集團老闆楊受成不惜斥巨資包專機接送陳朗從成都到香港最好的醫院治療。鍾應堂是四代祖傳老牌風水大師，先祖曾跟隨鬼谷子先師、楊公先師及賴布衣等名師，得其風水真傳，在風水界中可謂德高望眾，各界富豪及明星對他的命相風水之術，都有一致好評，説他是斷事靈驗，預測如神，在香港享有盛名。徐墨齋是國學大師，創立現代開運學，著有《現代開運學》8 部24 本，是首位提倡「風水磁場説」的周易學者，被稱為珠寶開運學説的先

行者、現代開運吉祥物的創始人。

蘇民峰原名蘇民立，被譽為「香港電視風水第一人」，自稱是「現代賴布衣」。蘇民峰曾為電視台主持一個名為《峰生水起精讀》的節目，講的是與風水命理有關的題材，例如何謂陰陽二氣、一運至九運的形成、風水概念等。其中一集節目更為他選出 8 位入室徒弟。據說，蘇民峰對風水命理術數有着獨到見解，憑藉自身聰明的天賦及術數緣分，對風水命理的判斷快而準，能夠一針見血，疑難盡釋，深受歡迎。李居明生於香港，肄業於香港浸會大學傳理系，是香港著名的風水大師，精通易學、命理、密宗等。他在國際上享有頗高的知名度，是東南亞諸國最受歡迎的十大風水師之一，據說曾用傳統中國堪輿飛星秘技為美國考古學家尋找恐龍，並成功發掘世界上首個海龍化石。李居明弘揚密宗佛學，出版約 50 種著作，對密宗和周易的結合推廣頗有貢獻。

宋韶光，台灣國立大學歷史學學士、美國伊利諾州大學歷史學碩士，曾任職香港珠海學院、香港浸會大學歷史系，亦是香港著名的風水大師，他曾主持香港無綫電視的「風聲水起」、「紅星掌相」及亞洲電視的「談風論水」、「風水面面觀」等節目。宋韶光強調以科學理性的態度探討風水玄學，著有《風水百寶箱》、《家居好風水》、《古靈精解》、《為你解風水》、《為你解掌相》等大批書籍，風行海內外華人社區。李丞責是香港最年輕的風水大師之一，出身於風水世家，其命相、風水為三代家族傳承，19 歲已開始做風水師，是香港多家報章、雜誌關於風水玄學專欄的作者，並在多家電台與電視台擔任風水節目主持，知名度相當高。

香港十大風水師中，麥玲玲是唯一的女性。麥玲玲出生於香港，家境富裕，在一個偶然的機會看到風水師宋韶光在電視中講十二生肖運程，覺得好神奇，於是對風水學產生濃厚興趣。後來，麥玲玲成為風水家林真最年輕的弟子。1996 年，麥玲玲轉為全職風水師。麥玲玲最初在無綫拍攝《玄來如此》和《全港風生水起》兩檔風水節目，成為家喻戶曉的風水人物，在中國內地亦有很高的知名度。每年新春之際，便是她出鏡率最高的時刻。麥玲玲

縱橫風水界 20 多年，逐步形成了自己的一套理論，而這些理論大多是針對女性的，包括婚戀、感情、事業、命運等等。其中，最拿手的就是「嫁個有錢人」等論題。

據說，麥玲玲替人算命的價格是 3,600 港元，批流年價格 2,000 港元，起名、改名收費 4,800 港元，擇日剖腹生產收費 4,000 港元，商業改名收費 5,000 港元。進軍內地的連卡佛公司曾邀請麥玲玲在北京、上海及成都舉行講座，為其貴賓講解穿衣配搭之道，以及家居擺設改善運程的建議，每場僅招待 3 位貴賓（坐沙發的）。有評論指出：「我們在麥玲玲眼花繚亂的『玄學』『闊太』『黃晶樹招財』的言論中，仍可瞥到一絲她內心深處的、也是令她出奇制勝的東西——熟諳社會規則，熟諳世態人心，用心體察每一位顧客的困境，真摯地互換情感，從女性的立場出發，盡可能地幫助她、使她快樂起來，並且永遠不違背這個初衷。」

值得指出的是，香港的風水命理師都相當的「精英化」。從事這一行業的人士並不會像電影中那些僧衣道袍、神神道道的半仙兒、大師，而是西裝革履一副商場精英的模樣，其中不少都具有相當的學歷，重視風水玄學的學術性、專業性，並具備地理學、建築學、景觀學、人體學、心理學等多種豐富的專業知識，可以為眾多承受商業社會競爭激烈壓力的各種各式人群指點迷經，排憂解難。

香港風水玄學文化長盛不衰的原因分析

風水玄學之所以在香港長盛不衰，與中國歷史悠久的文化傳統及香港特殊的人文社會環境是密不可分的。

從歷史來看，中國的風水文化源遠流長，影響深廣。對於風水的起源和發展，有一種普遍的說法是：「風水起於心，生於易，成於道，用於法，修於佛。」俗說：「相由心生。」無論是思想還是軀體行為，都是從「心」開始衍生出來的。風水最初則起源於易經文化，而易經文化則是古老而又燦爛的中華文化瑰寶，古人用它來預測未來，上測天，下測地，中測人事。在易

經文化裏，「風水」被譽為學科之鼎，識事之神。風水的誕生就是從易經文化的「太極陰陽」演化而出。風水真正的含義，不是神而是道。風水玄學認為，風水雖然能觀天相地，能知事好壞，能辨人吉凶，但不能改變自然規律，更不能改天換地。風水學的核心思想是天人合一，人與自然的和諧，以天地為觀察了解對象，以人為依歸，是實實在在的人本主義學問。居於風水之宅，能助人事興旺、家庭和睦、福蔭後代、顯達昌盛、福祿延綿。正因為如此，不少香港人認為，風水不是迷信，是用科學運算的方法，是道佛的修煉。一些專業風水師明確表示，風水有別於迷信，傳統上它是一門趨吉避凶、慎終追遠的學問。

從香港特殊的人文環境來看，首先，風水文化是香港不同歷史時期內地移民潮所帶來的中國傳統文化。根據歷史記載，最早遷徙香港的漢人是南宋一名叫彭桂公的客家人。元明時期，又有以鄧、文、廖、侯、彭五大姓為代表的客家人遷移至新界，他們自成聚落，生衍繁殖。香港開埠之後，又有愈來愈多的客家人來到香港發展，他們散處在港九各地，形成一個相當活躍的群體。一般認為，中國的風水理論定型於唐宋時期，並形成了以江西風水為代表的「形法派」和以福建風水為代表的「理氣派」。所以，當作為風水信仰載體的贛、閩、粵客家人徙居香港，他們也就帶來了原有在內地的風俗習慣和信仰文化。這應該說是香港風水文化產生的起始原因。

其次，風水文化是香港這個競爭激烈的商業社會的伴生物。香港開埠以後，港英政府奉行商業掛帥的經濟政策，在統治期間積極在社會中營造商業主義氛圍，使得香港發展成為一個競爭激烈的商業社會。在激烈的商業競爭中，實用主義成為人們價值尺度的標準，公司企業祈求生意越做越大，普通人士希望事事順意，年年賺大錢。風水玄學認為，宇宙萬物都有其氣場，彼此之間互相影響，相生相剋。風水所起的作用，便是以人為中心，啟動催生周邊有利的氣場，化解不利的煞氣，從而能夠趨吉避凶，做事順利，生活愉悅。因此，「風水」是一個可以「奪神功、改天命」的重要元素，在香港商業社會中發揮了不容忽視的作用。麥玲玲在接受採訪時曾表示：「從服務的

角度來説，風水與醫生、律師的角色類似，都有某種顧問的職能。一般來説，每個客人、每家公司都有自己的風水師。」風水學在推動香港人追求商業效益最大化的同時，也使得香港人承受巨大競爭壓力的心靈得到不同程度的撫慰，有助於維持社會的穩定和經濟發展。因此，風水玄學也就逐步演變成為香港社會的一種濃厚商業文化。

再次，香港風水文化的發展、盛行，離不開一個相對寬鬆、包容的社會環境，以及大眾傳媒的大肆渲染、公共機構的推波助瀾。從發展來看，當年在港英政府「積極不干預」政策的導向下，香港本土的華人文化得以自由發酵。這樣，算卜看卦、相命測字等風水習俗得以保存發展，甚至很多在內地已經消失的傳統文化和信仰，也能夠在香港這塊彈丸之地安身立命。而且，隨着時代的演變和社會文明的發展，香港的風水玄學也與時俱進，逐步加入了環境學、經濟學、心理學、健康學等科學元素，使其內涵具有相當的科學成分，有其特定的功效。與此同時，香港的一些電台、電視台經常會請一些「相學專家」談運程、看掌相或講星座；不少報章和雜誌也專門闢有「紫微鬥數論命」、「神機測字」或「易經占卜」等專欄；而每逢新春前，各式各樣有關年勢運程的書籍更是猶如雨後春筍般佔滿整個報檔；甚至政府官員、公益機構、金融公司等也對此推波助瀾，種種因素導致香港風水文化的盛行。

有評論説：「走在這個世界上，人生有很多過不去的時候，堅強的人靠自己，脆弱的人有時需要某種依賴，所謂的風水師可能就是這種依賴的一種顯性方式，你只要付出一點錢，就有可能收到最大的鼓勵。這樣的生意，一個願打，一個願捱，何樂不為……。這也可能是麥玲玲的奧秘所在，她未必有多神，但是她的存在展示了某種成功的生活方式的可能性：這實際上是一門極為複雜的，可應用、可開發程度極高的科學。」

第八章

「東方好萊塢」：
港產片的黃金歲月

從 50 年代中後期開始，隨着經濟的轉型、起飛，香港電影業迎來了自由發展的繁榮歲月。電懋、邵氏等大製片公司相繼登陸香港，標誌着香港電影工業完成向「垂直整合」流水線生產方式的轉型，並掙脫了舊上海電影的束縛，形成獨特的文化品位和商業特色。70 年代末，隨着新浪潮及獨立製片公司的興起，香港電影業迎來了長達十數年的黃金歲月，港產片無論從數量、票房，還是質量、藝術水平都達到了前所未有的高度，不僅風靡包括香港在內的大中華地區，而且席捲東南亞，進軍日韓、歐美市場。因而，香港被譽為「東方好萊塢」、「馳名世界的夢工場」，鑄就了這座國際大都會獨特的文化色彩和文化符號。

港產片的崛起與早期發展

香港第一部故事影片，是 1913 年出品的《莊子試妻》，由黎民偉編導，其兄黎北海執導。不過，該影片並未在香港上演。1923 年，黎民偉與兄長黎海山、黎北海創辦了第一家由香港人投資的電影製片公司 —— 民新製造影畫片有限公司，拍攝了多部新聞紀錄片，如《香港風景》、《香港足球賽》、《香港龍舟賽》等，其後於 1925 年在廣州拍攝故事片《胭脂》，並在香港上映，推動了香港電影業早期的起步發展。因而，黎民偉被譽為「香港電影之父」。

1925 年，省港大罷工爆發，香港電影人內遷廣州，電影業基本處於停頓狀態。1930 年，黎北海在華商利希慎支持下，創辦「香港影片公司」，製

作出品《三國演義》故事影片《左慈戲曹》。同年，黎民偉聯同多家電影公司，在上海和香港兩地註冊成立「聯華影業製片印刷有限公司」，先後拍攝了多部經典作品，如《漁光曲》、《大路》、《迷途的羔羊》等，成為當時在上海與「明星」、「天一」鼎足而立的三大電影公司之一。

20 世紀 30 年代，上海是中國電影業的發源地和最大電影製作中心，以國語片為主流。香港電影業雖然已有初步發展，但無論在規模抑或製作水平方面都遜於上海，並且以粵語片為主流。1933 年，在美國創辦的「大觀聲片有限公司」拍攝了第一部粵語片《歌侶情潮》，在省港和南洋發行放映，其後又先後拍攝了《生命線》、《摩登新娘》、《梨花落》等近 40 部電影及記錄片，成為一家有影響力的電影公司。

另一家具影響力的電影公司，是 1925 年邵醉翁兄弟創辦的上海「天一影片公司」。邵醉翁兄弟為浙江寧波人，父親邵玉軒是漂染業商人，兼營電影片進出口生意。1926 年，邵玉軒派三子邵仁枚前往新加坡開拓東南亞市場，放映天一製作的電影；中學剛畢業的邵逸夫（排行第六，人稱「六叔」）亦前往新加坡，協助兄長發展業務，從此開始其影視大亨生涯。翌年，邵仁枚與邵逸夫創辦「邵氏兄弟新加坡有限公司」，自行製作電影。30 年代初，邵醉翁發現粵語片市場潛力龐大，於是將「天一」主力移師香港，設立天一港廠，先後拍攝《泣荊花》、《哥哥我負你》等影片，與大觀分庭抗禮。可惜，1936 年，天一港廠發生火災，損失慘重。兩年後，二弟邵邨人前往香港接管家族電影業務，先後創辦「南洋影片公司」（1937 年）和「邵氏父子公司」（1950 年）。

這一時期，香港已成為亞洲粵語片中心，在香港開設的電影公司多達 50 多家。1937 年，抗日戰爭爆發，上海淪陷，著名進步影人蔡楚生、司徒慧敏等紛紛南下香港，與香港同業合作開拍抗日愛國片，包括《血濺寶山城》、《游擊進行曲》、《孤島天堂》、《前程萬里》、《白雲故鄉》、《小老虎》、《民族的吼聲》、《烽火故鄉》、《國難財主》等，其中，蔡楚生編導的《前程萬里》、司徒慧敏執導的《白雲故鄉》和湯曉丹編導的《民族的吼聲》，真

實再現香港同胞參加抗戰的愛國情操。與此同時，香港本地電影工作者廓山笑、林坤山等發起成立「華南電影界賑災會」，先後拍攝了 15 部抗戰影片，如《最後關頭》、《前進曲》、《回祖國去》、《女戰士》、《兒女英雄傳》、《火中的上海》、《邊防血淚》、《焦土抗戰》、《血肉長城》、《大義滅親》、《戰雲血淚》等，其中，由大觀、南粵、南洋、合眾和全球等聯合發行的電影《最後關頭》被稱為經典之作。這一時期，愛國片成為香港電影主流。不過，1941 年日本侵佔香港後，電影業再次陷入低潮，停產 4 年。

戰後，隨着香港經濟復蘇，香港電影業再度起步發展。當時，大批國內電影人因政治、經濟等種種原因紛紛南下，在香港開設電影廠，與香港本地電影人合作拍攝電影，使香港成為南中國最大的電影中心。這一時期，隨着國民黨政府退守台灣，以及中華人民共和國成立，香港電影界分化為「左」、「右」兩派。左派陣營主要有長城電影製片公司、鳳凰影業公司、新聯影業公司等，親右陣營主要有永華影業公司、亞洲影業公司等。左派電影公司以長城電影最具影響，先後拍攝了《豪門孽債》、《血海仇》、《阿Q正傳》、《家》、《日出》等具有批判性的題材；親右電影公司以永華名頭最響亮，先後拍攝了《國魂》、《清宮秘史》、《大涼山恩仇記》等歷史題材片。

這一時期，香港大量湧現的粵語港產片大體可分為粵劇戲曲片、文藝片、古裝武俠片和喜鬧劇片等幾大類型。其中，以粵劇戲曲片佔主流。據估計，在 50 年代，差不多每三部粵語片中就有一部是粵劇戲曲片，知名的有《帝女花》（1959）、《紫釵記》（1959）、《李後主》（1968）等，由著名演員任劍輝、白雪仙、新馬師曾、薛覺先等主演。文藝片則多以民國或當代為背景，講求戲劇結構，又或改編自中外文學、流行小説，或襲取好萊塢通俗劇的故事模式，內容不外乎環繞家庭倫理、男女之愛之類，如由聯合電影拍攝的《危樓春曉》（1953）、《天長地久》（1955）、《可憐天下父母心》（1960）等。

古裝武俠片大多以民間熟悉的俠義神怪故事為骨幹，但武打場面並不講求真實感，如《火燒紅蓮寺》、《七劍十三俠》、《如來神掌》系列、《黃飛鴻》系列等。其中，1939 年上映的《火燒紅蓮寺》開啟香港武俠神怪電影

的先河。另外，《黃飛鴻》系列更是先後拍攝 100 多部，創造了香港電影業的一個紀錄。當年拍攝《黃飛鴻》系列的台前幕後一干人員，如劉家良、袁和平、韓英傑等，日後都成為香港動作武打片的中流砥柱。另外，喜鬧劇則大多以詼諧搞笑的喜劇演員掛帥，橋段不外乎「大鄉里出城」、「癩蛤蟆想食天鵝肉」之類的故事，如新馬師曾、鄧寄塵主演的「兩傻系列」。

這一時期，港產片製作一般週期較短，故有「七日鮮」一說。根據香港著名導演王天林的回憶：當時一部電影，「由星期四決定那天算起，製片馬上找演員，找現成劇本或通俗小說，找一個鬼才導演，找一班手腳快的工作人員，一天工夫便可辦妥。大家聚在一起談一談，由導演說出一個大概的拍攝方式。星期六這部新戲便能開拍，一邊拍一邊寫對白。有時候拿了一本小說就可以拍攝了，同時還要一邊沖印剪接。拍到星期一，拍攝部分全部完成，星期二做一天善後工作，連夜印拷貝，星期三正好是第七天。一個拷貝送到電影檢查處去審查，其他拷貝送到各戲院準備放映。」

有評論指出：這一時期，「各類型的粵語片雖然在電影美學角度上來說，藝術感略嫌粗糙，但論到能否帶給觀眾共鳴，則可謂綽綽有餘，難怪這段時期，粵語片的產量可觀，令粵劇片達至高峰期。」這是港產片的初創期。這批粵語片後來被統稱成為「粵語殘片」，以區別於 80 年代以後崛起的新粵語片。

電懋與邵氏兩雄爭霸：引入好萊塢片場制

50 年代，香港電影業競爭日趨激烈，來自東南亞的電影公司先後進軍香港市場，其中，以南洋富商陸運濤旗下的「電懋公司」，以及從上海轉戰新加坡再到香港發展的「邵氏兄弟」最具影響力，形成兩雄爭霸的局面。

電懋前身是陸運濤旗下「國泰機構」於 1951 年成立的「國際影片發行公司」。1953 年，國泰機構登陸香港，初期主要經營電影發行，並支持獨立電影公司拍片。1956 年，陸運濤在國際影片及接管的永華片場基礎上創辦「國際電影懋業有限公司」，引入美國好萊塢的管理模式，包括制定全年計

劃、財政預算及劇本策劃、採用彩色電影攝製技術、流水製作電影等，又成立演員培訓班，培養出林黛、尤敏、葛蘭等明星演員。1956 年，電懋先後拍攝以新加坡為背景的影片《風雨水牛車》和以馬來西亞為背景的《娘惹與合合》，60 年代初又與日本東寶公司合作，拍攝《香港、東京、夏威夷》、《最長的一夜》、《曼谷之夜》等電影，積極拓展東南亞市場。

　　電懋的迅速崛起，威脅在香港的邵氏父子。當時，邵逸夫看到香港電影業市場潛力龐大，決定移師香港，與電懋一爭高下。1958 年，邵逸夫創辦「邵氏兄弟（香港）有限公司」，並斥資向香港政府購入清水灣近 80 萬平方呎土地，興建規模宏大的電影城，該電影城歷時 7 年才全部完成，成為亞洲最大製片廠。與此同時，邵氏兄弟廣羅人材，重金禮聘電影人鄒文懷，導演李翰祥、張徹，影星林黛、胡蝶、王羽等進入邵氏。創辦當年，邵氏兄弟首次採用黃梅戲曲調拍攝影片《貂蟬》，一炮而紅，該片在第五屆亞洲影展上囊括最佳導演、最佳編劇、最佳女主角 5 項大獎。1959 年，邵氏以李翰祥為導演拍攝《江山美人》，轟動一時，票房紀錄破 40 萬港元。自此，邵氏兄弟在香港電影業的地位初步奠定。

　　60 年代，是邵逸夫開創的電影王國的黃金時期。當時，邵氏兄弟全力發展國語片，每年製作的影片多達 40 多部。1960 年，邵氏製作的黑白片《後門》，以李翰祥為導演，由王引、胡蝶主演，大獲成功，一舉奪得第七屆亞洲影展的全部 12 項大獎。對此，邵逸夫曾說：「《貂蟬》、《江山美人》獲獎的時候，我不曾有過份的喜悅，那是因為兩片都是彩色古裝鉅製，公司花了鉅資攝製的，在國片中罕見的偉大的場面和堂皇的佈景，得獎似在意料之中，但《後門》獲得『最佳影片』獎，我卻有真正的興奮⋯⋯我的看法，《後門》之獲獎是基於有一個高超的風格和一個健康的故事，由於《後門》之獲獎，對今後國片的製作，必然將發生良好的影響。」

　　1961 年，電懋聘請張愛玲編輯劇本，計劃拍攝國語片《紅樓夢》。邵氏聞訊後利用兩個片場夜以繼日搶拍，搶先發行《紅樓夢》，令電懋版本胎死腹中。1962 年，電懋公佈開拍《梁山伯與祝英台》，邵氏立即啟用李翰祥為

導演，演員凌波反串，搶先動工拍攝，再獲成功，該片在台北創下連續放映62 天、賣座 840 萬新台幣的空前記錄，並在 1963 年舉辦的第二屆「台灣電影金馬獎」評選中囊括了 6 項大獎。邵氏乘勝追擊，相繼推出《鳳還巢》、《花木蘭》、《雙鳳奇緣》等，將黃梅調影片的熱潮推向高峰，凌波也成為這一時期的巨星。由於邵氏與電懋兩雄相爭，出現《七仙女》、《寶蓮燈》等多個雙胞胎影片。1964 年 3 月，邵氏和電懋為避免在惡性競爭中兩敗俱傷，簽署「君子協定」，和平處理導演李翰祥離開邵氏轉投電懋事件，並保證不再鬧「雙胞胎」。

不過，形勢很快發生巨變。同年 6 月，電懋公司老闆陸運濤首次應邀到台灣參加影展當局安排的觀光活動，不幸在回程中發生飛機爆炸而罹難，同機遇難的還包括電懋的一眾高層管理人員，這對電懋構成致命打擊。1965年，陸運濤妹夫朱國良接管電懋，並宣佈將電懋改組為「國泰機構（香港）有限公司」，其後，著名影星林黛、樂蒂自殺，尤敏、葛蘭息影，部分導演、演員先後離巢，或過檔邵氏，國泰香港被迫於 1971 年關閉製作部門。

60 年代後期，隨着電懋的衰落，邵氏兄弟的電影製作進入黃金時期。這一時期，每年最賣座的約 20 部電影中，大半是邵氏影片。當時，邵氏以中央化、制度化方式管理公司，形成以名導演為主導的電影拍攝班底。早期，主要的導演有李翰祥、胡金銓、張徹等。李翰祥主要拍攝黃梅戲系列，胡金銓、張徹等主要拍攝武俠片，代表作是胡金銓的《大醉俠》（1965 年）和《龍門客棧》（1966）及張徹的《獨臂刀》（1967）、《十三太保》（1970 年）等，這些影片先後捧紅了偶像級武打明星王羽、姜大衛、狄龍、陳觀泰、傅聲等，也培養了吳宇森、陳勳奇、午馬、李修賢等動作片導演。

後期導演主要有楚原、劉家良等。楚原以古龍的武俠小説為藍本，先後拍了《龍沐香》（1970 年）、《流行‧蝴蝶‧劍》和《天涯‧明月‧刀》（1976年）、《楚留香》（1977 年）等，「將淒美的愛情故事灌入武俠片裏，造就了一股『香港化』的古龍奇幻武俠小説潮流」。劉家良先後執導動作電影《神打》（1975 年）、《陸阿采與黃飛鴻》（1976 年）、《少林三十六房》（1978 年）、

《長輩》（1981 年）。其中，《少林三十六房》獲得第 24 屆亞洲影展最佳動作效果獎，令少林武打電影紅極一時；《長輩》捧紅了女主角惠英紅，使其獲得第 1 屆香港電影金像獎最佳女主角獎。

這一時期，邵氏兄弟成為華語圈中唯一採用「好萊塢」片廠制的大公司，被譽為「東南亞電影王國」。邵氏將電影製作、發行、放映整合為一條龍「垂直作業」的工業化生產模式，以名導演執導、流水線作業、合約制演員，配合其在香港及海外的龐大發行網絡，將香港電影的質量和影響力提升到一個前所未有的新水平。後來有評論指出：「邵氏電影公司培養大批藝人，明星，拍攝功夫電影，一檔接一檔，就像工廠流水線，管理制度簡易，成本低，效率高，當時的影片拍攝場景不像現在的影片裏有各種各樣的特技，但是就工業水平而言，香港已經超過亞洲其他地區。這種垂直一體化工業模式和自養自產明星經營理念，把邵氏公司帶到鼎盛的時期，這也為香港在亞洲的電影發展奠定堅實的工業基礎。」

1971 年，邵氏兄弟在香港上市。承接 60 年代中期的凌厲氣勢，邵氏在 70 年代初期依然佔領着香港電影業的領導地位，出品了大量國語武打片，電影充滿強烈的陽剛味。這一時期，邵氏在香港、日本、澳大利亞、新加坡、泰國等十幾個國家和地區建立了 200 多家影片發行網點，佔領了東南亞及亞太華語市場。從 1958 年的第 5 屆亞洲電影節到 1973 年第 16 屆亞洲電影節上，邵氏出品的電影屢獲殊榮，共取得大小獎項 46 個，創下中國電影史上一家製片公司得獎次數最多的記錄。1979 年的《英雄無淚》更是當年邵氏最賣座的功夫片之一。因而，邵氏創辦人邵逸夫被譽為「香港電影教父」，權威電影史學家稱他為「使香港電影起飛的人」。

這一時期，國語片已壓倒粵語片，成為市場主流。不過，雖然粵語片面對國語片雄霸市場的威脅，但仍力求在戲種上有所突破。這期間，青春歌舞片趁勢而起，一度風靡香港，並造就了兩位紅極一時的青春偶像 —— 蕭芳芳和陳寶珠，香港影視界的追星熱潮亦以此為開端。

嘉禾力壓邵氏：開創外判制度

進入 70 年代，邵氏兄弟在電影業的霸主地位開始受到挑戰，轉折點是鄒文懷脫離邵氏，創辦「嘉禾電影公司」。鄒文懷原籍廣東潮州，1957 年加盟邵氏出任宣傳經理，備受邵逸夫器重，躍升至公司副總經理兼製作部經理，成為了邵逸夫的左膀右臂，並協助邵逸夫開創獨霸影壇局面。1970 年 4 月，鄒文懷由於對公司的薪金制度不滿而離職出走，與邵氏製片主任何冠昌、邵氏官方刊物《南國電影》總編輯梁風等人創辦嘉禾電影公司。

當時，嘉禾以 40 萬港元起步，並獲得國泰機構支持，接管國泰位於牛池灣釜山道的永華片場。初期，嘉禾依然遵循大片廠體制，管理制度和製片方式也模仿邵氏。嘉禾製作的第一部電影，是由武打巨星王羽擔綱演出的《獨臂刀王大戰盲俠》，結果遭到邵氏指控，認為嘉禾侵權，雙方官司一直打到該片落幕，最後以和解收場。嘉禾崛起的轉折點，是 1971 年邀得影星李小龍拍攝功夫片《唐山大兄》，一炮而紅，成為當年香港十大賣座電影之冠，票房收入達 319 萬港元，創下香港開埠以來港產片收入的最高紀錄。自此，嘉禾站穩腳跟。

李小龍原名李振藩，祖籍廣東佛山，早年曾師承武術家葉問，學習詠春拳，後赴美國華盛頓大學求學，主修戲劇，又在西雅圖創辦「振藩國術館」，開辦教授武術，並自創「截拳道」。李小龍學成返港後，曾一度向邵氏毛遂自薦，因為條件不合，被嘉禾高薪聘請。1972 年，李小龍為嘉禾拍攝功夫片《精武門》，再創下收入逾 400 萬港元亞洲紀錄。嘉禾再接再厲，由李小龍主演再拍下《猛龍過江》、《龍爭虎鬥》等叫好叫座的影片。嘉禾及李小龍憑藉這幾部中國功夫影片，進軍國際影壇，一時風靡台灣、東南亞、日本乃至歐美市場，創造出香港電影事業的神話。香港作為「東方好萊塢」之名脫穎而出。

可惜，1973 年，李小龍驟然暴斃，功夫片熱潮未能延續。這一時期，隨着本地文化的普及，香港觀眾開始對反映當時社會狀況、諷刺現實的電影青睞有加。1973 年，邵氏旗下導演楚原啟用電視演員鄭少秋、沈殿霞等，

李小龍
圖片來源：吳貴龍

拍攝影片《七十二家房客》，成為當年最賣座的電影。這部電影的成功，不但為以後的新電影類型作了開端，更令粵語片重新振興。在此背景下，嘉禾轉變拍攝題材，推出一系列反映社會現實的影片。1974 年，嘉禾啟用從邵氏過檔的許冠文、許冠傑兄弟，拍攝《鬼馬雙星》，以 600 多萬收入成為當年賣座影片的冠軍。其後，許冠文、許冠傑兄弟再擔綱主演《半斤八兩》（1976 年）、《賣身契》（1978 年）、《摩登保鑣》（1981 年）等，受到市場歡迎，不僅打破了東南亞電影市場的票房紀錄，還成功進軍日本市場。這些影片使得社會諷刺喜劇片在香港電影史上得到前所未有的重視，並促使了後來功夫喜劇片的誕生。

　　與此同時，嘉禾又相繼發掘和啟用有潛質的電影人，如導演吳宇森，武打演員洪金寶、成龍等。1977 年，嘉禾簽約洪金寶，拍攝《三德和尚與春米六》及《敗家仔》等影片，開創了諧趣功夫片之先河。1978 年，嘉禾啟用吳宇森執導喜劇《發錢寒》及古裝片《大煞星與小妹頭》，其中，《發錢寒》以 500 萬港元的票房成績獲得香港電影年度票房亞軍。1979 年，成龍加盟嘉禾公司，接連拍攝《A 計劃》系列、《警員故事》系列、《紅番區》等極具個人風格的動作片，一舉攻入好萊塢，成為繼李小龍之後第二位國際功夫巨星。這一時期，嘉禾公司已超越邵氏，而成為全球最大華語電影製作公司。

　　80 年代，嘉禾繼續發展。1989 年，鄒文懷購入卡通人物「忍者龜」的

電影版權，拍成卡通片打入美國市場，該片成為 1990 年全球最賣座第三部電影，連同影碟等相關收入，高達 10 億港元。1994 年，鄒文懷將集團旗下的電影發行、戲院、電影印等營運業務組成「嘉禾娛樂事業有限公司」，在香港上市。這期間，嘉禾進軍新加坡市場，投資興建兩座新一代的電影城 —— Yisun 10 與 Junction 8，又與泰國機構合資，在曼谷開設電影城，發展成一家多元化、國際化的企業集團，而鄒氏本人則被稱為「製夢工場的新教父」。

嘉禾的崛起，打破了邵氏採用片廠制的舊有傳統，它在開拍李小龍第一部電影時，就改變經營模式，實行外判製作，引入分紅制度。《唐山大兄》的拍攝資金來自泰國，影片由羅維的四維公司在泰國拍攝，利潤則由四維、嘉禾、李小龍分享。此後，嘉禾沿用這一外判制度，除了部分影片自行拍製之外，多以出品人名義擔任投資者角色，將影片拍攝外判予有票房保證的導演和演員組成的獨立電影公司製作，然後在「嘉禾院線」放映。在這種背景下，香港催生了一大批獨立電影製片公司，開啟了 80 年代至 90 年代中期香港電影業的黃金時代。

新浪潮的衝擊與群雄並起的局面

70 年代末期，香港經濟持續發展，呈現一派繁榮景象，香港普羅大眾的本土意識抬頭，對本土文化的需求進一步提升，已不滿足於傳統電影的「四頭」（噱頭、拳頭、枕頭、鬼頭）。同時，香港電視產業的興起分流了大量電影觀眾，也促進了鑑賞方式的改變，刺激了香港電影業的新發展，並培養了大批電視編導，為電影業的轉型發展準備了新銳力量。在這種背景下，香港電影業出現一股被稱為「新浪潮」的發展新趨勢，一批受過英美電影專業培訓、畢業返港後進入電視台發展的新銳影視工作者，先後進入電影圈，他們本着對電影的熱誠，以及年青人的獨特創意和社會觸覺，拍攝出了一批完全不同於傳統香港電影、充滿個人色彩的新潮電影，為香港電影業的黃金歲月奏響序曲。

新浪潮誕生的最重要標誌，一般被認為是 1979 年三位青年導演分別推出的電影處女作：徐克的《蝶變》、許鞍華的《瘋劫》和章國明的《點指兵兵》。其中，《蝶變》「以武俠為主題，引入懸疑驚悚的元素，同時承載了小至電影界，大至對家國歷史的隱寓」。在《瘋劫》中，許鞍華將一件真實的兇殺案改編成一個極富懸疑和推理性的電影故事，創造出逼人的驚悚氣氛。章國明的《點指兵兵》則以逼真自然的光影，展示警探和罪犯的搏殺。隨後，嚴浩、劉成漢、方育平、蔡繼光、譚家明、黃志強、單慧珠、唐基明、張堅庭、黎大煒、於仁泰等一批新銳相繼崛起，先後拍攝了《茄哩啡》、《欲火焚琴》、《父子情》、《檸檬可樂》、《兇榜》、《烈火青春》、《舞廳》、《夜車》、《投奔怒海》、《似水流年》、《喝彩》、《師爸》、《山狗》、《冤家》、《表錯七日情》、《名劍》及《牆內牆外》等一批新浪潮粵語影片，表達對當時社會氣象的關注和情懷，對香港傳統影壇形成了一股強勁的衝擊波。其中，方玉平以《父子情》、《半邊人》，許鞍華以《投奔怒海》，嚴浩以《似水流年》，接連奪下了「香港電影金像獎」第一至四屆的「最佳導演獎」。這一時期，粵語片已超越國語片成為香港電影市場的主流。

　　有評論指出：「香港『新浪潮』電影標誌着香港電影與上一代中國本土粵語片的決裂。五六十年代的粵語片往往背負着沉重的民族包袱，未能突破創新。新浪潮電影則帶有濃厚的都市色彩，流露強烈的本地感性，這跟導演們在香港成長、受西方教育很有關係。他們重視電影語言創新，真實、鮮明、大膽、飽滿、具有視覺衝擊力的畫面效果。在影片的敘事、結構、節奏等方面，尤其是在電影取景、色彩、自然光使用，剪接等方面，具有強烈的形式感和風格化特徵。」可惜，新浪潮未能持續發展，到 80 年代中大部分新銳導演都融入主流電影，成為商業電影的生力軍。

　　80 年代，繼邵氏兄弟、嘉禾之後，先後崛起了新藝城、德寶、永高、永盛等電影公司，形成群雄並起的局面。其中，新藝城影業有限公司（Cinema City Co. Ltd.），由麥嘉、黃百鳴、石天於 1980 年創辦，並跟九巴董事雷覺坤家族旗下的「金公主院線」——「金公主娛樂有限公司」拍檔。

新藝城的領軍人物還有泰迪士羅賓、曾志偉、徐克、施南生等，合稱「新藝城七怪」。新藝城的創辦，標誌着大片場制度的瀕臨滅亡，衛星製公司成為電影製片業的主流。

新藝城的異軍突起，吸納了大批當時嶄露頭角的導演，包括吳宇森、徐克、林嶺東、高志森等，炮製一部一部商業電影。徐克加盟新藝城後，一改《蝶變》、《第一類型危險》的風格，轉拍喜劇片，執導由林子祥、林青霞主演的《鬼馬智多星》，票房收入高達 700 多萬港元，奪得三項金馬獎。1981年，徐克再拍攝《最佳拍檔》，由許冠文兄弟主演，創下 2,700 萬港元的香港電影最高賣座紀錄。此外，新藝城大賣的影片除了《最佳拍檔》系列之外，還有《我愛夜來香》、《開心鬼》系列、《難兄難弟》、《八星報喜》等等。

新藝城秉持「全家睇，老少咸宜」製作方針，以「無片不笑，無劇不趣」的拍片原則，推出一系列針對市場需求的喜劇影片，在 80 年代整整火了 10年，影片發行至台灣、日本等海外市場，鼎盛時期曾逼得邵氏兄弟和嘉禾聯手對抗它，成為香港電影業的一個傳奇。有評論認為：「新藝城對香港影壇影響巨大的，是它的電影市場觀念」，「新藝城的時代意義在於形成了香港電影喜劇化的同時也把電影推向極端商品化。」不過，90 年代初，新藝城因為創辦人分歧而解體。其後，黃百鳴和澳門商人羅君於 1991 年創辦「永高電影公司」，先後推出《豪門夜宴》、《家有喜事》等影片，亦創票房紀錄。不過，永高於 1994 年解散。

德寶電影有限公司（D & B Films Co. Ltd.）創辦於 1984 年，由商人潘迪生夥拍導演洪金寶及策劃人岑建勳等創辦。德寶成立初期，並沒有自己的發行院線，其出品電影主要在「嘉禾院線」上映。1985 年，德寶為突破「嘉禾院線」的控制，成立旗下院線，並從邵氏兄弟手上租賃「邵氏院線」，業務迅速壯大，與嘉禾、新藝城並列香港三大電影公司。德寶先後簽約甄子丹、邱淑貞、溫碧霞、楊麗青、王敏德、鄭裕玲、張學友等演員，先後約拍攝了數十部電影。

有別於嘉禾及新藝城主力製作以喜劇娛樂為題材的電影，德寶的作品崇

尚創意，以多元化掛帥，既有喜劇《雙龍》系列、《富貴逼人》，動作片《皇家師姐》系列等，也有都市優皮小品，如《三人世界》、《單身貴族》，還有不少涉及具爭議性及小眾的大膽題材，如講述抗戰時期香港淪陷故事的《等待黎明》（1984 年）、探討精神病問題的《癲佬正傳》（1986 年），以及聾啞人士作題材的《聽不到的說話》（1986 年）等。這類有着前瞻性的另類電影，亦為香港電影界提供了啟發性的創作思維。不過，90 年代初，德寶先是放棄電影院線業務，1993 年更停頓電影製作。

永盛電影有限公司成立於 1987 年，創辦人為向華強、向華勝兄弟，原為一般規模的製片公司，因製作一批叫好叫座的電影，包括由周潤發主演的《賭神》系列，由周星馳主演的《逃學威龍》及《鹿鼎記》，以及《柔道龍虎榜》、《黑社會》、《新碧血劍》等，成為 90 年代初期最具影響力的電影公司之一。其後，永盛與台灣赴港發展的年代公司合組「永盛年代影視有限公司」，從事錄影帶發行業務，又在深圳興建製片廠，與內地多家電影公司合作拍攝電影。此外，向華勝並於 1992 年創辦「中國星集團有限公司」，擁有永盛娛樂製作、永盛音像企業的電影及電視劇集的全球獨家發行權，在香港電影圈擁有很強的實力和影響力。

90 年代中期以後具影響力的電影公司，要數周星馳於 1996 年創辦的「星輝海外有限公司」，該公司旗下作品基本都是由周星馳執導、主演及監製的影片，多為高質量、高娛樂性的影片，如 1996 年上演的《食神》獲得超過 4,000 萬港元的票房，並在東南亞市場大受歡迎；其他影片包括《喜劇之王》、《少年足球》、《功夫》、《長江 7 號》、《西遊降魔篇》、《美人魚》、《西遊伏妖篇》、《新喜劇之王》等。

黃金時代：百花齊放、群星璀璨

在新浪潮影響下，加上香港電影經過六七十年代的沉澱和積累，以及電視劇、流行樂壇的繁榮，香港電影呈現出本土化、娛樂化趨勢，影片類型也轉向多元化、複合化趨勢。最明顯的是：作為基本類型的武打片和喜劇片逐

步整合為武打喜劇的複合類型；傳統的武俠片融入槍戰等現代元素後，逐漸演變成為警匪黑幫英雄片等現代動作片。香港商業類型片在保持影片類型特點的基礎上進行融合創新，並形成獨具商業美學特色的本土電影。這一時期，香港電影最成功的類型主要有四種：反映香港社會現實的警匪黑幫英雄片；給觀眾帶來刺激、驚險感官視覺的武打動作功夫片；反映香港普羅大眾生活、給觀眾帶來歡笑的喜劇片；以及取得很高藝術成就的劇情文藝片。

警匪黑幫英雄片以吳宇森、林嶺東、麥當雄等為主導。黑幫英雄片的開山之作是吳宇森於 1986 年執導的《英雄本色》，由狄龍、張國榮、周潤發主演，該片上映後由周潤發飾演的「小馬哥」形象風靡香港乃至全球華語圈，點燃了人們追求情義和懲奸除惡的熱血情懷。一夜之間，風衣、墨鏡、嘴角斜叼牙籤成為最酷的形象。該片以 3,465 萬港元奪得當年香港票房冠軍，周潤發也一舉成為香港「票房之王」。其後，吳宇森先後執導《喋血雙雄》（1989 年）、《喋血街頭》和《縱橫四海》（1990 年）、《辣手神探》（1992年）等，奠定了作為「暴力美學大導」的江湖地位。林嶺東的代表作主要有《龍虎風雲》和《監獄風雲》（1987 年）、《伴我闖天涯》（1989 年）、《高度戒備》（1997 年）等，亦以黑幫為題材，將批判的眼光投射向城市街頭、偏遠鄉村、監獄乃至學校等一系列社會問題上，具有很高的現實意義。有評論認為：「無論是吳宇森的浪漫主義，還是林嶺東的寫實主義，他們的最終目的都是通過塑造一個高大偉岸的英雄形象，來宣揚自由勇敢、不屈不撓的香港精神。」

由麥當雄拍攝的黑幫片主要有《省港旗兵》（1984 年）、《江湖情》（1987年）、《跛豪》（1991 年）、《上海皇帝》（1992 年）、《黑金》（1997 年）等，主要演員包括呂良偉、鄭則仕、徐錦江、梁家輝等。其中，《跛豪》以香港黑幫四大家族之首的吳錫豪為原型，創下香港本土 3,800 萬港元的票房記錄。有評論認為：「《省港旗兵》的九龍寨城激鬥、《跛豪》中描繪的三教九流，皆令觀者瞠目結舌、聞着黯然神傷，如同經歷一場身臨其境的噩夢」，是「史詩級黑幫電影」。此外，在黑幫英雄片中取得很高成就的，還有鄧光

榮監製、王家衛執導的《旺角卡門》，李修賢拍攝的《義膽群英》系列警匪片，以及陳惠敏主演的《我在黑社會的日子》等。這類影片深刻反映了當時香港社會現實，引起普羅大眾的共鳴。

武打功夫動作片以袁和平、徐克、唐季禮、成龍、洪金寶、李連杰等為主導。1978年，袁和平首次執導《蛇形刁手》、《醉拳》等武打片，又先後拍攝了《霍元甲》和《奇門遁甲》（1982年）、《黃飛鴻》系列（1993年）、《詠春》（1994年）等。徐克主導拍攝、監製的影片，開創了新派武俠片的新潮流，他於1990年聯合胡金銓、程小東等名導拍攝《笑傲江湖》，讓最具華語特色的武俠電影，在邵氏武俠片沒落之後，再度揚威海外。有評論分析：「胡金銓為金庸的武俠世界，營造出濃厚的中國文化、中國歷史的意境，徐老怪（徐克）為那個豪邁而又殘酷的武俠世界，增添了幾分浪漫主義，而程小東為影片設計的武打動作，更在視覺上刷新了觀眾對武俠片的認知」，因而成為「香港新派武俠片的開山之作」。新派武俠片的巔峰要數1992年上演的《新龍門客棧》，該片由徐克監製，李惠民執導，梁家輝、張曼玉、林青霞主演，「以高亢的西北風述說了江湖兒女的恩怨情仇，開一派新武俠的景致，堪稱武俠電影的一座豐碑」。此外，由劉偉強執導的《風雲雄霸天下》，開創了根據人氣漫畫改編並大量運用電腦特技打造出色效果之先河，該片最終收獲4,153萬港元票房，奪得1998年年度票房冠軍。

將武打功夫片推向高潮的，當數成龍、洪金寶、李連杰等巨星。成龍以武師進入電影圈，在《蛇形刁手》、《醉拳》主演，將喜劇元素融入武打片中，確立了功夫喜劇的動作風格。其後，成龍先後執導或主演了《A計劃》（1983年）、《夏日福星》（1985年）、《龍兄虎弟》（1986年）、《飛鷹計劃》（1991年）、《重案組》（1993年）等。1994年，成龍在功夫片《醉拳II》中飾演民族英雄黃飛鴻，該片被美國《時代週刊》評選為「1994年世界十大電影之一」。90年代中期，成龍進軍美國好萊塢，先後主演《紅番區》（1995年）、《尖峰時刻》（1997年）等，在北美電影市場廣受好評，成為繼李小龍之後第二位國際巨星，登上美國《時代》雜誌封面。洪金寶以童星進入電影

圈，70年代組成「洪家班」，他於80年代初先後執導主演《鬼打鬼》和《提防小手》，被認為是香港僵屍靈幻片及現代動作片的開端。洪金寶是80年代香港影壇的「大哥大」之一。

另一位武打功夫巨星是武術家出身的李連杰。1982年，李連杰出演張鑫執導的《少林寺》，以技驚四座的武打功夫一炮而紅，並引發了繼李小龍之後第二次全球武術高潮。其後，李連杰先後主演了《南北少林》（1984年）、《黃飛鴻之壯志凌雲》（1991年）等。1993年，李連杰自創電影公司，主演《方世玉》，該片被美國《娛樂週刊》選為「史上最佳19部功夫影片」之一。李連杰以高超的武打功夫飾演了一代武術宗師和武術高手黃飛鴻、張三豐、方世玉、陳真等，成功將港台兩地武俠電影推向高潮。這一時期，著名的武打功夫影星還有劉家輝、楊紫瓊、惠英紅、元奎、甄子丹、劉家輝、趙文卓、李賽鳳、胡慧中、高麗虹、元華、錢小豪等。

喜劇片在香港源遠流長，一直是香港影壇的主要流派之一。60年代以後，香港經濟起飛，香港普羅大眾在生活水平提高的同時，也經歷了無數的艱辛，飽受壓力，作為社會底層的「打工仔」和「小人物」，他們不得不為生計而奔波，積聚起一種消極的，甚至是對社會集體怨憤的情緒，因而，消解社會怨恨、舒緩精神壓力、諷刺社會時弊的喜劇片便應運而生，深受香港市民歡迎。喜劇片流派眾多，有社會喜劇片、都市浪漫喜劇片、功夫喜劇片、動作喜劇片、殭屍喜劇片、曲藝喜劇片、無厘頭喜劇片等。

喜劇片以許冠文、王晶、黃百鳴、麥嘉、張堅庭、高志森、劉鎮偉、周星馳、杜琪峰等為主導，主要演員包括許冠文兄弟、沈殿霞、董驃、鄭裕玲、張堅庭、張國榮、曾志偉、周潤發、周星馳、吳孟達、吳君如、邱淑貞、張敏、陳百祥等，主要代表作有：《半斤八兩》（1976年），《最佳拍檔》（1982年），《快餐車》（1984年），《開心鬼》系列（1984-1991年），《福星高照》和《殭屍先生》（1985年），《富貴逼人》和《八星報喜》（1987年），《賭神》（1989年），《表姐，你好嘢！》系列（1990-1994年），《整蠱專家》和《逃學威龍》（1991年），《家有囍事》（1992年），《東成西就》和《唐伯

虎點秋香》（1993 年）、《百變金剛》（1995 年）等。這些電影多以「鬼馬」、「搞笑」等形式出現，在娛樂飽受生活壓力的市民大眾的同時，巧妙地反映了當時的社會狀況，在嬉笑怒罵、妙趣橫生中，張揚出逆境中求生存的草根精神。

進入 90 年代，周星馳的「無厘頭」喜劇片獨佔鰲頭，成就了一個時代的奇蹟。1990 年，周星馳憑藉喜劇片《一本漫畫闖天涯》，確立其無厘頭的表演風格；同年，周星馳與吳孟達拍檔，主演《賭聖》，創下 4,000 多萬港元的票房記錄。1995 年，周星馳憑藉喜劇愛情片《大話西遊》，奠定其在華語影壇的地位。1999 年，周星馳自導自演、帶着傳記色彩的喜劇片《喜劇之王》，以 2,984 萬港元獲得香港電影年度票房冠軍，並成為香港社會喜劇片成就的最高代表之一。該片中，主角周星馳對着大海高喊：「努力，奮鬥！」這一幕，既是周星馳的人生詮釋，也是香港藝人命運的註腳。有評論表示：「周星馳在電影《喜劇之王》裏，幾乎把社會底層小人物的故事演繹到登峰造極的地步，讓人拍案叫好。直至今天，很多受過挫折、事業不順的人都會把這部電影拿出來看，成立勵志最好的教材。而這種經典確實很難複製。」

2002 年，周星馳執導主演的喜劇片《少林足球》，獲得第 21 屆香港電影金像獎最佳男主角獎、最佳導演獎，被美國《時代週刊》選為「世界史上 25 部最佳體育電影之一」，成為該雜誌封面人物。期間，周星馳（星爺）與吳孟達（達叔）前後拍檔 12 年，先後合作演出了 20 多部喜劇票，被稱為香港影壇的「黃金搭檔組合」、「90 年代華語電影最賣座的黃金組合」。周星馳執導、主演的「無厘頭」喜劇深入人心，反映當時香港普羅大眾的生活百態和對前途的迷茫，只能通過無奈的自我調侃和自嘲去掩飾內心的無措，因而無厘頭喜劇片成為這一時期「力量最為洶湧澎湃的電影主流」，被譽為「香港喜劇電影的天花板」。

香港影壇另一個重要流派是劇情文藝片，以王家衛、許鞍華、關錦鵬、嚴浩、陳可辛、爾冬陞、杜琪峰等為主導，主要演員有梁朝偉、張國榮、周

潤發、梁家輝、黎明、張曼玉、林青霞、鍾楚紅、梅艷芳、張艾嘉、吳倩蓮等，其代表作主要有《傾城之戀》（1984 年），《秋天的童話》、《胭脂扣》和《倩女幽魂》（1987 年），《阿郎的故事》和《人在紐約》（1989 年），《滾滾紅塵》、《客途秋恨》和《阿飛正傳》（1990 年），《阮玲玉》（1991 年），《新不了情》（1993 年），《重慶森林》和《東邪西毒》（1994 年），《女人，四十》（1995 年），《甜蜜蜜》（1996 年），《半生緣》、《春光乍洩》、《南海十三郎》（1997 年），以及《花樣年華》（2000 年），《2046》（2004 年）等。這些文藝片一般以愛情為主題，都取得很高的藝術成就，如《滾滾紅塵》就被譽為「拍出了動盪時代下史詩般的愛情故事」，巨星林青霞就憑這部影片拿下演藝生涯中唯一的一座台灣電影金馬獎。劇情文藝片的代表作大都獲得香港金像獎和金馬獎，甚至獲得國際電影節的獎項，如張曼玉憑藉《阮玲玉》的出色演技，獲得第 42 屆柏林國際電影節銀熊獎最佳女演員獎，梁朝偉憑藉《花樣年華》奪得第 53 屆戛納國際電影節最佳男主角獎，其他參與演出的演員也大都憑藉文藝片成為香港一線影星。

　　香港文藝片中，以王家衛導演取得的成就最大。王家衛先後執導了《阿飛正傳》、《重慶森林》、《東邪西毒》、《花樣年華》、《2046》等多部影片，其中，《阿飛正傳》、《花樣年華》和《2046》被稱為王家衛的文藝三部曲，也是王家衛登上事業巔峰的作品。三部影片都以 60 年代的香港社會為背景，通過幾個人物之間哀怨纏綿的愛情故事，折射出當時那個社會中小人物的疏離、漂泊和種種無奈、尷尬的處境。有評論指出：「文藝片一直以它獨特的視覺魅力為廣大熱愛電影的人所追捧」，「不靠視覺上的刺激，沒有複雜的劇情，香港文藝片更像是一股涓涓細流，能抵達觀眾心中最柔軟的地方」。

　　這一時期，無論是文藝片、警匪英雄片，還是武打功夫片、喜劇片等種種流派和類型，都達到了或者幾乎達到了香港電影史發展的最高水平，形成百花齊發的繁榮景象。在這些影片中，無論是香港獨特的街角取景、充滿市井味的粵語俚語、電影的配樂、影片剪輯，還是充滿江湖味、人情味的人

物形象塑造，都獨具香港這座城市的特色，具有濃郁的「港味」，既體現了現實主義的情懷，亦充滿浪漫主義色彩，不僅風靡香港社會，席捲東南亞，而且打入日韓、歐美市場。維基百科指出：「1980 年代的港產片，無論在產量、票房，還是質量與藝術性上均創作出驚人的奇蹟，形成了龐大的電影工業，電影總產值超越亞洲電影強國印度的寶萊塢，躍居世界第二位，僅次於擁有全球市場的泱泱美國好萊塢。」

這期間，香港影壇湧現出一大批影視巨星和優秀演員，這裏可以列舉出一連串長長的名單，如男演員周潤發、周星馳、成龍、梁朝偉、李連杰、洪金寶、鄧光榮、狄龍、李修賢、張國榮、劉德華、姜大衛、梁家輝、李子雄、黃日華、呂良偉、萬梓良、鄭少秋、秦沛、曾志偉、黎明、黃秋生、劉青雲、任達華、張家輝、林正英、吳鎮宇、陳百祥、吳孟達、鄭則仕、鄭伊健、古天樂、謝霆鋒、廖啟智，等等；女演員如林青霞、張曼玉、梅豔芳、鍾楚紅、楊紫瓊、惠英紅、王祖賢、邱淑貞、張敏、鄭裕玲、葉童、舒淇、周慧敏、關之琳、鄭秀文、吳倩蓮、吳君如、邵美琪、莫文蔚、張柏芝、楊采妮，等等，這些影視巨星和優秀演員，其中相當部分經歷了從底層打拼、在電視台磨練，最後進入電影圈，大多是顏值高，演技精湛，工作專業，拼勁十足，個人形象鮮明，形成了香港影壇群星璀璨的局面，幾乎每個人都成為這一時代香港電影的文化符號。其中，周潤發被稱為「香港之子」、梅豔芳更被稱為「香港的女兒」。而近日病逝的廖啟智（智叔）作為「黃金配角」則被稱為「最有港味的香港藝人」。這是香港電影業引以為傲的黃金時代。

香港電影中還有一類被稱為兒童不宜的「三級片」（主要是色情片）影片。其中，最矚目的是由演員葉玉卿主演的《情不自禁》、《我為卿狂》、《卿本佳人》等，三部影片共創下 3,000 多萬港元的票房收入，並在香港掀起一股「葉玉卿旋風」。有評論認為：「葉玉卿是『香港世紀末象徵』。一位『三級片』明星能激起如此巨大的社會回應，這在香港電影史上可謂絕無僅有。」這一時期，比較有名的三級片還有陳寶蓮主演的《聊齋三集之燈草和尚》，葉子媚主演的《玉蒲團之偷情寶鑒》，李麗珍主演的《蜜桃成熟時》、

《玉蒲團之玉女心經》等。拍攝三級片的導演以何藩最具名氣,他從 70 年代的《迷》拍到 90 年代的「關門」之作《我為卿狂》,前後共拍攝了近 20 部三級片,贏得「唯美大師」的稱號。三級色情片一度成為香港 90 年代影壇的一股矚目的風潮,不過,進入千禧之年則逐漸走向沒落。

港產片從頂峰滑落及其背後原因

1997 年,亞洲金融危機席捲整個東亞地區,受此衝擊,香港股市、樓市暴跌,消費、投資驟減,整體經濟於 1998 年陷入戰後以來最嚴重的衰退之中。其後,香港經濟經歷了連續多年的通縮,市面蕭條,繁榮景象不再。期間,香港多位著名導演,包括吳宇森、唐季禮、袁和平、林嶺東等紛紛前往好萊塢發展,周潤發、成龍、李連杰、楊紫瓊等巨星級演員亦被好萊塢所羅致。在此種種背景下,香港電影業終結了長達十多年的黃金時代。

踏入 21 世紀,對於處在低谷的香港電影來說,經歷了票房和口碑的挫折,香港人也逐漸對港產片失去信心,香港電影市道逐漸被蒙上了一層層的陰影,2003 年更成為香港電影業最黑暗的一年。除了經濟持續低迷之外,「非典型性肺炎」疫情大爆發,許多戲院空空如也,令電影製作停頓四個月之久。這一年,香港兩位歌影天王巨星張國榮和梅艷芳先後離世,對電影業更是雪上加霜。

2003 年之後,香港經濟復蘇,電影業再次起步發展。這一時期,警匪黑幫英雄片再掀熱潮,包括由杜琪峰執導,梁家輝、任達華、古天樂主演的《黑社會》系列;由劉偉強、麥兆輝執導,梁朝偉、劉德華、吳鎮宇主演的《無間道》系列;由杜琪峰執導,任達華、邵美琪主演的《PTU 機動部隊》系列;由杜琪峰執導,劉德華、劉青雲主演的《暗戰》;由麥兆輝、莊文強執導,劉青雲、古天樂、吳彥祖主演的《竊聽風雲》系列;由葉偉信執導,甄子丹、吳京主演的《殺破狼》系列;由梁樂民、陸劍青執導,梁家輝、郭富城等主演的《寒戰》系列等等。其中,《黑社會之龍城歲月》在 2005 年大放異彩,獲得台灣電影金馬獎 11 項提名,包括最佳導演、最佳劇情片、

最佳男主角和最佳男配角等。評論認為：「整部影片劇情緊湊、線索層疊，牢牢吸引的觀眾的眼球，而且每走一步都充滿了懸念，引人入勝。」而《無間道》系列則將警匪片再次推上高潮，該片「以曲折離奇的心理交鋒為着手點，在大量的娛樂元素之外，更有一些與哲學相關發人沉思的東西」，並以5,505 萬港元的票房成為當年香港電影年度票房冠軍，囊括第 22 屆香港金像獎最佳電影等 7 個獎項，及第 40 屆台灣電影金馬獎最佳影片獎。

在武打功夫片方面，主要有周星馳執導並主演的動作喜劇片《功夫》（2004 年），黃百鳴、葉偉信執導，甄子丹主演的《葉問》系列，及王家衛執導、梁朝偉主演的《一代宗師》（2013 年）等。其中《功夫》獲得第 24 屆香港電影金像獎最佳影片等 6 個獎項。《紐約時報》影評人司考特表示：「中國的動作片通常充滿嚴肅而虔誠的色彩，然而周星馳卻和這種嚴肅流派背道而馳。他用自己的方式提醒觀眾，電影藝術不僅僅表現高貴和犧牲，搞笑也是它的傳統之一。」《葉問》（2008 年）獲得第 28 屆香港電影金像獎最佳影片獎。《一代宗師》則獲得第 33 屆香港電影金像獎最佳影片、最佳導演、最佳男、女主角等共 12 個獎項。

在喜劇片方面，主要有周星馳執導的《喜劇之王》（1999 年）、《美人魚》（2016 年），趙良駿執導的《金雞》（2002 年）。其中，《美人魚》是周星馳與內地合作拍攝的喜劇、愛情及科幻片，該片上映後僅用 4 天即衝破 10 億港元的票房價值，刷新了中國內地電影史「最快破 10 億華語片」記錄，總票房價值高達 33.9 億港元。在文藝片方面主要有王家衛執導的《花樣年華》（2000 年）和《2046》（2004 年），羅啟銳執導的《歲月神偷》（2009 年），許鞍華執導的《天水圍的日與夜》（2008 年）、《桃姐》（2012 年），以及嚴浩執導的《浮城大亨》（2012 年）等。其中，《浮城大亨》根據真人真事改編，講述了從貧苦漁民家庭走出來的布華泉通過奮鬥成長為一代香港傳奇的故事。該片從主人公的成長反映香港戰後至 1997 年回歸這一特定時代的變遷，「鏡頭充滿質感，頗具史詩風格，大氣而又細緻」。

不過，總體而言，香港電影業這一時期的發展趨勢仍呈下沉之勢，再無

當年的輝煌景象，電影市場萎縮，在電影業活躍的都是一些老面孔，難得見到具影響力的新星出現，更重要的是香港電影正逐漸失去它獨有的「港味」。人們看到近十多年來能扛起票房演男一號的香港影星依然還是劉德華、周潤發、梁家輝、郭富城、劉青雲、甄子丹這些老演員，最年輕的古天樂也已 50 出頭；經常和他們搭戲的任達華、吳鎮宇、林雪、錢嘉樂、姜皓文、張家輝、林家棟也都年過半百。

90 年代後期以來，香港電影業的衰落，原因是多方面的：首先，是香港電影整體市場的萎縮。八九十年代黃金時期，香港電影坐擁本地、台灣及東南亞三大市場，甚至輻射全球華語地區。然而，隨着台灣逐步放寬對美國電影進入限制，港產片開始丟失台灣市場。著名導演王晶表示：「香港電影在歲月長河中漸漸落寞，我最了解，那要從台灣電影市場發生變化開始說起，台灣市場的崩潰，是導致香港電影產業沒落的最重要原因。」這一時期，香港本地市場亦受到西方大片大量湧入的衝擊，如《侏羅紀公園》（1993年）、《鐵達尼號》（1998 年）等，完全壓倒了在香港風靡一時的《最佳拍擋》系列。此外，隨着國內電影業的迅速崛起，港產片的國內市場亦受到衝擊。香港浸會大學榮休教授卓伯棠在一個講座分析香港電影業衰落的原因時指出：「最要命的是電影市場小，只有香港市場，沒有以前的台灣市場了，而內地市場檢查制度複雜。」

其次，隨着香港電影市場的萎縮，加上整體經濟低迷和不景，從 90 年代中後期開始，香港主要電影投資人（特別是台灣大片商）收縮投資經費，大型電影公司式微，香港主要電影放映院線被台灣投資者入侵、潰散等，都是重要原因。其中，邵氏兄弟於 70 年代中期以後逐漸將經營重點轉向電視業，並於 80 年代中期停止製作電影，其後，更因其靈魂人物邵逸夫年事已高、辭世，而將邵氏兄弟股權轉售予內地商人黎瑞剛旗下的 CMC 公司。與邵氏齊名、被譽為香港電影業傳奇之一的嘉禾電影公司於千禧之年後亦走下坡路，2001 年成龍離開嘉禾，嘉禾失去當家明星，開始轉向電影融資與發行業務。2007 年，創辦人鄒文懷將所持嘉禾股權售予內地的橙天娛樂，

業務進一步轉型。新藝城、德寶、永高等電影公司也先後於 90 年代中後期解散或結束。在這種背景下，香港眾多電影風雲人物紛紛北上「掘金」，或進軍好萊塢等另謀出路，香港電影優秀人才的大量流失導致電影業的進一步衰落。

此外，90 年代後期盜版 VCD 的興起和電子娛樂媒體的多元化，更為香港電影市道帶來重擊。不少電影在午夜場或首映過後便出現盜版，「當時只要影片一上映，馬上就有人拿着錄影機去偷拍，周四才上映，但到下周一，各大商場和街區就已經有盜版碟出售，大家對此都有恃無恐，還在市區大搖大擺的買十張八」，這也是造成不少電影公司難以為繼的重要原因之一。電影人黃百鳴就曾表示，摧毀香港電影業的主兇，是盜版商和無版權意識的觀眾。此外，在時代和環境迅速轉變的大背景下，香港電影業本身不能與時俱進，也是關鍵原因之一。

值得指出的是，儘管面對種種不利因素，香港的電影工作者仍在逆境中前行，浴火求生。在電影公司方面，林建岳旗下的寰亞電影（創辦於 1994 年）、楊受成旗下的英皇電影（創辦於 2000 年）等都仍是香港具實力和影響力的電影公司。近期，由陳木勝（已故）執導，甄子丹、謝霆鋒主演的電影《怒火‧重案》在上映兩個月後，票房就突破 13.15 億港元，成為華語動作警匪片電影票房冠軍、華語動作警匪片電影票房冠軍。有評論表示：「《怒火‧重案》是一部久違的港式警匪片」；「這部電影創造了一個奇蹟，它依然熱血，技術與情懷兼具，大獲成功。」另外，由香港新生代導演李駿碩執導、吳鎮宇等主演的電影《濁水漂流》，改編自真人真事，講述一群在深水埗天橋底下聚居的露宿者被社會忽視及邊緣化，以及如何在狹縫中生存的同時，為自己爭取一絲尊嚴和正義。該片贏得亞洲電影大獎最佳男配、女配提名，金馬獎最佳導演、影片、男主等 10 項提名，以及第 15 屆 FIRST 電影展評委會榮譽大獎。有評論指，這部影片「代表我們一直期待的香港新電影」。

第九章

電視風雲：
無綫亞視的擂台戰與盛衰

　　數十年來，在香港這顆「東方明珠」的璀璨華燈下，香港兩大免費電視台 —— 無綫電視和亞視電視，適逢經濟起飛與繁榮發展，適應普羅大眾的精神文化需求，上演了一幕幕精彩的電視劇和各類歌舞、演唱、訪談等綜藝節目。期間，兩家電視台為爭奪觀眾，先後展開多次全城矚目的擂台大戰，雙方都使出渾身本事，拍攝出一個又一個的經典，推出一種又一種不同類型的劇集、節目，成就了一個時代的輝煌，成為一代香港人乃至全球華人的珍貴回憶和文化標記。可惜，隨着時代的變遷，亞洲電視經苦苦掙扎，最終仍未能逃脫停播命運，而無綫電視則在其靈魂人物邵逸夫淡出、辭世之際，經歷了多次股權轉讓，元氣大傷，令人惋惜。

香港電視業的崛起與早期發展

　　香港電視業起源於 20 世紀 40 年代末期。1949 年 3 月，總公司設在英國的麗的呼聲（香港）有限公司在香港開設「麗的呼聲」有線電視。1957年 5 月 29 日，該電視台正式啟播，揭開了香港電視發展史的第一頁。

　　創辦初期，麗的呼聲開設的是有線黑白電視英文台，1963 年增設中文台。不過，麗的電視發展並不理想，開辦 5 年虧損超過 650 萬港元。1967年，麗的呼聲再投資 1,200 萬港元興建麗的電視大廈。當時，香港無綫電視啟播在即，但麗的並未意識到面臨嚴峻挑戰，還宣稱無意增加彩色電視節目，這一決策對麗的造成致命傷害。1973 年 4 月，麗的決定將收費電視轉為免費電視，並正式改名為「麗的電視有限公司」，此時離無綫電視啟播已

攝於 1950 年代，圖中左方為麗的呼聲總部
圖片來源：許日彤

過去 6 年半，為時已晚。至 1978 年，麗的電視虧損估計高達 4,000 萬港元。

　　1975 年 9 月，香港佳藝電視（Commercial Televsion）創辦，成為第三家免費電視台。佳視的主要股東為何佐芝，即香港商業電台創辦人。佳視開播當晚的節目為《佳視良辰》，受到好評，被認為達到國際水準。當時，三家電視台競爭激烈，佳藝電視於 1976 年拍攝由蕭笙執導的金庸武俠劇《射雕英雄傳》，收視觀眾達 100 萬，壓倒麗的電視。隨後，蕭笙再執導拍攝《神雕俠女》，同樣取得收視佳績。為挽回觀眾，麗的隨後拍攝了《十大刺客》、《大丈夫》、《十大騙案》、《十大奇案》等單元劇，打敗佳藝。1978 年，佳藝電視邀得電視界女強人梁淑怡自無綫跳槽加盟，出任總經理，跟隨過檔的還有無綫主要職員劉天賜（總經理助理兼創作監督）、石少鳴（節目總監）、盧國沾（節目推廣總監）、葉潔馨（製作總監）、林旭華（資料收集整理），以及不少著名演員和編導，當時無綫電視劇《家變》大部分演員也跳槽佳藝，被輿論稱為無綫電視的一場「家變」。梁淑怡出任佳藝總經理後，不惜工本，全力策動當年的「七月攻勢」，可惜反應平平，被迫辭職，同時辭職

的還有劉天賜、石少鳴、盧國沾、葉潔馨和林旭華，人稱「六君子事件」。佳藝電視由於在港府發牌時被加入了不少限制，如需讓出部分時段作教育性節目的廣播等，形成先天缺陷。結果，不到三年，佳藝電視於 1978 年 8 月倒閉，結束三雄爭霸的局面。佳視前後共拍攝了五六十部電視劇，被譽為「一顆轉瞬即逝的流星，很美麗，很明亮，可惜曇花一現」。

成為麗的電視強勁對手的，是香港電視廣播有限公司（Television Broadcasts Limited）。60 年代初期，港府已開始考慮引入無綫電視廣播。1964 年 11 月，港府批出一個為期 15 年、享有 5 年專利的無綫電視廣播商業牌照。當時，參加投標的共有 8 個財團，結果由利孝和、邵逸夫等香港知名人士及和記、太古等英資公司組成的財團 ——「香港電視廣播有限公司」，成功取得經營權。香港電視廣播公司於 1965 年在香港註冊成立，1966 年獲頒發經營牌照。由於是香港首間獲得免費無綫電視牌照的電視台，故一般又被稱為「無綫電視台」（TVB）。

1967 年 11 月 19 日，無綫電視正式啟播，分別透過「翡翠台」和「明珠台」播放中英文電視節目，初期為黑白無綫電視。啟播當日下午 4 時，港督戴麟趾（Sir David Clive Crosble Trench）乘坐直升機飛抵位於廣播道 TVB 新廈，親臨主持啟播儀式。無綫電視創辦初期，公司董事局主席由利孝和出任，邵逸夫任常務董事，其他董事包括唐炳源、余經緯、利榮森、祁德尊、布力架及魏德利等。

無綫電視啟播翌日，即開始播放綜藝娛樂節目《歡樂今宵》。當時，無綫首任總經理 Colin Bendall 希望製作一個類似澳洲《Melbourne Tonight》的節目，由年輕的蔡和平負責籌備，蔡和平用了 5 個月時間，觀察香港人的文化和生活，製作出《歡樂今宵》，大受歡迎。該節目在每晚黃金時段播出，內容載歌載舞，諧趣搞笑，又穿插話劇、遊戲等等，並設有現場觀眾，由何守信、沈殿霞、汪明荃、盧大偉、鄭少秋、鄭裕玲等擔綱主持，早期主要演出者有梁醒波、陳齊頌、森森、李香琴、譚炳文等；70 年代初出現沈殿霞、汪明荃、王愛明、張圓圓等四朵金花的歌舞組合；到 80 年代不少無綫電視

《佳視週刊》第 35 期，封面為
劇集《射雕英雄傳》的孟秋（飾
穆念慈）與梁小龍（飾楊康）
圖片來源：吳貴龍

1967 年 11 月 15 日《香港電視》
創刊號，在開台前四天出版
圖片來源：吳貴龍

當紅演員都曾參與演出。《歡樂今宵》成為無綫深受香港市民大眾喜愛的長
壽綜藝節目，一直播放到 1994 年 10 月，製作集數超過 6,000 集，被列入世
界紀錄。其中，沈殿霞（肥肥）被譽為香港人的「開心果」，而汪明荃則成
為無綫的中流砥柱。

　　創辦初期，無綫電視中文台強調通俗性、娛樂性，每天有三分之一以上
為自製節目，內容包括新聞、體育，知識性和綜合性節目，以及港、台、
日、美的電影電視片；英文台則重視知識和娛樂。1968 年，無綫製作及播
映第一部電視劇集《夢斷情天》，大獲成功，自此走向電視劇製作道路。
1972 年，無綫電視以彩色系統播映，令 400 萬香港市民為之矚目，收視率
直線上升，很快便壓倒麗的電視成為香港主要的無綫電視台。當年，無綫舉
辦馬拉松式的義演籌款節目，為「六一八雨災」的災民成功籌得 700 萬港元
善款，可稱史無前例。

　　1971 年，無綫電視開設首期無綫電視藝員訓練班，前後共舉辦了 15
屆。其後，無綫電視還先後舉辦藝員招募班（1984 年）和藝員進修班（1985

年以後）。這個與邵氏的明星制理念一脈相承的藝員訓練班，為香港演藝圈輸送了大量中堅人才，香港著名影星如周潤發、任達華、呂良偉、黃日華、苗僑偉、梁朝偉、劉德華、梁家輝、周星馳、劉青雲、郭富城、甄子丹、古天樂、曾華倩、劉嘉玲、藍潔瑛、鄧萃雯、周海媚等，都是出自該訓練班的學員。有評論稱：「或許邵爵士自己也想不到，這個原本自產自用的明星培訓基地日後竟然撐起了香港，或者說是整個華人演藝圈的半壁江山。」無綫電視藝員訓練班因而被譽為香港明星的「黃埔軍校」。

1973 年，無綫開始舉辦一年一度的大型選美活動 ——「香港小姐競選」，以「美貌與智慧並重」為宗旨，每年吸引了不少香港及海外的青春少女參選，受到普羅大眾的熱烈追捧。第一屆「香港小姐」冠軍為孫泳恩，其後，相繼選出朱玲玲（1977 年）、鄭文雅（1979 年）、楊寶玲（1987 年）、李嘉欣（1988 年）、陳法蓉（1989 年）、袁詠儀（1990 年）、郭藹明（1991年）、郭可盈（1993 年）等。不少參選佳麗因而一夜成名，進入演藝圈，如趙雅芝、鄭文雅、張曼玉、鍾楚紅、邱淑貞等，成為萬眾矚目的明星；也有不少嫁入豪門，躋身香港名流，如朱玲玲、李嘉欣等。無綫藝員培訓班和香港小姐競選活動，被譽為香港影視圈的兩大「造星系統」，為香港培育了源源不斷的演藝人才，為後來的電視、電影、流行樂壇的繁榮，奠定豐厚的人才基礎。

無綫電視的啟播，正好配合香港經濟的起飛，以及香港普羅大眾對免費娛樂和資訊的需求，因而在短短數年間便迅速發展。據香港政府 1973 年初出版的《香港年鑑》記載，截至 1972 年底，香港家庭有 79.6% 安裝了電視機，其中 55 萬部是收看無綫電視，收看麗的有線電視的只有 4.3 萬部，可同時收看無綫及有線的有 8.3 萬部。無綫電視的播出，使電視在香港迅速普及，充分發揮了電視傳媒的影響力，令香港的影視娛樂業發生巨大變化，對社會經濟的發展也產生重大影響。

70 年代中期，電影大亨邵逸夫看到了香港影視娛樂業的這種轉變，便逐漸將旗下邵氏兄弟公司的經營重點，從電影業轉向電視業。1980 年 6 月

26 日，香港電視廣播董事會主席利孝和因心臟病發逝世，其遺缺遂由邵逸夫接任。邵逸夫接掌香港電視廣播主席後，透過邵氏兄弟增加對該公司的持股量，逐步成為公司的最大股東，主持無綫電視的發展大局，成為無綫電視的核心靈魂人物。

80 年代：無綫與麗的、亞視的對撼

在無綫電視的強大攻勢下，麗的電視被迫變陣應對。1979 年，麗的電視推出由麥當雄、蕭笙執導的 60 集武俠電視劇《天蠶變》，該劇憑着扣人心弦的情節、扎實的動作設計和主演徐少強、余安安等的精彩演出，贏得萬千觀眾的青睞，首播平均有超過百萬觀眾收看，成功打破與無綫慣性收視差距，迫使無綫腰斬該時段的單元劇，並以當年首席武俠小生鄭少秋夥同趙雅芝、汪明荃等拍製經典武俠劇《楚留香》予以對陣。《天蠶變》更創造了香港電視史上自創武俠劇的先例。當時，一般武俠劇都是改編自小說，而《天蠶變》是先有電視劇，然後在觀眾強烈要求下由編劇之一的黃鷹撰寫成同名小說，並火速被邵氏公司改編成電影。

1980 年 9 月 1 日，麗的電視推出了集全台精英籌備多時的「千帆並舉展繽紛」攻勢，一口氣推出三套全新的劇集，分別是鄉土情濃的《大地恩情之家在珠江》、古裝劇《風塵淚》及青春片《驟雨中的陽光》。其中，36 集的《大地恩情》以清末民初廣東香山縣圍村生活為背景，描繪出一段濃郁的鄉土情，成功喚起觀眾的家鄉情結。《大地恩情》首周收視即超過四成。其後，該劇的收視一路攀高，把無綫由鄭少秋、李司棋、鄭裕玲等領銜主演的電視劇《輪流傳》打得落花流水。當時，報刊傳媒紛紛以「十年風水輪流轉」為題大加報道，寓意無綫收視戰敗。無綫痛定思痛，被迫將《輪流傳》腰斬，並拉來鎮台之寶汪明荃與紅極一時的電影小生謝賢合作，推出經典劇集《千王之王》，為無綫挽回頹勢。

同期，麗的電視在另一時段播放的《驟雨中的陽光》，亦受到觀眾歡迎，主演陳秀雯一炮而紅。《驟雨中的陽光》是香港電視史上青春片的開山

亞洲電視總部
圖片來源：Photograph by Wikipedia user: Chong Fat, 2008. Wikipedia Commons,
https://bit.ly/3ivQCD6, public domain mark.

鼻祖，對後來的青春片影響甚深。麗的再接再厲，再拍攝多部青春劇，包括
《青春三重奏》、《IQ 成熟時》、《甜甜廿四味》等，皆獲不俗收視。其中，
《甜甜廿四味》是由張國榮與關芝琳合作主演的偶像劇；而由鍾保羅、莊靜
而、蔡楓華主演的《IQ 成熟時》，則壓倒了同一時段無綫由黃杏秀、李琳
琳、劉丹擔綱的民國恩仇劇《龍虎雙霸天》，迫使無綫再度腰斬劇集。此
外，麗的相繼推出由萬梓良擔綱的《大內群英》、由黃元申擔綱的《少年黃
飛鴻》、《大俠霍元甲》、由梁小龍擔綱的《陳真》等，均受到市場熱烈追捧。
其中，《大俠霍元甲》成為內地改革開放以後引入的首部港產電視劇，曾在
內地造成萬人空巷的轟動，該劇主題曲《萬里長城永不倒》一度唱響了大江
南北。

可惜，正當麗的電視稍有起色時，公司的股權先後發生兩次變動。1981
年，麗的電視英國母公司投資失利，決定收縮業務，遂將所持的麗的電視

61.2% 股權，以 1.2 億港元出售予澳洲財團。該財團接手麗的後，曾躊躇滿志，希望有一番作為，可惜經一年半努力仍未能扭轉虧損，敗下陣來。1982年 6 月，遠東集團主席邱德根向麗的電視注資 1 億港元，取得該公司 50%股權並入主董事局。同年 9 月 24 日，麗的電視正式改名為「亞洲電視有限公司」(Asia Television Limited，簡稱 ATV)。1984 年，邱氏再購入亞視其餘股權，全資控制亞視，亞洲電視進入邱德根時代。

邱德根原籍浙江寧波，1950 年移居香港後，曾租借荃灣戲院經營電影放映業，至 50 年代中期已擁有 10 多家戲院。60 年代初，電懋老闆陸運濤為抗衡邵氏兄弟，曾計劃與邱氏合作發展電影業，可惜該項合作因陸運濤墮機罹難而夭折。邱德根以「慳」字在商界馳名，入主亞視後，即對亞視展開多項改革，包括緊縮資源，減省成本等。邱德根時代的亞視台徽與邱德根旗下的遠東集團標誌一樣，同為「金錢形」。為了對應無綫電視的頻道名稱，1987 年亞視分別將中、英文頻道命名為「黃金台」和「鑽石台」，並以「黃金鑽石耀香港、亞洲電視顯光芒」作為宣傳口號。隨着「麗的」退出歷史舞台，「無綫與亞視（注：麗的電視）的首次電視戰最後的餘煙，也終於在維多利亞港的上空消失殆盡」。

從 80 年代開始，香港電視製作走向通俗路線，促使無綫電視進入制度化的年代，嚴格控制成本，節目製作過程的分工變得更細緻和具體。這一時期，無綫在收視方面佔據絕對優勢，男星繼周潤發之後，又發掘出黃日華、劉德華、梁朝偉、苗僑偉、湯鎮業等無綫「五虎將」，女星則在汪明荃、趙雅芝、鄭裕玲之後捧出了陳玉蓮、曾倩華、戚美珍、劉嘉玲等。1981 年，無綫推出專業流行音樂節目《勁歌金曲》，並於 1984 年開始舉辦年度《十大勁歌金曲頒獎典禮》，以現場直播方式邀請歌星亮相表演，捧紅了大量的歌星，深受觀眾歡迎，亦成為無綫長壽的節目之一。

在電視劇方面，無綫相繼推出《上海灘》，以及金庸武俠劇《射雕英雄傳》、《神雕俠女》、《鹿鼎記》等，風靡香港乃至全球華語電視圈。其中，25 集的民國劇《上海灘》，由招振強、譚銳銘等執導，該劇以民國年間的上

海為背景，描述了上海幫會內的人物情仇以及主角許文強與馮程程之間的愛情故事，主演周潤發和趙雅芝將劇中的角色塑造得相當成功。《上海灘》於1980年在無綫電視首播，1985年被引進中國內地熱播，成為一部屹立不倒的經典電視劇。1990年，香港無綫電視舉辦「八十年代十大電視劇集」評選，《上海灘》名列第一位。另外，1983年版的《射雕英雄傳》也是一部在眾多觀眾心中無法逾越的經典。該劇基本由佳藝過檔的1976年版原版人馬演出，聘請倪匡、楚原、徐克等為顧問，程小東為武術執導，黃日華和翁美玲飾演郭靖和黃蓉。該劇在香港播出時，收視率高達99%，於1985年被內地電視台以110萬元人民幣買斷版權，在內地播出後掀起追捧熱潮。1986年，無綫再推出由萬梓良、鄭裕玲等主演的《流氓大亨》，開啟了家族恩怨情仇電視劇的新潮流。

1984年1月，香港電視廣播有限公司在香港上市，以每股2.65港元價格公開配售1.05億股舊股，集資2.78億港元。配售的舊股由原股東和記洋行、新鴻基證券、英之傑香港等撥出，佔已發行股本的25%。配股完成後，邵逸夫及邵氏兄弟、利氏家族及新鴻基證券共持有公司64%股權。當時，香港電視廣播有限公司持有電視廣播和電視企業兩家公司，前者主要經營電視廣播，擁有佔地約30萬平方呎的清水灣錄影廠，共有8個具國際水準設施的廠房；後者則持有見聞會社、華星娛樂、博益出版集團、香港電視出版、香港影視製作等12間附屬公司，經營與電視廣播有關業務，包括電視節目代理、電視廣告製作、出版印刷、娛樂表演、零售及旅遊等業務等。

1988年，無綫電視租用邵氏位於大埔仔的用地，建立規模龐大的清水灣電視城，作為無綫電視制播和行政的總部，該電視城共設16個錄影廠，總面積超過6,500平方米。同年，港府對電視條例作出修訂，規定不可將電視廣播牌照授予一家公司的附屬公司，因此，香港電視廣播公司必須改組。同年10月，香港電視廣播公司將旗下的「電視廣播有限公司」分拆在香港上市，本身則易名為「電視企業（控股）有限公司」。經過分拆後，電視廣播持有電視經營牌照，專營電視廣播，而電視企業則主要經營與電視廣播相

關的業務，如電視節目代理、電視廣告製作、出版印刷、娛樂表演、零售及旅遊業務等。重組後，邵逸夫出任兩家上市公司董事局主席。

這一時期，亞洲電視在邱德根的主政下也頗有起色。1983 年 9 月，亞視工程部引進二合一 Betacam 攝錄機，成為第一家應用此先進器材香港電視台。為配合節目發展，亞視舉辦第一屆藝員訓練班，當年的畢業生中有黃秋生、何家勁、葉玉萍、麥翠嫻等。1984 年 4 月，亞視開辦以重播綜合性節目精彩片段為主的《大家早晨》節目，其後改為《亞洲早晨》，發展成為具競爭力的電視早晨新聞節目。翌年，亞視獲得《亞洲小姐》的主辦權，打破無綫十多年的選美活動壟斷。此後，《亞洲小姐》便成為亞視一年一度的大型電視節目，也為香港演藝圈培養了不少人才，如黎燕珊、利智、朱慧珊、伍詠薇、葉玉卿、楊恭如、韓君婷、羅霖、陳煒等。1986 年，亞視又舉辦《電視先生選舉》（《亞洲先生》前身），開創了「男性選美」之先河。

在電視劇方面，承襲佳視的氣勢，亞洲電視先後推出武俠片《再向虎山行》、《四大名捕》、《萍蹤俠影錄》，根據神話故事改編的《八仙過海》，以及歷史劇《武則天》和《秦始皇》等優秀電視劇。其中，《再向虎山行》由徐小明監製，梁小龍、董驃等主演，講述「南滄海」、「北鐵山」兩位大俠明知山有虎，偏向虎山行的俠義故事，該劇在內地首播時曾掀起巨大波瀾，街頭巷尾一度唱響「留步！喂，留步！」（內地人唱為「老包！喂，老包！」）的主題曲。《四大名捕》根據溫瑞安同名武俠小說改編，「曾經讓無數人心神蕩漾，魂牽夢繞，為其中的江湖所陶醉」。《萍蹤俠影錄》根據梁羽生同名武俠小說改編，由劉松仁、米雪主演，被梁羽生認為是最滿意的版本。這一時期，亞視的優秀電視劇被認為是「劇情嚴謹，環環相扣」，人物塑造個性鮮明，因而收視率節節上升。這期間，亞視又在晚間夜深時段播放成人節目《活色生香》，亦贏得不少收視率。

1985 年，亞洲電視轉虧為盈。同年，邱氏放棄收取債券利息，亞視開始獲利 1,229 萬港元。1986 年度和 1987 年度，亞視再獲利 664 萬港元和 710 萬港元。可惜，正當亞視漸有起色之際，邱德根接連遭受打擊，1988 年

長子邱達成因醉酒駕車撞死警員，被判入獄。此事令邱德根的雄心壯志受挫，加上亞視雖有盈利，但仍無法與無綫電視抗衡，灰心之餘遂將亞視三分之二股權分售予林百欣家族和鄭裕彤家族。1989 年 2 月，邱德根因涉嫌作假帳而被拘捕，最後法庭宣判接納邱氏患老人癡呆症理由而中止起訴，此事導致邱氏將剩餘三分之一亞視股權亦售予林、鄭兩家，結束長達 7 年的苦心經營。

90 年代：無綫與亞視的擂台大戰

1988 年 6 月，林百欣以家族名義向邱德根購入亞洲電視 30.83% 的股權，成為董事局主席，1994 年進一步購入股權，林百欣及旗下麗新集團持有的亞視股權達到 67.5%，成為絕對控股股東，亞視進入林百欣時代。

1989 年，是香港電視史上一個重要年份。林伯欣入主亞視後，隨即對亞視展開大刀闊斧的改革，包括啟用由藍、綠、紅三色絲帶組成的新台徽，將中英文頻道分別改名為「本港台」和「國際台」，在節目編排方面亦力求創新，同時大撒金錢，展開有史以來最大規模的挖角潮。首先挖走無綫的幕後重臣周梁淑儀、汪歧及金牌監製招振強、韋家輝、戚其義等，又以高薪聘請無綫台柱沈殿霞、曾志偉、盧海鵬、林建明等，以及一線藝人李香琴、黃日華、鄭少秋、吳啟華、任達華、鄧萃雯、曾華倩、陳玉蓮、戚美珍、陳庭威等，打散無綫長壽綜藝節目《歡樂今宵》的傳統班底。

在此基礎上，亞視先後製作了一批經典電視劇，包括《還看今朝》、《勝者為王》系列、《銀狐》、《我和春天有個約會》、《殭屍道長》、《戲王之王》、《司機大佬》、《馬場風雲》、《槍神》、《龍在江湖》，以及武俠劇《雪花神劍》、《劍嘯江湖》、《精武門》等等。其中，《還看今朝》匯聚了大批從無綫跳槽亞視的藝人，包括黃日華、任達華、吳啟華、戚美珍等，獲得良好口碑。《勝者為王》由陳庭威等主演，該劇以嚴謹手法處理人物性格，透過兩位出身迥異的年青人傳奇經歷，揭露賭壇的恩怨鬥爭及展示在賭場浮沉打滾的眾生相，首播時最高曾創下 21 點的收視率，在海外市場的出租率也

創下全年最高峰。《銀狐》亦幾乎出動了當時亞視最熱門的人物，包括黃日華、曾華倩、伍詠薇、張家輝、呂頌賢、劉錦玲、江華、鮑起靜等，該劇描述了幾個曾在社會最底層打拼的人物，經過種種磨難，最後登上社會高峰的故事。其中，主演黃日華將段紹祥這個亦正亦邪的角色演繹得淋漓盡致。有評論認為，該劇「情節非常緊湊，故事情節豐滿，人物命運跌宕起伏，一環扣一環，非常精彩」。《銀狐》為亞視 1993 年台慶劇集，被不少觀眾視為亞視可與無綫的《大時代》相提並論的電視劇。另外，1995 年播出的《精武門》，被視為亞視《大俠霍元甲》、《陳真》等民國武俠題材的延續，由甄子丹、萬綺雯、尹天照主演，被稱為「武打場面最為頻繁和激烈的一部港劇」。

此外，在綜藝節目方面，亞視推出《今夜不設防》等成人訪談節目，由黃霑、倪匡、蔡瀾三大明嘴聯手主持，邀請演藝圈多位明星，包括林青霞、成龍、周潤發、張國榮、王祖賢、張曼玉、周星馳、梅艷芳、邱淑貞、關之琳、葉子媚等等為嘉賓。在節目中，各位明星卸下平日的謹慎，放下身段，與主持人喝酒抽煙，開懷暢談娛樂圈趣事，一時間吸引了不少眼球。《今夜不設防》被評論為「華語綜藝成人節目的一個極限」、「一檔既空前，也絕後的華語綜藝」。

面對亞視的凌厲攻勢，無綫展開「《歡樂今宵》救亡運動」與「劇集救亡運動」，集中全台台前幕後精英，先後製作出一批膾炙人口的經典電視劇，包括《人在邊緣》、《今生無悔》、《我本善良》、《義不容情》、《大時代》、《馬場大亨》、《笑看風雲》、《壹號皇庭》、《刑事偵緝檔案》、《陀鎗師姐》、《西遊記》、《天地男兒》、《火玫瑰》、《巨人》等。其中，《人在邊緣》、《今生無悔》將主演黎明捧得大紅大紫，成為樂壇四大天王之一。《我本善良》由溫兆倫、邵美琪主演，講述三個家庭兩代人之間的愛恨情仇，以演繹「人性」這一主題，該劇曾在內地產生巨大反響，溫兆倫更因此劇一度成為內地萬千少女的偶像。《刑事偵緝檔案》開啟了無綫偵探推理劇的先河，打破了傳統警匪片的抓賊套路。《陀鎗師姐》中由關詠荷飾演的女警成為港劇的經典形象。《壹號皇庭》系列（前後共 5 部）則開啟了律政奇情片

的新劇種。

《義不容情》（1989 年）和《大時代》（1992 年），被視為無綫 80 年代開啟家族恩怨情仇潮流的延續。其中，《大時代》由韋家輝執導，鄭少秋、劉青雲、劉松仁、郭藹明、周慧敏、藍潔瑛、李麗珍、陶大宇、吳啟明等一眾一線藝員主演，該劇以 60 至 90 年代香港金融市場為背景，透過兩個家庭、兩代情仇，展現名利與人性的糾葛。在電視劇中，鄭少秋飾演驕縱蠻橫、自以為是的丁蟹，在演技上大放光芒，劉青雲飾演的方展博在凝視丁蟹時咬牙切齒，遇到困難時抓耳撓腮，面對親人離世的痛徹心扉，在演技上亦大放異彩。該劇一經播出，即轟動香港及整個華語電視圈，成為無綫電視史上最經典、最精彩的電視劇之一。有評論認為：「《大時代》是 TVB 歷史上最精彩的劇集之一。在這部電視劇之前，TVB 也有出品寫實題材的電視劇，但是沒有一部像《大時代》那樣來的那麼徹底。」；「《大時代》有着十分特殊的意義，它表面上是講述兩個家庭、兩代人的恩怨，但本質上是在揭示香港在那個階段的時代變遷。」

1993 年，台灣華視推出《包青天》電視劇，一經播出即引發收視狂潮，壓倒無綫、亞視兩台的收視。1994 年，無綫和亞視同時購入台灣版《包青天》，兩台同期熱播，出現惡性競爭。1995 年，無綫重金聘請影視巨星狄龍、黃日華等，配備豪華陣容，重新拍攝了一部長達 80 集的《包青天》。與此同時，亞視則請出包拯專業戶金超群，以及范鴻軒、呂良偉等，再拍一部長達 160 集的《新包青天》，兩台對打前後持續兩年之久，形成香港電視史上有名的「雙包案」。

這一時期，亞視與無綫在電視劇以外的其他領域也展開激烈競爭。在體育資訊領域，亞視在「1990 年世界杯足球賽」轉播方面，以清談搞笑開派對的方式開播，大勝無綫的「專業」體育報道，贏得了收視率和聲勢，連從加拿大返港的著名體育主持人何守信也不能壓陣，迫使無綫中途變陣，將世界杯足球賽轉播幾乎變為「歡樂今宵」。在娛樂資訊領域，亞視和無綫分別推出《香港奇案》和《猛料茶館》，《香港奇案》大量採用十大奇案式的懸

疑揭秘，包括家庭衝突、血腥仇殺等，而《猛料茶館》則充滿「歡樂今宵」式的輕鬆笑料。在時事特寫節目領域，亞視於 1994 年第 2 季度推出《今日睇真 D》，經過半年多的努力，成為亞視收視率最高的節目。《今日睇真 D》的強勁勢頭，迫使無綫多次變陣，於當年 10 月推出同類的《城市追擊》。

　　不過，亞洲電視儘管在節目上出現不少突破，但仍未可徹底扭轉收視率的頹勢。期間，鄭裕彤家族減持股份，而林百欣家族則專注於控制成本，減少虧損。1998 年，亞視董事局主席林伯欣在台灣牽涉一宗賄賂案被扣留，同年 7 月，林伯欣次子林建岳以 7 億港元，將所持亞視 51% 的股權，出售予從越秀集團出身的商人封小平與鳳凰衛視董事長劉長樂。至此，林伯欣時代正式結束，無綫與亞視的第一次正面擂台戰，亦偃旗息鼓。

　　劉長樂和封小平接管亞視後，積極向內地發展，如在廣東興建影視城及培訓人才，從內地引進節目等。1998 年，亞視推出科幻特技電視劇集《我和僵屍有個約會》，該劇由尹天照、萬綺雯、陳啟泰、楊恭如主演，憑藉香港電視圈前所未有的漫畫風格和天師僵屍的宿命情緣，賺盡口碑，被觀眾評為年度最驚喜電視劇，並掀起科幻電視劇的熱潮。當時，尹天照和萬綺雯的僵屍天師形象深入人心，甚至被某週刊票選為最受歡迎的電視情侶。

　　1999 年 6 月，亞視從內地引進兩部風靡大陸的電視劇 —— 由台灣知名作家瓊瑤小説改編的《還珠格格》，以及由內地作家二月河同名小説改編的《雍正王朝》，結果兩劇雙雙報捷。尤其是《還珠格格》，在播出後掀起追捧狂潮，收視率節節攀升。《還珠格格》主演之一的趙薇在香港紅翻了天，推動該劇衝向 30 點的最高峰，創造了亞視劇集最高收視紀錄。根據尼爾森收視資料，無綫黃金時段收視全面大敗，亞視以平均 3 個百分點的收視超過無綫，這在無綫的歷史上尚屬首次。當年香港《明報》曾評論説：「這可與哈雷彗星相比。」不過，《還珠格格》一役開啟了亞視日後狂買外購劇的慣性，促使亞視減少了自製劇的產量，為後來的沒落埋下伏筆。

　　1999 年 3 月，亞視還與中國星旗下的香港永盛音像企業合作，製作豪門家族恩怨情仇類電視劇《縱橫四海》，由名導演王晶執導，由譚耀文、陶

大宇、葉德嫻、周海媚、鮑起靜、楊恭如等知名藝人主演，陣容鼎盛，製作宏偉，情節緊湊，人物個性鮮明。該劇開播後氣勢如虹，至大結局時錄得平均 23 點的收視率，最高收視 25 點，擊敗了同期無綫播出的《先生貴姓》和《刑事偵緝檔案 4》等。2000 年，亞視先後推出以選美為題材的《美麗傳說》，以及《影視大亨》、《世紀之戰》等電視劇。其中，《影城大亨》以邵逸夫為原型，勾勒了香港整個電影電視發展史。

為了應對亞視的挑戰，無綫集中全台精英，推出同樣是豪門家族恩怨情仇的鴻篇巨製《創世紀》，由羅嘉良、陳錦鴻、郭晉安、古天樂、吳奇隆、郭可盈、陳慧珊、蔡少芬等主演，並邀請著名的金融團隊參與指導，總投資 1.5 億港元，是香港電視發展史上的最大製作之一。2000 年，《創世紀》在央視八台播出，引起轟動，在湖南台重播依然高居收視第一，成為內地觀眾心中的港劇里程碑。有評論指：「《創世紀》是 TVB 最好的電視劇，製作精良，演員的表現無可挑剔，體現了監製戚其義對宏大題材的駕馭能力；TVB 的商戰劇伴隨着《創世紀》的出現到達了頂峰。」「《創世紀》是香港商戰劇的巔峰之作。」至此，無綫算是挽回一局。在 2012 年亞洲偶像盛典上，羅嘉良憑藉在此劇中飾演的主角，獲得「90 年代最經典男角色獎」。

2001 年 5 月，亞視從英國引入益智節目《百萬富翁》版權，自行製作香港版本，由陳啟泰主持，每次送出最高 100 萬港元獎金，一時大受歡迎，收視率最高達 39 個百分點。為了應對，無綫緊急推出的由鄭裕玲主持的同類益智遊戲節目《一筆 out 銷》，化解對方的攻勢。這一時期是亞視的高光時刻，也是亞視對無綫的最後一次擂台大戰。

亞視的股權轉讓與最終停播

90 年代中後期以後，亞洲電視股權先後出現多次重大變動。先是從越秀集團出身的商人封小平與鳳凰衛視董事長劉長樂聯手，取代林百欣成為亞視大股東；繼而由長江製衣主席陳永棋與鳳凰衛視董事長劉長樂聯手，入主亞視。2007 年，亞洲電視再次易手，由已故華商查濟民之子查懋聲旗下

的名力集團牽頭，聯同荷銀集團合組財團，購入亞洲電視 47.58% 股權，成為大股東。交易完成後，查懋聲出任亞洲電視董事局主席，陳永棋改任副主席。

查懋聲入主亞洲電視後，一度雄心勃勃，招兵買馬，準備大展拳腳。據說，當時亞視計劃對無綫展開大規模的挖角，包括歐陽震華、羅嘉良、張家輝、宣萱、郭可盈、陳慧珊、蔡少芬等台前一線，以及何麗全、曾醒明、汪岐、鄺業生等幕後重臣，不過，最終還是因為財力不濟而作罷。同時，亞視將電視總部遷入位於大埔工業村的亞視新電視綜合大樓，更換台徽（台徽形狀為英文字母小寫「a」變體加大寫「TV」—— aTV），進行全新的節目改版，並計劃籌備上市事宜。2008 年 12 月，亞視宣佈委任資深電訊業高管張永霖為執行主席。2009 年 1 月，亞洲電視又引入旺旺中時集團的台灣富商蔡衍明加盟。然而，到 2010 年 1 月，查懋聲突然宣稱，自己年事已高，加上健康原因，希望能為亞視找到新的「歸宿」。他並坦誠，接手亞視三年來，公司一直沒有賺錢。

當年 9 月，中國內地富商王征宣佈投資 20 億港元入主亞視。不過，由於在操作過程引起亞視另一股東蔡衍明不滿，演變成持續的股權糾紛。據說，王征本姓盛，祖上為清朝巨賈，是清朝著名實業家盛宣懷堂弟的曾孫，他通過其遠房親戚黃炳均入主亞視。當時，王征曾雄心勃勃地表示，要將亞視打造成「亞洲的 CNN」。

由於持續不斷的股權轉變，亞洲電視的節目質素逐步下降，加上受到「慣性收視」等其他各種不利因素影響，亞視開始陷入困境。2012 年，亞視虧損 3.4 億港元，2013 年擴大至 3.78 億港元。其後，亞洲電視因資金緊絀而拖欠員工薪酬，節目播映受到影響，甚至取消播出新聞節目《亞洲早晨》、《新聞簡報》、《普通話新聞》等，在香港影視傳媒領域引發轟動反應。為了節省開支，亞視甚至不惜出售《洪熙官》、《精武門》、《我和僵屍有個約會》系列等經典自製劇集給對手無綫。而王征推行的深耕內地珠三角的策略，也遭到香港本地觀眾的質疑。管理、營運策略的失誤，加上一些負面新

聞，導致亞視流失了很多廣告商，在節目收視方面也陷入低迷，個別節目甚至近乎是零收視。

面對亞視的種種困難，從 2013 年起，王征意氣闌珊，開始尋找接盤人，但是始終沒有出現願意出資拯救亞視的個人或公司。據媒體報道，王征曾開價 17 億港元出售其股份，包括亞視欠他近 11 億港元的債務以及股份作價 6 億港元。如果要接手亞視，除了要償付這部分資金之外，還需再投入鉅資更新設備，以及打造新節目。市場預計，總投資或需以幾十億港元計。

2014 年 12 月 8 日，亞視股東蔡衍明向法院要求委任獨立監管人進入亞視董事局，重組公司結構，法官裁定蔡衍明勝訴，高等法院並頒令委任德勤的黎嘉恩和何熹達擔任亞洲電視經理人。由於亞視的本地免費電視節目服務牌照於 2015 年 11 月 30 日屆滿，2015 年 4 月 1 日，特區政府行政會議召開特別會議商討亞洲電視續牌事宜，決定不續牌予亞視；同時宣佈向李澤楷旗下的電訊盈科附屬公司 —— 香港電視娛樂有限公司（Hong Kong Television Entertainment Company Limited）發放 12 年免費電視牌照，在未來兩年內提供粵語及英語電視頻道服務。

2016 年 4 月 1 日子夜，亞洲電視免費電視牌照最終到期，亞視結束其 58 年又 308 天的營運。當晚，不少香港民眾、媒體聚集在亞視電視台門口。晚上 11 點，亞視的本港台正在重播最後一個節目 —— 亞姐特輯《Miss Asia 25th 瑰麗巡迴》法國站時，於 11 時 59 分突然停播熄機，電視畫面迅即變藍色，之後雪花一片，終止播放。亞視在最後一刻的平均收視為 6.6 點，即有 43 萬人次收看。

4 月 2 日凌晨亞視廣播結束後，公關及宣傳科高級經理黃守東最後一次以亞視發言人身份會見傳媒，他感謝觀眾 59 年來的支持，感謝歷年來台前幕後所有亞視員工的努力，又讚揚所有「亞視人」都是最優秀的傳媒工作者及電視從業員。他並希望亞視以衛星廣播及網絡電視繼續廣播，最後引用亞視經典電視劇《天蠶變》主題曲歌詞「經得起波濤，更感自傲」，勉勵亞視及員工勇敢向前。黃守東發言後向傳媒及公眾鞠躬致謝，掩面流淚，步回亞

視大樓，成為亞視最後的經典一幕。

　　對於亞視的停播，香港著名評論人查小欣認為：「亞視的興衰起落是傳媒工作者的最佳反面教材。亞視雖有經營超過半世紀的本錢，而王征入主 5 年就有本領將亞視送入墳墓，可見做傳媒完全沒有吃老本這回事。」「亞視的死因不單是多個節目錄得零或一點收視率，令觀眾完全失望，還屢犯廣播條例，誤報新聞，濫用新聞自由，削弱亞視新聞公信力，破壞企業形象，更多次拖欠員工薪金……最可憐的是 600 多位亞視職員藝人，未知何去何從。」

　　不過，亞洲電視的故事似乎並未最後結束。2016 年 5 月 3 日，上市公司協盛豐控股有限公司的附屬公司星鉑企業有限公司（Star Platinum Enterprises Limited）與主要債權人王征及其名下公司簽署協議，購入王的股權與債項，星鉑企業持有亞視超過 52% 股權，成為主要股東。2017 年 4 月 24 日，香港高等法院正式批准解除德勤的亞視臨時清盤人職務，亞視轉由星鉑企業接管。2018 年 1 月 19 日，重組後的亞洲電視改名為「亞洲電視數碼媒體有限公司」（Asia Television Digital Media Limited），並正式啟播，與香港寬頻（HKBN）攜手合作，透過以流動應用程式及 OTT 平台廣播節目。

無綫電視賣盤：翻開新的一頁

　　在香港免費電視兩強爭霸的年代，邵逸夫時代的無綫電視一直處於主導地位。香港回歸之後，亞視因管理層和股權頻頻變動，加上自製劇產量銳減，聲勢已大不如前。無綫電視幾乎一台獨大。根據香港浸會大學新聞系助理教授杜耀明的資料顯示，無綫和亞視各佔香港本地粵語頻道的市場份額，由 1994 年的 7:3，發展為 1999 年的 8：2 及 2007 年的 9：1。

　　無綫電視總部原設於香港九龍清水灣道電視城，為公司向電視企業和邵氏兄弟租借用地，租約於 2003 年到期。1998 年，無綫電視開始籌劃在新界將軍澳興建新的電視城。2003 年 12 月，將軍澳電視廣播城開幕，總面積約 11 萬平方米，主要由 6 幢製作及行政大樓組成，包括 11 層高的廣播大樓、

綜藝錄影廠大樓、戲劇錄影廠大樓、新聞及停車場大樓、工廠大樓及聯滙大樓等，此外還有一個衛星地面站和佔地約 1.25 萬平方米的外景拍攝場地（主要是古裝街和民初街），總投資約 22 億港元。2007 年 12 月 31 日，香港正式推出數碼地面電視廣播，無綫電視率先推出香港首個 24 小時高清頻道「高清翡翠台」。

這一時期，無綫仍然推出不少優秀的電視劇，其中，以《金枝欲孽》（2004 年）和《溏心風暴》（2007 年）為代表。《金枝欲孽》由戚其義執導，黎姿、佘詩曼、鄧萃雯、張可頤等當家花旦以及林保怡、陳豪等一線男藝人主演，陣容強大，該劇以清嘉慶十五年宮廷妃嬪之間勾心鬥角的故事展開，劇中幾位女主角都是各領風騷，演技出色，容貌和氣質與角色設定非常吻合，台詞經典。2005 年，該劇獲得亞洲電視大獎最佳劇集節目組特別優異獎、Astro 華麗台電視劇大獎、我的至愛戲勢最強大獎等獎項。有評論認為：「《金枝欲孽》是一部經典之作，它開創了宮鬥劇的風潮，被稱為宮鬥劇的始祖。該劇不僅給香港電視劇帶來了重振雄風的機會，還給中國內地觀眾提供了一種另類的敘述方式。」2009 年推出的《宮心計》就是這一劇種熱潮的延續。

《溏心風暴》由夏雨、李司棋、關菊英、陳豪、鍾嘉欣等領銜主演。劇名「溏心」即「溏心鮑魚」。該劇講述一間海味店、一個大家庭，因利益牽引出一場爭產風暴。該劇播出後，以最高收視達 48 點、平均收視 44 點、觀眾人數超過 311 萬，創下 2003 年以來無綫自製劇的最高收視紀錄，並囊括了無綫台慶 6 項大獎，2008 年並被內地東方衛視獨家引進播出，以平均收視率 0.52 位居全國衛視同時段第一名。有評論認為：「《溏心風暴》受到熱捧，關鍵是其所打的『溫情牌』，溫柔委婉的『包惜弱』搖身變為大家庭的『脊心骨』，堅強地撐起了一個家族的重任。與《金枝欲孽》裏那些小肚雞腸的女人相比，『大契』才是觀眾們心目中典型的東方婦女的形象。」

不過，2008 年，紅極一時的無綫當家花旦黎姿，在拍完台慶劇《珠光寶氣》後宣佈息影。其後，無綫一眾一線藝人，如女星佘詩曼、鄧萃雯、張

可頤、陳法拉、胡杏兒、楊怡、徐子珊等，男星林保怡、江華、陳錦鴻、羅嘉良、馬浚偉、呂頌賢等，先後離開 TVB，無綫開始呈現後繼乏人景象。2009 年，無綫舉辦最後一屆台慶節目《翡翠歌聲賀台慶》，當年的主題是「回憶音樂隧道」，參與者重溫了 1967 年至 2009 年的經典歌曲。自此，無綫因為歌曲播放版權問題與環球、華納、索尼等多家大型音樂公司鬧翻，這一大受觀眾喜愛的台慶節目被迫停辦。

2010 年以後，邵逸夫由於年近古稀，逐步淡出無綫電視管理。2011 年 12 月 31 日，邵逸夫退任董事局主席及無綫電視非執行董事。這一時期，無綫電視的盈利增長開始放緩。2014 年，無綫稅前盈利出現大幅下跌，從 2013 年度的 21.20 億港元跌至 14.82 億港元，2015 年更大幅跌至 1.26 億港元。由於邵逸夫後人無意經營無綫電視，因此，踏入 21 世紀以後市場就不時傳出無綫賣盤的傳聞。據報道，包括復星、碧桂園、新鴻基地產以及恒基地產等地產集團都曾對 TVB 股權及其下資產表現出濃厚的興趣。

2011 年 1 月 26 日，無綫電視終於發出股權變動公告，由香港富商、德祥集團主席陳國強，台灣女首富王雪紅，及美資基金公司普羅維登斯（Providence Equity Partners）合組的財團 —— Young Lion，以 62.64 億港元的價格，向邵氏兄弟購入無綫電視 26% 股權，成為無綫單一最大股東。其中，陳國強佔有 Young Lion 逾五成股權。3 月 30 日，有關交易獲香港政府廣播事物管理局批准。同時，邵氏兄弟將所持公司 2.59% 股權饋贈予數家教育及慈善機構。饋贈完成後，邵氏兄弟的持股比率降至 3.64%，邵逸夫夫人、副主席方逸華的持股量則為 0.26%。全部交易完成後，TVB 管理層保持不變，但陳國強、王雪紅及普羅維登斯行政總裁喬納森・尼爾森三人加入董事局，陳國強出任主席。至此，無綫電視逾 40 年的邵逸夫時代正式結束。

2014 年 1 月 7 日，一代影視大亨邵逸夫辭世，享年 107 歲。對此，無綫電視給予高度評價稱：「無綫電視於 1967 年成立，邵爵士是創辦公司董事之一。他以無比的精力和視野，帶領無綫電視成為香港最大的電視台和全球中文電視行業中最具影響力的電視台之一。」有評論表示：「邵逸夫擁有包

將軍澳電視廣播城
圖片來源：Photograph by Wikipedia user: Tim Wu, 2021. Wikipedia Commons, https://bit.ly/37MCymo, CC BY-SA 4.0.

括娛樂業大亨、TVB 創辦人、慈善家、爵士等在內的多重身份，這些頭銜改變了許多人的命運軌跡，在娛樂工業留下了濃墨重彩的一筆，並且成就了一代人的美好記憶。他對於慈善事業的付出和努力功德無量，他的人生在世人眼中堪稱傳奇。」

入主無綫電視的新財團中，出任主席的陳國強為香港德祥集團主席，名下持有多家上市公司股權，由於擅長收購空殼公司，在香港有「殼王」之稱。陳國強早在 2005 年已開始與無綫電視發生關係。當年，陳國強透過錦興集團收購 TVB 旗下無綫收費電視 51％ 股份，不過由於收費電視業績欠佳，其後於 2009 年將三成股權售回 TVB，但仍持有公司 21％ 股權。王雪紅為台灣著名企業家王永慶之女，宏達國際電子董事長。至於美資私募基金普羅維登斯則以擅長投資電訊傳媒業著稱。不過，新財團入主無綫電視後，並未能扭轉公司業績不斷下滑的趨勢。2016 年 12 月初，TVB 罕有發出了近

30 年來第一次盈利警告，表示預計 2016 年度盈利將可能較上年下跌 55%
至 65%。

　　這一時期，無綫開始呈現逐步衰落的態勢，明星藝人紛紛離巢出走，星
光暗淡，電視劇缺乏創新，除了《使徒行者》（2014 年）等少數電視劇偶爾
再掀高潮之外，再無出現像《大時代》、《創世紀》這樣反映社會現實的恢
宏巨作，來來去去都是舊有的套路，導致收視率下降，廣告商流失。

　　無綫的滑落，原因是多方面的，首先，是電子娛樂傳媒的崛起和電視
多元化，導致競爭趨向白熱化。據香港特區政府通訊事務局的統計，截至
2020 年 3 月，香港共有 3 家免費電視持牌機構，包括奇妙電視有限公司（現
改名為「香港開電視」）、香港電視娛樂有限公司和電視廣播有限公司（無
綫），合共提供 12 條頻道，包括 9 條以高清電視制式廣播的數碼頻道和 3
條模擬頻道；同時，有兩家收費電視持牌機構，即香港有線電視有限公司
（有線電視）和電訊盈科媒體有限公司，合共提供 366 條收費電視頻道。此
外，香港還有 12 家非本地電視持牌機構，共提供 188 條電視頻道，香港觀
眾可接收其中 43 條電視頻道。在競爭激烈的網絡時代，觀眾不再受電視台
的限制，擁有了觀看節目的自由選擇權，無綫不僅要面對本地的激烈競爭，
還要面對來自歐美、日韓電視劇，以及內地電視劇的崛起的競爭，而這一時
期無綫的港劇在題材豐富性和製作水平上都逐漸處於下風。

　　其次，是逐漸失去內地龐大市場。在上世紀八九十年代，由於內地製作
的電視劇數量和水平都很有限，而改革開放後廣大民眾的精神文化需求噴薄
而出，為適應這種市場需要，內地電視台便採購了大量港劇，高峰時期甚至
能佔據播放電視劇數量的半壁江山。然而，進入千禧之年以後，隨着內地
眾電視台的崛起，製作電視劇水平的提升，品種的多元化，內容日趨豐富，
內地電視台大幅減少了對港劇的採購量，而且也很少在黃金時段播出，這使
得港劇的觀眾大為減少。港劇在內地的播出再難見到萬人空巷、爭相追捧的
盛況。

　　再次，無綫內部的管理體制未能與時俱進，特別是內部「山頭主義」文

化、藝員薪酬偏低等。有評論認為，無綫的最初滑落源於 90 年代末 21 世紀初的那次藝人出走潮。當時，由於種種內部原因，監製鄧希特（監製過《妙手仁心》、《一號法庭》）、當紅經紀人蕭笑鳴，一線藝人古天樂、宣萱、羅嘉良、陳慧珊等一眾人員相繼離巢，一度在 TVB 內部引起震動，大傷元氣。另外，藝人片酬太低，是無綫經常被抨擊的要害因素，即便是一線藝人，收入也並不高。這導致無綫優秀的影視人才和藝員紛紛離巢北上發展。而無綫在其失去靈魂人物之後仍安於現狀，在面對外部激烈競爭、市場流失的背景下，管理體制仍未能與時俱進，無綫的拍攝題材、拍攝方式也鮮見創新，不少劇都採取影棚內景的拍攝方式，更被業內評價為仍停留在上世紀 80 年代。

有評論表示：「平心而論，無綫在香港彈丸之地做成了這麼豐富多彩的劇集，實力是毋庸置疑的。可是最大的問題是，現在的無綫十年幾乎拍不出一部好劇，一切都是按部就班，缺乏創新。老牌明星漸漸老去、新人難出奇葩，青黃不接，即使是進行地毯式地搜羅，恐怕也難以召喚出一個令人滿意的演員陣容名單。老一代創作人北雁南飛，梅小青、戚其義紛紛離槽，覆巢之下豈有完卵。」無綫電視「隨着一眾大佬的逝去而步入垂暮，宛若維多利亞的港灣上一輪赤血長殷的落日，紅透天際卻是迴光返照，在斷捨離的惆悵之際卻又無可奈何」。

在此種種背景下，無綫大股東亦無心戀戰。2015 年 4 月 22 日，無綫電視再傳出股權變動消息。當日，無綫電視發佈公告稱，內地華人文化產業投資基金（簡稱「CMC」）董事長黎瑞剛，透過旗下華人文化傳媒投資公司，入主 TVB 控股公司 Young Lion。消息傳出後，香港傳媒市場為之矚目。據了解，黎瑞剛透過持有 82.12% 股權的 CMC，購入 Young Lion 79.01% 股權。交易完成後，原大股東陳國強及王雪紅持有的股權分別下降至 6% 和 14.99%。黎瑞剛透過持有的 Young Lion 控制權，持有無綫電視 26% 的股權。換言之，黎瑞剛取代陳國強等成為無綫電視的大股東。至此，無綫結束其作為華商影視巨頭的歷史。

2020 年 4 月，黎瑞剛旗下的華人文化集團首席營運官及副總裁許濤取代陳國強出任無綫董事局主席，2021 年 1 月，許濤邀得香港資深藝人曾志偉、王祖藍等加盟無綫高層，對無綫展開改革，包括與環球、華納、索尼三大唱片公司「破冰」，重振《勁歌金曲》，重整綜藝節目質素，邀請優秀藝人回巢，整頓山頭主義文化等，從而展開無綫作為中資傳媒機構的新一頁。與此同時，香港另外兩家無綫電視 —— ViuTV（2016 年 4 月正式開播）和香港開電視（2018 年 10 月正式播放）也起步發展，與無綫展開新一輪的競爭。人們期待，香港的免費電視和收費電視將在競爭中推出更多與時俱進的精彩港劇、綜藝及其他多元化節目，從而使香港電視業邁向新紀元。

第十章

流行樂壇：
「神仙打架的年代」

　　20 世紀 60 年代，香港經濟起飛，並迅速躋身「亞洲四小龍」之列。隨着經濟繁榮、各業興盛，市民的生活水平不斷提高，以粵語為主體的流行音樂應運崛起，並在八九十年代達到輝煌的高峰。這一時期，香港流行樂壇光芒四射，巨星雲集，熠熠生輝，被後來譽為「神仙打架的年代」，成為香港這座城市的一個值得永遠驕傲的音符和標杆。對此，著名詞曲巨匠黃霑評論說：「流行音樂，是香港普及文化極重要的一環。論影響，香港流行音樂幾乎無遠弗屆，而且範圍深廣得超乎尋常。全球華人觸及之餘，連非華人如泰人，如馬來西亞人，也受到不同程度的影響，很多時候，凌駕電影、電視，和文字作品之上。」

香港流行樂壇的崛起與第一次繁榮

　　一般認為，香港流行樂壇的崛起，應該從 70 年代開始。在此之前，是國語歌和英語歌佔主導地位，民族小調和英美流行曲大行其道。1964 年，風靡全球的甲殼蟲樂隊訪問香港，掀起第一次的樂隊潮。其中的佼佼者，包括泰迪羅賓的「花花公子」、許冠傑的「蓮花樂隊」、譚詠麟的「失敗者樂隊」（looser），他們的演唱以英文歌曲為主。到 70 年代初，以鄧麗君為首，包括李宗盛、蔡琴、羅大佑等音樂人的台灣流行音樂開始進軍香港，並迅速在香港流行樂壇佔下一片天地。這「幾股音樂勢力的交匯下，構成了香港樂壇黎明前夜的畫面」。不過，無論是西方流行的英語歌曲，還是台灣流行音樂，都不能被香港本地普羅大眾所普遍接受。正是在這種背景下，出於本地認同

文化的粵語流行歌曲應運而生。

　　第一個突圍而出的是許冠傑。許冠傑於 1948 年在廣州出生，一歲時隨父親移居香港。1967 年，香港無綫電視台開播，許冠傑組成蓮花樂隊與電視台簽約，每個星期都有節目演出，這不但奠定了許冠傑的歌星地位，更為粵語流行歌曲打開新局面。1971 年，許冠傑憑藉創作粵語歌曲《鐵塔凌雲》受到關注，三年後發行粵語專輯《鬼馬雙星》，一炮而紅。1976 年，許冠傑推出經典大碟《半斤八兩》，在東南亞的發行量高達 35 萬張，並於翌年獲得第 1 屆金唱片獎百年紀念獎。這一時期，許冠傑的《鬼馬雙星》和顧嘉輝的《啼笑因緣》，被認為是香港粵語流行曲的肇始開端。

　　許冠傑用香港口語入歌，以亦俚亦雅的創作風格嫁接古典與流行，用語風趣幽默，唱出了普羅市民的心聲，許多人在許冠傑的歌聲中找到了自我身份認同，如在《半斤八兩》中借打工仔之口道出低層市民生活的艱苦。1985 年，許冠傑在第 8 屆十大中文金曲頒獎典禮上，獲得歌壇的殿堂級榮譽 —— 金針獎，成為首位獲得這項殊榮的香港歌手。許冠傑是香港當代流行歌曲的創始人，被尊為「香港歌神」。有評論指：「許冠傑的神，在於他的作品捕捉到了香港底層人的社會情緒，用俚俗的語言和簡單的旋律唱出了草根的心聲，他是那個時代真正的開拓者。」在他的影響下，大量香港歌手轉向粵語流行歌曲，為香港帶來了長達 30 年蓬勃發展的流行音樂。

　　1978 年，以香港電台舉辦的首屆十大中文金曲頒獎典禮為節點，香港流行樂壇迎來第一次繁榮。這一時期的著名歌手，除了許冠傑，還有羅文、林子祥、葉振棠、鄭少秋、關正傑、區瑞強、徐小鳳、汪明荃、張德蘭，台灣出道的甄妮、蘇芮，以及譚詠麟、鍾鎮濤、陳友、彭健新、葉智強（號稱「溫拿五虎」）等人組成的溫拿樂隊等一眾歌手。

　　羅文原名譚百先，1945 年出生於廣西桂平。羅文與許冠傑是同期出道，1973 年因演唱電視劇《獅子山下》的同名主題曲開始走紅。《獅子山下》由黃霑作詞，顧嘉輝作曲，歌詞曰：「人生中有歡喜，難免亦常有淚，我哋大家在獅子山下相遇上，總算是歡笑多於唏噓」，「我哋大家用艱辛努力寫

下那，不朽香江名句」，歌詞唱出那一代香港人艱苦奮鬥的心聲，引發香港這一移民社會的集體共鳴。1976 年，羅文在香港利舞臺舉行了 15 場個人演唱會，首開藝人舉辦個人演唱會的先河。1977 年，羅文發行個人首張專輯《前程似錦》，其中，日本電視劇《前程似錦》主題曲在全港各電台 10 大流行榜高居榜首達 24 周。同年，由顧嘉輝作曲、黃霑作詞、羅文演唱的粵語歌曲《家變》，標誌着粵語流行歌曲有了屬於自己的文藝作品，登上大雅之堂。如果説許冠傑是近代粵語流行歌曲的開山鼻祖，那麼羅文則是將粵語歌曲帶上大雅之堂的最大功臣之一。

1983 年，羅文與甄妮合唱電視劇《射雕英雄傳》的主題曲《鐵血丹心》、《世間始終你好》，再次風靡全港。1986 年，羅文憑藉《幾許風雨》同時獲得十大勁歌金曲獎和十大中文金曲獎。羅文被稱為香港樂壇的「歌聖」、「粵語歌壇教父」，他於 1991 年在第 14 屆十大中文金曲頒獎禮上獲得金針獎，是香港第一個將流行曲高度專業化的歌手。與此同時，羅文還積極致力於對傳統戲劇的傳播、對音樂舞台劇的推廣、將爵士樂引入香港，並積極提攜一眾新進歌手，如容祖兒、關淑怡、鄭伊健等，不愧為香港藝術領域的先驅者。

與出生廣州、移居香港的許冠傑不同，林子祥是土生土長的香港人，出身於中產階級並且有留英背景，這決定了林子祥與許冠傑完全不一樣的唱歌風格。林子祥於 1976 年推出首張英文專輯《Lam》，1980 年憑《在水中央》和《分分鐘需要你》兩首歌曲，在第 3 屆十大中文金曲頒獎典禮上連獲兩個金曲獎而走紅。

林子祥除了將歐美、日、韓熱門歌曲拿來填詞重唱，還覆蓋了鄉村民謠、R&B、搖滾、拉丁、電子樂、黑人音樂等曲風，可謂樂壇的多面手。林子祥的歌充滿男子的陽剛之氣，他在 1988 年推出的由自己作曲、鄭國江作詞的《真的漢子》，和 1991 年推出的取自古曲《將軍令》、黃霑作詞的《男兒當自強》，令有志男兒熱血沸騰。

林子祥聲線特別，極具辨識度，號稱「銅喉鐵肺」、「樂壇魔王」，且音

域寬廣。有評論認為：「放眼整個華語樂壇，估計沒有一位歌手願意與之飆高音，正宗版《男兒當自強》能把人唱的眼冒金星，粵語快歌能把人唱到斷氣！」林子祥的代表作還有《長路漫漫任我闖》、《誰能明白我》、《敢愛敢做》等。林子祥被譽為「香港樂壇最強音」、「香港樂壇的長青樹」。1994年，林子祥在第 17 屆十大中文金曲頒獎典禮上獲頒「金針獎」；2003 年獲得 CASH 音樂成就大獎；2016 年獲第 38 屆中文金曲名人堂獎。林子祥是香港樂壇的柱石人物，其地位比起歌神許冠傑、歌聖羅文不遑多讓。

這一時期，女歌手中以徐小鳳和甄妮最為聞名。徐小鳳於 1969 年發行首張專輯《牆》，進入歌壇。1985 年，徐小鳳憑藉《順流逆流》獲得第 8 屆十大中文金曲獎 ，1987 年再憑藉《流下眼淚前》獲得十大勁歌金曲獎。1989 年，徐小鳳在第 12 屆十大中文金曲獎頒獎禮上獲得金針獎，成為首位獲得這項榮譽的女歌手。1992 年，徐小鳳在香港紅磡體育館舉辦了 43 場演唱會，打破歌手在紅館開演唱會的場次紀錄。有評論指出：「徐小鳳與鄧麗君齊名，貴為天后，是香港不世出的殿堂歌手。」甄妮是台灣出道歌手，也是橫跨兩岸三地的第一位重量級歌手，她憑藉專輯《奮鬥》在香港一舉成名。她與羅文合作的 1983 版《射雕英雄傳》原聲帶，堪稱經典絕唱，甄妮被稱為「樂壇鐵肺天后」。2011 年，甄妮獲頒第 34 屆十大金曲金針獎。

對於這一時期香港流行樂壇的崛起和繁榮，著名詞人黃霑在其〈粵語流行曲的發展與興衰：香港流行音樂〉一文中這樣評論：「香港因緣際會，在 50 和 60 年代吸取上海普及文化養料，加上歐美多年影響，終於在 70 年代中葉，找到自己獨特的聲樂，令粵語流行曲，衝破了方言界限，在製作和創作上，既與前不同，也與人有異，產生了『只此一家，別無分店』的優質產品。」「香港社會富裕市民自然注重消費流行音樂工業，在全城消費的能力支持下，空前興旺。」

流行樂壇的輝煌歲月：「三王一后」

踏入 80 年代，歌手葉麗儀一曲《上海灘》「浪奔，浪流」，拉開了新時

代的序幕。這一時期，經濟的繁榮發展進一步提升了市民大眾對精神生活的需求，並直接帶動了電影、電視等文化娛樂業的發展。其中，流行音樂表現得尤為活躍，其商品性、工業化的特徵更加明顯，樂壇重視包裝的時代開始，直接的反應就是偶像級歌星引領潮流的發展。

在這種背景下，香港流行樂壇進入香港音樂史上最輝煌、最繽紛多彩的年代。從許冠傑、羅文、林子祥、葉振棠、鄭少秋、徐小鳳、甄妮、汪明荃、關菊英、葉麗儀、譚詠麟、張國榮、梅艷芳、陳百強領銜的樂壇潮流，到王傑、蔡楓華、張學友、葉倩文、林憶蓮、陳慧嫻、杜麗莎、彭羚、關淑怡的興起，乃至組合樂隊太極、達明一派、beyond樂隊的崛起，湧現了一大批的優秀歌星及香港樂壇第一代天王巨星。其中，譚詠麟、張國榮、陳百強和梅艷芳是這一時期最耀眼的天王巨星，被稱為「三王一后」，並成為整個80年代最重要的樂壇偶像。

譚詠麟亦是土生土長的香港人，與70年代的前輩一樣在學生時代就有了組建樂隊的音樂嘗試，先後組建「失敗者」（Loosers）樂隊和「溫拿」（Wynners）樂隊，嘗過失敗後一度轉戰台灣，取得了不俗成績。成名後，譚詠麟重返香港樂壇，於1984年至1985年間連續發行被稱為「愛情三部曲」的專輯《霧之戀》、《愛的根源》和《愛情陷阱》。1984年，譚詠麟的演唱事業進入高峰，這一年他的專輯銷量勢如破竹，唱片銷量和出版量都創當時歷史最高紀錄。從1984年至1987年，譚詠麟連續四屆獲得香港十大勁歌金曲「最受歡迎男歌星」獎，奠定了其在香港樂壇的江湖地位。1996年，譚詠麟在第19屆中文歌曲頒獎典禮上獲頒香港樂壇金針獎。有評論認為：「譚詠麟的成功，除了與香港經濟發展消費主義盛行相適應外，還與他為人和善的性格以及唱片公司力捧包裝有關。此外，譚詠麟演唱風格也暗合了香港樂壇前輩們所形成的『平民情歌』演唱風氣。」

就在譚詠麟事業蒸蒸日上之際，一位歌舞兼備的青年走進了香港大眾的視野，他就是外貌俊朗、品格完美的張國榮。張國榮出生於香港優越的家庭，就學時考入英國里茲大學攻讀紡織，其後在機緣巧合之下進入演藝圈。

張國榮於 1977 年出道，憑藉清純乾淨的聲線、憂鬱傷感的曲調，在眾多歌星中脫穎而出，於 1983 年以一曲《風繼續吹》一舉成名。1984 年，他演唱的《Monica》，成為香港流行樂壇第一支同獲十大中文金曲、十大勁歌金曲的曲。1985 年，他在紅館連開 10 場個人演唱會，打破了香港歌手初次開演唱會的場數紀錄。1988 年和 1989 年，張國榮連續兩屆獲得香港十大勁歌金曲「最受歡迎男歌星」。張國榮還憑藉專輯《愛慕》、《The Greatest Hits of Leslie Cheung》，成為首位打入韓國音樂市場的粵語歌手，並打破華語唱片在韓國的銷量紀錄。

張國榮唱紅了無數的經典歌曲，印象最深的是他以自豪自信、熱情洋溢的姿態演唱的《這是我家》。歌詞曰：「銅鑼灣世界與中區對望，人人眾口稱讚輝煌，紫荊花旁，獅山腳下，是世間的美食堂。讓我自由自愛，讓我衝勁向上，與你做世間新偶像。讓這一曲歌罷，香港千秋百歲，永不會將快樂忘」；「紅黃藍世界，紫青黑與雪白，叢叢獻彩色天堂，燈飾光芒，繽紛兩岸，是我的警世劇場。讓美夢陪熱愛，讓歡聲襯笑浪，永遠望見新希望，讓這一曲歌罷，香港千秋百歲，永不會將快樂忘。Hong Kong，我愛 Hong Kong！」從羅文的《獅子山下》，到張國榮的《這是我家》，香港人對自己家園的熱愛表現得淋漓盡致。1999 年，張國榮在第 20 屆十大中文金曲頒獎典禮上獲頒香港樂壇金針獎，翌年更獲 CCTV-MTV 音樂盛典亞洲最傑出藝人獎。評論指出：「張國榮後來的成功是流行音樂發展的必然結果，無論是從他那張俊俏溫暖的臉來看，還是他那融合進英倫紳士的『雅皮士』風格來說，發展到 80 年代中的香港流行音樂，正需要一個張國榮式的人物將其過於平民化的風格重新拉回半空。」

這一時期，流行樂壇最耀眼的女歌星，無疑就是「百變天后」梅艷芳了。梅艷芳於 1982 年推出個人第一張專輯《心債》，1983 年憑藉歌曲《赤的疑惑》一舉走紅。1985 年底，梅艷芳舉行跨年首次個人演唱會，連開 15 場，打破了香港歌手首次個唱的場數記錄，同期推出唱片《壞女孩》，首周即賣得 40 萬張，累計達 72 萬張，刷新了香港個人專輯銷量紀錄。從 1985

起，梅艷芳連續五年獲得香港十大勁歌金曲「最受歡迎女歌星」。

在激烈的樂壇競技場上，梅艷芳形成了自己獨特的風格，其忽而冷艷低沉、忽而高亢激情，不時又摻合些調皮青春、百變形象的演繹，令歌迷們耳目一新，迎合了當時香港的消費文化。這一時期，梅艷芳始終保持着在女歌手中的霸主地位，無論是唱片銷量、演唱會場次還是拿獎數量，對同時代的女歌手都呈現高壓的姿勢。1998 年，梅艷芳在第 21 屆十大中文金曲頒獎典禮上獲頒金針獎。2009 年，經「世界紀錄協會」評定，梅艷芳以全球個人演唱會總計 292 場當選「全球華人個人演唱會最多女歌手」。

此時，梅艷芳唯一的對手大概要算在香港樂壇發展穩定的陳慧嫻了。陳慧嫻於 1984 年憑藉歌曲《逝去的諾言》出道，1985 年因演唱歌曲《花店》而在香港樂壇受到關注，1986 年演唱的歌曲《跳舞街》獲得十大勁歌金曲最受歡迎 Disco 歌曲獎。1989 年，陳慧嫻和梅艷芳同時翻唱一首日本歌曲的兩個版本，梅艷芳唱《夕陽之歌》，而陳慧嫻則唱《千千闕歌》，兩首歌曲都成為一時傳唱的經典。有評論說，《夕陽之歌》歌詞大氣，意義內涵深遠；而《千千闕歌》歌詞則是簡單優美，傳唱度更高。1989 年，梅艷芳憑《夕陽之歌》，拿下了年度金曲金獎及年度最受歡迎女歌手獎；而陳慧嫻則憑藉《千千闕歌》獲得十大中文金曲獎和十大勁歌金曲獎，並拿下了 35 萬的唱片銷量，走上了人生的第一個巔峰。這就是當年人們津津樂道的「千夕之爭」：同一旋律，不同歌詞，不同編曲，不同歌手，不同演繹，其中一首唱着離別之情，一首唱盡人生哲理。可惜，這一年，陳慧嫻突然宣告退出樂壇，遠赴美國深造。學成後，陳慧嫻於 1995 年重返樂壇，但氣勢已無復當年。

這一時期的男歌星中，還有一位天王巨星——陳百強。陳百強出生於香港一個富商家庭，1977 年出道，兩年後發行首張個人專輯《First Love》，並憑藉歌曲《眼淚為你流》獲得十大中文金曲獎。80 年代期間，陳百強憑藉歌曲《今宵多珍重》、《偏偏喜歡你》、《一生何求》等多次獲得香港十大勁歌金曲獎或十大中文金曲獎。在譚、張兩大巨星爭霸的格局下，陳百強一路走來不算容易，他心思純潔，性格敏感，他既不像梅艷芳那樣有江湖氣，

亦不像林子祥那般優雅的中產階級，甚至太過精神貴族。他與賭王之女何超瓊的淒美情愛，使得他用真心創作和演唱的《偏偏喜歡你》經久傳唱。不過，與譚、張、梅等人相比，陳百強是個真正創作型歌手。1992 年初，陳百強宣佈將於年底退出樂壇。很不幸，稍後他因服藥不慎昏迷入院，於 1993 年英年早逝。有評論說：「陳百強的歌路歷程充分顯示了商業歌壇的殘酷性，他紫色的夢想沒有得到充分實現；但他又是幸運的，畢竟他已充分展示了自己的才華，並獲得廣泛的認可和讚賞。」2010 年，陳百強在第 32 屆十大中文金曲頒獎禮上，被追頒「金針獎」。

這一時期，與「三王一后」同時崛起的還有一批著名樂隊，包括太極、達明一派、Beyond 等。太極樂隊由雷有曜、雷有輝等 7 人組成，是香港 80 年代搖滾樂隊熱潮的中流砥柱。達明一派由劉以達、黃耀明兩人組成，開創英倫電子加中國古典的「新浪漫」曲風，1988 年獲得十大勁歌金曲最佳樂隊組合獎。兩支樂隊先後於 2016 年和 2018 年獲頒金針獎。不過，有評論認為，太極和達明一派的風格過於另類前衛，特立獨行，因而其知名度和影響力遠不如 Beyond 樂隊。

Beyond 樂隊成立於 1983 年，由黃家駒、黃貫中、黃家強、葉世榮 4 人組成，開創了香港樂壇的非情歌時代。其中，黃家駒是樂隊的歌曲創作者和主唱歌手。當時，香港流行樂壇大部分音樂都是翻唱日韓歌曲，原創寥寥無幾。黃家駒想擺脫商業音樂的束縛，創作一些試驗性音樂。1988 年至 1991 年間，Beyond 樂隊憑藉《大地》、《真的愛你》、《光輝歲月》、《AMANI》等歌曲接連獲得年度十大中文金曲獎、十大勁歌金曲獎等獎項；1993 年再憑藉《海闊天空》獲得第 16 屆十大中文金曲獎。《海闊天空》詞曰：「風雨裏追趕，霧裏分不清影蹤，天空海闊你與我，可會變（誰沒在變）。原諒我這一生不羈放縱愛自由，也會怕有一天會跌倒，背棄了理想，誰人都可以，哪會怕有一天只你共我，仍然自由自我，永遠高唱我歌！」該曲在香港及全球華語地區的傳唱度極高，生動地演繹了這一時期的香港精神。

Beyond 是那個時期香港殿堂級的樂隊，其中，黃家駒具有極高的音

樂天賦，一生曾創作數百首作品，題材涉獵廣泛。可惜，1993 年 6 月，Beyond 遠赴日本表演時，黃家駒從舞台上跌下，不幸早逝，樂隊失去靈魂人物。這是香港流行樂壇的一個巨大損失。當年，黃家駒獲追頒十大中文金曲「無休止符紀念獎」和十大勁歌榮譽大獎。音樂人羅大佑曾說，香港欠黃家駒一條命，如果香港尊重原創音樂，Beyond 不會遠走日本。

80 年代中後期，流行樂壇新秀相繼冒起，男歌手中，張學友、呂方、李克勤、杜德偉、蔡國權、鍾鎮濤等日趨活躍；女歌手中，葉倩文、林憶蓮、關淑怡、彭羚、周慧敏等開始引起關注。不過，其時，香港歌壇上依然是由「三王一后」雄踞，一時風頭無兩，並在日韓等國引起轟動。其中，譚詠麟是首位進入名人堂的歌手，香港媒體稱他為「天皇巨星」；張國榮則被《時代週刊》評為「天生的巨星」，甚至連韓國明星全智賢、宋慧喬等都是他的粉絲。譚詠麟和張國榮更是在唱片公司、媒體的炒作下展開了長達數年的「爭霸戰」，被時代裏挾着推向風口浪尖。在此背景下，1988 年，譚詠麟宣佈不再領取競爭性獎項；1989 年，張國榮也宣佈退出樂壇，專注於影視領域。1990 年，梅艷芳亦宣佈不再領獎。

當時，最具影響力的歌星還有鄭少秋、鍾鎮濤等。鄭少秋以其正氣、英俊形象在電視劇中一直主演各種英雄和俠客，其歌曲的代表作是電視劇《倚天屠龍記》、《楚留香》、《輪流傳》等的同名主題曲，他於 2006 年獲頒十大中文金曲金針獎。鍾鎮濤亦是一位歌影兩棲的創作型歌星，其代表作有《讓一切隨風》、《要是有緣》等，鄭、鍾二人分別於 2006 年和 2015 年獲頒中文十大金曲金針獎。

這一時期，是香港流行樂壇百花齊放的年代，每位歌手都有其獨特的風格，如「譚詠麟的快歌、張國榮華麗的外表加上藝術性高的歌曲、羅文端莊的外表加上清澈洪亮並含有粵劇味的嗓音、梅艷芳的『風騷』和風格百變、陳百強的謙謙君子、鄭少秋的武俠風、關正傑的穩重、張學友抒情性強的嗓音」等等。

流行樂壇的巔峰時期：「四大天王」與天后

在八九十年代交替之際，隨着譚詠麟、張國榮、梅艷芳等巨星不同程度退隱，香港流行樂壇一時群龍無首。此時，以齊秦、王傑、周華健、童安格、齊豫等為代表的台灣歌手相繼進軍香港。齊秦於 1987 年憑藉個人創作的歌曲《大約在冬季》，獲得香港第 11 屆十大中文金曲獎，1988 年其專輯《狼 I》被南海音像公司引進，開創內地引進港台音樂作品之先河。王傑於 1989 年赴香港發展，在香港相繼發行《誰明浪子心》、《可能》、《幾分傷心幾分癡》等粵語歌曲，打響知名度。周華健於 1990 年赴香港發展，同年發行個人首張粵語專輯《有弦相聚》，其中由周華健個人譜曲的歌曲《昨晚你已嫁給誰》，獲得十大勁歌金曲獎以及十大中文金曲獎最佳原創歌曲獎。童安格於 1990 年因與梅艷芳合唱《明天你是否依然愛我》而打入香港市場，佔有一席之地。齊豫於 1995 年與周華健合唱古天樂版《神雕俠女》主題曲《神話情話》，獲得年度十大勁歌金曲最受歡迎合唱歌曲獎，被評論認為是不可超越的男女合唱經典之一。

不過，新的天王巨星很快誕生。首先突圍的是張學友，接着是偶像派歌手劉德華、黎明，最後是從台灣歸來的「勁舞之王」郭富城取代李克勤，躋身「四大天王」之列。張學友於 1984 年出道，1986 年發行粵語專輯《Amour 遙遠的她》，並憑藉該專輯的主打歌《遙遠的她》，獲得十大勁歌金曲獎，嶄露樂壇。1993 年，張學友發行國語專輯《吻別》，年度銷量突破 400 萬張，並打破多個地方的唱片銷量紀錄，他的演藝生涯由此邁上高峰。從 1995 年起，張學友連續兩年獲得世界音樂大獎全球銷量最高華人歌手獎。張學友是「四大天王」中的實力派歌手，其成熟穩重的唱功均在其餘三人之上，被譽為繼許冠傑之後新一代的「歌神」。他於 2000 年進入環球唱片美國總公司選出的 1990 年代歌星名人堂，同年在第 23 屆十大中文金曲頒獎典禮上獲頒金針獎。

與此同時，黎明和劉德華亦相繼崛起。黎明出生於北京一富裕家庭，1990 年發行首張專輯《LEON》，1993 年即獲得勁歌金曲最受歡迎男歌手

獎，作為偶像派歌手火速走紅。1994 年和 1995 年，黎明先後獲十大勁歌金曲金獎和十大勁歌金曲最受歡迎男歌手獎，並從 1996 年起連續三年獲得十大勁歌金曲獎。1997 年，黎明在紅館舉行 20 場 Live Version 演唱會，在叱吒樂壇流行榜頒獎典禮上獲得叱吒樂壇男歌手金獎。2000 年，黎明宣佈不再領取香港樂壇獎項，專心音樂工作，致力培養樂壇新人。黎明外形溫文爾雅，是「四大天王」中最具文藝氣息和貴族王子氣質的歌手，其儒雅形象受到大批歌迷的擁戴。

與黎明同屬偶像派的劉德華，從影視演員出身，1985 年加入華星唱片公司正式進入歌壇，1990 年憑藉專輯主打歌《可不可以》獲得第 13 屆十大中文金曲獎，1991 年再憑藉專輯主打歌《一起走過的日子》同時獲得十大勁歌金曲獎和十大中文金曲獎，奠定其在歌壇的地位。1994 年，劉德華獲得十大勁歌金曲最受歡迎男歌星獎，翌年在央視春晚上演唱其代表作《忘情水》。2000 年，劉德華被《健力士世界紀錄大全》評為「獲獎最多的香港男歌手」。「四大天王」中，劉德華是成名最早的一位，與上代前輩梅豔芳師出同門，同樣是無綫一手培養起來的偶像派歌手，他俊朗的外表、勤奮的拼勁、優良的品格，贏得萬千歌迷的寵愛。對於他的唱功，有評論認為：「即使有部分人認為劉德華的聲線並不是很佔優勢，但劉德華式的顫音唱法的確將許多情歌演繹得相當深情。」

最後一個躋身「四大天王」的是郭富城。郭富城於 1984 年從 TVB 舞蹈訓練班出身，仿效譚詠麟轉戰台灣，因一個摩托車廣告而成名。1992 年，郭富城返回香港發展後推出《狂野之城》、《唱這歌》、《動起來》等舞曲，一舉奠定其舞台型歌手風格。1994 年，郭富城在紅館連開 16 場狂野誘惑演唱會，並連跳 16 支勁舞，表演機械舞和踢踏舞，稍後發行專輯，並成為巨星邁克爾·傑克遜購買的唯一一張華人專輯。1996 年，郭富城在紅館連開 18 場最激演唱會，現場表演了 45 度身體傾斜舞技，並奪得當年十大勁歌金曲「至尊舞台大獎」。1997 年、1998 年和 2000 年，郭富城三次獲得香港十大勁歌金曲「最受歡迎男歌星」獎。2000 年，美國內華達州州長頒發郭富

城「國際傑出藝人獎」，以表彰他對華人音樂市場的貢獻，並將 9 月 23 日定為「郭富城日」。

1992 年，香港「演唱會之父」張耀榮和無綫總管方逸華將四位當時最受歡迎的男流行歌手統稱為「四大天王」，並得到香港普羅市民的廣泛接受，一直沿用至今。整個 90 年代，四大天王幾乎雄霸了香港流行樂壇男歌手市場。對於「四大天王」的出現，有評論認為：「不難發現，四大天王的身上，依舊存在着譚詠麟和張國榮的性格特點和人設，不嚴謹地說，這是因為譚、張的成就實在過於太耀眼，而兩人又如曇花一現般在成名後迅速退隱，遠遠沒有讓香港的歌迷們盡興，於是也就只能找出共同具有譚、張特性的四大天王聊以慰藉了。」這一時期，在流行樂壇活躍的男歌手，還有李克勤、杜德偉、許志安、黃凱芹、呂方、張智霖、張宇、巫啟賢、草蜢組合、張明敏等，這些歌手都取得耀眼的成就。尤其是李克勤，差一點躋身「四大天王」之列，他的一曲《紅日》中的「命運總是顛沛流離，命運總是曲折離奇」經久傳唱。有評論認為，李克勤是最被低估的歌星，其「唱功不輸天王，堪稱零瑕疵歌手」。

就在「四大天王」同台競技的之際，女歌手樂壇上也湧現出一批巨星，包括王菲、葉倩文、林憶蓮、鄭秀文、關淑怡、周慧敏、彭羚、鄺美雲、黎瑞恩、許秋怡、劉小慧、王馨平等。王菲出生於北京，其後移居香港，拜香港「音樂之父」戴思聰為師，1989 年以「王靖雯」之名出道，當年發行首張個人專輯《王靖雯》，1992 年因演唱粵語歌曲《容易受傷的女人》、《執迷不悔》而大受歡迎。1994 年，王菲發行國語專輯《天空》，並獲得十大勁歌金曲「最受歡迎女歌星」獎；同年在紅館舉辦 18 場「最精彩演唱會」，打破香港女歌手初次開演唱會的場次紀錄，並於 1996 年成為首位登上美國《時代週刊》封面的華人歌手。1999 年，王菲憑藉英文歌曲《Eyes on Me》獲得第 41 屆日本唱片大獎亞洲音樂獎。王菲是香港流行樂壇當之無愧的天王巨星，她兼具天籟般的音質、超凡歌唱技藝及驚人的音樂悟性。有評論指：「最為難得的是，王菲出色的歌唱技藝在她近乎完美的控制下，散盡

滿天花雨，但見一溪清亮。這也就是為什麼如此多的人喜歡王菲的歌的原因。」

被稱為「天后」的還有葉倩文、林憶蓮、鄭秀文等人。葉倩文出生於台北，1980 年出道；1984 年憑粵語歌曲《零時十分》成名，從 1990 年起連續四屆奪得十大勁歌金曲最受歡迎女歌星獎。1994 年，葉倩文憑藉專輯《明月心》獲得第 5 屆台灣金曲最佳國語女演唱人獎。她演唱的歌曲《焚心以火》、《瀟灑走一回》、《祝福》、《曾經心痛》等一時膾炙人口。2010 年，葉倩文在第 33 屆十大中文金曲頒獎典禮上獲頒發金針獎。林憶蓮 1985 年出道，1990 年推出首張個人普通話專輯《愛上一個不回家的人》，同年獲得叱咤樂壇流行榜頒獎典禮叱咤樂壇女歌手金獎。2001 年至 2005 年，林憶蓮獲得「CCTV-MTV 音樂盛典」最佳女歌手獎、新加坡金曲獎亞太最受推崇女歌手獎和流行樂壇榮譽獎獎、第五屆全球歌曲排行榜終身成就獎。鄭秀文 1988 年出道，1989 年推出第一張專輯《思念》，以健康流暢的曲風一炮而紅。1996 年、1997 年、2001 年在十大勁歌金曲頒獎典禮上三度獲頒「最受歡迎女歌星」獎。從 2009 年底起，鄭秀文開始「Love Mi 鄭秀文世界巡迴演唱會」，到 2015 年為止還海內外舉辦個人演唱會超過 160 場。2011 年，鄭秀文獲香港演藝協會頒發「音樂傑出表現歌手大獎」。

90 年代，香港流行樂壇以四大天王為主導，包括譚詠麟、李克勤、許志安、杜德偉、鍾鎮濤、呂方、草蜢、陳奕迅、古巨基、夏韶聲、蘇永康等，引領了一個時代；而女歌手方面，王菲、葉倩文、林憶蓮、鄭秀文、關淑怡、周慧敏、鄺美雲、劉小慧、黎瑞恩、湯寶如、彭羚等大放異彩。此外，台灣出道並走紅的香港歌手王傑、周華健、齊秦、任賢齊、童安格、羅大佑、李宗盛、齊豫等人亦活躍於粵語歌壇。這一時期，流行樂壇也誕生了很多經典的原創粵語歌曲，如《滄海一聲笑》、《海闊天空》、《餓狼傳說》、《一生所愛》、《一起走過的日子》等等。而張智霖與許秋怡合唱的《現代愛情故事》、張學友與湯寶如合唱的《相思風雨中》亦與《鐵血丹心》、《神話情話》一道被譽為華語樂壇至今無法超越的經典男女合唱。

與此同時，以張學友、劉德華為代表的四大天王開始以國語歌曲進入台灣、新加坡以及中國內地市場，如張學友國語唱片《吻別》、《真愛新曲＋精選》等均獲得極大的成功，亦取得了創紀錄的銷量；劉德華的《忘情水》、《如果你是我的傳說》等風靡整個華人地區。更為難能可貴的是，這一時期，流行樂壇雖然競爭激烈，但無論台前幕後、一眾巨星歌手，雖然競爭激烈，但彼此之間都相當和諧團結，四大天王更多次同台演唱，成就了一個時代的音樂繁榮，被後來稱為「神仙打架的年代」！

幕後功臣：詞曲巨匠、傳媒與唱片公司

　　八九十年代，香港流行樂壇的繁榮，離不開眾多的幕後功臣，包括個人形象設計包裝、作曲填詞、音響樂隊、舞台燈光、舞蹈團隊等等各種各樣的音樂人。這一時期，香港的台前幕後也湧現了不少傑出的巨匠大師，如戴思聰、劉培基、黃霑、顧嘉煇等。

　　戴思聰是香港著名的音樂教育家，早年在內地接受音樂訓練，60年代移居香港，其後到日本學習音樂，學成後返港當歌唱老師，他的第一個學生是張明敏。張明敏因一曲《我的中國心》走紅，令戴思聰名氣急升，許多歌手慕名跟他學歌唱。戴思聰培育了梅豔芳、王菲、劉德華、黎明、郭富城、謝霆鋒、陳曉東等一批歌壇巨星，王菲曾在電視節目中選戴老師為生命中最重要的三個男人之一。除了天王天後級歌手外，戴思聰可謂桃李滿天下，呂方、鄺美雲、金城武、李嘉欣、吳國敬、馬浚偉等都是他的學生。戴思聰在香港教育了四五代不同風格的歌手，在香港流行樂壇具有無可替代的地位和權威，被譽為「香港音樂教父」、「巨星之父」。

　　劉培基是香港最富盛名的殿堂級時裝設計師及形象設計師。1982年梅豔芳剛出道時，在樂壇並沒有鮮明形象，直至遇上劉培基。劉培基為梅豔芳設計服飾、專輯形象、演唱會的舞台服等，二人合作無間，創造梅豔芳「百變」神話。劉培基在梅豔芳的歌曲專輯《似水流年》設計了一張封面，上面梅豔芳的帥氣男裝照一下引爆香港流行樂壇，其後，梅豔芳在《壞女孩》、

《烈焰紅唇》、《妖女》、《淑女》等每一首耳熟能詳的歌曲中，都連繫着一個個鮮明且經典的形象，風靡了整個 80 年代。梅艷芳的成功背後，劉培基是最大的功臣。除了梅艷芳，劉培基還為許冠傑、羅文、張國榮、陳百強、汪明荃、郭富城、蘇永康等眾多男女歌手做形象設計。

在作詞方面，黃霑是這個時代無與倫比的大師。黃霑原名黃湛森，1965 年進入麗的電視台做主持，並做電影配樂工作。1977 年，黃霑作詞、顧嘉煇作曲，由羅文演唱的《家變》，標誌着粵語流行歌曲第一次登上大雅之堂。1978 年，黃霑填詞的作品《誓要入刀山》、《倚天屠龍記》、《鱷魚淚》，入選香港電台第一屆十大中文金曲，翌年創作的電視主題曲《獅子山下》，在香港這個移民社會引起莫大共鳴。1983 年，黃霑與顧嘉煇為無綫 TVB 武俠劇《射雕英雄傳》創作系列歌曲《一生有意義》、《鐵血丹心》、《世間始終你好》等，成為不少香港人的精神支柱。當時，黃霑、顧嘉煇與羅文被譽為流行樂壇「鐵三角」。1990 年，黃霑在第 13 屆十大中文金曲頒獎會上獲得「金針獎」；同年為電影創作的主題曲《滄海一聲笑》，獲得第 27 屆台灣電影金馬獎最佳電影插曲、第 10 屆香港電影金像獎最佳原創電影歌曲。黃霑一生創作了 2,000 餘首作品，有評論指出，「其曲作浩浩蕩蕩意蘊悠長，詞作結合俠義精神與人生哲學，他是整個華語流行樂界的傑出代表」；「港樂的興盛與衰頹幾乎貫穿了黃霑的一生，當我們再次談到黃霑的時候，他的身份已經不僅僅是流行音樂的創作者，而是港樂的符號與象徵。」黃霑才華橫溢，兼具詞曲家、作家、主持人、演員、歌手等多重身份，被譽為「音樂鬼才」，與金庸、倪匡和蔡瀾並稱「香港四大才子」。

在作詞方面，香港還有一串長長的名單，著名有盧沾國、鄭國江、向雪懷、林振強、林夕、林敏驄、梁美薇、潘源良、周耀輝、陳蝶衣等。其中，盧國沾、鄭國江與黃霑並稱詞壇三宗匠。盧國沾文學造詣高，風格多樣，在樂壇備受推崇，有「詞壇聖手」之譽，他填詞的《萬里長城永不倒》，被稱為「中國人的脊樑」。2001 年，盧國沾獲香港作曲家及作詞家協會頒發「音樂成就大獎」。鄭國江的作品雋永清新，詩情畫意，被稱為自然派詞人，其

代表作包括鄧麗君的《漫步人生路》、張國榮《風繼續吹》、梅艷芳的《似水流年》、陳百強的《偏偏喜歡你》、林子祥《真的漢子》等。向雪懷名盛於八九十年代，其代表作有關淑怡《難得有情人》、黎明《哪有一天不想你》、譚詠麟《朋友》等。林振強創作的歌詞超過千首，他的作品「透過故事，穿越想像，潛藏於別致奇詭的巧喻之中」，改變了香港歌詞一貫的運作模式，開闢出新的創作空間，與黃霑、林敏驄並稱「二林一黃」。

繼黃霑之後，最著名的詞人大概要數林夕。1987 年，林夕填詞的《無需要太多》入選第 11 屆十大中文金曲；1993 年他創作歌曲《紅顏白髮》由張國榮演唱，並作為電影《白髮魔女傳》的主題曲，獲第 30 屆台灣電影金馬獎最佳原創歌曲。1997 年，林夕為王菲創作的《約定》奪得香港十大中文金曲的最佳詞作獎，翌年憑藉為王菲作詞的歌曲《臉》奪得台灣金曲獎最佳作詞獎。1999 年，林夕為王菲創造歌曲《給自己的情書》獲 TVB 最佳作詞獎，為張國榮創作的《左右手》獲得當年幾乎所有的流行大獎。林夕創作的歌詞超過 2,000 首，有評論認為：「林夕以精美、細膩的歌詞聞名」，「詞中意境迷離朦朧，給人以很大的回味空間」，他的「歌詞的驚艷和歌詞的意境，是普通作詞人很難達到的高度」；「如果說黃霑是香港武俠時代音樂的魂，那在後期的香港樂壇，這個魂非林夕莫屬。」2008 年，林夕在香港十大中文金曲頒獎會上獲頒金針獎。

在作曲領域，顧嘉輝無疑是這個年代的巨匠。顧嘉輝出生於書香世家，1948 年從廣州舉家移居香港，1961 年受邀並得到邵逸夫資助前往美國深造音樂。1973 年，顧嘉輝譜寫的《煙雨濛濛》成為無綫電視史上首支配粵語歌詞的電視劇主題曲，翌年應邀為無綫電視劇《啼笑因緣》譜寫主題曲，該曲和許冠傑的《鬼馬雙星》並稱為香港粵語流行曲的開端。1977 年，顧嘉輝第一次與黃霑合作粵語歌，為電視劇《家變》創作同名主題曲；1980 年兩人再度合作為電視劇《上海灘》創作的同名曲，引起廣泛關注。這一時期，顧嘉輝的獨特曲風，加上黃霑用粵語填寫但飽蘊傳統中文色彩的歌詞，成就了香港流行樂壇的「輝黃」組合。顧嘉輝創作了大批膾炙人口的優秀流

行歌曲，其代表作有《倚天屠龍記》、《小李飛刀》，《楚留香》、《上海灘》、《東方之珠》、《忘盡心中情》、《萬水千山縱橫》、《世間始終你好》、《焚心以火》、《長路漫漫伴你闖》等，在全球華人粵語地區經久流傳。

　　1981 年，顧嘉煇獲十大中文金曲最高榮譽獎，1982 年獲英聯邦政府頒發 MBE 勳銜，1998 年獲香港特區政府頒銅紫荊星章，2005 年獲得百事音樂風雲榜「終身成就獎」。顧嘉煇創作了千餘首歌曲，其中相當部分為影視劇主題曲，被譽為「香港音樂教父」，著名評論家梁文道表示：「顧嘉煇在作曲及編曲上有着極高的天賦，作品融匯東西音樂風格，曲調優美、流暢，調式大氣、簡潔，富雋永、迴環之美，韻味獨到，為香港樂壇發展帶來重大和深遠的影響。他的作品唱紅了一批香港流行音樂歌手，從羅文、張國榮到梅艷芳，驅逐了英文歌的白色陰影，開啟了粵語的流行樂壇。」這一時期，成就香港樂壇的著名作曲家還有：黎小田、盧冠廷、雷頌德、黃家駒、C. Y. Kong（江志仁）、陳光榮等等。黎小田創作的《大地恩情》、《大俠霍元甲》、《大號是中華》唱響大江南北，正是這批音樂人的共同努力，成就了香港流行樂壇的輝煌。

　　這一時期，導致香港流行樂壇繁榮鼎盛的還有幾個重要元素，其一，是1983 年香港紅磡體育館（紅館）的落成啟用。早期，歌手在銅鑼灣利舞臺舉辦演唱會，其後移師到伊利沙伯體育館，但亦最多只能容納三千多觀眾，未能滿足當時急速增長的粵語樂迷需要。1983 年，許冠傑首次在擁有上萬個座位的紅館舉行演唱會，並取得空前的成功，演唱會產業應運而生。其後，譚詠麟、張國榮、梅艷芳、徐小鳳等一再刷新場數紀錄，令粵語歌成為推動香港娛樂經濟的火車頭。其二，香港媒體相繼舉辦流行歌曲頒獎典禮，先拔頭籌的是 1977 年國際唱片業協會（香港會）主辦的金唱片獎和 1978 年香港電台舉辦的十大中文金曲獎。1984 年，香港無綫電視台再舉辦十大勁歌金曲頒獎典禮，其後於 1986 年設立「勁歌金榜」。1988 年，香港商業電台二台推出「叱咤樂壇流行榜」，並於 1989 年舉辦第一屆「叱咤樂壇流行榜頒獎典禮」。這一系列的大獎有力推動了八九十年代香港流行音樂產業的

騰飛。其三,這一時期,香港本土電影、電視劇相繼崛起,並迎來繁榮發展的新時期,期間大批優秀的電影、電視主題曲廣泛流傳,進一步推動流行樂壇的發展。

毋庸置疑,香港流行樂壇的繁榮,幕後最大的功臣要數當時大大小小的唱片公司的設計、包裝、宣傳、推廣。這一時期,香港著名的唱片公司主要有香港寶麗金、華納香港、華聲、飛圖等。1970年,寶麗金的前身「寶麗多」收購鑽石唱片進駐香港,成為首批進軍亞太市場的國際唱片品牌。1974年,寶麗金推出首張粵語唱片 —— 許冠傑的《鬼馬雙星》。80年代,譚張爭霸戰中的兩大巨星譚詠麟和張國榮都曾一度是該公司旗下歌手。到90年代,四大天王中除郭富城外,張學友、劉德華、黎明等都是寶麗金旗下歌手。寶麗金深諳偶像包裝之道,旗下歌手還曾囊括鄧麗君、徐小鳳、王菲、陳慧嫻、周慧敏、關淑怡、鄺美雲、李克勤、黃凱芹、Beyond等。有評論說:「如果說當年的華語樂壇是香港歌壇一家獨大,那麼寶麗金旗下的歌手就幾乎涵蓋了整個香港歌壇的大牌歌手,這已經無法用半壁江山來形容了,是完完整整的整個香港歌壇都被寶麗金收入囊中。」1999年,寶麗金被環球唱片收購,「盛況戛然而止」。

另外,華納香港也是當時重要的唱片公司。華納(Warner Music)是全球四大唱片公司之一,其在香港的子公司華納香港曾捧紅過不少香港樂壇紅星,包括郭富城、鄭秀文、劉德華、梁詠琪等,旗下歌手還曾包括陳百強、林子祥、呂方、杜德偉、鍾鎮濤、張衛健、林憶蓮、葉倩文、鄭秀文、梁詠琪、黎姿、太極樂隊等。至於香港本土的唱片公司,主要有華聲、飛圖等。華聲唱片成立於1971年正,旗下曾羅致不少天皇巨星,包括羅文、甄妮、成龍、梅艷芳及張國榮等。在七八十年代全盛時期,華星唱片旗下歌手的數目高峰時多達數十位,在80年代的樂壇更與寶麗金並駕齊驅。飛圖創辦於80年代中期,從1992年起進入全盛時期,相繼推出鐳射影碟(LD)「飛圖爆棚精選系列」及「飛圖國粵語金曲卡拉OK系列」,售量理想,旗下歌手包括蔡濟文、林杋、梁雁翎等。

這些唱片公司在幕後運籌帷幄，透過資本運作，包裝推廣旗下歌星，推動了流行樂壇的興旺鼎盛，形成了香港經濟中一個具有「亮點」的工業，並進而推動了電影、電視、傳媒等行業的發展。

流行樂壇從巔峰滑落及其背後原因

1998 年，香港經濟遭遇亞洲金融危機的嚴重衝擊，整體經濟陷入連續 5 個季度的衰退，其後數年一直處於低迷狀態，這對香港流行樂壇造成相當大的影響。1999 年，張學友、黎明等相繼宣佈退出香港音樂頒獎禮，宣告了「四大天王」音樂時代的結束。

更大的衝擊接連而至，先是香港「歌聖」羅文於 2001 年患上了肝癌，2002 年 10 月 18 日終因醫治無效於香港瑪麗醫院病逝，享年 57 歲。2003 年 4 月 1 日，香港流行樂壇黃金時代最璀璨的巨星張國榮，因患抑鬱症病情失控，從香港東方文華酒店 24 樓健身中心墮下去世，終年 46 歲。消息傳出，全港乃至全球華語世界為之震驚。與此同時，樂壇天后梅艷芳被證實患子宮頸癌，她於同年 11 月 15 日在紅館舞台舉行了人生最後一場演唱會「梅艷芳經典金曲演唱會」，以一襲雪白婚紗唱響《夕陽之歌》告別演藝舞台，將自己嫁給了鍾愛一生的舞台。12 月 30 日，梅艷芳在香港養和醫院病逝，年僅 40 歲。

張國榮是典型的完美主義者，在樂壇被尊稱為「哥哥」，風華絕代；而梅艷芳則以俠義、豪爽著稱，是樂壇的「大姐大」。兩人都是歌影雙棲的天皇巨星。梅艷芳當紅後不忘提攜後輩，包括草蜢組合、許志安、陳奕迅、謝霆鋒等，又成立慈善基金，她出任香港演藝協會會長期間，更籌備多場慈善音樂會，捐助內地水災和香港受非典影響的家庭，被尊稱為「香港的女兒」。有評論認為：「縱觀香港娛樂圈裏的男男女女，音樂和影視上的造詣二者兼得，且天分極高的，除了這兩位，再難遇見後來人。」兩位天王巨星的隕落，使得香港樂壇頓時失去「靈魂」人物。另一個打擊接踵而來，2004 年 11 月 24 日，一代詞曲巨匠黃霑因肺癌病情惡化醫治無效，在香港沙田仁

安醫院去世，享年 63 歲。而此時，音樂大師顧嘉煇也早已淡出樂壇，移民加拿大。受此種種影響，流行樂壇元氣大傷。

踏入千禧之年，香港流行樂壇繼續發展，鄭秀文繼續走紅，90 年代中期出道的陳慧琳火速上位，兩人展開角逐，並引領了快歌時代。其後，楊千嬅、梁詠琪曾一度與鄭秀文、陳慧琳聲勢相當。男歌手方面，李克勤與譚詠麟組合的「左麟右李」，一度在歌壇再掀起熱潮；90 年代後期出道的謝霆鋒紅極一時，陳奕迅亦開始攀向巔峰。其後，容祖兒、古巨基、莫文蔚、衛蘭、側田、方大同、王菀之、泳兒、吳雨霏、陳柏宇、張敬軒、鄧紫棋等亦相繼冒起，並逐步形成謝霆鋒、陳奕迅、古巨基、容祖兒、張敬軒等幾位王牌巨星，繼續引領流行樂壇。其中，陳奕迅成為繼張學友之後香港新一代的「歌神」，其代表作包括《K 歌之王》、《十年》、《浮誇》等，被美國《時代》雜誌譽為影響香港樂壇風格的人物。容祖兒則被譽為香港最後一位「天后」。

在演唱組合方面，由鍾欣潼和蔡卓妍組成演唱組合 Twins 於 2003 年憑藉歌曲《下一站天后》在華語樂壇走紅，同年憑藉歌曲《風箏與風》入選第 26 屆十大中文金曲獎及獲得優秀流行歌手大獎、女歌手飛躍大獎銀獎、女歌手全年最高銷量歌手大獎、全國最受歡迎歌手獎共 4 個獎項。可惜，其後受到陳冠希照片外洩影響，該組合暫停演藝事業。不過，這一時期，無論是男歌手謝霆鋒、陳奕迅、古巨基、張敬軒，女歌手容祖兒、陳慧琳、莫文蔚、楊千嬅、謝安琪，演唱組合 Twins 等，其影響力和轟動效應都不及他們的前輩，始終沒能成為樂壇的絕對王牌。

香港流行樂壇從巔峰滑落，原因是多方面的，除了羅文、梅艷芳、張國榮等巨星的相繼離去，後繼者個人的唱功、質素等種種主觀因素之外，從客觀方面來看，90 年代中期以後，香港樂壇迎來一次技術革新，對樂壇產生了深遠的影響。隨着「卡拉 OK」的興起，聽眾對音樂的品質追求和敏感度逐漸降低，電子器樂開始取代錄音室的真人團隊。換言之，K 歌文化的流行，在一定程度上降低了對歌曲素質的要求，大幅壓縮了音樂人的創作空間。另外，新媒體的崛起，對傳統媒體構成嚴重的衝擊，流行音樂創作不再

局限於從前唱片公司出唱片的形式，網絡平台逐漸佔據了以前的傳統媒體。這些都對傳統的唱片公司造成嚴重的衝擊。

與此同時，在亞洲金融危機、香港經濟低迷的總體環境下，唱片公司的收入大減，為求生存，開始與卡拉 OK 集團合作，推出獨家試唱歌曲，樂迷可在卡拉 OK 盒子觀看新歌的音樂影帶或試唱該歌。有評論指出：「香港樂壇之所以持續出現人才青黃不接，與唱片公司的造星運動也有很大的關係，很多唱片公司為了尋找賺錢途徑而嘗試邀請演員或模特兒成為歌手，這令香港樂壇變得只重視市場和形象而不重視歌唱實力，大量只有外表但歌藝平庸的新人在樂壇湧現，曲風也一改當年那種獨特的「港味」而變得不倫不類，從而導致香港樂壇持續低迷。」

另外，香港流行音樂在八九十年代的繁榮，與中國內地推行開放密切相關。當時，內地百廢俱興，國門初開，民眾對於香港的音樂感到新鮮，產生強烈的共鳴，香港流行音樂因而風靡內地市場。不過，隨着內地的日益開放，以國語為載體的流行音樂迅速崛起，香港流行樂壇的優勢被削弱，而地小人少的劣勢就開始暴露，這導致香港眾多歌星紛紛北上淘金，發展國語歌曲。在此消彼長之下，粵語流行樂壇逐漸迎來了低迷期。正如黃霑所分析：「香港流行音樂能在海峽兩岸暢銷，最大原因拜香港的自由之賜。80 年代之前，香港是最開放的，台灣不及，中國大陸更不及。然後隨着台灣開放，大陸開放，三地差距愈來愈少，香港歌曲的吃香程度便相應減少。」

誠然，儘管面對種種挑戰，香港流行樂壇仍在發展，一再創新，老一輩歌星，如許冠傑、林子祥、譚詠麟、劉德華、李克勤、鄭秀文等依然活躍在樂壇；而新一代的歌星，如陳奕迅、容祖兒、張敬軒等，仍在積極引領樂壇潮流。張敬軒在十大中文金曲頒獎會上就表示：「雖然唱片市道不好，但氣氛好很多，歌手間公平競爭，前輩給機會我們就好像接棒似的。」有評論表示：「或許只有當舊有的力量和勢力逐漸瓦解，粵語歌手才能在危機中不斷反思，更加團結，最終破釜沈舟，產生新的經典。」人們期待，香港流行樂壇將譜寫出新的輝煌篇章。

第十一章

博彩娛樂：
香港賽馬揚威國際

　　20 世紀 80 年代初，中英兩國就香港前途問題展開談判，中國領導人鄧小平以「馬照跑、股照炒、舞照跳」，比喻香港回歸後將保持原有資本主義制度和生活方式 50 年不變。其中，「馬照跑」即賽馬這項由英國人於香港開埠初期引入的運動，經過百年演變，已發展成為香港一個集休閒、娛樂、博彩於一體的本地文化。時至今日，香港的賽馬水準在全球可謂名列前茅，在香港受訓的馬匹經常在海外國際賽事屢獲殊榮，揚威國際。香港賽馬投注額亦冠絕全球，不少馬主和騎師都無法抗拒在香港出賽的魔力，視為不可錯過的多元文化珍貴體驗。香港賽馬不僅歷史悠久，而且廣泛滲透到社會經濟的各個角落，甚至有人這樣形容：「只要有成片的建築，人們抬頭就會發現熟悉的賽馬會標誌；只要打開電視和廣播，就能找到關於賽馬的資訊。」

早期發展：「快活谷」賽馬

　　香港的賽馬活動，最早可追溯到 1842 年。賽馬起源於古羅馬帝國，後來在英國蓬勃發展。香港開埠後，英國殖民者即將賽馬活動引入香港。據記載，從 1842 到 1844 年，香港每年都舉行一次賽馬活動。不過，由於當時香港沒有適合的賽馬場地，因而都在澳門黑沙灣賽馬場舉行。賽馬亦不是由馬會組織，而是在賽前兩個月，由愛好賽馬人士組成的「賽馬委員會」籌辦，賽馬也不是一種博彩，而是一項體育運動，一年舉辦一次，稱為「週年大賽馬」。

　　香港有記錄的第一次賽馬於 1846 年在灣仔跑馬地舉行。跑馬地一帶原

稱黃泥涌谷。香港開埠之初，英軍曾於跑馬地設立軍營，很多軍人感染熱病身亡，被埋葬在黃泥涌一帶山邊。由於病死的軍人愈來愈多，這個地方也就成為一處墳場區，英人將之稱為「Happy Valley」（快活谷），這與英國倫敦一處墳場的名字相同，含有「極樂世界」的意思。

1846 年，英國人認為該谷地適合賽馬活動，便疏通、清理、填平在跑馬地的一片瘧疾為患的沼澤地，設立跑馬地馬場，開始在香港開展賽馬活動。第一屆賽事於 12 月 17 至 18 日舉行，命名為「全權杯」，港督戴維思（Sir Davis Baronets）親臨觀賽並為冠軍頒獎，場面熱鬧。當時，馬場設施簡陋，跑道由竹竿圍成，道路之內依然是農田，參賽的馬匹五花八門，有阿拉伯馬、澳洲馬、南非馬、菲律賓馬等等。參與者多為駐港軍人與白人上流社會階層，通常會自己訓練騎自己的賽駒來比賽。1873 年，香港以英國著名的經典賽事為藍本，舉辦首屆打吡賽。

1884 年 10 月，隨着賽馬活動增加，「香港賽馬會」正式成立。馬會的第一次籌備會議在香港大會堂舉行，成員包括來自德國會所、美國會所、西洋會所及各國洋行的外國人共 34 位。新成立的賽馬會接收了原有「賽事基金」積累的 10,889 港元，並決定向會員收取入會費和年費，兩者均為 10 港元。馬會成立翌年，快活谷賽馬場遭到嚴重水淹，馬會於是撥款維修，因而出現 876.91 港元財政赤字。其後，經過幾年經營，馬會再次積累了 2,107.99 港元盈餘。然而，不幸的是，1891 年由於存款銀行倒閉，馬會再次變得一無所有。1907 年，馬會委任了首位秘書，並在中區設立辦事處。

早期，香港賽馬被認為是一項貴族運動，參與者都是香港的洋人、紳士大亨。港督都積極參與賽馬活動，如第三任港督般咸爵士（Sir Samuel George Bonham）就是一位資深馬迷，他在任內力排眾議，在快活谷建成香港第一個馬場。他有一匹名叫「誘惑」（Temptation）的阿拉伯馬成績卓著，曾出征 1850 年的賽事並奪得冠軍，般咸在快活谷觀賽時曾親自下場牽頭馬，成為香港首個牽頭馬的港督。曾任香港第 15 任港督的梅含理（Sir Francis Henry May）長期在香港工作，早年亦活躍於馬場，他在 1887 年一

次比賽中，因坐騎撞欄而折斷腿，仍忍痛繼續比賽，最後被拋下馬。梅含理出任港督後，礙於身份，不再親自策騎，但經常到馬場觀看，偶爾還客串一下司閘員。

早期的馬主都是洋人，最有名的馬主是怡和洋行大班威廉．渣甸爵士（William Jardine）和置地、九龍倉等公司創辦人保羅．遮打爵士（Sir Catchick Paul Chater）。渣甸除了自己喜愛賽馬外，還鼓勵公司僱員養馬充當業餘騎師，每年舉辦一次名為「怡和距離讓賽」的馬賽，只有怡和洋行職員才有資格參與。保羅．遮打自 1892 年出任馬會主席，直至 1926 年，歷時 34 年。遮打在出任馬會主席期間，曾作出兩個具有重要意義的決定：其一於 1914 年第一次世界大戰爆發不久，修改會章，批准把收入撥捐慈善用途；其二先後於 1921 年和 1926 年動議接納女性會員和華人會員。早期的華人馬主，以人稱「蘭先生」的李蘭生最出名，此外還有怡和買辦何甘棠、華人富商馮秉芬等。

20 世紀 20 年代，賽馬逐步從貴族運動轉變為平民化的博彩娛樂活動。馬會開始發售馬票，初期的款式只有三類，包括大馬票、尾場小搖彩以及普通小搖彩。其中，大馬票每年只開兩次獎。觀看賽馬比賽也漸漸成為本地華人的重要娛樂活動。不過，賽馬的觀看席（俗稱「馬棚」）是分開的，洋人自用的馬棚已建成三合土灌注的固定看台，處於馬場最佳位置，除了個別華人大買辦可以進入外，一般華人絕對不能進入；而與洋人看台遙遙相對的華人看台則仍是竹木結構，觀眾踩上去通常會「吱嘎」作響，搖搖晃晃。這些馬棚通常以競投的方式出租，馬場內約有 10 多個馬棚，彼此緊密相連。馬棚包括上下兩層，上層的地面開有「井口位」，與下層相通，方便吊下籃子，傳遞下層的投注彩票。當時，每次投注額最低為 5 港元，相當於現在的一兩千港元。這麼大的「最低投注額」是普通老百姓玩不起的，因而平民們即便是進了馬場，也只有觀看的份。不過，每逢賽事進行時，馬迷們都會揮手舉拳，頓足高叫，馬棚上險象環生。

1918 年 2 月 26 日春節，適逢馬會舉辦週年大賽，馬場內人山人海，人

們爭相擠往上層看台。當賽事進行到第 5 場時，華人馬棚中間位置不堪重負突然倒塌，將人群壓在下層。更不幸的是，馬棚下層擺放熟食攤販的爐灶裏的火苗將馬棚竹木點燃，引發熊熊大火，足足燃燒了 20 多分鐘，造成 600 多人死亡，受傷者不計其數。遇難者中除了華人之外，還有少數印度人、一兩個葡萄牙人，但沒有一個英國人。這就是香港賽馬史上震驚中外的「火燒馬棚」慘案。

1925 年，香港爆發聞名中外的「省港大罷工」，華洋對立嚴重。罷工結束後，為了籠絡華人，馬會開始將馬棚統一起來，不再分隔為洋人看台和華人看台。1931 年，馬會在快活谷賽馬場建成兩座三層高的永久看台。在其後的 100 多年間，快活谷賽馬場經歷了多次翻修，但唯一不變的是矗立在馬場東側被稱為「大石鼓」的巨石。這塊巨石被視為跑馬地的標誌物，昔日的播音員在報道賽馬時會經常提到大石鼓，如「經大石鼓，跑完一圈，最後抵達終點」等。

19 世紀末 20 世紀初，由於賽事增加，馬匹供不應求，香港開始從中國北方引進蒙古馬匹，稱為「中國小馬」。不過，30 年代日本侵略中國後，陸路運送馬匹的途徑被切斷。於是，香港開始從澳洲、印度、錫蘭、新加坡等地引進馬匹。由於馬匹的來源地不同，其身高、速度差別很大，當年的比賽規則與現在的有很大差別，如當時的「距離讓賽」，是按照賽馬的身高來確定負重。早期的馬名，均以英文命名，1948 年，當局規定所有馬匹都需要有中文名字。在那個年代，參加比賽的馬匹相當辛苦，經常在同一天內參加多場比賽，勞累不堪。據記載，1850 年 2 月 6 日，一匹名為「凱瑟琳」（Kathleen）的賽駒，在同一天內贏得兩場長距離馬賽，次日再贏得另外兩場馬賽。

早期馬賽賽事的命名也多種多樣，如有「總督杯」，反映港英政府當局對賽事活動的支持；有以軍隊命名的賽事，如「守軍杯」、「蘇格蘭高地兵團杯」、「將軍杯」等；還有以不同地名命名的賽事，如「德國杯」、「花旗杯」、「廣東杯」、「福州杯」等，反映香港的賽馬活動涉及的範圍相當廣泛。

其中，最有特色的，是一項命名為「婦女銀袋賽」的賽事，該賽事通常安排在週年大賽中進行，當賽事完成後，在頒獎儀式上，由一名淑女負責頒獎，將一個銀袋頒給得獎騎師。頒獎儀式結束後，還由該女士與騎師共進午餐，頗富浪漫情調。

這一時期，北京、天津、上海、漢口等與香港一樣，皆為賽馬重鎮，有專業的練馬師及騎師，進入半職業化時代。當時，就有不少馬匹轉戰這幾個城市，如 Franis Larsson 名下的 44 戰 41 勝、被譽為中國最好的白色蒙古小馬「孟加拉」，就曾在天津、北京、香港贏過大賽。30 年代後期，由於日本侵略，中國賽馬參與者開始移師香港發展。

1941 年 12 月聖誕，日本佔領香港，快活谷賽馬場遭到嚴重破壞，附近的馬房幾乎被摧毀，百多匹受驚的賽駒在附近街道四處狂奔。在淪陷期間，日軍為粉飾太平，在佔領後不久便宣佈恢復賽馬，將「快活谷」改名為「青葉峽」，並要求所有馬名統一改作兩個字的中文名。當時，馬會元氣大傷，馬主和騎師四散。日本佔領當局強迫何甘棠出任馬會主席。由於馬源缺乏，參加賽馬的馬匹參差不一，高矮肥瘦不等，據記載，「老馬病馬衝鋒陷陣」，「有的馬，還未起步，已是大汗淋漓，氣喘吁吁；有的馬，在賽途中，一顛一拐，似跳獨腳舞」，早已失去了昔日雄風。到後期，由於馬匹奇缺，日本人甚至用「木馬」比賽。這些木馬用三層夾板做成，長 15.5 英寸，高 8.5 英寸，沿着看台前以鋼線做成的「跑道」利用斜度和木馬的重量向下滑，最快滑道終點的為勝者。

戰後賽馬職業化與沙田、跑馬地馬場建設

日本投降後，英國人恢復對香港的管治，百廢俱興，馬會再次變得一無所有，既無會址，也無會員名冊，更無馬匹進行賽馬。1945 年 11 月 17 日，馬會召開中斷將近四年的全體會員大會，英國人特斯特（Mr. Tester）當選為新一屆馬會主席。經過估算，馬會在戰爭期間損失了 141.6 萬港元，山光道馬房雖然基本完好，但僅剩約三四十匹老弱病殘馬匹，賽馬跑道年久失修，

需要重新修理。1946 年下半年，馬會重新恢復運作，將舊有會員重新註冊，並從澳洲進口了約 90 匹新馬。

1947 年 1 月，馬會舉行戰後第一次馬賽活動，由港督楊慕琦爵士（Sir Mark Aitchison Young）出席開幕典禮。不過，馬會規定，在淪陷時期曾經參加日本人主持下賽事的騎師，全部被罰停賽半年，以示懲戒。當時，在馬場上風頭最勁的是一位名叫「柯圖茂」的俄羅斯裔英國籍人，他在戰前已相當了得，戰後重執馬鞭，榮獲多屆「冠軍騎師」，刮起一股「柯氏旋風」。1950 年，馬會再引入 350 匹新馬，又將冠軍獎金提高到 2,000 至 4,500 港元。1952 年，馬會引入電子計算機投注和賠率，摒棄之前採用人手撕票接受投注的舊方式，大大提高了投注的效率，也極大地方便了馬迷投注，賽馬活動再次熱鬧起來。

50 年代後期，英國女皇伊麗莎白公開表示，准許慈善機構使用「英皇禦准」頭銜。1960 年，為爭取這一頭銜，港督柏立基爵士（Sir Robert Brown Black）要求馬會發表一份當年捐款數千萬港元的聲明，並由馬會主席賓臣上書英女皇，陳述申請緣由，獲得批准。當年，馬會改名為「英皇禦准香港賽馬會」，該名稱一直使用到 1997 年回歸前夕。60 年代，隨着香港經濟起飛，愈來愈多的香港中外籍長居人員以及香港普羅市民喜歡在賽馬賭博上付出高額賭注，賽馬文化成為了風靡香港的「港島第一運動」。香港跑馬地舉辦每周一次的賽馬比賽，並開始收取觀看門票，每張 20 港元。

不過，由於仍然是業餘賽馬，對山光道馬房的管理比較鬆懈，與馬圈和馬房有關係的個別人士，利用管理漏洞對馬匹下毒，使得被看好的馬匹在比賽時大失水準，導致 1969 年發生震驚全港的「毒馬案」。事發後經調查，當時約 300 多匹賽馬中，竟然有超過三分之一被一次或多次下毒。最後，有十多人為此被判刑入獄。在賽馬活動蓬勃發展及轟動一時的「毒馬案」背景下，當時身兼馬會主席的滙豐銀行大班 Sir John Saunders 決意改革馬會，推動賽馬活動職業化。

1971 年，香港賽馬進入職業化時代，這為 80 年代後期創辦國際賽事奠

定了基礎。當時，英軍少將 Robert Penfold 出任賽馬會第一任總經理，對賽馬活動進行大規模的改革，除了賽馬由業餘轉為職業賽馬之外，還對賽馬活動在賽前、賽中、賽後的各種事項進行嚴格規範，並革新博彩投注方式，如推出「三重彩」等；又籌劃建立馬會「見習騎師學校」，透過培訓更多本地騎師，以配合賽馬運動職業化。1973 年，香港政府授權馬會設立場外投注處，翌年 6 間場外投注處設立，並提供電話投注服務，同年開始增設夜馬賽事，令賽馬全面走進大眾生活。

為了推動賽馬活動的發展，1972 年 1 月，馬會舉辦首屆「邀請盃」賽，應邀前來參加比賽的 4 名外國騎師均來自英國。首屆邀請杯由香港騎師鄭棣書策騎的「雪山」勝出。此後，馬會每年都舉辦「邀請盃」，參加的外國騎師來自英國、法國、澳大利亞、日本、印度、新加坡、馬來西亞、新西蘭、美國、愛爾蘭等，大部分參賽騎師都是國際高手。70 年代，「邀請盃」的投注額曾高達 4,600 多萬港元，創下投注額的歷史記錄。不過，在 1988 年之前，參加比賽的都是香港本地的賽馬。1975 年 5 月，英女皇伊麗莎白訪問香港，港英當局隆重其事，於 5 月 5 日晚由馬會特意在跑馬地賽場安排了一場「伊麗莎白女王盃」賽。賽後，由英女皇親自向冠軍馬主巴馬（H. T. Barma）夫婦頒發紀念盃。

1972 年，香港政府批准馬會在沙田興建香港第二座馬場。當時，沙田正進行城市規劃工程，尚餘的土地有限，要建馬場，就需要填海造地。1973 年 12 月，沙田馬場動工興建，選址於沙田火炭一段海域，這是當年香港最龐大的單一填海工程。沙田馬場佔地 250 公頃，參考了世界先進馬場的設計，跑道屬於古典英式的順時針方向，設有草、沙地賽道各一條，草地跑道寬 100 呎，周長 1,900 米，跑道彎位稍微向內傾斜。草地跑道的內圈修建了一條寬 75 呎的全天候沙地跑道，沙地跑道內圈還建有一條寬 35 呎的練跑道。沙田馬場設有兩座看台，分別為會員席及公眾席，入場費 10 港元。看台設有投注大堂、飲食設施等，會員席設有馬主廂房等設施。初期看台可容納 3 萬名觀眾，後經一再擴建，擴展到可容納 8.3 萬名觀眾。另外，看台對

面的直路亦較終點前的一段直路高 8 呎，以便讓觀眾能看得更清楚。

馬場的整體佈局與美國貝蒙園及聖雅尼塔馬場接近，為看台觀眾提供更廣闊的視野。馬場中央是景色秀麗的彭福公園，以馬會主席彭福將軍名字命名，小橋流水，花團錦簇，景致極佳，為市民提供休憩空間。馬場北部建有馬廄、馬匹訓練場和馬會行政管理大樓，在馬場南部配套建有馬會職員宿舍。經過近 5 年建設，一座世界一流的現代化沙田馬場於 1978 年 10 月 7 日隆重開幕，並舉行了首場賽事。沙田馬場的建設，為香港賽馬運動發展的重要里程碑，亦為香港社會及經濟發展奠下重要基石。當時，為了配合新馬場的建設，沙田一帶公路、鐵路等道路交通得以快速發展，帶動了沙田新市鎮的建設。

1981 年，馬會的電話投注系統完成電腦化程式，場外投注處亦於兩年後全面電腦化。到 80 年代後期，香港的賽馬水平已接近世界先進國家。1988 年 1 月，香港在沙田馬場舉辦首項國際賽事 ——「香港邀請盃」，首度邀請新加坡及馬來西亞騎師和馬匹來港參賽，結果由簡炳墀馬房的「飛躍舞士」奪得冠軍。翌年，再邀請來自澳大利亞和新西蘭的馬匹前來參賽，其後，歐洲和美洲的賽馬也先後於 1990 年和 1991 年參加賽事。到 1999 年，香港國際賽事已增加至 4 項錦標，包括同屬國際一級賽的香港盃、香港一哩錦標、香港短途錦標及香港瓶，全部屬於國際評級的草地錦標大賽，被視為馬賽世界中最具代表性的賽事，也是南北半球純種馬一較高下的競賽場合。香港國際賽事於每年 12 月舉行，總獎金高達 6,200 萬港元，吸引約十個海外國家的馬匹來港參戰。

沙田馬場啟用後，運作了 100 多年的跑馬地馬場暫時關閉，展開大型的重建及改善工程。在沙田馬場建成之前，跑馬地馬場面臨最大的難題，是如何保護草地跑道的質量。為此，馬會引入一套先進的噴灌系統，以備旱季澆灌草地；又修建一套排水系統，以備雨季排除積水。此外，馬會還於 80 年代中期為跑馬地馬場鋪建了一條全天候的沙網跑道和供馬匹操練和競賽的「安妥膠」跑道。到 1992 年，馬會對跑馬地馬場展開更大規模的重建改造工

程，將馬場南面位於養和醫院一端的場地拉直，北端則擴展至前香港義勇軍團及香港足球會舊址，北端跑道加高，為大看台及中場觀眾提供更佳觀賞位置。

1995 年，重建工程完成，跑馬地馬場的全草跑道比以前寬了一倍，達到 30 米，跑道的急轉彎亦因而將傾斜度改為一比二十而更為安全。此外，馬場還興建了快活看台、香港賽馬博物館、新馬會總部大樓等建築，成為一座世界級的賽馬場。其中，香港賽馬博物館位於香港跑馬地馬場快活看台 2 樓，場館佔地超過 6,000 平方呎，內設 8 個展覽廳、一個可容納 84 人的電影院和禮品廊。展覽廳展示早期中國的蒙古小馬從北方南下到香港的歷程，澳大利亞馬的生活短片，跑馬地馬場自 1846 年以來的變遷和發展，沙田馬場的建造過程，介紹賽馬裝備、策騎技巧以及昔日量度騎師體重的磅，並以互動形式介紹香港上屆的冠軍練馬師、騎師和見習騎師，其中包括各人的訪問片段、馬王資料、各途程的最佳參賽馬資料和賽事片段等等。

香港賽馬博物館於 1996 年 10 月 18 日正式對公眾免費開放，觀眾在這裏可以欣賞到主題為「賽馬精神」的長約有 13 分鐘的賽馬特技影片，了解從馬匹的選擇、運輸、訓練到賽馬的全過程，身臨其境地體會駿馬馳騁、萬眾屏息的激烈緊張氛圍；並可以在「彩衣設計站」設計自己的騎師彩衣，拍下照片留念；更可於「輝煌一刻」一嘗當冠軍馬主的滋味，拍下拉頭馬的照片。

跑馬場除了用作賽馬活動外，還舉行過多種大型社會活動。1963 年，香港大旱，居民食用水嚴重缺乏，供水每四日一次，為此，香港佛教聯合會曾在馬場舉行求雨祈福法會。1991 年 7 月，中國內地華東地區發生嚴重水災，香港演藝界人士在這裏舉辦一場聲勢隆重的大型籌款音樂會——「忘我大匯演」。1997 年 6 月 30 日香港主權移交前夕至 7 月 1 日凌晨，亞洲電視在此舉辦大型音樂會——「萬眾同心大匯演」。

回歸後「馬照跑」與奧運馬術賽

香港回歸後，賽馬活動繼續蓬勃發展。1998 年，馬會舉辦首屆國際騎師錦標賽。1999 年，馬會與香港評馬同業協進會合作舉辦「冠軍人馬獎」，頒發獎項給季內成績優異的馬匹、騎師及練馬師，當中以「香港馬王」——「原居民」最為矚目。「原居民」由馬主彭遠慶於 1997 年度從愛爾蘭引入，在香港出賽 62 次，勝出 12 場頭馬。「原居民」在 1999 年度馬季榮膺「香港馬王」稱號，獲馬迷選為該年度「最受公眾歡迎馬匹」，並奪得該年度「最佳中距離馬」及「最佳長途馬」等獎項。「原居民」除了在香港出賽之外，亦曾遠征日本、新加坡、阿聯酋以及英國，累積獎金高達 4,510 多萬港元，被稱為「香港賽馬史上最偉大及最受歡迎的馬匹之一」。

1999 年除夕夜，香港舉行了「龍騰燈耀慶千禧」活動，除了流行歌手演唱和巨型花燈展覽，馬會舉辦了全球第一場踏入 2000 年的賽馬 ——「千禧杯」。2002 年 12 月 26 日，馬主施雅治夫婦馬房的一代馬王「精英大師」（Silent Witness），第一次出戰沙田馬場 1,000 米賽事，在全場不需要鞭策的情況下輕鬆跑得第一。其後在三年中的比賽出一場贏一場。到 2005 年 4 月 24 日，當它在一場賽事奪冠時，打破了美國 90 年代馬王「雪茄」16 連勝世界紀錄，以 17 場連勝成為舉世矚目的世界短途馬王，並首度以馬匹身份登上美國《時代》雜誌年代最具影響力人物之一，揚威國際。

當時，正值「非典」（SARS）時期，香港經濟低迷，「精英大師」的橫空出世，振奮香港人心。每當地出賽，賽場都擠滿人群馬賽觀看，很多人下注買地那張票，其中不少人不會在賽後去取錢，而是收藏起來作紀念，可見當時其在人們心中之地位。有評論表示：「當時的香港正在經歷非典時期的低迷與恐慌，精英大師的這些表現被視為逆境拼搏、永不言敗的香港精神，成了香港人災難中的精神支柱。精英大師跑到終點騎師高雅志振臂歡呼的樣子，也成了一代香港人的集體回憶。」

2003 年，馬會對沙田馬場展開重建、完善工程。當年 8 月，聳立在沙田馬場大看台對面的高解像彩色大螢幕竣工啟用，畫面寬 70.4 米（230.9

呎），高 8 米（26.2 呎），面積相等於 4,500 部 21 吋電視，寬度相等於一架波音 747 飛機的長度。該螢幕獲得健力士世界紀錄大全頒發證書，確認為全世界最闊的電視螢幕，寫下世界紀錄。2004 年，沙田馬場重建工程項目之一的「馬匹亮相圈」正式落成使用，它是全球第一個開合式設計的活動天幕，由齒輪系統推動的活動天幕，可隨意開啟或關上，整個過程只需要 7 至 8 分鐘。重建後的亮相圈，座位增至 4,700 個，亮相圈更設有觀賞賽事的巨型彩色螢幕，馬迷可全程安坐亮相圈欣賞賽事。當年更由前馬王「靚蝦王」帶領首度試用亮相圈，成為一時佳話。

2005 年 7 月，國際奧會、北京奧組委以及國際馬聯三方協商，決定將 2008 年北京奧運會和殘奧會的馬術比賽移師香港舉行。香港承辦馬術比賽可以說擁有得天獨厚的優勢，香港不僅擁有全世界最佳的馬匹運輸、馬匹檢疫、馬匹管理的技術和人才，而且組織國際賽馬比賽經驗豐富。香港的馬匹興奮劑檢測中心是世界最先進的四大檢測中心之一。2006 年 1 月，香港馬會建議特區政府利用現有的沙田馬場及其周邊的設施，來舉行場地障礙賽和盛裝舞步賽，用雙魚河的俱樂部及其旁邊的高爾夫球場舉行三項賽的越野賽部分。這個節省成本的具創意建議被香港特區政府、北京奧組委和國際馬聯接納。

為此，馬會斥資 12 億港元，設計及興建奧運史上最先進的奧運馬術比賽場地及設施。2006 年 6 月，香港奧運馬術比賽場（雙魚河和沙田）的改造工程開始動工，包括在香港體育學院及彭福公園中設立的障礙賽和盛裝舞步比賽的主場地、訓練場地和相關設施，以及在上水高爾夫球會及雙魚河鄉村會所內興建一條長 5.7 公里、寬 10 米的臨時越野賽賽道，並附設熱身場地，賽後小休區及 80 個臨時馬格等。該等工程於 2007 年完工。當年 8 月，馬會於建成的奧運馬術場地承辦 2007 年「好運北京──香港回歸十周年盃」國際馬術三項賽邀請賽，為奧運馬術賽預熱。

2008 年 8 月 9 日至 21 日，北京奧運會馬術比賽成功在香港舉行，來自 40 多個國家和地區的 200 多名馬術高手參與競逐。其中，中國馬術隊派出

6 名選手參加奧運馬術比賽。正是他們的參與，使得中國參加了奧運會全部28 個大項比賽。奧運馬術賽共進行 6 項賽事，頒發 18 枚獎牌，包括個人盛裝舞步賽、團體盛裝舞步賽、個人場地障礙賽、團體場地障礙賽、個人三項賽、團體三項賽等，數萬名觀眾和遊客觀看了賽事。結果，6 枚金牌分別由德國（3 枚）、美國、加拿大、荷蘭（各 1 枚）騎師奪得。

賽後，香港特區政府政務司司長、奧運馬術委員會主席唐英年表示：「奧運馬術比賽是香港首次舉辦的頂級大型國際性體育盛事，整個組織過程是複雜的系統工程。在將近一個月的時間內，218 匹參賽馬匹安全、健康地抵港、離港，包括場地之間的轉移。香港接待了運動員、技術和隨團官員、其他奧林匹克大家庭成員共超過 3,000 人次；並接待了超過 30 位國際貴賓，及約 650 位媒體人員。」鑑於香港馬會在北京奧運會和殘奧會的卓越貢獻，北京奧組委向香港賽馬會授予「北京 2008 年奧運會馬術比賽重要貢獻機構」榮譽。有評論指出：「北京奧運會馬術比賽在香港成功舉行，讓香港作為一座奧運城市走進全球聚光燈下，向世界展示了『東方之珠』的精彩。」

2012 年，馬會重新裝修沙田馬場內公眾大堂，加設兩個巨型電視螢幕，其中一個是全球馬場最大彩色螢幕之一，兩個螢幕合共約有 13 張桌球枱那麼大，全高清信號，一次可觀賞四匹馬亮相情況，並從六個角度欣賞賽事，讓馬迷享受世界級的視聽效果。2013 年，香港國際賽事四項國際一級賽及冠軍一哩賽被列入全球一級賽 50 大。2014 年，馬會首次與其他地區合作進行彩池匯合。自此，全球各地對香港世界級賽馬的需求大幅增長。目前，馬會已有超過 50 個匯合彩池合作夥伴，馬迷遍佈 27 個國家及地區。馬會還和全球各地簽訂了出版及電視廣播安排，以吸引更多的海外馬迷接觸了解香港馬匹態況及觀賞賽事直播。

2016 年，香港舉辦的 11 項國際一級賽事，全部位列於 2016 年全球百大一級賽年終排名榜。在 2018 年度，香港賽馬會舉辦的香港浪琴表盃長途賽成為該賽季獎金最高的單項賽事，在賽季末獲得積分排行榜第一名的隊伍可獲得高達 1,800 萬港元的獎金。而年終時匯總的四項賽事 —— 浪琴表盃

（2,000 米）、愛彼女皇盃（2,000 米）、冠軍一英里賽（1,600 米）和主席短途獎（1,200 米）的積分總冠軍，則會獲得高達 8,450 萬港元的巨額獎金。

這一時期，揚威香港賽馬場的是分別被命名為「步步友」和「美麗傳承」（Beauty Generation）的兩匹良駒。其中，「步步友」於 2015 年 4 月公佈的「浪琴盃」世界馬匹排名中登上榜首，成為首匹獲全球最高評分排名的香港賽駒。「美麗傳承」由馬主是郭浩泉於 2014 年新西蘭精選周歲馬拍賣會上以 6 萬新西蘭元購得，先後於 2017 至 2019 年間打破香港沙田馬場的草地 1,400 米、1,600 米和 2,200 米的場地紀錄，成為香港賽馬史上唯一一匹曾經同時擁有三個途程時間紀錄的馬匹。牠的國際評分最高時為 127 分，是全球最高分的草地一英里賽駒。此外，「美麗傳承」也是唯一 15 勝國際分級賽的香港賽駒，贏取獎金總額高達 9,800 萬港元，打破另一匹賽駒「爆冷」8,319 多萬元的獎金記錄，成為香港史上贏取最多獎金的馬匹，也是第一匹能一季八捷的香港賽馬，當選為由公眾投票的「最受歡迎馬匹」。

回歸以來，馬會致力制度改革，擴建設施，推動馬賽國際化，取得了矚目的成績。儘管香港馬匹數目佔全球現役純種賽駒總數少於 1%，卻被公認為全球先進的賽馬地區之一，其高水準賽事、頂尖賽駒、練馬師及騎師，在業內備受推崇。以 2020 年度為例，獲國際評分 115 分或以上的香港賽駒有 20 匹，包括美麗傳承（127 分），爭分奪秒（121 分），忠心勇士、時時精彩和旺蝦王（120 分）等。香港每年舉辦的 12 項一級國際賽事，其中 10 項名列全球百大一級賽年終排名榜；7 項位列前 40 名，以富衛保險女皇盃的排名最高，浪琴表香港盃是全球排名第三的 2,400 米賽事。此外，女皇銀禧紀念盃、浪琴表香港短途錦標及主席短途獎亦榜上有名。女皇銀禧紀念盃是全球排名最高的 1,400 米賽事，而浪琴表香港短途錦標及主席短途獎則為全球排名頭兩位的 1,200 米賽事。此外，香港賽馬素以獎金豐厚享譽世界，如浪琴表香港盃獎金高達 2,800 萬港元，浪琴表香港一哩錦賽和富衛保險女皇盃獎金均為 2,500 萬港元。香港已躋身世界賽馬前列，成為世界賽馬重鎮之一。

回歸初期，香港賽馬賽季投注總額約為 923.5 億港元（1997 年），其後，由於受到亞洲金融風暴、經濟衰退、「非典」疫情等一系列不利因素的衝擊，於 2006 年度賽季一度跌至 600.5 億港元左右，比回歸初期跌幅超過三分之一。不過，其後，每年度賽季的投注額節節上升，到 2014 年度賽季已突破「千億大關」，到 2020 年度賽季度達到 1,209.9 億港元，連續 6 個年度賽季度突破千億港元，佔該年度馬會投注總額的 55.3%；賽馬貢獻的稅收達 120 億港元，佔馬會繳納稅收總額的 63.1%。

風靡全城的「六合彩」與「足智彩」

馬會經營的「有節制」的博彩娛樂，除了賽馬活動以外，還有「六合彩」和「足智彩」兩項。六合彩創辦於 1975 年。當時，為打擊民間的非法「字花」賭博，防止賭博資金流向黑社會等非法集團，港府推出了一項名為「多重彩」的獎券，英文名為「Mark Six Lottery」，由法定機構「香港獎券管理局」負責開彩，香港賽馬會以「香港馬會獎券有限公司」名義代理接受投注。投注彩池除用作派彩外，餘額撥交社會福利署獎券基金用作慈善用途。

1975 年 9 月 5 日下午 6 時 50 分，多重彩第一次開彩。當時的彩票是「14 選 6」，每周攪珠開彩，每注 10 港元，頭獎幸運者需要順序選中 6 個號碼，中獎機率低於兩百萬分之一。由於中獎機率低，首期多重彩無人中頭獎。由於多重彩每注售價高，加上中獎機會較低，彩金亦少，不受市民歡迎。為迎合大眾「以小博大」心理，1976 年馬會大幅增加中彩難度及派彩，將開彩方法改為「36 選 6」（及一個特別號碼），正式名為「六合彩」，每注投注額減至 2 港元，並將開彩次數增加為每星期兩次。

投注的方式也多種多樣，有「單式投注」，從設定數字中選出 6 個號碼；有「複式投注」，選出超過 6 個數字，中獎機會及投注金額需要計算出全部可能的 6 個數位組合；也有「膽拖投注」，選出超過 6 個數字，其中一個或以上作為「膽」，中獎機會及投注金額需要從所選數位中計算出全部可能的 6 個數位組合，但每個組合中必須包括作「膽」的數位。後來，為了維持派

彩數額及增加中獎難度，當局曾多次增加選擇數目，2002 年增加到「49 選 6」，共有 7 組獎金，並取消頭獎累積獎金上限，每星期攪珠三次，每注投注額則增至 5 港元。

80 年代以後，「六合彩」成為香港風靡一時的獎券遊戲，每到攪珠開彩日，成千上萬的普羅大眾就會湧到馬會在港九新界的各個投注站，排隊購買六合彩票，填上自己的「心水」幸運號，或者按照報紙介紹的「貼士」填號，等到亞洲電視台轉播攪珠開彩時，一家大小都緊張地拿着彩票對號，希望一夜發財，成為富翁。2004 年，六合彩共產生 92 位頭獎得主，當中 44 位獲派獎金超過 1,000 萬港元。其中，最幸運的 4 位各獲得 3,900 萬至 4,000 多萬港元獎金，最高的頭獎派彩是中秋節金多寶，幸運兒奪得 4,448 萬港元，成為歷來十大獎金排行榜的第 5 位。

2011 年 5 月，由於連續 8 期無人中頭獎，創下自 1976 年以來頭獎懸空的最長紀錄，累計多寶獎金超過 8,500 萬港元，被劃入下期六合彩池。這使香港陷入全城狂熱狀態，港九新界各投注站大排長龍。有人根據「出產」頭獎的次數，列出「十大幸運投注站」，其中排在首位的是位於中環士丹利街投注站（歷來共售出 42 次頭獎彩票），於是出現每日早上還沒開門，外面已有數百人排隊的盛況。5 月 20 日晚，該期六合彩揭盅，結果有 3 注中頭獎，每注獲派近 4,451 萬港元獎金；二獎 11.5 注中，三獎 481.5 注中，分別獲派 138.8 萬港元和 8.8 萬港元獎金。這期六合彩投注額還刷新了 15 年來的紀錄，達約 3.43 億港元。

在「六合彩」發展歷史上，創造出最多中頭獎的記錄是在 1997 年 7 月 5 日推出的「香港回歸金多寶」，共有 39 注中，每注派獎金 70.78 萬港元。創出最高頭獎派彩紀錄的是在 2013 年 12 月 10 日，一位幸運兒購買一注「七個字複式」，投注 70 港元，結果一注中，獨得 9,095.16 萬港元。而派彩最少的頭獎紀錄則是 2001 年 10 月 30 日，共錄得 28 注中，每注派彩僅 18.40 萬港元。據馬會統計，香港 600 多萬成年人口中，有近 400 萬人曾購買六合彩。2020 年度，六合彩投注額為 51 億港元，繳納博彩稅款 13 億港

馬會投注站
圖片來源：Photograph by Wikipedia user: ATR50, 2012. Wikipedia
Commons, https://bit.ly/3Jyibri, CC BY-SA 3.0.

元。六合彩透過政府稅收及獎券基金，將所得收益直接回饋社會。自 1976
年以來，馬會經營的六合彩獎券活動，共為獎券基金帶來逾 260 億港元撥
款，支持超過 2 萬個項目。

　　馬會經營的另一項有節制博彩是「足智彩」，俗稱「賭波」。20 世紀 60
年代，香港政府因鄰近地區「賭波」流行，曾出台《足球博彩條例》草案，
希望納入規管，從中抽稅，但由於社會反賭情緒高漲，草案最終不了了之。
回歸後，香港受到亞洲金融危機的衝擊，經濟低迷，1999 年財政司司長的
曾蔭權在財政預算案提出規管賭波抽稅。2002 年，特區政府進行民意調查，
支持者高達七成以上。在此背景下，特區政府開始籌備有關賭波規範化的
政策，及發牌、運作和監管細則。2003 年 7 月，特區政府授權馬會，註冊
成立「香港馬會足球博彩有限公司」，負責推出「足智彩」，於 8 月 1 日開
始接受足球賽事的投注，首場足球博彩賽事是德甲賽的拜仁慕尼克對法蘭
克福。

　　初期，馬會接受投注的主要國際賽事，包括英格蘭超級聯賽、意大利
甲組聯賽、西班牙甲組聯賽、德國甲組聯賽，以及其他重要國家級和球會

盃賽事，如歐洲聯賽冠軍盃、世界盃等，首先推出的投注種類有四種，包括「主客和」（預測主隊勝、和或客隊勝）、「主客和過關」（預測多場賽事之主客和賽果）、「波膽」（預測球賽的正確比數）、「總入球」（預測賽事中兩隊的入球總數）等，所有賽果以 90 分鐘法定時間及補時階段為準，不計算加時和互射 12 碼。其中，以手機短訊、網上投注、投注寶、場外投注站及馬場的自動售票機下注，每注最低投注額為 10 港元；利用電話投注和在站外投注站及馬場的服務櫃位投注，每注最低投注額為 50 港元。無論用何種方式投注，每注投注額最高為 2 萬港元，派彩金額最多是 50 萬港元；假如以投注戶口下注，每受注日最高可投 20 萬港元，派彩金額最多為 100 萬港元。而派彩的賠率以投注時的賠率為準，並不時浮動。馬會提供多個博彩管道，包括兩個馬場、99 間場外投注處、電話投注、網上投注及流動投注服務等，但所有投注管道均須遵守馬會的有節制博彩政策，奉行嚴謹的監控制度。

2006 年，是香港馬會賭球合法化第一個世界盃。在整個世界盃期間，馬會吸收的投注額約為五六十億港元。當年，馬會足智彩的投注額為 300 億港元。馬會的足智彩發展很快，2020 年度，足球博彩的投注額高達 926 億港元，佔該年度馬會博彩投注總額的 42.3%；足球博彩的博彩稅收貢獻為 63 億港元，佔馬會繳納稅收總額的 31.7%。

馬會與賽馬在香港社會經濟中的影響

在港英時代，香港賽馬會是香港最有勢力機構，被稱為「富人俱樂部」。1971 年，賽馬轉為職業化，馬會成為一家非牟利機構。香港回歸後，香港賽馬會去掉「英皇御准」字樣，重新改名為「香港賽馬會」，將宗旨定為「致力建設更美好社會的世界級賽馬機構」，馬會的領導層也改以華人領袖為主。

現階段，馬會為一家保證有限公司，並無股東，由香港政府授權營辦賽馬，並提供有節制體育博彩及獎券服務。馬會由董事局領導，設有 12 位董

馬會捐助建設的香港科技大學
圖片來源：Photograph by Wikipedia user: Memes, 2005. Wikipedia Commons,
https://bit.ly/3iuqW9P, CC BY-SA 3.0.

事，均為義務任職，日常運營則由管理委員會負責，由行政總裁領導。馬會
會員會籍分為四種，包括賽馬會員、全費會員、競駿會會員及公司會員等，
其中，賽馬會員約有 9,100 人，全為城中富豪和名人顯貴。馬會旗下全職及
兼職僱員超過 2 萬名，是香港最大的僱主之一。

馬會是香港最大的納稅機構和慈善機構。2020 年度，馬會的賽馬、足
智彩、六合彩總投注額為 2,187 億港元，其中，投注於本地賽事 83.9% 投注
額作為彩金、回扣及獎券基金。該年度，馬會通過繳納博彩稅和利得稅，為
特區政府庫房帶來 199 億港元得稅收收入，並向獎券基金撥款 8 億港元。以
其貢獻稅收佔總稅收比來看，香港賽馬的稅收佔比位於世界第一。2020 年
度，馬會將 96% 的經營盈餘撥捐慈善信託基金，馬會已審批的慈善及社區
捐款為 45 億港元，資助 210 個項目。

馬會從事的慈善事業已有百年歷史。據資料顯示，馬會捐贈的第一筆慈
善款項可追溯到 1915 年。在 20 世紀 50 年代，鑑於香港面對戰後重建、大
量移民湧入等種種棘手問題，馬會決定將慈善業務納入業務範圍。1955 年，

馬會正式決定將每年盈餘撥捐慈善及公益項目。1959 年，馬會成立「香港賽馬會（慈善）有限公司」。這一時期，馬會的慈善捐款主要用於診所、公共泳池、開設青少年暑假計劃等領域。

進入 70 年代以後，鑑於政府對社會的關注逐步覆蓋不同領域，馬會逐漸轉移捐贈的方向和目標，關注更多與人們生活關係密切的領域，特別是康體設施方面，以惠澤社群，如 1973 年資助香港藝術節，1977 年捐資建設「香港海洋公園」，1980 年設立「香港賽馬會音樂及舞蹈信託基金」，1981年設立「銀禧體育中心」（後改稱「香港體育學院」），1985 年捐資建設「香港演藝學院」，1989 年捐資修復「九龍公園」、設立「賽馬會體藝中學」以及捐資興建「香港科技大學」等。

90 年代以後，馬會慈善事業的規模愈做愈大，為此，於 1993 年成立「香港賽馬會慈善信託基金」。1991 年，由香港賽馬會捐資 20 億港元建設的「香港科技大學」建成開幕，旋即成為香港最重要的大學重鎮。從 1993 年起至 2009 年，馬會每年慈善捐款達 10 億港元，包括 1994 年重建「香港大球場」，1998 年設立「賽馬會獎學金」，2002 年設立「香港賽馬會全方位學習

大館──古蹟及藝術館
圖片來源：Photograph by Wikipedia user: Wpcpey, 2018. Wikipedia Commons, https://bit.ly/3iurKvn, CC BY-SA 4.0.

基金」，2003 年撥款協助特區政府成立「和平基金」，2004 年捐資設立「衛生防護中心」，2005 年設立「香港賽馬會社群資助計劃」，2006 年先後開展賽馬會讀寫資助計劃「閱寫意」和長者計劃「流金頌」，2007 年保育及活化中區警署，2009 年設立「賽馬會流金匯」。其中，中區警署作為香港至今最大型的古蹟保育與活化項目，活化後建成「大館——古蹟及藝術館」，整個建築群內共 16 座歷史建築，並興建了兩座新建築物 —— 賽馬會藝方和賽馬會立方，作為藝術展覽及表演場地。

從 2010 年到 2013 年，馬會捐贈的慈善款項從 15 億港元進一步增加至 19 億港元。到 2016 年，馬會慈善信託基金已成為全球十大慈善基金之一，於 2017 年度的捐款再創新高，達到 76 億港元。時至今日，馬會每年捐助超過 100 個慈善團體和機構推行服務項目，馬會對社會的捐獻資助領域，主要集中在 10 個範疇，包括藝術文化、教育培訓、長者服務、扶貧救急、環境保護、家庭服務、醫療衛生、復康服務、體育康樂及青年發展。其中，策略性地重點推動四大範疇，以促進社會長遠持續的發展，包括：啟發青年：迸發無限可能，創尋有夢未來；長者安老：助建年齡友善城市，推動長者身心健樂頤年；普及體育：注入創新元素，鼓勵全城起動，推廣體育精神；藝文共用：為香港注入藝術文化活力，豐富生活，推動創意共融。

除了推動慈善活動外，馬會亦透過不同方式走進社區，如在沙田馬場及彭福公園舉辦年度大型社區盛事「同心同步同樂日」，宣揚「我做得到」的正面精神；利用其商業知識推廣足球運動，與香港足球總會及非政府組織夥伴合作，倡導「賽馬會青少年足球發展計劃」，為香港年輕人提供專業足球、領導才能及人生技巧培訓等。2003 年，香港面對「非典」疫情肆虐，馬會提供衛生防護方面的緊急支援，其後更撥款設立衛生防護中心。2020 年，為應對新型冠狀病毒疫情對社會帶來的挑戰，馬會慈善信託基金承諾捐款 3.46 港元，為受疫情嚴重影響的社群提供支援，包括捐助購買 1,400 萬個口罩、捐贈 50 萬份「關懷包」，以及成立兩個抗疫援助基金，向非政府機構撥款，為弱勢社群提供適切支援。

在賽馬專業領域，香港賽馬會一直致力推動馬術運動發展。1884年成立之初，馬會就是一所以推廣賽馬及策騎活動為主的會所。70年代開始，馬會成立公眾騎術學校，至今每年為逾6萬人次提供騎術及馬匹護理等課程。2008年，馬會支持香港協辦北京奧運馬術比賽，令馬術運動在本地日漸普及。同年，馬會分別成立了馬會馬術隊及青少年馬術隊，培育本地精英騎手，隊員在多項國際比賽中贏得獎牌。馬會還支持舉辦廣州2010年亞運會馬術項目，在廣州從化設計及投資興建馬術項目場地。賽後，馬會租用該場地50年，對場地進行擴建和配套設施升級改造，成為香港賽馬會在內地的馬匹訓練中心。2016年，馬會推出「香港馬術精英計劃」，以支持香港馬術運動員在世界比賽爭取更卓越的成績。馬會培育的多名精英騎手，在國際賽事中取得了佳績，包括於2018年亞運會贏得香港首面亞運馬術金牌，以及於首屆國際馬聯亞洲錦標賽中奪得面獎牌。

賽馬對香港經濟也產生深遠影響，並衍生出多種行業，諸如馬報、馬經、馬評人等等。賽馬衍生出一個全新的行業，就是各種各樣的馬報、馬簿（介紹馬匹及騎師往績的印刷品）、專業馬經，乃至綜合性報刊的馬經版等。香港有關賽馬活動的報道，最初見40年代後期，到60年代初期開始出現專業馬經，如《老吉》、《天皇馬經》、《馬路》、《冷門》和《虎眼》等。據創辦《天皇馬經》的許培櫻介紹：當時，「馬經報章需要的人手較少，篇幅、張數亦較其他綜合報章少，經營成本較低，因此，當時馬經雖然與其他報章一樣售1毫，利潤卻相當可觀。」後來，賽馬蓬勃發展，不僅專業馬經報紙如雨後春筍般湧現，綜合性報章也開始大篇幅擴充馬經版面，甚至在開賽前一天贈送馬簿，出版《馬票號外》，盡錄各種馬匹背景資料，賽日又以粉紙、書紙彩色精印馬經版。過程中涉及記者採寫、編輯、印刷、發行等環節。此外，電視台、電台也大篇幅播放各種馬經介紹和評論。

同時衍生的是一大批專吃「馬飯」的群體，如評馬人、馬評家、講馬佬等等，即靠向馬迷介紹馬匹狀況、騎師往績、賽馬貼士為職業的一群人士。在賽馬最活躍的年代，這群人極為吃香，明星級的馬評人更被各大報社、電

台、電視爭相羅致。據介紹，在 90 年代中後期，馬評人大致可分為三個等級，一級馬評人入息以「包薪」計，一般年薪在 70 至 100 萬港元之間；二級馬評人負責專訪，視寫稿者的「份量」而定；三級馬評人從事專欄寫作，薪酬以月計，每個專欄由兩三千到六七千港元不等。

在上個世紀八九十年代，最有名氣的馬評人是人稱「驃叔」的董驃。董驃出身於馬術世家，50 年代成為第一位華人職業騎師。董驃講「馬」，評論犀利，見識廣博，就連非賽馬迷也樂於聽他的講解，被稱為「香港第一馬評人」。董驃的名言是：「我是董驃，你唔係（不是）；我講馬，你要聽。」每逢馬季，一定會在電視台看到驃叔滔滔不絕地講馬，馬迷們聽得如癡如醉。任職評馬人近 40 年的香港評馬同業協進會主席吳伽樂表示：「升斗市民總是對賽馬以小博大，『刀仔鋸大樹』，以圓自己的發財夢存有念想。」

賽馬活動還牽動着全香港市民的神經，作為馬主的城中富豪顯貴、名媛淑女固然春風得意，作為普羅大眾的基層市民也像過嘉年華一樣興奮，其中不少「打工仔」將其作為實現「一夜發財」夢想的捷徑。香港的馬主、練馬師、騎師、賽馬、一片草地和全體馬迷組成了香港最大的單一財富製造體系。香港人有句口頭禪叫「做夢中 3T」，3T 是賽馬會提供的一種特別獎池，每 10 港元一注，可獲超過 500 萬元獎金，即一注 3T 彩金就相當於一個普通香港人 20 多年的收入。

根據香港賽馬會的年報顯示，跑馬地和沙田兩個馬場的總入場人數，連續多年超過 200 萬人次，其中，浪琴表香港國際賽事更吸引了 10 萬人入場，創下歷年記錄。觀看賽馬成為了香港市民喜愛的休閒娛樂活動之一。即使在夏日炎炎，馬迷也不會缺席，場內萬頭攢動，大批馬迷拿着賽馬報紙、筆、彩票、智能手機，在馬場內「線上線下」認真翻閱資料，研判每場參賽馬兒的能力，邊看邊談馬經，緊張時甚至站起來歡呼高叫。

近年，馬會斥資 71 億港元為兩個馬場進行活化升級工程，將其轉型為世界級款客及體育娛樂中心。「看賽馬」成為「香港旅遊攻略」中的「強烈推薦」項目，沙田和跑馬地馬場都是香港主要的景點，每年招待超過 20 萬

海外遊客人次。由馬季開鑼儀式以至馬季煞科日，場內精彩刺激的活動橫跨整個馬季。如 2020 年馬季，開鑼儀式後緊接着的就是廣受歡迎的跑馬地馬場 Happy Wednesday 夜賽派對，主題活動包括「快活谷啤酒節」、「日本之夜」及充滿瑞典節慶氛圍的全新「瑞典派對夜」，為馬迷呈獻多項精彩活動。在每個星期三晚的跑馬地賽事，即便對看賽馬沒有太多興趣的人，也可與三五知己參加主題派對，舉杯暢飲，隨着音樂起舞，氣氛與中環蘭桂坊不遑多讓。除了賽季之外，香港兩個馬場亦為大眾提供娛樂消閒的生活體驗，除了成為市民慶祝節日及歡度假日的熱點外，亦是香港舉行重點賽事的場地。

馬會除了支持香港本地發展以外，還參與內地的救災活動。90 年代，內地發生多次嚴重水災，香港馬會即時回應，撥款支援內地，如 1996 年和 1998 年，先後捐出 2,000 萬港元及 3,000 萬港元，賑濟華東、華南和長江水災的災民。2008 年 5 月，四川汶川發生八級大地震，災情嚴峻，馬會撥出緊急捐款 3,000 萬港元給中國紅十字會，協助救災工作，同時還凝聚公眾力量，推行「全民關愛抗震救災」籌款活動，在各場外投注處、馬場及會所設立捐款箱收集善款，為四川省災民籌得超過 950 萬港元。馬會還撥款 10 億港元支援災區 7 個重建項目，為保證援建項目順利進行，馬會成立相關專業小組，提供技術和管理等方面的支援，協助災後重建工作。當年，香港馬會榮獲國家民政部頒發的 2008 年度「中華慈善獎」特別貢獻獎。

總體而言，香港馬會及賽馬活動已廣泛滲透到香港社會的各個角落。「馬照跑」成為了香港社會生活中不可或缺的一個部分，不僅陪伴香港走過坎坷歷程，也成為香港精神的最佳詮釋之一。香港馬會奉行「取之於民，用之於民」的宗旨，對社會財富進行再分配，使賽馬在香港的意義早已超越博彩娛樂的層面，成為豐厚社會福利的重要基石之一。

第十二章

傳媒春秋：
香港報業源遠流長

　　香港是中國近代報刊業發源地之一，可謂源遠流長。香港報業是在中西文化交匯中發展起來的，香港自由主義的社會模式，給報業發展提供了得天獨厚的條件。自 19 世紀中葉以來，香港出版的中文報刊為數可觀，對海內外華人社會影響甚大。二次大戰後，香港報業逐步邁向大眾化、專業化和國際化，進入過渡時期更形成了百花齊放、百家爭鳴的格局。踏入千禧年，隨着互聯網科技的發展，香港報業基本形成傳統收費報紙，免費報紙，以及電子新興媒體、手機、平板電腦新聞三足鼎立的發展趨勢。目前，香港已成為世界上報業最發達的地區之一，成為世界華文報業的主要中心之一。透過林林總總、色彩斑斕的報刊，人們既可看到一個人文歷史的香港，更可觸摸到一個鮮活大都會的跳動脈搏。

早期發展：海內外華人溝通橋樑

　　香港報業的發展，最早可追溯到香港開埠初期，早期出版的都是英文報紙。1841 年 1 月 26 日，英國佔領軍登陸香港，隨後，殖民當局於同年 5 月 1 日創辦香港第一份英文報紙《香港公報》（ *The Hong Kong Gazette* ），專門刊登英國來華貿易商發出的通告。其後，先後有多份英文報紙創刊，或從澳門、廣州遷移至香港，主要包括：《德臣西報》（ *The China Mail*，又譯為《中國郵報》，1845 年 ）、《孖剌報》（ *Hong Kong Daily Press*，1857 年 ），以及《士蔑西報》（ *The Hong Kong Telegraph*，又稱《香港電訊報》，1881 年 ）等。

　　這一時期，這些外文報紙為爭取中文讀者，相繼創辦了由他們控制的中

文報刊，主要有：1853 年 9 月創刊的《遐邇貫珍》雜誌，這是鴉片戰爭後香港乃至全球華人社會第一家用鉛字排印的中文報刊，內容以宣傳教義為主，並摻雜時事新聞。據記載：「《遐邇貫珍》一書每月以印三千本為額，其書皆在本港、省城、廈門、寧波、上海等處遍售，間亦有深入內土。」1857 年，由《孖剌報》創辦的第一份中文報紙 ——《香港船頭貨價紙》面世，逢星期二、四、六出版，單張兩面印刷，約有 4,000 字內容，其中約有三四百字為新聞，其餘是商船往來信息、廣告及通告等，是中國的第一份商業性報紙。初期，《香港船頭貨價紙》隨同《孖剌報》一起出版及附送，彷彿現時報紙的「特刊」。翌年，該報改名為《中外新報》繼續出版，由黃勝、伍廷芳主編。此外，由《德臣西報》的中文副刊《中外新聞七日報》衍生出來的《香港華字日報》亦於 1864 年創刊。這些中英文報刊都由外資機構主導。

1874 年 2 月，王韜與友人合資創辦《循環日報》，該報大力宣傳由「華人主持」、「中國人談中國事」等，被譽為「中國人自辦日報獲得成功的最早一家」，對中文報紙的發展具有劃時代的意義。隨後，相繼創辦的中文報紙主要有：《維新日報》（1879 年），《粵報》（1885 年），《中國日報》（1900年），《商報》（1904 年），《華僑日報》和《工商日報》（1925 年），《星島日報》和香港《大公報》（1938 年），《成報》（1939 年），《華商報》和《光明報》（1941 年）等。此外，還有《立報》、《生活日報》、《國華報》、《國民日報》，以及俗稱小報的《有所謂報》、《探海燈》、《胡椒》、《開心》等。

其中，《循環日報》首開中文報紙論政先河，是當時影響最大的中文報章；由陸驥純等創辦的《維新日報》是維新派的立憲報紙，1909 年易名為《國民新報》，1912 年停刊；由孫中山派陳少白創辦的《中國日報》被譽為「革命報紙的元祖」，開啟政黨創辦報紙的潮流；《工商日報》於 1929 年由著名買辦何東接手經營，並改組為股份有限公司，1930 年及 1933 年先後創辦《工商晚報》和《天光報》，三份報章每日銷量達到 15 萬份，成為大報。

這一時期創辦的報紙中，有兩份對香港的報刊業發展具有重要影

響——《華僑日報》和《星島日報》。《華僑日報》於 1925 年承接《香港華商總會報》改組而成，後者的前身是 1858 年創刊的《中外新報》，已有逾半個世紀的歷史。1925 年，華商總會把《香港華商總會報》賣給岑維休與兄長岑維和及同事陳楷等人組成的公司，同年 6 月 5 日，岑維休等人在此基礎上創辦《華僑日報》。當時，正值中國政局動盪，香港爆發省港大罷工，經濟蕭條，該報在創刊詞中表示：中國「南北分裂，軍閥割據，而奸魁豪狡，利用共和」；「而僑散處各地，無軍艦之保護，駐在各國之公使，使對僑民漠然不關痛癢。」「今於本報出世之日，惟有申明本報宗旨及希望之前途。惟藉此無聊之筆墨，思挽狂瀾於既倒……」。為此，報紙從原來的「華商」定位擴展到「華僑」，以服務各地華僑和造福華人社會為宗旨。可見，從創辦開始，岑維休等創辦人就以滿腔的愛國熱情經營報業。

《華僑日報》創刊後，即開闢「時評」、「本報來電」、「粵省要聞」、「西電譯要」、「香港新聞」、「最近之要聞」、「體育消息」，以及「廣告」等欄目，繼承了《中外新報》、《香港華商總會報》的傳統，重視經濟新聞、商業資訊、刊錄船期貨價等商家乃至普羅大眾關注的消息，並重視和凸顯新聞信息的快捷性、持續性和時效性，又開創在星期天照常出版的先例，很快受到社會各界的重視，在各類報刊中逐漸脫穎而出。隨着影響的日益擴大，《華僑日報》先後與香港的一些報紙，包括《南中報》（晚刊）、《南強日報》、《中華日報》、《華強報》，以及廣州的《大中報》、《大華晚報》和澳門的《華僑報》等聯營，形成一個經營網絡龐大的華南報業集團。學者丁潔在其於 2014 年出版的《〈華僑日報〉與香港華人社會：1925-1995》一書中指出：「《華僑日報》立足香港華人社會，放眼各地華人動態，致力溝通海外華僑與國內社會，在當時起了橋樑作用。」

1937 年抗日戰爭爆發後，當時香港的報紙，無論是歷史悠久的老報，還是新創辦報刊，也不論其背景如何，都以宣傳抗日為中心，報道事態發展。當時，《華僑日報》曾不斷發起華僑募捐，先後收集捐款購置救護車 60 多輛，以香港僑胞名義捐獻給中央政府，支援抗戰。這一時期，《華僑日

報》已成為能夠與西報抗衡的中文報章，與《工商日報》、《循環日報》、《華字日報》等一起成為香港銷量最多的中文報紙。據 1939 年的一份調查，當時，《工商日報》的銷量約 1 萬份，《華僑日報》約 6,000 份，《循環日報》約 5,000 份，《華字日報》約 3,000 份。其中，《華僑日報》每日報紙共有 24 版，是全港篇幅最多的報紙。

《星島日報》創辦於 1938 年，創辦人為東南亞「萬金油大王」、永安堂主胡文虎。胡文虎在推銷虎標萬金油時，每年均需在報刊大肆刊登廣告，花費巨大，他由此產生自辦報紙的意念。1929 年，胡文虎在新加坡創辦《星洲日報》，其後又相繼創辦《星檳日報》、《星華日報》、《星光日報》《星閩日報》、《星滬日報》《星暹日報》、《星暹晚報》等。1937 年，胡文虎命三子胡好在廣州創辦《星粵日報》，試刊時適逢「七七事變」，抗日戰爭全面爆發。這時，香港已成為永安堂的主要基地，胡文虎因應形勢的發展，決定叫胡好到香港創辦《星島日報》。這是星島報業的起源。

1938 年 8 月 1 日，《星島日報》在香港創刊出版。國民黨政要林森為《星島日報》題寫了報名，而中共元老朱德、葉劍英等，亦為該報題辭。葉劍英的題辭是「民眾喉舌」。當時，星島報社已擁有全港最新型的高斯捲筒印刷機，配有彩色套印，每小時可印 5 萬份，其規模在香港報業堪稱一流。《星島日報》後來成為香港的大報之一，是香港政府刊登法律性廣告的有效刊物。《星島日報》出版不到半個月，《星島晚報》亦於 1938 年 8 月 13 日創刊。1948 年 1 月 16 日，廣州發生「廣州市民焚燒沙面英國領事館事件」，《星島晚報》即雇用直升飛機採訪，發回大量新聞圖片報道，當天即在該報頭版刊出。自此銷量急升，成為香港最有影響力的一份晚報。

1948 年，胡文虎再在香港創辦一份英文報紙，即《香港英文虎報》（ *Hong Kong Standard* ）。自此，香港星系報業自成系列。胡文虎一生前後共創辦了 16 份報紙，到其晚年，其報業方面的業務已大大超過了成藥方面的生意，而胡氏作為報業總裁的名氣，也超過了他作為永安堂東主的銜頭。

戰後轉型：大眾化、專業化、國際化

抗日戰爭期間，香港經歷了三年零八個月的黑暗「日治時期」。戰後，香港報業百廢俱興，再度起步發展。當時，英國人重新管治香港，仍實行新聞自由政策，允許不同政治背景者經營報刊。很快，報業呈現繁榮發展局面。據 1946 年的《香港年報》記載，當時，香港共有 14 家中文報紙，4 家英文報紙。其中，中文報紙包括 9 家日報和 5 家晚報，佔據主要地位的是《華僑日報》、《星島日報》和《工商日報》，銷量最大的是《華僑日報》，每日銷量達到 38,000 份。4 家英文報紙分別為《中國郵報》、《星期日先驅報》、《南華早報》、《香港電訊報》。其中，《南華早報》（ *The South China Morning Post* ）創刊於 1903 年 11 月 7 日，是香港現存英文報紙中歷史最長、影響最大的一家，其後與 1948 年創辦的《香港英文虎報》，成為香港最著名的兩家英文報紙。

1949 年中華人民共和國成立後，香港與內地的關係發生重大變化，國際大氣候也因為朝鮮戰爭爆發而風起雲湧。面對這種新的政治局勢，港英政府從立法入手，於 1951 年頒佈《充實出版物管制條例》，規範報業的運作，條例規定所有報刊必須按照法律重新登記，並對報刊、新聞社的註冊、印刷及發行作出多種限制。不過，香港報刊呈現出濃厚的「政黨報業」色彩，形成左中右三派並存的基本格局。

其中，左派報刊旗幟鮮明擁護中華人民共和國，宣傳新中國的發展成就，主要包括《大公報》、《文匯報》、《新晚報》、《晶報》、《香港商報》等，在 20 世紀五六十年代全盛時期，它們曾三分香港報業天下。其中，香港《大公報》創刊於 1938 年，以報道財經新聞為主，以工商界人士為主要讀者對象；香港《文匯報》創刊於 1948 年，宗旨是以文會友、以文報國，宣傳中華文化、促進內外文化的交流，報道內容側重於文教方面，以文員和學生為主要讀者對象。《新晚報》是《大公報》的子報，創辦於 1950 年，曾是一份辦得十分成功的晚報，重視社會新聞報道，並開闢「波經」（球經等體育新聞）、馬經（賽馬），以及新派武俠小說連載等專欄，刊登梁羽生、

金庸的武俠作品，一時間洛陽紙貴。創辦於 1952 年的《香港商報》與創辦於 1956 年的《晶報》走的是大眾化報紙的路線，意在爭取處於中間立場的民眾。《香港商報》最鼎盛時期直逼當時發行量最大的《成報》。

所謂「右派」報紙，主要是台灣國民黨主辦或傾向國民黨的報紙，如《香港時報》和《工商日報》。其中，《香港時報》於 1948 年 8 月在《國民日報》的基礎上創辦，是國民黨在香港經營的一份「正統」報紙，在台灣設有分社，報紙半數銷往台灣，內容主要是進行反共宣傳及宣揚台灣國民黨政府取得的成就，業務特色是注重經營體育版，其體育新聞吸引了不少讀者。此外，香港還有一些擁護或傾向國民黨的商辦報紙，以何東家族經營的《工商日報》為代表，該報旗幟鮮明地支持和擁護台灣國民黨政府的政策，讀者以商界的親台人士、親台「自由工會」的職工等為主。香港學者鄭宏泰、黃紹倫在其專著《香港將軍何世禮》一書中認為：「《工商日報》在六七十年代的香港報壇曾經發光發熱，頗有作為，其中尤以『暴動時期』不畏威脅，強烈抨擊示威人士『打砸搶繞』行為而深得讀者支持，令報紙的銷量及廣告收益頗為突出，至於其一貫親國民政府的政治立場，以及偏重經濟及商業資訊，則讓該報吸引了一大批長期的讀者和客戶，在香港報紙行業中佔有一定地位，影響力更不容低估。」

這一時期，香港中間報紙也傾向台灣，在報眉上印有「中華民國」的字樣，較有名的有《華僑日報》、《星島日報》。《華僑日報》較注重台灣消息，稱台灣為「自由中國」。1956 年，英女皇向《華僑日報》創辦人岑維休頒授 O.B.E 勳銜，港府官員稱《華僑日報》為「香港中文報紙最有聲望及受尊重者」，是最先被港府核定為「刊登廣告之有效刊物」。此外，《紅綠日報》、《超然日報》、《真報》、《新聞夜報》、《天下日報》等香港報紙，也是維護「中華民國」的報紙。這些報紙都銷量不菲。有評論指出：當時，「左右派報紙經常展開激烈的論戰，使得香港報壇的言論顯得異常活躍，在激烈的政治鬥爭和新聞業務的角逐中，左右派報紙各有建樹」。

這一時期，香港經濟轉型，走上工業化道路，到 60 年代經濟起飛，各

業繁榮，普羅市民對報業的需求大增。適應這種經濟形勢的發展，各種大小報刊如雨後春筍般湧現，種類繁多，純娛樂性報紙和馬經報紙開始風行，戰後風行一時趣味不高的軟性新聞、色情內容和揭秘新聞，亦漸呈氾濫之勢，因而，走中間路線的中英文報紙均獲得快速發展。其中，值得一提的是 1960 年 11 月 1 日創刊的《天天日報》。100 多年間，世界上林林總總的報紙一直處於「黑白」和「紅黑」時代，《天天日報》的創刊打破報業印刷的單調局面，以彩色印刷開創了世界報業的先河，因而被譽為「世界第一份彩色日報」。從此，香港報紙及世界其他地區報紙相繼進入了彩色世紀，從「黑與白」、「紅與黑」的對照演變成彩色輝映，從早期的粗糙發展到後來的日趨精緻。與此同時，多家大報競相擴大出版規模，組成集團，爭出「系列產品」。其中，以《星島日報》系報紙和英文的《南華早報》最為活躍。各類報紙也不斷更新設備、提高編採手法，加強彼此之間的交流，注意培訓新聞人才。這個時期，堪稱晚報的黃金時期，晚報市場空前繁榮。

星島報系自 1954 年創辦人胡文虎病逝後，由其養女胡仙接手經營。胡仙接掌星島報業時，該報系正處於艱難經營之中，虧損嚴重。胡仙上任後，首先從改革管理體制入手，她在報系實行後來流行的「事業部制」管理方法，即由總公司制定一個方針和基本的業務範圍，具體事情由各事業部門承包負責。她執掌的第 6 年，星島報系渡過難關，開始闖出名堂。胡仙深諳廣告是香港報紙最重要的收入命脈，1960 年以 1 港元售價賣分類廣告版位，爭奪客戶，開創了香港報章開展分類廣告業務的先河。

後來，胡仙再購入一個專門處理分類廣告的電腦軟件，使星島報系在該業務方面長期處於領先地位。一位資深的報業人士回憶說：「那時期的中文報章以《星島日報》的商業行情、航行消息和社團新聞最多，當時資訊不流通，人人都想得知當日最新消息，《星島日報》幾乎人人手執一份。」這一時期，胡仙亦開始在國際報業嶄露頭角。1968 年，世界中文報業協會成立，會員包括全球 89 家報社，胡仙當選為報協首任主席。1970 年，國際新聞協會在香港舉行第 17 屆年會，胡仙再被推選為協會首位華人主席。1972 年，

胡仙將星島報業重組，將「星島報業有限公司」在香港掛牌上市。1980年，星島報業集團在九龍灣荔枝角道星島工業大廈裝設 Gross Urbanite 及 Cosmo 柯式印刷機，以配合日益繁重的印刷需求。1987年，星島更斥資逾千萬美元在九龍灣自建廠房，再增購兩部柯式印刷機及裝置全電腦控制運輸系統，生產更趨現代化。

踏入70年代，香港經濟繁榮，市民收入提高，為報業的蓬勃發展提供了有利的外部條件。隨着香港社會本土意識的提高，一批以本地意識為價值取向的商業化報紙逐漸成為報業的主流，其中尤以走大眾化路線的中間路線報紙影響最大。這些報紙奉行在商言商的宗旨，重視迎合讀者的需要，重視報道消遣娛樂新聞和社會環境方面的資訊，通常文字簡潔通俗、常用方言俗語，適合香港普羅大眾口味。其中，尤以《成報》最為突出。《成報》創辦於1939年5月，是一家歷史悠久的報紙，立場持平，重視副刊及娛樂資訊等內容，深受讀者歡迎，在50年代中其至70年代初期銷量一直居全港報紙之冠。

不過，到70年代初中期，由馬惜珍家族於1969年1月創辦的《東方日報》後來居上。該報以一般市民為主要讀者對象，特色之一是大量採寫香港社會新聞，以吸引讀者，時效快，報道面廣，內容包羅萬有，除香港、兩岸及世界新聞資訊外，更有產經、娛樂、體育、波經、馬經、狗經、副刊等，以及名家雲集的「龍門陣」、針砭時弊的「正論」及「功夫茶」等，文章短小，欄目眾多，通俗易懂，適合不同年齡讀者的口味，大受讀者歡迎，1973年每日銷售量已超過30萬份，成為銷量第一的香港報紙。1987年8月，東方報業集團在香港掛牌上市。此外，《天天日報》、《新報》、《快報》等，都是當時較有影響的大眾化報紙。根據1994年6月香港青年協會的調查，當時香港青少年最常閱讀的報章，依次為《東方日報》、《成報》、《天天日報》。

這一時期，一些嚴肅的專業性報紙也相應面世，其中最重要的是由查良鏞（金庸）於1958年創辦的《明報》。《明報》創辦初期，主要靠金庸撰寫的武俠小說連載苦苦支撐。有香港「四大才子」之稱的倪匡曾說：「《明

報》不倒閉，全靠金庸的武俠小說。」踏
入 60 年代，中國內地的政局發展為《明報》
提供了機遇，由查良鏞撰寫的「社評」開始
受到知識份子的關注，特別是 1962 年關於
「難民潮」事件的社評和相關報道。「難民
潮」結束後，《明報》的整體定位發生重大
變化，從過去一份側重武俠小說、煽情新聞
和馬經的「小市民報」，提升到一份為讀書
人、知識份子所接受的報章。1962 年 7 月，
《明報》的銷量超過 3 萬份，到 1963 年平均
日銷量達 5 萬份。至此，《明報》擺脫財政
困難，走上軌道。

《明報》創辦人查良鏞
圖片來源：邱健恩

　　1966 年，中國爆發為期 10 年的「文化大革命」，查良鏞為《明報》撰
寫了大量相關社評，內容都涉及許多敏感問題。《明報》並開設「北望神州」
版，每天刊登有關內地的消息，滿足了香港人對內地一無所知的需求。《明
報》又在副刊開闢多個專欄刊登有關中國的「內幕新聞」，備受讀者關注。
這時，《明報》在香港眾多報紙中獨樹一幟，確立了「言論獨立」的形象，
並成為報道中國消息的權威，報紙的發行量也快速提升。到 70 年代中期，
《明報》的銷量已躋身於香港日報的第 3 位，僅次於《東方日報》和《成報》。
對此，有傳媒界人士表示：「查良鏞成功地將《明報》塑造成一份備受知識
份子尊敬的報紙。」在此期間，查良鏞又先後創辦了《明報月刊》（1966
年）、《明報週刊》（1968 年）。其中，《明報月刊》經營成為一份綜合性的
高水準的學術刊物；《明報週刊》經過多年經營之後也成為香港歷史最悠久、
最權威、銷量最大、讀者層面最廣的娛樂週刊之一。

　　70 年代，一些財經類專業報刊也開始發展。香港經濟的繁榮發展和股
市的空前興旺，給財經類報紙提供了較大的發展空間，主要報紙競相開闢財
經專版，新辦的財經專業報更是着力經營。其中的佼佼者，當屬《信報》，

全稱《信報財經新聞》，創辦人為林山木，曾在英國劍橋工業學院攻讀經濟學，畢業後返港，出任《明報晚報》副總編輯，1973 年 7 月與妻子駱友梅等創辦《信報》，為香港第一份財經報章，大篇幅報道香港及世界各地的財經新聞，內容包括股市動態、金融、經濟、房產市道、政策政情、時事評論、兩岸消息、國際時事等。創辦初期，正值第一次中東石油危機爆發，香港處於經濟谷底，《信報》經營困難。林行止曾把嶄新的印刷機賣給《東方日報》，以維持公司運作。

根據林山木（筆名「林行止」）於 2003 年發表的〈三十年感言〉，《信報》的宗旨是：投資上，注重基礎分析或圖表走勢，又或是各種各樣的前人經驗和理論作為投資的參考，避免盲目跟風的消息炒賣；經濟學方面，推介過各家各派的理論，同時還會從微觀層次考慮到社會損益的宏觀表現；政治評論方面，從現實出發，力保（並非鼓吹）自由、民主和一切健全的生活方式不致遠離自己的生活意識和形態，在穩定中謀求進取。《信報》創辦後，很快在競爭激烈的市場上站穩腳跟。《信報》最大的特色，是由林山木撰寫的〈林行止專欄〉、〈政經短評〉，股評人曹仁超撰寫的〈投資者日記〉，以及由名家撰寫的各種時事評論專欄。其中，〈林行止專欄〉和〈政經短評〉主要分析評論香港以至世界政經形勢，善於把艱深複雜的經濟理論，以淺白的文字描述與分析，內容不限於政經，也包括古今中外、各類嗜好、所見所聞等，備受知識界、財經界、政商界重視，據說在香港進入過渡時期後，「林行止專欄」成為港督衛弈信和香港新華社社長許家屯必讀欄目，林行止因而被稱為「香江第一健筆」，而《信報》也被業界記者選舉為最有公信力的香港報章，在香港甚具權威性。

與此同時，一批財經類雜誌亦相繼面世，最具代表性的，有香港《經濟導報》、《信報財經月刊》、《資本》、《南北極》、《房地產導報》、《經濟一周》等。其中，《經濟導報》的歷史最悠久，創辦於 1947 年，為雙週刊，該刊立足「導」字，致力於對香港、中國和世界經濟的「大趨勢、大熱點、大事件、大舉措」進行深入觀察剖析，讀者群定位為面向兩岸政、商、學、科

技界精英人群。《信報財經月刊》於 1977 年創刊，是《信報》旗下的財經月刊，內容以大中華和國際經濟、政治、財經、金融、地產、貿易報道及分析為主，兼有各類文化藝術文章，如風水、文化訪談、書評、遊記、科技及醫學等。《資本》雜誌創辦於 1987 年，主要對象為香港上市企業、高收入的專業人士、財經界人士、商人及管理人員等；《南北極》主要介紹香港富豪的發家史，資料豐富翔實。

　　70 年代以後，香港報業另一個重要發展趨勢是走國際化道路。其中，以《星島日報》為代表。《星島日報》的國際化早在 60 年代後期已經開始。1969 年，《星島日報》在美國三藩市出版了第一份海外版，初時報紙在香港排版，然後把電版空運到三藩市印刷。自此，胡仙相繼在歐美各大城市創辦《星島日報》海外版，包括北美的紐約、三藩市、溫哥華、多倫多等 6 個城市，以及倫敦、悉尼和威靈頓。早期海外的中文報章，要不由左派控制，要不由右派擁有，《星島日報》走中間偏右路綫，搶走了不少讀者。而在一些熱門銷售地區如多倫多，星島有時每份出紙竟厚 70 張。為迎合當地市場環境和讀者口味，胡仙不惜在內容方面別出心裁，刊登當地新聞和廣告，此外還加上由香港總部提供的中國大陸和香港新聞，盡量充實內容。這些措施為《星島日報》海外版贏得了大量讀者。據說，七八十年代星島海外版銷量最高峰時曾達到 16 萬份。

　　1978 年，胡仙率先採用人造衛星技術把《星島日報》電版傳輸到海外印刷，鞏固了她的海外業務。《星島日報》在全盛時期，被譽為「凡是有華僑的地方，就有《星島日報》」。1988 年，適逢《星島日報》創刊 50 周年，美國的多個大城市，包括紐約、波士頓、芝加哥等，相繼宣佈將 8 月 1 日定為「星島日報日」。期間，英國首相戴卓爾夫人、美國總統列根等多國元首均向星島報業集團發來賀電。同年，胡仙榮獲美國俄亥俄大學史克普斯新聞學院頒授的長爾・范・安達大獎。該院院長伊沙特在頒獎時確認，《星島日報》是全球第一份國際性報章，而胡仙是第一名適合接受美國「長爾・范・安達獎」的外國人，因為她是唯一「思想與行為國際化」的出版家，她的可

敬之處正是：面向世界。

　　這期間，不少報紙也都利用航空發行到世界各國的華僑、華人居住地區。《成報》、《明報》、《新報》、《文匯報》、《大公報》等，均在美、英、加拿大、澳洲等國設辦事處，每晚通過人造衛星將所在國家和地區的新聞傳送回香港，編成「海外版」發行海外。如香港《文匯報》在美國、加拿大、歐洲、馬來西亞、印尼、菲律賓、韓國等國發行超過 30 個海外版，讀者遍及全球五大洲。

過渡時期：百家爭鳴，競爭白熱化

　　1984 年 12 月，中英兩國經過 22 輪的艱苦談判，終於就香港前途問題簽訂《聯合聲明》。至此，香港進入回歸中國的歷史性過渡時期。期間，圍繞着香港回歸及經濟發展，先後發生一系列政治、經濟事件，包括政黨政治興起、《基本法》制訂、香港特別行政區籌委會成立，乃至怡和遷冊、八七全球股災、滙豐重組、移民潮湧現等等，為香港報業傳媒提供了空前廣闊的報道題材。這一時期，香港報業的政治色彩再度凸顯，左派報刊與右派傳媒均立場鮮明，隔空對戰，而大眾化、專業化的報紙則繼續發展，形成百花齊放、百家爭鳴的局面。

　　左派報刊中，仍以《大公報》、《文匯報》、《香港商報》、《新晚報》等為主導，內容主要是支持中國政府關於香港問題的決策，報道香港在回歸過程中的進展，包括《基本法》的制訂過程，香港特區政府籌委會、預委會的成立，批判港英政府的阻撓、干擾等等。1995 年，大公報社創建「大公網」，成為香港最早的網絡新聞媒體之一。1997 年 7 月 1 日香港正式回歸前後，《大公報》先後隆重推出了 4 份香港回歸號外，均為銅版紙對開 4 版彩印，不僅印刷精美、內容翔實、圖文並茂，而且時效性強，成為香港回歸第一時間的珍貴見證。香港《文匯報》是另一份重要的左派報紙，該報以「愛國愛港」為宗旨，堅持「文以載道，匯則興邦」理念，是經國家特別批准進入內地的少數香港報紙之一，在內地的發行量穩居香港報紙的首位。

此外，左派刊物還有《鏡報》、《紫荊》、《廣角鏡》、《經濟導報》等。其中，《鏡報》創辦於 1977 年，以「振興中華、誠實敢言」為宗旨，早期較多報道、分析國內政局的文章，過渡時期較多報道香港的政治、經濟、文化及海內外讀者關注的新聞焦點，是一份以政論為主的高質素綜合性月刊；《紫荊》雜誌創辦於 1990 年，以政治、經濟、社會新聞評論為主，也是一份綜合性月刊，其權威性特稿、專訪、文章尤其受到香港社會各界關注。

右派報刊中，《工商日報》和《香港時報》因為其落後於時代的政治性辦報方針等種種原因而日益脫離讀者，每況愈下，先後於 1984 年和 1993 年停刊。這期間，台灣勢力也曾在香港創辦了幾份報紙，包括《香港聯合報》、《中報》等，但不久都相繼停刊。其中，《香港聯合報》於 1992 年 5 月創刊，與台灣的《聯合報》同系，初期報紙版面由台灣《聯合報》編輯部編輯，經由人造衛星將版樣傳真到香港印刷發行，後改為在香港編輯。《香港聯合報》曾獲得香港部分知識份子青睞，但因其「台灣味」過重而始終未能融入香港主流中文報業，最終於 1995 年 12 月停刊。在右派刊物方面，主要有《九十年代》、《爭鳴》、《百姓》、《開放》等。其中，《九十年代》月刊創刊於 1970 年，由李怡主編，原名叫《七十年代》，1984 年改名為《九十年代》，宣稱以「認識世界，研究社會，了解人生」為宗旨。《爭鳴》創刊於 1977 年，總編輯為溫輝，以編寫中國時局的所謂「內幕」和傳聞「小道消息」吸引讀者，內容聳人聽聞，缺乏可信度。《百姓》半月刊創刊於 1981年，社長為陸鏗，主編胡菊人，以獨立性刊物自居，經常發表一些新聞性的評論和背景材料。

在過渡時期，香港經濟繼續維持繁榮局面，股市、樓市節節上升，市民對財經類新聞和資訊相當關注，因而在 80 年代中後期，創辦財經類報紙一時成風。其中的代表，是《香港經濟日報》。《香港經濟日報》創辦於 1988年 1 月，創辦人為馮紹波、麥華章、石鏡泉等人。該報定位與《信報》相似，編採角度及報道手法專業，主要報道金融、國際、社會新聞、中國、商貿企業、地產、行政管理，以及生活副刊等內容。2005 年 8 月，香港經濟

日報集團在香港掛牌上市。《香港經濟日報》與《信報》一樣,在香港均被視為「嚴肅報章」,長於專欄、政情及經濟分析,內容以中產及專業人士為導向,讀者主要為工商界、行政人員、投資者及專業人士等中產階層人士,亦是香港各中學指定給學生閱讀的報刊之一。

這一時期,值得注意的一個動向是香港有數份大報易主,其中尤以《南華早報》、《明報》、《華僑日報》等兩度轉手最引人矚目。《南華早報》於1971 年在香港上市,大股東原為滙豐銀行,1986 年控股權被轉售於澳洲傳媒大亨梅鐸旗下的新聞集團,1987 年被私有化,1990 年再重新上市。1993年 9 月,新聞集團將所持 34.9% 控股權出售予郭鶴年旗下嘉里傳媒。長期以來,《南華早報》被視為港英政府的喉舌,許多政府官員在此發表評論、資料和訪問。自郭氏收購後,該報開始轉向親中立場。《明報》於 1991 年在香港上市,1992 年 2 月,查良鏞在《明報》鼎盛時期將所持控股權轉售予青年商人于品海。不過,1995 年,于品海又將所持控股權出售予馬來西亞富商張曉卿。張曉卿表示:「我們華人應該建立和擁有一個以全球華人為主體的媒體和網絡世界。我們必須依從自己的立場和價值,去表達我們的感情和聲音。」此外,曾經風行一時的《華僑日報》因經營困難而於 1991 年轉售於《南華早報》,1994 年由香港商人香樹輝接手,最終因虧損嚴重而於1995 年 1 月正式停刊,結束長達 70 年的歷史。

90 年代中期,一份另類大眾化報紙 ——《蘋果日報》快速崛起,改變了香港報業的生態環境。1995 年 6 月,香港商人黎智英透過旗下壹傳媒集團,以「第一年計劃賠 10 億,第二年賠 3 億,第三年賠 2 億」為口號,創辦《蘋果日報》,並隨即挑起減價戰。6 月 12 日,香港報業公會以「香港中文報業聯席會議」的名義通過決議,「維持現有劃一零售價機制(每份報紙 5 港元)及反對直接或變相減價促銷行為」,目標直指即將出版的《蘋果日報》。《蘋果日報》創刊後,在行銷手段上「另闢蹊徑」:報紙定價仍為 5 港元,但讀者可憑在報紙上的印花換購報紙,只需支付 2 港元的費用;而在部分 24 小時通宵營業的便利店內,不需要印花也可以 2 港元購得該報,並且隨報贈送

一個蘋果，即「變相減價」。《蘋果日報》在報道內容方面，新聞報道煽情、炒作，對社會上發生的劫殺、車禍、桃色事件等負面事件，採用聳人聽聞的手法報道，以「小報」風格顛覆傳統嚴肅媒體市場。結果，創刊半年，該報銷售增加到 30 萬份，成為僅次於《東方日報》的第二大銷量報紙。

面對《蘋果日報》的挑戰，1995 年 12 月，《東方日報》首先宣布將報紙價格從 5 港元降到 2 港元，結果引發《天天日報》、《成報》、《新報》等大眾化報紙先後加入減價大戰，《新報》甚至減至每份 1 港元。據當時香港報業公會的調查，在國際紙價不斷上揚、報紙發行量持續走低、廣告收入直線下滑之際，在報紙售價維持在 5 港元時大部分香港報紙已處於虧損狀態。這場減價戰的直接後果，就是香港報業的重新「洗牌」。減價戰爆發後僅三天，香港《電視日報》宣佈停刊，一周後創辦 33 年的《快報》、創辦三年半的《香港聯合報》和《中國時報週刊》同時宣佈停刊，稍後《華南經濟新聞》和《逍遙遊》雜誌亦宣佈停刊，多家報紙元氣大傷。1997 年 2 月，經營 40 多年的《新晚報》宣布停刊，標誌着香港新聞性晚報時代的結束。此外，東方報業集團於 1999 年 3 月出版《太陽報》，以低價打入市場，搶奪《蘋果日報》的市場份額，旋即成為香港銷量第三的大眾化報紙。

這一時期，香港的大眾化中文報紙中，佔主流的是報道香港和世界各地新聞的綜合性報紙，其餘是專門刊登電影、電視、跑馬、跑狗、賭博新聞、黃色新聞、黃色小說、色情場所廣告的專業性報紙。這些綜合性報紙日出對開 3 至 5 張，部分報紙出 10 至 12 張。除了一些注意政治評論和經濟評論的報紙以外，一般都詳細、迅速地報道香港當地新聞，而國際新聞和中國內地各省市新聞僅居次要地位。為了迎合讀者興趣，一些報紙對社會上發生的劫殺、車禍、桃色事件採用聳人聽聞的手法報道，因而社會新聞的篇幅超過國際政治新聞的篇幅。幾乎每家報紙都用大量版面報道股票市場、黃金市場和房地產的變動情況，詳細刊登賽馬和賭「波」的消息和分析，以及電影演員、電視演員的生活動態和軼事。為了與電視媒體競爭，報紙日趨雜誌化，每天刊出 4 至 8 個副刊、專刊，供不同讀者選擇。

與此同時，壹傳媒集團與東方報業集團在雜誌市場也展開激烈競爭。1990 年，壹傳媒推出 16 開本《壹週刊》雜誌，開創香港娛樂八卦及時事新聞週刊的新潮流，在香港一時引起轟動。到 1995 年，該雜誌發行量達到 16.25 萬份，成為香港銷量最高的週刊之一。1992 年，東方報業集團推出《東週刊》，與《壹週刊》搶奪市場，創刊數月銷量便達到 12 萬份。其後，香港還出現多份週刊雜誌，包括《忽然 1 周》、《凸週刊》、《快週刊》、《3 週刊》等，多家週刊的競爭達到白熱化的地步。

在英文報刊方面，佔主導地位的是《南華早報》和星島集團旗下的《英文虎報》，以及由美國人經營的、在香港和東南亞等地區發行的《亞洲華爾街日報》。1994 年 2 月，東方報業集團推出英文《東方快訊》（*Oriental Express*），並從《南華早報》挖走不少人才，搶攻英文報紙市場。該報在創辦時的口號是：「我們是一份值得信賴的報紙。」對此，兩份傳統英文報紙都予以回擊，不約而同地加強了對中國新聞和財經新聞的報道。1993 年，《南華早報》為慶祝成立 90 週年，大搞宣傳，並特意送出 9 部平治轎車給讀者。此外，在香港出版的英文新聞刊物還有《遠東經濟評論》（*Far Eastern Economic Review*），該雜誌於 1946 年 10 月在香港創刊，是一本亞洲一流的英文商業新聞週刊。90 年代中期，《英文虎報》爆發「篤數」醜聞，高層管理人員透過集團的附屬公司贖買《英文虎報》作廢紙處理，以誇大報紙銷量，藉此吸引廣告收益繼續支持報紙營運。事件在 1997 年被揭發，其後，《虎報》總經理蘇淑華、前發行總監黃偉成、財務經理鄭昌成等，被裁定串謀詐騙及造假賬罪成，即時入獄 4 至 6 個月。

根據港府的統計資料，1995 年，香港每日印行的報紙達 59 家，其中，僅每日印行的綜合性日報就有 20 家左右。這在世界大都會中可謂絕無僅有。據估計，香港報紙的每日發行量約為 200 萬份，平均每千人約 300 份報紙，人均佔有率在亞洲僅次於日本，而兩倍於世界的平均數量。有評論認為：「這麼多報紙能生存於香港如此狹小的空間，自由競爭是其發展的最重要動力。」

回歸後新趨勢：轉型發展，三足鼎立

1997 年 7 月 1 日香港回歸後，傳媒業進入歷史新紀元。不過，當年 10 月以後，亞洲金融風暴多次襲擊香港，令股市、地產均大幅急挫，投資衰減，消費萎縮，整體經濟陷入戰後以來最嚴重的衰退之中。受此影響，香港報業進入「寒冬」，多家報業集團受到衝擊。

其中，以胡仙旗下的星島報業集團受衝擊最大。其實，星島報業的問題在過渡時期已有跡可尋。當時，胡仙對香港前途信心不足，將集團業務的投資重點轉向海外地產，結果虧損累累，被迫於 1991 年進行資產重組。90 年代初，胡仙的投資策略又發生 180 度轉變，開始積極投資內地，包括 1992 年與《人民日報》合作出版《星光月刊》，1993 年創辦《華南經濟新聞》，1994 年出版英文《虎報》北京版，1995 年創辦《深星時報》。可惜，這些投資均沒有為集團帶來盈利，其結局不是停刊就是出售。1995 年爆發的減價戰，進一步加劇星島的財務困難，導致創辦 58 年的《星島晚報》被迫停刊。1997 年亞洲金融風暴襲擊香港後，胡仙所持 50% 星島股權大幅貶值，股價已跌至不足 1 港元。1997 年底，在債權銀行及債權人何柱國家族的壓力下，胡仙被迫將曾經風光一時的星島報業出售予國際投資銀行 Lazard Freres & Co.，即間接將星島控股權轉售給何柱國家族。

另一家受衝擊的是南華證券集團旗下的《快報》，該報在 1995 年減價戰中休刊後，1996 年又雄心勃勃地捲土重來，宣佈復刊，並投入巨資計劃擴大規模。可惜，事與願違，在亞洲金融風波中，南華證券集團損失慘重，集團總資產從原來的 60 多億港元，銳減至 6 億港元，旗下主要經營《快報》、《凸週刊》的南華策略公司於 1997 年虧損 2.37 億港元，無法承擔《快報》擴版後的億元巨額虧損，《快報》因而不堪支撐，再度停刊。其他一些報刊，情況也與此類似。香港很多報紙都是慘淡經營，如辦報有 50 年歷史的《成報》屢次被控拖欠員工薪金，並經歷了多次股權轉換、停刊、復刊等；辦報有 40 年歷史的《天天日報》在八九十年代期間經歷了多次控股權轉變，最終被迫於 2000 年宣布停刊。

回歸以後，香港報紙發展的一個新態勢，就是免費報紙的面世及其對傳統報業的衝擊。香港第一份免費報紙是創刊於 2002 年 4 月的《都市日報》，由全球最大規模的免費報章企業、瑞典上市公司 Metro internation 在港設立的亞太區總部創辦。該報由 Metro 編輯，香港文匯報承印，每天發行 30 萬份，在香港各地鐵站免費派發，創刊後 14 個月即獲得盈利，一年即賺取了 4,000 萬港元，發行量躍升至第 4 位。《都市日報》為配合面積輕巧及與廣告穿插編排的格式，將新聞高度濃縮，稿件長短適度，受到市場歡迎。該報良好的廣告效益，使業內人士看到香港免費報紙市場的廣闊空間，促使其他免費報紙相繼誕生。

　　2005 年月 12 日，星島集團創辦第 2 份免費報紙《頭條日報》，初期印刷量為每日 40 萬份，創刊 8 個月後增加至 60 萬份，於週一至週五在全香港各區約 600 個人流暢旺的地點派發，讀者對象為上班一族，內容主要包括香港新聞、內地及國際新聞、財經和地產新聞，以及娛樂、休閒資訊等。由於效益不錯，同年 9 月 17 日，逢週六再出版一份《快線週報》，發行量達 35 萬份。此外，星島再將旗下《英文虎報》（ The Standard ）轉為免費報紙，主攻中環地區的商業人士。

　　2005 年 7 月 30 日，香港最大物業代理商中原地產老闆施永青創辦第 3 份免費日報，取名《AM730》，意即「早上 7 點半」。該報設 40 至 50 個版面，內容涵蓋國內國際新聞，同事側重體育和娛樂報道，風格走時尚流行路線，發行量約為 28 萬份。

　　2011 年，香港經濟日報社再創辦第 5 份免費報紙《晴報》（《英文虎報》為第 4 份免費報紙），該報在創刊號上發文指出，將為讀者提供最新、最快、最有趣的時事、娛樂、潮流資訊，將《晴報》辦成「最年輕、最有趣、最好看」的免費報紙。與姊妹報《香港經濟日報》的財經路線不同，《晴報》更多報道香港當地新聞及走娛樂新聞路線，發行量達 50 萬份。

　　這 5 份免費報紙，按每天派發 40 萬份算，每天的總派發量超過 200 萬份，對傳統大報構成嚴重衝擊。2011 年 9 月，派發量最大的免費報紙《頭

條日報》用兩個整版刊登一個火藥味頗濃的廣告：「創意觸發革命——《頭條日報》搶佔《蘋果》廣告市場」。該廣告表示，《頭條日報》的發行量已高達《蘋果日報》四倍！當年，壹傳媒也創辦第 6 份免費報紙《爽報》，內容大膽出位，並載有情色小說，受到社會的抨擊，該報於 2013 年停刊。隨着報紙數量的增加，廣告的競爭也在加劇，多數報紙平均每日的廣告版面都有所下降，廣告版面的單位價格也跟隨下降。這種競爭的結果使香港報業總體成本上升，利潤下降。

面對免費報紙的快速崛起，香港各大傳統報紙紛紛應變求存。一些報章每周出版一天的免費報紙，集中一些專題報道，如《明報》在各區出版《區報》，專題報道該區新聞和特色；《星島日報》出版「take me home」，介紹生活休閒好去處；《香港經濟日報》隨報送出足球特刊等。一時間，減價、送禮、優惠、附送子報等市場促銷手法比比皆是，各種傳單滿天飛。為了追求銷售率，有些傳媒常刊出欠品位和使公眾驚駭的圖片，如各種意外受傷者的血淋淋特寫、謀殺案受害者的痛苦表情等。部分傳媒被詬病為渲染色情、暴力及偷拍名人明星風氣盛行，對社會尤其是青少年的思想意識產生不良影響。由於種種不雅表現，使得香港傳媒在公眾心目中的公信力偏低。根據香港中文大學 2006 年的一項調查，免費日報的報紙公信力排名居然在不少傳統報紙的前面。

香港的免費報紙

香港報業的另一個發展趨勢，是電子新興新聞娛樂媒體的湧現。踏入千禧之年以後，隨着香港電訊業的開放以及互聯網科技的廣泛應用，網絡新聞與手機、平板電腦新聞客戶端異軍突起，成為與傳統收費報紙、免費報紙鼎足而立的第三勢力。對此，香港中文大學新聞與傳播學院前院長蘇鑰機表示，2013 年香港中文大學傳播與民意調查中心的一項調查數據顯示，基於互聯網的電子媒體在香港年輕受眾中已佔據主要地位，年紀較大的市民也在慢慢接受這種變化，網絡媒體以後會成為主流。根據相關調查，經常用社交媒體看新聞的人數比例在不同年齡層中區別非常大，「在 15-29 歲的受訪者中，37% 用社交媒體看新聞；在 30-44 歲的人群中，這一比例是 16%；45-59 歲的人群中僅有 6%；60 歲及以上的受訪者中則隻有 2%。」

他並表示：「如果五年前有人問我，網上報紙會不會取代傳統報紙，我會說沒有那麼悲觀；但是在過去的兩三年，這個步伐突然快了很多。以前香港人坐地鐵，總是習慣拿着一份收費報紙看；大概五六年前，大家更多的是拿着免費報紙在地鐵看；而在過去一兩年，雖然看免費報紙的人還是很多，但是比例卻下降了，很多人開始通過手機看報。」網絡的開放性、多元性、即時性、交互性、海量性、易檢性等特性，將產生海量式成幾何級數增長的讀者，這對傳統媒體提出嚴峻挑戰。這一趨勢是全球性的，不僅在香港市場，在其他許多國家情況亦大多如此。對此，著名的《經濟學人》就有一期專門以「誰殺了報紙？」（Who killed the newspaper?）作為封面故事，對此展開探討。

面對種種挑戰，香港傳統報業也出現新的變化，通過激烈的競爭淘汰，正逐步形成多個業務多元化的上市企業集團，如東方報業集團、明報企業集團、星島新聞集團、信報集團、南華早報集團等等。這些報業集團一般同時擁有幾個平台，包括收費報紙、免費報紙、網上報紙和手機新聞，從多個層面拓展讀者市場，展開激烈競爭。如東方報業集團，旗下就擁有《東方日報》和集團旗艦網站《on.cc 東網》，以及《東網視頻》、《東方日報網》及《東網 Money 18》等主要網站或手機應用程式。該集團除了擁有傳統報

章外，更銳意發展電視、互聯網及手機等新興電子媒體，致力於開發跨越時空的互聯網電子資訊平台，突破地域和平面媒體的局限。2021 年 8 月，東方報業集團更名為「東方企控集團有限公司」（Oriental Enterprise Holdings Limited）。《東方日報》為香港第一大報，連續數十年銷量香港第一。

明報企業集團於 2008 年 4 月完成收購在新加坡、馬來西亞等地上市的星洲媒體和南洋報業集團後，改名為「世界華文媒體有限公司」（Media Chinese International Ltd.），並成為中國以外全球最大的華文報刊集團之一，旗下擁有的媒體機構包括：總部設在香港的明報企業（Ming Pao Daily）、馬來西亞的星洲媒體（Sin Chew Media）和南洋報業控股（Nanyang Press Holdings），包括《明報》、《星洲日報》、《南洋商報》、《光明日報》、《中國報》等 5 份日報，共 11 個版本，以及《明報加東網》、《明報加西網》，並持有《明報週刊》、《亞洲週刊》、《MING'S》、《學海》、《小星星》等十多份雜誌。此外，世界華文媒體還持有明報教育出版有限公司、明報出版社及旗下四個品牌——明文出版社、明窗出版社、日閱堂、小明文創，以及翠明假期旅行社等。

星島報業自被何柱國收購後，改組為星島新聞集團有限公司，並重新在香港聯交所掛牌上市，主要業務範圍也從單純的報業拓展到媒體及與媒體相關業務，包括報章、雜誌、招聘媒體、圖書與內容服務等，覆蓋中國、美國、加拿大、歐洲及澳洲等多個國家的主要城市。其中，《星島日報》同時有 12 個海外版本在全球超過 100 個城市發行，是全球發行網最大的中文國際報章之一。旗下的免費報紙包括《頭條日報》、《英文虎報》。在雜誌方面，則重點發展時事財經和綜合娛樂、文化潮流與及科技資訊，主要刊物包括《東週刊》及一系列月刊。此外，星島還透過旗下品牌《JobMarket 求職廣場》、Headline Jobs.hk、The Standard Jobs、A-Performers.com 及 EDUplus. com.hk，提供招聘和持續教育廣告的多媒體仲介平台，並從事圖書出版及內容供應服務。2021 年 2 月，佳兆業集團董事郭曉亭收購星島新聞集團 28% 的股權，成為大股東。

信報集團於 2006 年由林山木夫婦等出售予李澤楷旗下盈科集團。在此次交易之前，李澤楷已擁有一家電視台 —— NOW 寬頻電視。收購完成後，李澤楷名下電視、報紙和手機媒體一應俱全，三者結合除了搭建統一的平台外，亦可以在內容上互補不足。李澤楷並揚言要將《信報》打造成香港的《金融時報》，再配合他的網上業務，整合成大中華區最具影響力的財經報章。香港經濟日報集團亦已發展成為一家業務多元化的報業集團，旗下擁有收費報紙《香港經濟日報》，免費報紙《晴報》，旅遊及生活周刊《U 周刊》，科技雜誌《e-zone》，財富周刊《iMoney 智富雜誌》等，還經營招聘廣告及優質生活平台業務，以及財經通訊社、資訊及軟件業務等。

在英文報刊方面，《南華早報》曾經是香港盈利最佳的報紙之一，但回歸後在金融危機衝擊下逐步陷入困境，於 2015 年轉售予中資的阿里巴巴集團。《遠東經濟評論》自 1987 年起由新聞集團旗下的道瓊斯公司（Dow Jones & Co.）接手經營，從 2004 年起從週刊改為月刊，2009 年 9 月，道瓊斯公司宣布，鑑於讀者及廣告商流失，虧損嚴重，宣布《遠東經濟評論》停刊。

有評論認為：在激烈的競爭環境下，香港媒體將出現「大者愈大，小者逐漸喪失市場地位」的局面。不過，亦有評論認為：「伴隨着新傳播技術的發展，新聞議程的參與者已經不再限於『媒體』的身份，公司、企業、政府、民間團體甚至個人，都可以成為新聞的報道者甚至直接參與者。從某種程度上說，傳統媒體的日益衰落，所換來的正是全社會的『泛媒體化』——每個人都將在不同程度上具備了媒體與傳播的屬性。」這對傳統媒體的衝擊無疑是深遠的。人們期待，源遠流長的香港報業傳媒將如何透過報網互動，奮力前行，譜寫精彩新篇章。

第十三章

金古梁溫：
香港人的「武俠」情懷

武俠小説在中國有悠久的發展過程，成為了中國文學史上一種獨特的文學形式。20 世紀 60 年代以後，在中國內地武俠小説衰落之際，香港異軍突起，湧現出以梁羽生、金庸、古龍、溫瑞安為代表的一批新派武俠小説大師，在香港這個英國管治下的殖民地掀起一股空前的、長達數十年之久的「武俠」熱潮，這股熱潮從小説蔓延到電影、電視、樂壇、漫畫、電腦遊戲等各個文化領域，形成蔚為壯觀的發展態勢。因而，金古梁溫武俠小説所取得的成就和影響力，已成為香港這座國際城市的一個特別的文化標籤和文化高地。

新派武俠小説的「四大宗師」

武俠小説在中國可謂源遠流長，其遠祖可以追溯至西漢司馬遷《史記》中的「遊俠列傳」。這批「其言必信，其行必果，已諾必成，不愛其軀，赴士之厄困」的古人，可以説是最早的一代有歷史記載的武俠。到清代末年，長篇武俠小説相繼出現，如《兒女英雄傳》、《三俠五義》、《七劍十三俠》等，這些小説「意在敘窮俠之士，遊行村市，安良除暴，為國立功」。民國時期，武俠小説更是風行一時，1920 年代，由「平江不肖生」向愷然和趙煥亭奠定基礎，以及還珠樓主、白羽、鄭證因、朱貞木和王度廬等五大家形成的「北派」崛起，代表作如還珠樓主的《蜀山劍俠傳》，白羽的《十二金錢鏢》，以及《鷹王爪》、《江湖奇俠傳》、《青城十八俠》、《大刀王五》等。30 年代，以「廣府語」（粵語方言）行文的「南派」在香港盛行，著名的有

鄧羽公、朱愚齋、念佛山人、崆峒、我是山人等，多為佛山人，其代表作有《黃飛鴻正傳》、《黃飛鴻別傳》、《廣東十虎屠龍記》、《三德和尚》等，常以「南少林」為主題，故事圍繞洪熙官、方世玉等民間武俠高手而展開。可以説，香港新派武俠小説宗師正是在此種歷史的薰陶下誕生的。

40 年代末 50 年代初，大批內地文化人移居香港。當時，香港已有一批武俠小説作家嶄露頭角，這批作家包括：曾擔任《武俠世界》雜誌主編的蹄風，代表作有《血戰古兜山》、《勇闖十三關》等；以《大俠沈勝衣》出名的黃鷹；在《武俠小説週報》連載《沉劍飛龍記》的張夢還；以《雪刀浪子》成名的龍乘風；在《商報》連載《山東響馬全傳》的牟松廳等。只是當時武俠小説熱潮尚未在香港興起，這批作家的名氣仍不夠響亮，被後來統稱為「江湖遺珠」。

最早開創新派武俠小説潮流的是梁羽生。梁羽生原名陳文統，出身於廣西蒙山一書香門第，熟讀古文詩詞，擅長對聯，據説 8 歲就能背誦《唐詩三百首》，中學畢業於廣西桂林中學，後因日軍侵擾而返鄉，適逢數位粵籍學者避難蒙山，因而得以向太平天國史專家簡又文和以敦煌學及詩書畫著名的饒宗頤拜師求學。1949 年，梁羽生隻身前往香港謀生，翌年進入香港《大公報》任副刊助理編輯。1950 年底，附屬香港《大公報》的《新晚報》創刊，梁羽生被調至《新晚報》工作，負責副刊「天方夜譚」專欄。

1954 年 1 月 17 日，香港吳式太極傳人吳公儀與白鶴派掌門陳克夫在澳門新花園泳池廣場舉行武術表演，兩人在上萬名觀眾喝彩下，打了一場不到三分鐘的「巔峰之戰」，引起社會轟動。三天後，《新晚報》刊發通告表示，將刊載梁羽生武俠小説《龍虎鬥京華》，並説故事緊張異常，敬希讀者留意云云。這樣在報社總編輯羅孚鼓動下，陳文統於 1 月 20 日在《新晚報》「天方夜譚」的專欄，以「梁羽生」筆名發表《龍虎鬥京華》連載小説，內容講述在義和團進京背景下，幾位武俠高手柳劍吟、柳夢蝶、左含英、婁無畏等之間的家國情仇故事。梁羽生的話題之作《龍虎鬥京華》連載後，《新晚報》訂閱猛增，報社於是趁熱打鐵，讓梁羽生接着發表《草莽龍蛇傳》連載。

此後，梁羽生筆耕不輟，一發不可收拾，至 1983 年發表《武當一劍》為止，前後約 30 年間共連載武俠小說 35 部。其代表作品有《白髮魔女傳》、《七劍下天山》、《萍踪俠影錄》、《女帝奇英傳》、《雲海玉弓緣》等。梁羽生摒棄舊派武俠小說一味復仇與嗜殺的描述，將俠行建立在正義、尊嚴、愛民基礎上，提出「以俠勝武」理念。這樣，在偶然之間，梁羽生成為新派武俠小說的開山鼻祖和一代武俠小說宗師。

取得新派武俠小說最高成就的是金庸。金庸原名查良鏞，1924 年出生於浙江名門，出自浙江海寧查氏，「一門七進士，叔侄五翰林」，家學淵博。早年，查良鏞曾先後就讀重慶中央政治大學外交系和上海東吳大學法律學系，1948 年畢業後被調往《大公報》香港分社。1950 年，查氏轉赴北京任職於外交部，因不適應官場文化，旋即辭職返港。有評論認為：「此一『掛冠求去』，看似年少氣盛的衝動之舉，其實對金庸本人、對普世萬千讀者、對現代中國文學史，都攸關重大！它讓金庸幸運地逃過一連串的政治運動、逃過文革浩劫，在可自由創作、發表、出版、且與全世界通暢連結的香港，17 年逍遙自在隨興筆耕，數十年好整以暇反覆修訂，至終成為中國文學史上影響力最大的俠義小說作家。」

1950 年，《大公報》旗下《新晚報》創刊，金庸被調任副刊編輯，主持「下午茶座」欄目，與梁羽生一見如故，兩人晚飯後常常煮茶對弈。當時，羅孚見梁羽生獲得成功，也鼓勵查良鏞寫武俠小說。1955 年，查良鏞將「鏞」字一拆為二，以「金庸」筆名在《新晚報》發表第一部武俠小說《書劍恩仇錄》，題材取自查良鏞家鄉海寧流傳的一個民間傳說，以清乾隆年間漢人反滿鬥爭為背景，故事圍繞乾隆皇帝與紅花會總舵陳家洛兩人間奇特的矛盾糾葛而展開。小說發表後，《新晚報》一時洛陽紙貴，銷量大增。據金庸後來自述，《書劍恩仇錄》的創作緣起是當時香港《新晚報》的小說連載已完，急需一篇「武俠」小說頂上，在編輯派工友坐在家中等稿子的「壓迫」下開始創作。

1956 年，金庸在《香港商報》全年連載《碧血劍》，1957 至 1959 年連

載《射雕英雄傳》。在《射雕英雄傳》連載期間，《香港商報》不但風行香港，而且輻射東南亞。每天報紙一出來，很多人就會首先翻到副刊去看他的連載。市民街談巷議的話題，多半與小說中的人物、情節有關。有報道介紹：「人們一路追看下去，看過一遍不過癮，又看第二遍、第三遍，看過連載，又看每『回』一本的小冊子，還要看最後結集出版的單行本。」

1959 年，查良鏞創辦《明報》，為支撐報紙的發展，開始發表《神雕俠侶》小說連載。此後，相繼發表《雪山飛狐》（1959 年）、《飛狐外傳》（1960-61 年）、《倚天屠龍記》和《鴛鴦刀》（1961 年）、《連城訣》和《天龍八部》（1963 年）、《俠客行》（1965 年）、《笑傲江湖》（1967 年）、《鹿鼎記》（1969-72 年）等，以及短篇小說《白馬嘯西風》和《鴛鴦刀》（1961 年）、《越女劍》（1970 年）等。金庸的連載武俠小說大獲成功，在香港乃至全球華語世界掀起一股空前的武俠熱潮，海外的諸多中文報紙也紛紛轉載。

1972 年，《明報》連載《鹿鼎記》完畢，金庸即宣佈封筆，退出俠壇。至此，金庸前後共撰寫了 14 部長篇武俠小說。金庸以這 14 部武俠長篇小說篇名的第一個字撰成的一幅對聯曰：「飛雪連天射白鹿，笑書神俠倚碧鴛」，再加上 3 個短篇小說，構成了金庸的全部武俠世界。其後，金庸花費 10 年時間，對這些武俠小說進行了兩次修訂，總共形成兩個版本。其中，在報紙上連載，或是結集成冊的初版本金庸小說，被統稱為「舊版」；經過 10 年修訂，在遠景與遠流出版公司的版本，被統稱為「新版」（包括金庸讀者口中的「遠景白皮版」、「遠流黃皮版」和「遠流花皮版」）。

繼金庸之後，活躍在香港俠壇的是武俠小說大師古龍。古龍本名熊耀華，原籍江西，1938 年出生於香港，早年移居台灣，讀高中時開始大量寫詩，並以「古龍」的筆名在《晨光》雜誌發表小說，開始寫作生涯。1958 年，古龍棄學，開始從事武俠小說創作。古龍小時深受父親啟蒙，他讀清代和近代的武俠小說，最喜歡《三俠劍》。當時，台灣的武俠小說作者眾多，最著名的是司馬翎、臥龍生和諸葛青雲，並稱「台灣三劍客」。三劍客由於常年稿約不斷，難以應付，便邀請古龍為他們捉刀代筆。古龍趁機向三劍客

請教學習，三劍客中的諸葛青雲，是古龍的入門老師。

　　1960 年，古龍自立門戶，撰寫了第一部武俠小說《蒼穹神劍》。從 1963 年起，古龍接連發表了《情人箭》、《大旗英雄傳》、《浣花洗劍錄》、《名劍風流》、《武林外史》、《絕代雙驕》等 6 部長篇，超過百萬字，品質也明顯提升，躍登為武俠小說「四大天王」之一。古龍在發表的《浣花洗劍錄》中，首次模仿金庸《笑傲江湖》中提出的「無招勝有招」，並將《宮本武藏》等日本時代小說的武道（天道）精神融入小說之中，另闢武俠蹊徑，開始了獨特的武打描寫方式。《浣花洗劍錄》成為古龍邁向巔峰的里程碑。1966 年，古龍發表《武林外史》，奠定了其武俠小說的「浪子」風味。1967 年，古龍發表《楚留香傳奇》，該書集武俠、文藝、偵探、推理、寓言於一體，樹立起「新派掌門人」的標杆，風頭已壓倒「三劍客」。

　　當年，香港爆發「六七暴動」事件，左派聲明將針對在《明報》發表抨擊暴徒社論，查良鏞借前往國外參加新聞會議之機，暫離香港避難。臨行前，查良鏞需要挑選一位優秀武俠小說家來代替他繼續寫小說，以填補《明報》副刊版位，於是派《明報》副總編輯潘粵生並聯同《快報》總編輯鄺蔭泉一同到台北向古龍說明來意，古龍一口答允。結果，古龍同時為《明報》和《快報》兩家報紙撰寫武俠小說連載。古龍在《明報》發表的是《流星．蝴蝶．劍》，讀者反應熱烈，印成單行本後一紙風行。自此，古龍的武俠小說登上巔峰，開啟了十餘年的黃金時代。古龍一生共發表 70 多部武俠小說，他的《多情劍客無情劍》，成為武俠史上的不朽名著；《蕭十一郎》、《歡樂英雄》、《大人物》、《七種武器》系列，以及《三少爺的劍》、《白玉老虎》、《碧血洗銀槍》、《英雄無淚》等作品均廣受歡迎。古龍成名後，嗜酒如命，寶馬香車，美女如雲，導致身體每況日下，於 1985 年 9 月 21 病逝，享年僅 48 歲，殊為可惜。

　　與金庸、梁羽生、古龍齊名的，還有溫瑞安。溫瑞安原籍廣東梅縣，1954 年出生於馬來西亞霹靂州，在台灣大學中文系畢業。早年在父親影響下，喜愛閱讀武俠小說，並苦練中華武術。70 年代初，溫瑞安開始創作武

俠小説，先後發表《追殺》、《亡命》、《龍虎風雲》等。1976 年，溫瑞安以「復興中華文化，發揚民族精神」為宗旨，在台灣創辦神州詩社，談詩論文之餘，一眾人等也練拳習武。1980 年，溫瑞安蒙冤被捕，翌年逃亡香港，開始在查良鏞的《明報》發表武俠小説連載，包括《神州奇俠》、《血河車》等代表作品。

溫瑞安的武俠小説創作，在 80 年代進入高潮，一直持續的千禧年之後，前後橫跨數十年之久，出版的武俠小説多達 700 多部，其代表作有《四大名捕》系列、《神州奇俠》系列、《説英雄誰是英雄》系列、《刀叢裏的詩》、《布衣神相》等，寫下的文字超過 2,000 萬，成為華語世界中寫作文字最多的作家之一。他在金庸、梁羽生先後封筆、古龍英年早逝背景下，成為「古龍之後，獨撐大局」（香港作家倪匡語）的武俠小説大師。這一時期，無論是在香港、台灣，或在中國大陸，即使是在武俠小説已處於明顯不景氣的時候，溫瑞安的武俠小説仍照樣暢銷於市，成為與金庸、古龍、梁羽生並駕齊驅的武俠小説「四大宗師」之一。

這一時期，除了金古梁溫之外，香港還湧現眾多優秀的武俠小説大家，主要有玄幻派的黃易（黃祖強）、倪匡（倪亦明）；靈異推理派的黃鷹（黃海明）；漫畫武俠派的黃玉郎（黃振隆）、馬榮成、劉定堅等。其中，黃易是玄武武俠小説的創始人，其代表作有《大劍師》、《尋秦記》、《大唐雙龍傳》、《翻雨覆雲》等；倪匡與金庸、黃霑、蔡瀾等並稱香港「四大才子」之一，其科幻武俠代表作有《衛斯理》系列、《原振俠》系列等，玄幻武俠代表作有《六指琴魔》、《江湖浪子》等；黃鷹受古龍影響甚深，曾為古龍代筆，代表作有《天蠶變》系列等；黃玉郎為著名漫畫家，武俠代表作有《龍虎門》、《如來神掌》等。此外，喬靖夫的《殺禪》被認為是 90 年代最好的武俠小説。

金古梁溫武俠小説的文學特點與成就

金古梁溫「四大宗師」之中，以金庸取得的文學成就最高。金庸武俠小

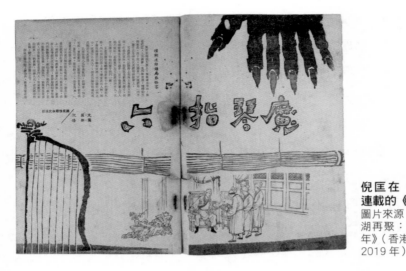

倪匡在《武俠世界》連載的《六指琴魔》
圖片來源：沈西城：《江湖再聚：武俠世界六十年》（香港：中華書局，2019年）

説最重要的特點之一，就是其小説的情節和人物都放在特定的歷史背景中展開，如以宋朝為背景的《射雕英雄傳》和《神雕俠侶》，以元朝為背景的《倚天屠龍記》，以明朝為背景的《碧血劍》和《俠客行》，以清朝為背景的《鹿鼎記》和《書劍恩仇錄》。其中，《射雕英雄傳》的時代背景為南宋初年，宋、金對峙以及蒙古崛起的這一特定時空；《天龍八部》的歷史背景為宋、遼、西夏以及大理等幾個政權縱橫交錯的時代；而《鹿鼎記》描述的則是清朝初年，滿漢民族矛盾激烈衝突的年代。

金庸在尊重歷史的前提下，將許多歷史上真實存在的人物納入其武俠小説中，如完顏洪烈、岳飛、大理段氏、朱元璋、康熙皇帝、顧炎武、陳近南等，這些歷史上的真實人物與小説中的虛構人物交相輝映，寫來煞有介事，使小説更加真實生動。有評論認為：「金庸有着很大的『野心』，他並不滿足於在小小的江湖之中施展身手，而是要將傳奇與歷史結合，江湖與朝堂結合，進而在廣闊的歷史大背景中抒寫獨特的武俠傳奇故事。」可以説，金庸小説所包含的歷史、社會的內容的深度和廣度，在當代俠義小説中，是極為突出、極為罕見的。

金庸小説的另一個特點是注重塑造小説主角的英雄情懷，體現「俠之大者，為國為民，在所不惜」的意境。有評論認為：「縱觀金庸的文學作品，

幾乎所有的歷史背景都放在動亂年代，這是因為動亂時代更能體現出歷史人物的英雄豪情，與廟堂之上懦弱陳腐的官員相比，俠客具有強烈的民族正義感。」不過，金庸小說中的英雄情懷亦有一個演化過程，如在《射雕英雄傳》中，講述的是主角郭靖的成長之路，從窮小子成為一代大俠，家國利益至上，視生死富貴如浮雲。在《天龍八部》中，講述的是丐幫幫主喬峰的迷茫與無奈，在遭受陷害、冤屈，失去家國和愛情之後，被迫以死自證清白。在《鹿鼎記》中，則顛覆了對傳統英雄的概念，書中的傳統英雄天地會總舵主陳近南雖然武功蓋世，但因愚昧的忠君思想而無力回天、最終遇害身亡；而在揚州妓院長大的韋小寶，以不會武功的姿態闖蕩江湖各大幫會，周旋於皇帝朝臣之間，他亦正亦邪，不按常理出牌，小事無賴，大事不糊塗。書中對韋小寶這一形象的塑造，栩栩如生，真實可信，徹底顛覆了傳統英雄的形象。因而，《鹿鼎記》成為金庸的巔峰之作。

　　梁羽生的武俠小說亦重視歷史背景的展現，而且有很清晰的時間線。梁羽生的 35 部武俠小說，基本上是從唐朝一路寫下來，直到清朝，猶如一部編年史。其中，被稱為梁羽生經典之作的《萍蹤俠影錄》，是以明朝中期的土木堡事變和北京保衛戰這兩個重大歷史事件為軸心，展現一幅風雲變幻的歷史畫卷，深刻描寫了這一時期尖銳的民族矛盾和社會矛盾，具有鮮明的歷史小說特徵。小說在藝術方面，除了重視情節安排上的曲折多變與懸念設置之外，在人物形象塑造上也取得了相當高的成就，主人公張丹楓被塑造成一個集傳奇化、性格化及浪漫詩意於一身的英雄人物，具有極強的藝術魅力。

　　《白髮魔女傳》則以明萬曆四十三年涼秋為歷史背景，講述雲貴總督卓仲廉卸任歸故鄉陝北，途經川陝邊境時遭綠林女大盜「玉羅剎」練霓裳劫財的故事，反映了當時百姓反抗政府，下屬背叛上級，奸佞出賣國家的歷史風貌。小說對人物的刻畫亦相當細緻，性格衝突導致愛情破裂不落俗套。《大唐遊俠傳》則以唐朝天寶年間安史之亂為歷史背景，敘述了大悲劇時代中主角豪邁絕倫的俠氣。不過，有評論認為：「就小說人物的主流傾向而言，梁羽生武俠小說中的人物道德色彩濃烈，正邪嚴格區分，人物的社會內涵豐

富，但人物性格單一，有概念化、公式化的缺陷。」

與金庸、梁羽生重視植入歷史的風格不同，古龍的武俠小説「完全跳開歷史」，內容從來沒有注明朝代。古龍的小説裏雖然也講到「南七省北五省」、「紫禁城」、「東南倭寇」、「刑部六扇門」等歷史概念，但從總體來看，基本拋開了歷史背景，而着重於對現實人生的感受。其原因是多方面的，從外部原因看，古龍身處的台灣，政治空氣還處於「高壓」狀態，古龍為避免「以古刺今」的嫌疑，乾脆不談歷史；從個人原因來看，古龍在小説裏所要表達的是現代人的生活態度，避開特定歷史時空反而更有利於人物情感的自由發展。他將現代人的情感、觀念用一層武俠的外衣包裹起來，以武俠的方式去描述現代都市人的情感、觀念。因此，古龍武俠小説所塑造的人物形象與現代人的生活、情緒、心靈相當貼近，並通過這些具有現代人格特性的人來折射和鑑照現實社會，詮釋和挖掘「人性」，形成小説的基礎和內核。

與金庸、梁羽生筆下的英雄人物追求國家民族大義不同，古龍筆下的英雄人物，均為「有血有肉有缺陷不完美的邊緣人物」，他們的俠義，是「為知己者死，不亦樂乎！」無論是《楚留香傳奇》中的楚留香、《多情劍客無情劍》中的李尋歡，還是陸小鳳、西門吹雪、花滿樓、胡鐵花等，都是一副瀟灑不羈的「浪子」模樣，不再背負着家國情懷，更多的是個人的愛恨情仇，於肆意妄為之間揮灑個性。他們所凸顯的正是普通人的欲望指向，也是普通人所嚮往的美好生活。其中以楚留香最具魅力，其武功高超，智慧幽默，豁達寬容，對人類充滿愛與信心，經歷傳奇而絕不違背初心。有評論認為：「古龍正是將這些人性中貪、嗔、癡所引起的非理性的心理行為都揭幽發微，集中到了一處，構造出一個瘋狂的世界。同時，他用直抒胸臆的方式和婉轉的曲筆，批判了那種前代仇怨化為現世業報的倫理模式，並塑造出充滿人性和人情的新一代江湖人物，讓我們看到了希望的曙光，蘊含着獨特的藝術魅力。」

溫瑞安深受古龍影響，他的大多數武俠作品，亦以「架空歷史」為創作基礎，這種創作方法不僅更容易敘述故事，而且也有一種令人捉摸不透的神

秘感。從溫瑞安的成名之作《四大名捕》系列來看，這部長篇系列武俠小說，在創作時以是架空歷史、不分朝代為契機，但是從整個故事情節分析，可以發現其故事背景，是發生在北宋徽宗年間和明朝嘉靖年間。其中，《四大名捕會京師》和《四大名捕鬥將軍》兩部，描寫的北宋徽宗年間的事；而《四大名捕震關東》則寫的是明嘉靖年間的事，主要講述了諸葛正我與四個徒弟，即「無情」、「鐵手」、「追命」、「冷血」，不畏強敵、伸張正義的故事。溫瑞安筆下的小說人物，不僅表達了正義與邪惡之間的勢不兩立，同時也寫出了正義或許會遲到，但是永遠也不會消失的道理。溫瑞安曾說：「武俠不僅僅是快意恩仇，而是教我們做人的道理。」

在文學成就方面，四大宗師中以金庸的成就最高。金庸武俠小說具有深厚的傳統文化意蘊，小說吸收了大量古典文化精髓，同時也吸納了西方小說的一些思想與流派。有人說，《射雕英雄傳》、《天龍八部》、《笑傲江湖》正與儒、釋、道三家對應。金庸還將如琴、棋、書、畫、醫、相、卜、巫，以及山、水、花、草等融入作品中去，提高了武俠小說的審美意識和文化層次。金庸小說大部分都採用中國古典白話小說式的語言，精練，典雅，句子長短相雜，錯落有致，具有音韻美，節奏感分明，體現了傳統中國古典白話小說語言的特色。

在人物塑造上，金庸武俠小說塑造了眾多極為生動豐富的人物形象，同樣是女俠的黃蓉、小龍女、駱冰、任盈盈、殷素素、李文秀，各有其個性；同樣修練降龍十八掌的郭靖與喬峰的性格和命運大不相同；同樣是反面人物的慕容復、段延慶、花鐵幹、左冷禪、岳不群，各有其可惡可厭的表現。金庸還寫出夏雪宜、林平之、謝遜、向問天、韋小寶等性格複雜、亦正亦邪、難以捉摸、富有深度的人物形象。在武功描寫上亦是別開生面、獨樹一幟。金庸給每一招式都安上了美妙動聽、耳聞能熟、充滿詩情畫意的名稱，並將武功與琴棋書畫融為一體，如陳家洛的「百花錯拳」、楊過的「黯然銷魂掌」、《連城訣》中的「唐詩劍法」，《俠客行》中的「俠客行」等。此外，金庸的小說結構宏偉而嚴謹，放得開收得攏，前呼後應，一氣呵成。

1968 年 10 月 26 日，金庸於《明報》連載《笑傲江湖》
圖片來源：邱健恩

　　國內著名紅學專家馮其庸曾評價説：「我特別感到印象深刻的是金庸小說的文學性，它與一般舊式的和時行的俠義小說有顯著的不同，它不僅是小說的語言雅潔、文學行高、行文流暢婉轉；也不僅是有詩有詞，而且也不都是湊數之作，而是相當令人耐讀的，更重要的是作品中時時展現出一種詩的境界，一種特別美好的境界。……尤其應該指出的是金庸小說場面之闊大、意境之奇麗，是遠遠超越於以往的同類小說的。……金庸小說情節的柳暗花明，絕處逢生，或天外奇峰飛來，這種令人拍案叫絕的地方，往往隨處可見。」

　　正因為如此，「凡有華人之處，即有金庸的武俠小說」，從凡夫走卒到學者、政治家等都喜愛金庸的武俠小說，他的作品甚至被翻譯成英文、法文、馬來文、印尼文、泰文，風行全球華人社會。因而，金庸在全球華語世界享有極崇高的聲譽和影響，他於 1998 年獲香港市政局頒授「文學創作終身成就獎」，獲香港（及海外）文學藝術協會頒授「當代文豪金龍獎」；2009 年獲世界華人盛典頒授「2008 年影響世界華人終身成就獎」；2000 年

獲香港特區政府頒授「大紫荊勳章」。2017 年 2 月 28 日，香港文化博物館常設的「金庸館」揭幕。2018 年 10 月 30 日，金庸在香港辭世，享年 94 歲。

　　鑑於金庸武俠小說的廣泛流傳，在香港、台灣、內地等華語世界都掀起了研究「金庸」的熱潮。在香港，由倪匡撰寫的《我看金庸小說》最受歡迎，影響也最大；在台灣，先後出版了由沈登恩主編的《金學研究叢書》，以及由知名作家撰寫的金學研究系列叢書《諸子百家看金庸》（共 20 多卷，數百萬字）；在內地，北京大學中文系教授嚴家炎率先開設「金庸研究科」，並出版了《金庸小說論稿》，學者陳墨出版了評價金庸系列作品，包括《賞析金庸》、《初探金庸》、《情愛金庸》、《武學金庸》等，形成一門與「紅學」相類似的「金學」。

　　與金庸相比，梁羽生則是新派武俠小說的開山鼻祖。梁羽生在評價自己的武俠創作地位時曾說：「開風氣也，梁羽生；發揚光大者，金庸。」梁羽生的功績，在於開創了武俠小說的一代新風。早期，舊武俠小說雖絡繹不絕，但始終難登大雅之堂，武俠的讀者主要是下層的「識字分子」。梁羽生及金庸的出山，使得局面頓為改觀，各大報刊爭相刊登，讀者也普及到社會

金庸武俠小說《神鵰俠侶》普及版
圖片來源：邱健恩

各個階層，開創了武俠小說的新紀元。隨後，關於武俠小說的專門研究也漸成熱潮，與純文學相媲美。

梁羽生的小說也取得很高的文學成就。梁羽生有深厚的古典文學造詣，在他的小說中常常可以讀到如詩如畫的優美文字，如《散花女俠》中一段描述雲南滄海的文字：「於承珠等一路上山，但見太陽照過山峰的背影折射在水面上，碧波蕩漾，形成五彩霓虹般迴旋着的層層圈環，輝映着深紫、天藍、碧綠、橙黃、鮮紅等色光，各種各色奇妙悅眼的石卵，嵌在水底，如珍珠，如翡翠，如寶石，堆成了水底的寶藏。」這種流光溢彩的文字，在一般武俠小說中並不多見。梁羽生曾以署名佟碩一發表〈金庸梁羽生合論〉比較他與金庸的差異：「梁羽生是名士氣味甚濃（中國式）的，而金庸則是現代的『洋才子』。梁羽生受中國傳統文化（包括詩詞、小說、歷史等等）的影響較深，而金庸接受西方文藝（包括電影）的影響則較重。」2009 年，梁羽生榮獲澳大利亞華人文化團體聯合會頒授「澳華文化界終生成就獎」。同年 1 月 22 日，梁羽生在悉尼辭世，享年 85 歲。

與金庸、梁羽生相比，古龍武俠小說最大的特點就是創造性的將戲劇、推理、詩歌等多種元素引入傳統武俠，並將自己獨特的人生哲學融入其中，形成了獨樹一幟的古龍式武俠小說風格。古龍曾經說過：「武俠小說已經到了不得不變的地步」，要「求新、求變、求突破」；「情節的詭奇變化已不能再算是武俠小說最大的吸引力，但人性的衝突卻是永遠有吸引力的」。古龍小說最注重的是人性的體驗，他常用細膩的筆觸去描寫人物微妙而複雜的情感，常用生與死、幸福與痛苦這樣尖銳對立的矛盾，來表現人物的內心世界和高貴獨立的人格，以此來揭示生命的意義和人生的真諦，並以此折射社會現實。就這一方面來講，古龍突破了金庸的局限，開創了新的武俠小說潮流。

在寫作方面。古龍成功地運用了寫景、寫情、寫心態的新派寫法，並兼顧中國傳統小說環環相扣、撲朔迷離的情節安排，他筆下的人物形象栩栩如生。有評論指出：「作為當代華語文壇罕有的大師，古龍的作品是真正深

入街頭巷尾的文學經典，李尋歡、陸小鳳、楚留香、沈浪、西門吹雪等眾多形象，早已成為當代中國人精神生活的重要角色。一句『人在江湖，身不由己』，流傳甚廣。他的作品有着永恆的主題：勇敢，俠義，愛與寬容。」

相比之下，溫瑞安是最高產的武俠小說大家。溫瑞安早期的作品頗受古龍影響，如成名作《四大名捕》系列、《神州奇俠》系列等均可見古龍的痕跡，到 80 年代初期又加上了若干還珠小說的奇妙素材和神魔虛幻色彩，從 1987 年起以「現代派」自居，內容凸顯視覺效果。從整體風格來看，溫瑞安的武俠小說更多趨於「武俠散文」形式，語言華麗、文風炫目，並可將江湖中的打打殺殺，用「詩化的語言」描寫得入木三分並動人心魄。有評論認為：「自 20 世紀 80 年代中期以後，金、梁及臥龍生等作家均已封筆，古龍等優秀作家逝世，溫瑞安成了『古龍之後，獨撐大局』的作家。有人說他可以與古龍相比，也有人說他甚至可以與金庸相比。對溫瑞安的極力稱讚和截然相反的貶斥，亦成了 20 世紀 90 年代後中國武俠文壇上的一種獨特的文化現象」。

香港電影、電視、歌曲、漫畫的「武俠」熱潮

在香港，武俠小說熱潮不僅在報刊雜誌上長盛不衰，而且蔓延至電影、電視、樂壇、漫畫等多個領域，形成相輔相成、相得益彰、蔚為壯觀的一股獨特的文化潮流。從 60 年代以來，香港的電影、電視、樂壇先後掀起了四次關於「武俠」題材的創作熱潮，其中，相當部分是以金古梁溫四大宗師的武俠小說為藍本進行再創作的。武俠小說與電影、電視、音樂、漫畫的結合，使得武俠熱潮如日中天，同時更令武俠文化所影響的社會階層更加廣闊。

第一次熱潮是在 60 至 70 年代，其代表是胡金銓、張徹等執導的武俠電影，從內容來看，主要是胡金銓代表的「文人武俠」向張徹強調男性情義的「暴力武俠」發展，使武俠從「刀劍」向「拳腳」過渡。1964 年，胡金銓執導第一部新派武俠片《大醉俠》，由洪金寶作動作指導，該片於 1966 年上演後大獲成功，被稱為「武俠電影與新武俠電影的一種過渡」。其後，胡金銓開始構思並編寫《龍門客棧》，1967 年《龍門客棧》上映，成為當年台北

十大賣座國語片之首，創香港開埠以來中外影片賣座最高紀錄。1968 年，《龍門客棧》獲第 6 屆台灣電影金馬獎最佳作品獎、最佳編劇獎，並參加德國柏林國際影展，成為第一部在日本戲院正式公映台灣出品的影片。1971 年，胡金銓代執導的《俠女》，在第 28 屆戛納電影節獲最高綜合技術獎，把整個華語電影拉高一個檔次。

60 年代中期，邵氏老闆邵逸夫決心要拍攝新類型的武打片。1967 年，由倪匡編劇、張徹執導武俠電影《獨臂刀》上演，成為第一部票房收入超過 100 萬港元影片，並樹立「新派武俠電影」典範，與胡金銓的《大醉俠》並稱「絕代雙驕」。1968 年，張徹再執導《金燕子》，塑造了中國電影史上第一位女扮男裝、英姿颯爽、文武雙全的女俠形象金燕子。從 1977 年起至 1981 年，張徹先後執導拍攝金庸的《射雕英雄傳》三部曲。這是電影首次改編金庸小説的起端。與此同時，邵氏另一導演楚原亦相繼拍攝了古龍的《流行・蝴蝶・劍》（1976 年）、《楚留香》（1977 年）等。據估計，邵氏拍製的電影之中，約有五分之一為武俠片。這一時期，與邵氏抗衡的嘉禾邀得武打巨星李小龍相繼拍攝了《唐山大兄》（1971 年）、《精武門》（1972 年）、《猛龍過江》、《龍爭虎鬥》等，在香港乃至全球華語世界掀起一股空前的武俠電影高潮。

第二次熱潮由電視劇崛起於 70 年代末期。1976 年，香港佳藝電視台第一次將金庸的武俠小説《射雕英雄傳》改編成電視劇。1981 年，香港麗的電視台開拍武俠電視劇《大俠霍元甲》，講述了清末著名武術家霍元甲傳奇的一生，自己創「迷蹤拳」，成立精武門，擊敗外國武師，為國爭光的故事。該劇一經播出，立即轟動香港，並於 1983 年成為被引進內地的第一部港產劇。其後，麗的電視相繼拍攝了《天蠶變》和《天龍決》（1979 年）、《大內群英》（1980 年）、《陳真》（1982 年）、《霍東閣》、《再向虎山行》等。其中，《天蠶變》、《再向虎山行》均盛況空前。

為了抗衡麗的的《天蠶變》，無綫亦於當年開拍以古龍武俠小説為藍本的《楚留香》。其後，無綫相繼拍攝了《天龍八部》（1982 年），《射雕英雄

傳》、《神雕俠女》、《倚天屠龍記》（1983 年），《笑傲江湖》、《鹿鼎記》和《魔域桃源》（1984 年），《絕代雙驕》（1988 年）等。1983 年，無綫電視台收購佳藝，對佳藝的《射雕英雄傳》進行改編，製作為 59 集的電視劇，分為《鐵血丹心》、《東邪西毒》、《華山論劍》三部，其中，由黃日華和翁美玲分別主演的郭靖和黃蓉深入人心，被公認為經典之作。劇中主題曲《世間始終你好》、《鐵血丹心》由羅文、甄妮演唱，亦成為無法超越的經典。1984 年，無綫推出《笑傲江湖》，由周潤發、陳秀珠、戚美珍等主演，被認為是經典式樣的笑傲江湖，人物個性刻畫得極生動。

第三次熱潮崛起於 80 年代末 90 年代初，以大導演徐克、胡金銓、麥當雄等主導的新派武俠電影為代表，其經典作品主要有：《笑傲江湖》（1990 年），《新龍門客棧》和《笑傲江湖 II：東方不敗》（1992 年），《白髮魔女傳》、《新流星蝴蝶劍》和《新仙鶴神針》（1993 年），《東邪西毒》和《天龍八部之天山童姥》（1994 年），《斷刀客》（1995 年），《黃飛鴻》（6 部，1991-1997 年），《天雲雄霸天下》（1998 年）等。其中，由徐克監製、胡金銓執導的《笑傲江湖》，被譽為「新武俠電影的開山之作」。《新龍門客棧》由徐克監製，李惠民、程小東聯合執導，影片中「凌冽的大漠、西北的民風、江湖的俠義、精彩的武打、規矩的服飾、鮮明的性格……構成了一部傳世經典」，被譽為「武俠電影的一座豐碑」。《笑傲江湖 II：東方不敗》以精彩絕倫的動作場面、鮮明獨特的人物形象和緊湊的節奏，令觀眾看得如癡如醉，不能自已。武俠電影熱潮還帶動了武俠歌曲的傳唱，或者説相得益彰。如《笑傲江湖》的主題曲《滄海一聲笑》，歌曰：「滄海一聲笑，滔滔兩岸潮，浮沉隨浪，只記今朝。蒼天笑，紛紛世上潮，誰負誰勝出，天知曉。」該曲由黃霑作詞並主唱，唱出了江湖的豪情和滄桑。有評論説：這一時期，徐克拍出了中國人心目中的武俠。為表彰他對武俠文化做出的貢獻，國際天文聯會頒發證書，給一枚距離地球 35 億公里的小行星，定名為「徐克星」。

在武俠電視劇方面，這一時期也是高潮迭起，據粗略統計，90 年代無綫、亞視兩家電視台播放的武俠電視連續劇至少在 60 部以上，即平均每年

上演數量達 6 部之多，其中的經典，主要包括：《蜀山奇俠》（1990 年），《怒劍嘯狂沙》（1991 年），《原振俠》（1993 年），《白髮魔女傳》（1995 年），《笑傲江湖》（1996 年），《天龍八部》和《雪花神劍》（1997 年），《鹿鼎記》和《雪山飛狐》（1998 年）等。其中，《白髮魔女》是根據梁羽生的武俠小説改編，該劇分為《一代俠女》和《白髮俠女》兩部分，講述了關於練霓裳和卓一航的動人武林故事。《天龍八部》1997 年無綫電視版，被認為是最經典的版本。該片被引進內地時，曾經創下 34 家省級電視台（其中包括 19 家是衛星電視台）幾乎在同一時間播放的盛況，創中國電視史之先河。而由陳小春主演主角韋小寶的《鹿鼎記》則成為多版《鹿鼎記》中最經典的一部，有評論稱：「陳小春對『韋小寶』的刻畫已到達了一個頂峰。超自然的演出使得陳氏『韋小寶』成了一個不可超越的品牌形象。」

第四次武俠熱潮崛起於千禧年以後，其代表是周星馳的功夫系列和甄子丹主演的《葉問》系列。其中，被譽為「喜劇之王」的周星馳開創了喜劇武打片的新潮流，其代表作是《少林足球》（2001）和《功夫》（2004）。《少林足球》由周星馳自編自導自演，運用大量的電腦特效，把足球隊員變成絕世高手，以鐵頭功、旋風地堂腿、金鐘罩鐵布衫、鬼影擒拿手、大力金剛腿、輕功水上漂等 6 大少林絕技現身足球場。影片上映後大受歡迎，獲得第 21 屆香港電影金像獎最佳電影獎、日本電影藍絲帶獎最佳外語片等獎項，並被美國《時代週刊》選為「世界史上 25 部最佳體育電影之一」。其後，周星馳再執導喜劇武打片《功夫》，結果風靡全球，被《時代週刊》評選為「年度十大佳片」之一。

踏入千禧之年以後，香港的武俠電影再起高潮，這一時期的代表作主要有：《小李飛刀之飛刀外傳》（2000），《七劍》、《龍虎門》、《殺破狼》（2005），《導火索》（2007），《風雲決》（動畫，2008），《葉問》（2008），《劍雨》和《錦衣衛》（2010），《龍門飛甲》和《武俠》（2011），《血滴子》（2012），《一代宗師》（2013），《黃飛鴻之英雄有夢》（2014），《三少爺的劍》（2016），《臥虎藏龍：青冥寶劍》（2016）等。這一時期的武俠電影，形式多種多樣，

既有新派武俠電影，有喜劇武俠電影，有動漫武俠片，還有以現代社會為背景的武打片。其中，以甄子丹主演的《葉問》系列四部曲最為矚目，一經上演即轟動全球華語世界。甄子丹出身武術世家，為武打高手，他在影片中以其武打真功夫揚威國際影壇，成為繼李小龍、成龍、李連杰之後，第四個享譽全球的武打巨星。

「武俠」熱潮不僅從小說蔓延到電影、電視、樂壇，而且擴展到漫畫、飲食、電腦遊戲等各個領域。武俠漫畫的誕生，最早是配合報刊雜誌武俠小說的連載，以插圖形式出現。六七十年代，金庸小說廣受歡迎，當時公眾尚未有太多知識產權概念，因而催生了各種漫畫改編的作品。60 年代後期，一代漫畫家黃玉郎崛起，其代表作《小流氓》（後改名為《龍虎門》）趁武俠片熱潮異軍突起，首期發行量就達到 7,000 冊，創下香港漫畫發行量的記錄，並奠定香港武俠漫畫的風格。黃玉郎在《龍虎門》中，巧妙地將九龍旺角的街頭藝場榕樹頭的說書技巧、金庸武俠小說的武打招式和李小龍的肌肉神話三大市井趣味融合於其中，分別配套在王小虎、石黑龍、王小龍三個小流氓身上，並升格為在香港廣為流傳的黃飛鴻式街坊俠義好漢。

70 年代初，上官小寶創作了武打漫畫《李小龍》，大受歡迎，連載 1,560 期，直至 2009 年 2 月才結束，成為香港一代人伴隨童年、少年、青年到中年的經典漫畫之一。到 80 年代，香港漫畫家馬榮成嶄露頭角，他將黃玉郎推出的《中華英雄》發揚光大，創下銷量最高的每期 20 萬冊驚人記錄。《中華英雄》創作了一代宗師華英雄這個角色，將香港漫畫提高到一個新的境界，打破了漫畫在香港屬於低俗讀物的觀念。其後，馬榮成還創作了《風雲》等，再次掀起武俠漫畫熱潮。此外，黃玉郎、馬榮成等漫畫家還出版了《鹿鼎記》、《神雕俠女》、《天龍八部》、《倚天屠龍記》、《雪山飛狐》、《四大名捕》等金梁古溫的武俠名著。

2016 年 7 月，在香港貿易發展局舉辦的第 27 屆香港書展上，首次設立年度主題「武俠文學」，並開辦「文壇俠聖 —— 金庸與查良鏞」和「筆生武俠 —— 香港的武俠文學」展覽，前者展出金庸的小說手稿、親筆對聯、《書

劍恩仇記》電視劇的主題唱片、相關電影海報、電視及一些珍貴照片等，重點介紹了金庸的寫作生涯和事業成就；後者介紹了跨越本個世紀的 8 位具代表性的香港武俠文學作家，包括梁羽生、金庸、古龍、倪匡、溫瑞安、黃易、喬靖夫及鄭豐等，展示了梁羽生 50 年代出版的《萍蹤俠影錄》單行本、溫瑞安《少年四大名捕》的手稿、早期連載式武俠小說剪報、武俠小說改編的劇本和漫畫等，讓參觀者得以從多角度了解香港經典武俠小說的誕生歷程，並欣賞香港武俠這塊文壇瑰寶。展會上還安排了多場主題講座，四大宗師之一的溫瑞安亦蒞臨現場開講，他表示：武俠小說版權收入在近 5 年翻了 8 倍，「中國武俠非但沒有死，反而影響愈來愈大」。這次書展取得了空前的成功，吸引了大批武俠小說迷前來參觀，並再次掀起武俠小說的搶購熱潮。

香港貿易發展局助理總裁張淑芬在書展的路演中表示：「香港的武俠文學始於上世紀五六十年代，報章上的武俠文學連載專欄，由於廣受歡迎，多個系列獲結集出版成書。這些作品經過時間考驗，至今仍然受廣大讀者追捧，部分更被翻譯成不同文字，並衍生出漫畫、電視劇、電影及電腦遊戲，讓更多人領略到武俠世界中蘊含的這中華文化精髓。武俠文學不單是華文文壇的一塊瑰寶，更成為外國人認識中華文化的一扇大門。」

香港人「武俠」情懷的社會背景

武俠小說，武俠電影、電視、歌曲乃至武俠漫畫等熱潮，在香港數十年來之所以長盛不衰，原因是多方面的，既有主觀方面的因素，也有客觀方面的社會背景。從主觀因素來看，這一時期，金庸、梁羽生、古龍、溫瑞安等都是一代文學大家，他們創作的小說情節曲折引人，人物形象鮮明，語言簡練精彩；在電影、電視、流行音樂等領域，也是大師、巨星輩出，拍攝了一大批享譽國際的優秀武俠電影，唱響了一大批經典武俠流行歌曲，贏得了萬千觀眾、聽眾。

從社會背景來看，主要有以下原因：首先，是香港人、香港華人社會對家國情懷的一種緬懷。在很長一段歷史時期，香港是英國的殖民地，具有西

方文化的濃郁色彩；不過，它同時又是一個傳統中國社會，骨子裏改變不了的是中華文明流淌了幾千年的血液。在香港，由於西方文化佔據主導，中華文明就顯得尤為珍貴，這種文明首先表現出來的就是家國情懷和儒家文化。而武俠小說、電影、電視、樂曲等等正是寄託這種情懷的最好載體，所謂「俠之大者，為國為民」。金庸、梁羽生等一代宗師正是透過一系列武俠小說，寄託了對家國情懷的緬懷、對故鄉的思念。在他們的筆下，一代大俠在很大程度上摒棄了俠客身上的狹隘性，而置身於更為廣闊複雜的歷史環境中，突出表現了俠客們為國為民的情懷。

20 世紀 90 年代，香港湧現出了一大批兼具藝術性與思想性的武俠電影，如徐克的《新龍門客棧》、《黃飛鴻》系列、《笑傲江湖》等，王晶的《鹿鼎記》、《新少林五祖》，陳嘉上的《武狀元蘇乞兒》、《精武英雄》，元奎的《方世玉》系列等。其中，《黃飛鴻》系列把歷史中真實的一介武夫，塑造成電影中具有家國情懷的民族英雄。《方世玉》系列中的方世玉，雖具有傳統的俠義精神，但是思想更為開闊，不再局限於狹隘的個人恩怨，而上升到了更為廣闊的為國為民層次。在《精武英雄》，主角陳真被塑造成一個愛國者、一個民族英雄。

有評論認為：「半個世紀以來，這些在香港搞武俠文化的宗師，沒有一個是本地人。武俠雖是娛樂文化，但操持者，全是古典文學修養深厚的文人。他們寫武俠、拍武俠，看起來像是在迎合潮流，但本質上，是在勾勒傳統的樣子，也更像是在表達鄉愁。」正因為如此，香港的武俠潮流中，無論是小說、電影、電視、歌曲，都充滿一種遷徙漂泊的滄桑感和尋根的欲望，有人稱之為濃厚的「港味」。反觀內地拍攝的武俠片，就缺乏這種「味道」。正是這種充滿「港味」的家國情懷，引起了家居海外的香港人乃至全球海外華人社會的強烈反響，掀起一波又一波的熱潮。

其次，是香港人對於重塑社會秩序，維持公平、正義的渴望。武俠在中國有着悠久的歷史傳統。《史記‧遊俠列傳》中曰：「今遊俠，其行雖不軌於正義，然其言必信，其行必果，已諾必誠，不愛其軀，赴士之厄困；既已存

亡死生矣，而不矜其能，羞伐其德。」傳統大俠們都秉承行除暴安良、見義勇為、重信守義的江湖理想，在官方規範的社會之外的「江湖」上行走。這種「遠離廟堂，以武犯禁，毀家紓難，忠貫日月，為國為民又具有犧牲精神的俠義精神，繼承了道家和墨家的文化基因，是中國傳統價值觀和民族文化背景的產物」。與廟堂相對的江湖，是俠客們仗劍天涯、打抱不平、替天行道的地方，俠客縱橫江湖，快意恩仇。這種江湖理想，對於香港這個在港英管治下的華人社會產生了深刻的共鳴。

20 世紀 40 年代末 50 年代初以來，大批內地知識份子和各個階層的民眾匯聚到香港，而香港在英國人重新管治之後，社會秩序正在重建之中，警匪勾結，而廉政公署尚未建立，各種勢力都在竭力建立自己的領地，「黑社會」勢力猖獗。這種情況是殖民地文化對現代社會秩序追尋過程中的一種相對真空狀態。在這種文化生態中，社會民眾有一種對現代化秩序的渴望，但這種渴望在當時的時代是求而不得的。金庸、梁羽生等一批文化人將香港人這種對於重塑社會秩序、維持公平、正義的渴望寫進武俠小說之中，借助武俠小說中的大俠們的「江湖理想」表達出行俠仗義、維護社會公平的願望。有評論指出：「新的秩序沒有建立起來，舊的秩序已經被打破，只能期待內心那種忠義秩序的重樹。」「白色秩序和黑色秩序，只能達成一統，才能穩定好香港的地界江湖。這不僅是一段真實存在的歷史，而且有香港人對自身命運沉浮的關注，港人有社會情結在裏邊。」

再次，武俠小說、電影、電視對大俠「人性」的刻畫和「江湖」的描述，使得香港人從中找到自己的身影和情懷。金庸曾在《笑傲江湖》後記（三聯書店版）中寫道：「我寫武俠小說是想寫人性，就像大多數小說一樣。這部小說通過書中一些人物，企圖刻畫中國三千多年來政治生活中的若干普遍現象。影射性的小說並無多大意義，政治情況很快就會改變，只有刻畫人性，才有較長期的價值。」在金梁古溫的武俠小說中，讀者們從虛幻世界中看到現實社會的種種人性，他們的喜怒哀樂，他們的愛恨情仇，他們的種種欲望。有評論認為：「在擁擠不堪的香港，鋼筋水泥林立的國際大都市裏，

金庸的神筆帶着無數人穿越了時空，讓他們無限想像着自己的未來和英雄氣概，幻想着自己的生活和至死不渝的愛情。他筆下的任盈盈、令狐沖、黃蓉、靖哥哥，曾經讓很多人有着無限的夢想。」

在古龍的筆下，其武俠世界更貼近現代世俗社會，書中的大俠都具有以自我為中心的人格特徵，其行為表現一般具有孤獨、冒險、情慾或愛情、享樂等世俗傾向。有學者認為：「古龍的『世俗英雄』的世界觀，都已經不局限在過去武俠小說，關於中國傳統文化或社會的道德範圍。反之，呈現出資本主義化社會的功利傾向與缺乏社會性公平的經濟階級現象。這個本質性的裂變，使得古龍的武俠小說，除了形式的『現代化』，就文化社會意義內涵來說，『現代性』社會語境，透過古龍的創新，開始滲透武俠小說。」如果說，金庸的武俠小說面對的是知識份子階層，那麼，古龍的小說則更多的是面對社會底層大眾，這些讀者從古龍的小說中讀出了自己的身影。這種傾向，在周星馳的電影《功夫》之中表現的更為明顯。電影中那些身懷絕技的武俠高手，都是住在經常停水、如同難民營的豬籠寨內的社會底層，有裁縫、腳力、包租婆、賣唱的殘疾人、賣油條為生的小人物。這些市井俠客雖然出身低微，但豪氣蓋世，為民除害。這也就是《功夫》為何大受歡迎的主要原因。

此外，「武俠」熱潮在香港的興起，與香港當時的社會環境，以及香港政府的「積極不干預」政策和寬鬆自由的創作環境也密切相關。有評論指出：「新派武俠小說能夠首先在香港興起，是因為 50 年代初期的香港正是適合武俠小說重新冒起的土壤：香港的社會觀念、社會氣氛和社會生活方式，同 1949 年前的內地最接近。何況香港與內地地緣接近，原來的武俠小說風氣稍稍移動，便能轉到香港來。」特別是在中國爆發為期 10 年的「文化大革命」動亂和台灣實行「戒嚴」的背景下，香港成為這些文人、導演自由創作的「孤島」，憑藉武俠小說、電影、電視等載體，表達了社會大眾的家國情懷和江湖理想。

金古梁溫的優秀武俠小說，無疑是這一時期的文化豐碑之一，給香港社會乃至全球華人社會以豐富的精神寄託和文化薰陶，享譽海內外。

下篇

商業都會

香港是個一刻也容不得僵化的地方，

是個高樓大廈和小販爭相擠佔街道的地方，

也是個不同文化時常互相交流，但也時常情同陌路的地方。

香港經歷滄桑，它曾經傲視世界，

在此，我們看過燦爛的光輝和其背後的辛酸。

香港基本上是一個功利的地方，

由商業所創造，並為商業所維持。

它是一個轉口港、哨站、交匯點，世界商業城市的典範。

它是西方窺視中國大陸，也是中國大陸窺望西方的窗口。

—— 恩萊特、司各特、杜大偉著：《香港優勢》

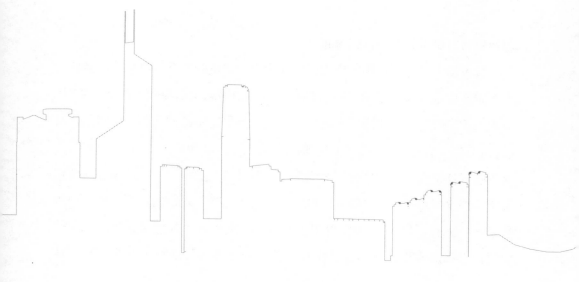

第十四章

洋行滄桑：
從怡和到利豐、捷成

洋行在香港經濟的發展中，曾扮演極為重要的角色，它一度構成香港這個遠東最重要貿易轉口港的經濟主體。20 世紀六七十年代，英資四大洋行，包括怡和、和記、太古、會德豐等，一度在香港經濟中稱雄，成為香港這個國際商業大都會的財富象徵。其中，又以怡和洋行最為著名，影響力最深遠。英國著名小說家克雷威爾（James Clavel）筆下的《豪門》（*Noble House*），所描述的香港有扣人心弦的商戰和權力鬥爭，據說就是以怡和這家古老而神秘的洋行為背景展開的。這是香港洋行的高光時刻。不過，時移世易，從 70 年代後期起，洋行的地位從巔峰滑落。到 90 年代後期，華商利豐公司相繼收購英之傑採購服務、太古貿易等，結束了外資洋行雄霸香港採購貿易的歷史。

鴉片貿易背景下外資洋行的崛起

據考證，洋行原指中國境內與外國商人做買賣的商行、商號，後多指外國資本在中國開設的貿易商行。外資洋行在中國的早期發展，首推 1715 年英國東印度公司在廣州設立的商館，初期業務是向中國輸入英國毛織品，及印度棉花、檀香等，其後轉向從印度加爾各答向廣州輸入鴉片。1796 年，清政府宣佈禁煙，東印度公司表面停止了對華鴉片貿易，但暗地裏卻轉由它發出特許證的所謂「自由商人」進行。這批自由商人創辦的商行，構成中國最早一批外資洋行。1834 年東印度公司退出廣州後，販運鴉片的外資洋行如雨後春筍般湧現，當時，在廣州的外資洋行最多時達到 150 家左右。其

中，以英資的怡和洋行、寶順洋行和美資的旗昌洋行最為著名。

怡和洋行的英文名稱是「渣甸‧馬地臣公司」（Jardine, Matheson & Co.），以兩位創辦人——前東印度公司外科醫生威廉‧渣甸（William Jardine）和蘇格蘭商人詹姆士‧馬地臣（James Matheson）的名字命名，於1832年在廣州創辦。「怡和」是它在廣州註冊時所用的商號，取「快樂和諧」之意。怡和洋行成立時，遠東的鴉片市場和運輸條件正發生深刻的變化：印度鴉片產量大增，價格下跌；而遠洋快船、鴉片飛剪船相繼出現，鴉片商需要開拓廣州以外的市場。為應對環境的變化，怡和洋行致力打造一支往來於印度與中國、廣州與東部沿海城市之間的極具競爭力的飛剪船隊。

當時，伶仃洋上躉船的鴉片，由遠洋快船從印度運來，再由飛剪船快運到中國沿海各埠。誰爭取到「速度」，誰就能在鴉片貿易中取勝。為此，怡和先後購買了「紅海盜號」、「仙女號」、「楊上校號」、「馬葉斯夫人號」等12艘飛剪船，頻密往來穿梭於加爾各答、廣州，以及東南沿海城市之間的航線上。其中，紅海盜號於1829年建造於印度，該船在1812年拿破崙戰役期間曾劫掠不少商船，最初由寶順洋行代理，1836年由怡和購入全部股權。到1837年，怡和洋行已成為遠東最大的鴉片貿易商。

寶順洋行，又名「顛地洋行」（Dent & Co.），是當時能夠與怡和洋行一較高下的另一家著名的鴉片走私商。寶順洋行的歷史，可追溯到1807年在廣州開設的巴林洋行（Baring & Co.），主要業務是為孟加拉商人代理包括鴉片在內的生意。1924年，英國人湯瑪斯‧顛地（Thomas Dent）取得洋行控制權，將洋行改名為「顛地洋行」。1831年，蘭斯祿‧顛地（Lancelot Dent）成為寶順洋行的主要負責人。當時，顛地在廣州是與渣甸齊名的兩大鴉片走私販之一。1939年，清欽差大臣林則徐到廣州查禁鴉片時，曾下令捉拿顛地，藉此殺雞儆猴，奉勸外國鴉片商交出鴉片。顛地洋行的中文名稱為「寶順洋行」，取「寶貴和順」之意。該洋行亦擁有一支鴉片走私船隊，其中著名的走私快船有「水妖號」、「伊芒號」、「韋德‧戴雷爾號」等。

美資旗昌洋行（Russell & Co.）是僅次於怡和洋行、寶順洋行的第三大

鴉片走私商行。旗昌洋行的前身是羅素洋行（Samuel Russell & Co.），創辦於 1818 年，創辦人為出身於美國赫赫有名家族的商人塞繆爾·羅素（Samuel Russell）。1824 年，羅素洋行重組為「旗昌洋行」（Russell & Co.）。1840 年，旗昌洋行兼併了英資賴素·斯特吉斯洋行（Russell Sturgis & Co.），成為在華第二大外資商行，僅次於怡和。1846 年，旗昌洋行將總部從廣州遷往上海，公司的經營範圍也由鴉片走私擴大到進出口貿易，並建立了航運公司、倉庫、碼頭，以至開辦機器繅絲和焙茶廠等，成為 19 世紀最大的在華美資企業。旗昌洋行於 1850 年在香港成立分行。早期，美國駐各商埠領事幾乎全是旗昌洋行的股東。當時，旗昌洋行擁有許多由美國特製的鴉片走私快船，進行武裝走私，著名的有「玫瑰號」、「氣精號」、「西風號」、「妖女號」及「羚羊號」等。

　　1839 年，清欽差大臣林則徐在廣州禁煙，共收繳了英美商人交出的鴉片 21,306 箱。其中，怡和洋行繳出 7,000 箱，佔第一位；寶順洋行繳出 1,700 箱，佔第二位；旗昌洋行繳出 1,540 箱，佔第三位。三大鴉片走私洋行共繳出鴉片 10,240 箱，約佔總數的一半。1839 年 6 月，林則徐在虎門親自主持銷煙，有力打擊了外資洋行的鴉片走私貿易。以渣甸為首的英商不甘放棄鴉片貿易的巨大利益，遂積極鼓動英國政府發動對華戰爭。這導致鴉片戰爭的爆發、中英《南京條約》的簽訂及英軍對香港的侵佔。

香港開埠初期外資洋行的發展

　　1841 年 1 月 26 日，英軍在香港島上環水坑口登陸，佔領香港。同年 6 月 7 日，香港開埠。在英軍堅船利炮的保護下，廣州、澳門一批與鴉片走私密切相關的外資洋行相繼進入香港，搶先在香港島北岸建立據點。原先停泊在伶仃洋海面的鴉片躉船也紛紛開進維多利亞海港。一時間，這個偏僻的漁村開始熱鬧起來。

　　1841 年 6 月 14 日，香港殖民當局首次拍賣港島北岸沿海 35 幅土地，中標者包括 25 家洋行，絕大部分是英資洋行。其中，寶順洋行奪得中區臨

約 1873 年的銅鑼灣東角
圖片來源：Hong Kong: distillery and china sugar refinery at East Point, Photograph by W.P. Floyd, ca. 1873. Wellcome Collection. Public Domain Mark.

水且當街的一塊最佳地皮，怡和洋行投得銅鑼灣「東角」（East Point）三幅土地。怡和取得東角後，即大興土木，建築起第一批磚石結構的房屋、倉庫，作為洋行的香港辦事處，又在東角建造了香港第一個深水碼頭。1944年，怡和將商行總部從澳門遷至香港東角，並僱用了 12 名武裝人員守衛總部。為了盡快獲悉來自倫敦和印度方面的資訊，怡和在山頂建築了一座瞭望台，命名為「渣甸瞭望台」。

就在怡和洋行進入香港的同時，一批英資洋行也先後在香港開設辦事處，包括寶順洋行、林賽洋行（亦稱「廣隆洋行」，Lindsay & Co.）、丹拿洋行（Tumer & Co.）、巴侖治洋行（C. Pallanjee & Co.）等。到 1843 年底，香港的英資洋行已增加到 20 多家，其中規模較大的有 12 家，另外還有 6 家印度商行和來自新南威爾士的一批商人。不過，香港開埠初期的經濟發展並非一帆風順，洋行的業務發展並不理想。《南京條約》簽訂後，五口通商口岸之一的上海得長江之利，腹地廣闊，已躍居為全國最大的商港，香港的商業地位受到威脅，許多洋行都轉到上海發展，怡和洋行等也不例外。

不過，香港作為新開闢的自由商港，憑藉得天獨厚的地理條件，仍在繼續發展。到 19 世紀 60 年代，香港經濟開始呈現出初步繁榮，洋行的數量進一步增加，規模也愈來愈大。這一時期，香港著名的英資洋行主要有：怡

和洋行、寶順洋行、太平洋行、沙遜洋行、費禮查洋行、瓊乜洋行、搬鳥洋行、林賽洋行、丹拿洋行、公易洋行、廣南洋行、連卡佛公司、仁記洋行、麥域加洋行等等。其中，太平洋行（Gilman & Co.）創辦於 1848 年，業務發展迅速，已崛起為怡和、寶順的主要競爭對手，其創辦人理查・詹姆斯・吉爾門原是寶順洋行在中國的茶葉品嚐員，後來自設公司，經營茶葉、生絲、棉紡織品。沙遜洋行（Sassoon & Co.）來自伊拉克猶太裔沙遜家族，1844 年沙遜洋行將業務由孟買擴展到廣州、香港和上海，經營紡織品、棉紗和鴉片進口，業務量巨大。德忌利士洋行經營的德忌利士輪船公司和瓊乜洋行經營的省港快輪公司，是當時華南航運業的佼佼者。

除上述洋行外，著名的洋行還有美資的旗昌洋行和瓊記洋行，德國資本的禪臣洋行以及丹麥的畢洋行等。其中，瓊記洋行（Augustine Heard & Co.）創辦於 1840 年，創辦人為旗昌洋行的前合夥人、美籍商人奧古斯丁・赫德，在香港開埠早期相當活躍，主要從事鴉片和茶葉的貿易。禪臣洋行（Siemssen & Co.）總部設於德國漢堡，1846 年在廣州開設分行，隨後進入香港，並將總部遷入上海，是最早在上海開業的德資洋行。1865 年，香港主要的外資洋行（除怡和之外，但稍後也參加）合作創辦了第一家本地註冊的滙豐銀行。

隨着各洋行相繼進入香港，它們的船隊也遷入香港，以香港為基地穿梭於印度、香港和中國各通商口岸之間。19 世紀六七十年代，維多利亞海港中，停泊着大批洋行的多桅式帆船，滿眼是巨幅的風帆，纜索縱橫，彩旗飄曳，構成帆船時代的海港風情。帆船中許多是大洋行的快船，其中以怡和洋行、寶順洋行、麥域加洋行、丹拿洋行、仁記洋行和德忌利士洋行的快船最有名，高桅上懸掛有特別標誌的彩旗，迎風招展，十分壯觀。大洋行以快船運貨，搶先運抵倫敦，是當年一種傳奇性的競爭。1866 年，太平洋行的快船「太平號」與另一艘快船「愛麗兒號」同時從福州滿載茶葉，從好望角急駛倫敦，結果兩船速度不分高下，同以 98 天駛畢全程，均獲「藍帶獎」。這是帆船時代的一頁佳話。

不過，這一時期，香港洋行的發展亦遭遇挫折，最主要的事件就是寶順洋行的倒閉。1866 年，印度發生棉業風潮，不少洋行和銀行因而破產、倒閉，其中，受到奧弗倫‧格尼銀行（Overend & Gurney Bank）破產的拖累，1867 年，著名的寶順洋行宣告倒閉，成為當時香港經濟中的重大事件。此外，70 年代中，旗昌洋行的大股東福士因為投資紐約、倫敦和太平洋航運公司失利，被迫於 1877 年將旗下曾經雄霸長江航運的旗昌輪船公司所擁有的全部財產，以 220 萬兩白銀的價格售予中資的招商局，將資金撤回美國。1891 年，旗昌洋行結束所有業務。

這一時期，另一家最重要的英資洋行 —— 太古洋行進入香港。太古洋行（Butterfield & Swire Co.）於 1866 年在上海創辦，創辦人是來自英國利物浦的商人約翰‧森姆爾‧施懷雅（John Samuel Swire）。洋行命名為「太古」，取「規模宏大、歷史久遠」之意。1870 年，太古洋行在香港註冊設立分公司 Butterfield & Swire（Hong Kong）Co.，初期主要業務是代理藍煙囱輪船公司的客貨運業務，並經營一些雜貨生意，如從中國運出南北雜貨，從英國輸入洋貨、布匹等；其後發展到航運、船舶修建、製糖、製漆及保險等多個領域，成為與怡和洋行並駕齊驅的英資大行。

香港早期的英資洋行，主要業務是經營鴉片、洋貨、茶葉、絲綢等貨品的轉口貿易，其中以鴉片貿易最為重要。鴉片戰爭後，香港取代了伶仃島成為洋行走私鴉片的大本營，英資洋行把鴉片從印度販運到香港，囤積在香港的鴉片躉船上，然後再分銷到中國沿海各口岸。像怡和洋行 700 噸的「霍爾曼‧羅曼洛號」和寶順洋行的「約翰‧巴里號」就終年停泊在維多利亞海港。後來發現將鴉片貯存在香港島上比存放在海港躉船上更加安全，且可節省人力物力，兩家洋行便轉而將鴉片存放在港島上。一些小商行為了避免因不能按期卸貨需要繳納過期費，也把鴉片轉存在香港島上。香港島實際上成為不沉的鴉片躉船。

19 世紀 50 年代，怡和洋行及寶順洋行壟斷了中國市場的鴉片價格。當時，怡和洋行「香港總公司每月向『怡和洋行的各位船長和南部及東部的

各站』發出指示。這些船隻包括沿海的所有躉船（從 1845 年起的 14 艘至 1851 年的 10 艘）。兩星期一次的飛剪船，一艘向南，一艘向東，離開香港附近的金星門或伶仃洋停泊處，將鴉片運至沿海各接收站。沿途沒有中國海軍的干涉，全副武裝的飛剪船又足以抵抗海盜的襲擊。返航時，飛剪船從每一接收站收取銀錠或金幣作為變賣貨物的收益，然後在香港分割，部分運往印度，部分留在中國。」

到 60 年代，英資洋行的鴉片貿易達到高峰。這一時期，怡和洋行每年經營的鴉片數量更加龐大，它以大量自有資金進行投資，並將銷售活動擴展到華中和上海以北地區。1861 年，麻窪鴉片以每擔 840 兩銀元的歷史最高價格出售，單是怡和在廈門一地的銷售總額就達 19 萬兩銀元，而當時廈門還只是一個比較次要的鴉片市場。1865 年，怡和每年以佣金方式經手的鴉片，價值不下 30 萬英鎊。不過，1873 年以後，怡和逐步退出鴉片市場，轉而重點發展服務業，投資鐵路，從事多樣化經營。

1867 年寶順洋行倒閉後，取而代之成為怡和主要競爭對手的是沙遜洋行。沙遜洋行由英籍猶太人大衛・沙遜（David Sassoon）於 1832 年在印度孟買創辦。早期，沙遜洋行主要從事向中英兩國出口原棉生意，並以貸款給印度各邦鴉片種植者的方式經營鴉片生意。1844 年，沙遜洋行相繼在香港和上海開設分支機構，從事鴉片貿易。1860 年，沙遜洋行採用怡和及寶順在三四十年代所採用的辦法，即以低價大量銷售，並向中國商人提供貸款以及定期發貨。結果，在印度麻窪鴉片產區收購鴉片的競爭中，怡和終於不敵沙遜。1864 年，大衛・沙遜病故，其子伊利亞斯・沙遜（Elias David Sassoon）於 8 年後另設新沙遜洋行，以上海為據點，並逐步取代原沙遜洋行在華業務。到 1871 年初，沙遜洋行被公認為印度和中國鴉片庫存的主要持有人，成為各類鴉片總數 70% 的擁有者和控制者。

1873 年以後，怡和逐步將業務發展重點轉向香港的航運、倉儲碼頭、地產、保險等領域，先後參與創辦九龍倉、置地，創辦香港火燭保險公司，並積極拓展以上海為中心的中國內地。這一時期，怡和以香港為基地，以上

海為總指揮部，將其經濟活動伸延向中國廣大腹地，其經營的業務也從鴉片貿易轉向進出口貿易、航運、倉儲碼頭、交通運輸、金融保險、房地產、工業及公用事業等各個領域，先後開辦的工廠、公司和銀行超過 30 家，成為當時中國最大的外資集團之一。此外，在上海的太古洋行和沙遜洋行亦從經營貿易起步，分別向航運、製糖、輪船修造、房地產、工業、金融等領域發展，成為英資在上海的 4 大集團之一。

20 世紀 40 年代後期，怡和曾驕傲地宣稱：「今日的怡和洋行將永久安全地屹立在香港、上海和中國的其他城市。在中國任何地方，只要那裏能有貿易活動，那裏就有怡和洋行。」憑藉從早期鴉片貿易積累的雄厚資本，以及豐富的管理經驗，怡和洋行在與其他各國洋行的競爭角逐中，始終保持優勢，被譽為「洋行之王」（The Princely Hong）。怡和自豪地表示：「『洋行之王』是整個洋行的歷史中，享受到了它的熱誠和殷勤的樂趣的居民們和來賓們所贈給它的稱號。」

這一時期，華資的貿易商行亦得到發展。19 世紀四五十年代，隨着中國內地的大批民眾、勞工相繼遷移至東南亞、北美、澳洲等地區，對中國的貨物產生日趨龐大的需求，因應這種趨勢，專門從事中國內地至東南亞轉口貿易的「南北行」，和專門從事中國內地至北美、澳洲轉口貿易的「金山莊」應運而生。其中，南北行的代表是創辦於 1851 年的乾泰隆，金山莊的代表是創辦於 1854 年的和興行。據港府官方年報披露，1859 年香港共有 35 家南北行商行，到 1960 年增加到 77 家。1881 年，港督軒尼詩（Sir John Hennessy）在立法會致辭時表示：「中國貿易行（又稱南北行）及其他富有商戶將英國貨物轉運往中國，其數量由 215 家（1876 年）上升至 395 家。」到 19 世紀末，南北行、金山莊等華商經營的貿易，佔香港轉口貿易的四分之一，成為香港洋行的一個重要組成部分。

雄踞香江的四大英資洋行

從 20 世紀 40 年代初太平洋戰爭爆發、日本軍隊佔領香港，到 50 年代

初中華人民共和國成立後的一段時間內，外資洋行經歷了長達 10 年的困難時期，損失慘重。與此同時，以南北行、金山莊為代表的華人貿易商行也逐漸衰落。因應時局的急劇轉變，外資洋行開始將業務發展的重心，從以上海為中心的內地逐漸轉回到以香港為重心的亞洲太平洋地區。

50 年代，香港經濟經歷了從貿易轉口港向工業化轉型的歷史時期。這一時期，香港的洋行地位發生了重大變化。在轉口貿易時期，洋行的地位極其崇高，幾乎操縱了香港的整個轉口貿易。然而，隨着轉口貿易一落千丈，大批實力薄弱的洋行遭到淘汰；幸而香港工業化起步，洋行開始將業務重心從轉口貿易轉到進出口貿易上。不過，從事製造業的華資企業家也開始逐步擺脫洋行的控制，直接從海外市場購買原材料並銷售產品，洋行的地位進一步下降。在激烈的競爭中，許多在香港有近百年以上悠久歷史的英資洋行和大公司，由於不能適應形勢的轉變而被收購兼併，包括著名的仁記洋行、太平洋行、天祥洋行、德惠寶洋行、牛奶公司、連卡佛、屈臣氏、均益倉、黃埔船塢等等。

在激烈的收購兼併商戰中，數家實力雄厚的英資洋行突圍而出，逐漸發展成壟斷香港經濟命脈的大型綜合性企業集團。其中最著名的是號稱「英資四大行」的怡和洋行、和記企業、太古洋行，以及會德豐公司。四大洋行中，以怡和洋行的實力最為雄厚，影響也最為深遠。60 年代，美國著名的《財富》雜誌曾在一篇文章中聲稱，統治香港的權力，「依序而列」是馬會、怡和、滙豐和香港總督。怡和的權勢及影響力之大，由此可見一斑。在香港英資四大行中，它排位高居榜首。

1954 年，怡和在內地遭受重大挫折而撤回香港，對香港這塊「借來的時空」亦深存戒心，它隨即開始向東南亞、美國等海外市場發展。60 年代中期以後，香港經濟起飛，中國政府亦明確宣佈對香港「長期打算，充份利用」的穩定政策，怡和對香港的投資轉趨積極。1961 年，大股東凱瑟克家族把握時機，將「怡和有限公司」上市。當年 6 月 15 日，怡和公司以每股 16 港元價格，公開發售已發行股份 25%，在香港掛牌上市，獲得 56 倍的超

額認購，凍結資金高達 8 億港元，這在當時是個驚人數字。6 月 26 日怡和股票上市當天，收市價為 31.25 港元，差不多高出市價一倍，反映了市場對怡和股票的熱烈追捧，這成為當時香港轟動一時的新聞。

自此，怡和以上市的怡和公司為旗艦，以兩家著名的地產及貨倉碼頭公司 ── 置地和九龍倉為兩翼（傳統上，置地和九龍倉主席均由怡和大班出任），展開了它以香港為重心的拓展活動。1970 年，怡和與倫敦商人銀行富林明（Robert Fleming & Co., Ltd.）合資創辦「怡富有限公司」（Jardine Fleming & Co., Ltd.），在香港及東南亞地區從事投資銀行業務。1972 年，怡和以換股方式取得怡和證券有限公司（Jardine Securities Ltd.），從事證券買賣及投資。1973 年，怡和再組建全資附屬公司「怡和保險有限公司」，加強香港保險業務。透過上述步驟，怡和大大加強了它在金融業的實力和影響。

這一時期，怡和還在香港展開一系列的收購活動，包括 1972 年透過置地公司收購著名的「牛奶公司」（The Dairy Farm, Ice & Cold Storage Co., Ltd.）；1974 年透過九龍倉收購天星小輪公司及香港電車公司；1975 年怡和以換股方式及現金收購經營汽車銷售的仁孚行（Zung Fu Co., Ltd.）；同年再收購香港實力雄厚的建造及土木工程集團──金門建築（香港）有限公司（Gammon [Hong Kong] Ltd.）。其中，牛奶公司是一家逾百年歷史的老牌英資公司，創辦於 1886 年，到 20 世紀 70 年代已發展為一家極具規模的大公司，旗下業務包括經營奶類產品、冷凍業務及惠康超級市場，在港島銅鑼灣和薄扶林等地擁有大片土地。收購牛奶公司，使置地發展成為一家以地產投資為主，兼營食品批發零售及酒店業的大企業集團。

到 80 年代初，怡和旗下擁有的附屬及聯營公司近 400 家，所經營的業務，遍及進出口貿易、批發零售業、銀行、保險、金融服務、碼頭倉儲、房地產、航運、航空、旅遊、酒店及公用事業。當時，有人這樣評論道：「怡和的業務規模宏大，無遠弗屆。即使你只是偶然來港幾天，亦會不期然與怡和扯上關係。當你步落飛機的一剎那，香港的機場服務公司（怡和佔 50% 股權）的僱員便會協助你搬運行李。其後，接待你前往酒店的汽車，極可能

是仁孚（怡和佔 75% 股權）負責經銷的平治牌房車。在酒店方面，最受銀行家偏愛的文華酒店，屬於怡和聯營機構置地公司的物業。至於商界人士，自當十分熟悉怡和與富林明合辦的怡富有限公司。假如你喜歡逛公司的話，你或會選購經由怡和代理的姬仙蒂柯服裝、登希路高級產品、錦囊相機、白馬威士卡和軒尼詩干邑。同時，你亦大有機會光顧置地屬下的超級市場，購買一些日常用品。身在香港這個繁榮都市，必然無法避開金門建築公司（怡和全資附屬機構）的推土機發出的噪音和煙塵。事實上，外國遊客亦很難不踏足怡和的物業，因為大部分中區商廈均屬置地公司所有，其中包括置地廣場和康樂大廈。當你離開香港時，你亦可能會乘搭怡和代理航空公司的班機。在離開之前，你使用的仍然是怡和的服務，機場貨運和機場保安等空運事業，都是怡和屬下的企業。」

在 70 年代，影響力僅次於怡和的是和記企業，其歷史最早可追溯到 1860 年和記洋行的創辦。當時，公司的英文名是 Robert Walker & Company，初期業務主要是經營布匹、雜貨及食品的轉口貿易。1877 年，英國商人夏志信（John Duflon Hutchison）進入該公司工作，稍後更接管了這家公司，並易名為「和記洋行有限公司」（John D Hutchison & Company Ltd.）。20 世紀初，和記洋行進入中國大陸，曾先後在上海、南京、天津、漢口、廣州、哈爾濱等通商口岸設立分行。其中，南京和記創辦於 1911 年，在長江南岸建立佔地 40 餘公頃的一批工廠，包括蛋廠、殺豬廠、宰牛廠、雞鴨加工廠等，並形成以南京為中心，覆蓋長三角甚至中原地帶的收購網絡。50 年代初，和記洋行從大陸撤回香港，一度被會德豐公司收購 50% 股權。

和記洋行在有逾百年悠久歷史的老牌洋行中，本屬三、四流的角色，但在 20 世紀 60 年代卻迅速崛起，成為股市上光芒四射的明星，而觸發這一革命性轉變的就是香港著名英商祁德尊（Douglas Clague）。1947 年，祁德尊從軍隊退役重返香港，加入了和記洋行董事局，其後更出任董事局主席。1963 年，祁德尊透過屬下上市公司萬國企業（International Investment

Corporation Ltd.）收購和記股權，1965 年將和記洋行易名為「和記企業有限公司」（Hutchison International Ltd.）。自此，和記與會德豐分道揚鑣，自立門戶。

從 60 年代開始，和記企業進入了急劇膨脹的新時期。1966 年，和記企業先後收購了屈臣氏、德惠寶（Davie, Boag & Company Limited）等公司，實力迅速壯大。屈臣氏的前身是廣東藥房，1828 年在廣州開業，1841 年香港開埠，它也遷移至香港。1903 年，屈臣氏成立蒸餾水附屬公司，為消費者提供清純健康的飲用水。屈臣氏被和記企業收購後，開始向多元化發展，從側重於汽水的製造和銷售轉向消費貨品（其中大部分是食品、藥品和有關產品）的製造、推廣、供銷和零售，旗下的百佳超級市場後來發展成與惠康超市並駕齊驅的兩大超市集團之一。

1967 年，香港政局動盪，投資者紛紛拋售股票、物業，移居海外，但祁德尊卻看好香港前景，和記企業的收購步伐並未停止。1969 年，和記企

於 1920 年代，地舖位置
可見屈臣氏大藥房
圖片來源：許日彤

業透過發行優先股收購了著名的黃埔船塢 30% 股權，奠定了日後和記黃埔發展的堅實基礎。黃埔船塢（Hong Kong and Whampoa Dock）創辦於 1863 年，其後相繼兼併了紅磡的聯合船塢公司、大角咀的四海船塢等，成為香港最大的船塢公司。1970 年，和記企業透過黃埔船塢，再收購大型貨倉集團均益有限公司，黃埔船塢和均益倉在九龍和港島均擁有大量廉價地皮，令和記企業成為香港最大的地主之一。

70 年代初，和記企業又相繼成立了「和寶有限公司」及「和記地產有限公司」，並將它們上市。當時，和寶成為和記集團內業務範圍最廣泛的上市公司，經營的業務包括進出口貿易、商務、機械、汽車銷售和建築材料供應等。此外，和記企業還先後收購了安達臣集團、大亞石業、海港工程、會德豐紡織等公司。70 年代初期香港股市狂潮期間，和記系的上市公司成為最搶手的熱門股票之一。到 1975 年，和記企業已發展成擁有 360 多家附屬及聯繫公司的龐大企業集團。當時，祁德尊成為香港商界炙手可熱的紅人，被譽為「戰後日子裏支配香港商界的最多姿多采、最富企業家精神的成功人士之一」，是「香港 60 年代重要日子裏開創大企業精神的象徵」。

英資四大洋行中，太古的經營作風以沉雄穩健著稱，其發展勢頭雖不如怡和、和記企業，但是步伐穩健，後勁凌厲。二次大戰後，太古將其在遠東的業務重心從上海轉移到香港。當時，全球航空業起步不久，但是發展神速。作為運輸集團的首腦，太古主席施約克敏銳地看到這個前途遠大的發展勢頭。1948 年，太古收購了香港一家規模細小的航空公司——國泰航空公司，開始了其在遠東的航空事業。國泰航空（Cathay Pacific Airways Ltd.）創辦於 1946 年，創辦人為美國和澳洲兩位資深飛機師法尼爾（Roy Farrell）和堪茲奧（Sydey De Kanzow）。收購國泰航空成為太古在戰後首次取得的重大勝利。

太古入主國泰後，國泰航空作為一家英資公司，得到港府的支持，儼然代表香港的航空公司，業務發展一日千里。到 80 年代初，國泰航空的航線已衝出亞洲，伸展到中東、英國、歐洲、加拿大及美國，形成全球性航空網

1984 年的太古城

圖片來源：Photograph by Wikipedia user: ken93110, 2013. Wikipedia Commons, https://bit.ly/3if98PX, CC BY-SA 3.0.

絡，躋身全球主要國際航空公司之列。與此同時，太古還先後將業務拓展至飛機工程、空運服務等航空配套服務。1959 年，太古透過兼併成立「香港飛機工程有限公司」（Hong Kong Aircraft Engineering Co., Ltd.），以啟德機場為基地，為國泰航空的龐大機隊及其他班機提供維修、保養等各種支援服務。70 年代中，太古聯同怡和、和記、九龍倉合資創辦「香港空運貨站有限公司」（Hong Kong Air Cargo Terminal Ltd.），發展航空貨運服務。此外，太古還先後創辦了太古航空食品供應公司、國泰航空飲食服務（香港）有限公司、香港機場服務有限公司及航空護衛服務公司，將業務全面滲透到航空服務的各個領域。

　　1972 年，太古眼見地產業日漸興盛，遂創辦「太古地產有限公司」（Swire Properties Ltd.），向地產業進軍，並着手關閉太古船塢，在其所擁有的龐大土地上計劃發展太古城。太古城發展計劃於 80 年代中後期全部完成。佔地宏大、遠東著名的太古船塢轉眼間發展成居住 5 萬人口的自給自足

社區，成為港島區著名的高尚住宅區、全港規模最大的私人屋邨。太古城成為太古地產引以為傲的代表作。這一時期，太古除了經營航運、航空及房地產業之外，還投資發展實業，包括包裝食糖、汽水、建築材料、玻璃纖維、油漆及化工原料等。

　　1974 年，太古集團在上市公司太古船塢及工程有限公司的基礎上改組成立「太古洋行有限公司」（Swire Pacific Ltd.）。改組後的太古洋行，業務廣泛，主要分成 4 個部門，包括地產、航空及酒店、實業，以及海洋開發。地產部以太古地產為主；航空及酒店部轄有國泰航空、港機工程、香港空運貨站等；實業部門包括太古糖廠、太古汽水廠、太古國光工業、太古貿易等全資附屬機構；海洋開發部門主要是由太古船塢和黃埔船塢合併而成的聯營公司 —— 聯合船塢，以及現代貨櫃碼頭公司。

　　四大洋行中，還有被稱為「藍燈籠」的會德豐公司。會德豐的發展，最早可追溯到 1857 年創辦於上海的會德豐洋行，主要從事航運等業務。1925年，英籍猶太商人佐治・馬登（G. E. Marden）接手會德豐洋行，主要經營航運、碼頭、貨倉等業務。50 年代，會德豐陸續將業務從上海轉移到香港發展，不過，集團主席佐治・馬登目睹中國的巨變，對香港的前景信心不足，故將集團業務經營的重點放在機動性較高的遠洋航運。1959 年，佐治・馬登退休，其子約翰・馬登（John L. Marden）接任會德豐董事局主席。

　　20 世紀六七十年代，香港經濟起飛，地產業蓬勃發展。受此鼓舞，約翰・馬登上任後，逐步改變集團經營方針，壓縮海外業務，加強在香港的投資，改組成立「香港置業信託有限公司」，又以發行新股及換股方式，收購華商張玉良家族的「聯邦地產有限公司」，成為香港主要的地產投資集團之一。此外，會德豐還於 1968 年收購了歷史悠久的「連卡佛有限公司」（Lane Crawford Co.）。連卡佛的發展最早可追溯到 1848 年，當時英國一位船東 T. A. Lane 來港經商，售出一批日用百貨，發現生意不俗，於是與夥伴 N. Crawford 合作，於 1850 年在香港中環海旁創辦首家百貨公司 —— 連卡佛。其後，會德豐透過連卡佛又成立全資附屬的連卡佛古董有限公司及佔 60%

股權的翠源有限公司。70 年代，連卡佛的業務發展較快，除了經營高檔消費品之外，還拓展室內設計業務，銷售古董、珠寶及化妝品等，成為香港最大的零售百貨集團之一。

在主業航運方面，1971 年，會德豐將旗下上市公司鋼業有限公司改組為「會德豐船務國際有限公司」（Wheelock Maritime International Ltd.），作為發展航運業的旗艦。其後，會德豐船務連續多次發行新股集資，大規模擴展船務。1974 年，約翰・馬登透過會德豐船務與華商包玉剛領導的環球航運集團合組「環球會德豐有限公司」（World-Wide Wheelock Shipping Ltd.）。到 1976 年，會德豐旗下的航運公司，包括會德豐船務、環球會德豐、聯合企業及寶福發展等，共擁有近 30 艘輪船，載重量超過 140 萬噸。這一時期，會德豐已成為香港航運界的巨擘之一。

經過多年發展，到 70 年代，會德豐已躋身香港四大英資洋行之列，全盛時期旗下的直屬子公司達 49 家，其中包括上市公司會德豐、置業信託、聯邦地產、夏利文發展、連卡佛、會德豐船務、聯合企業及寶福發展等 8 家，而這些子公司又擁有約 180 家附屬公司及 20 家私營公司，形成一龐大的多元化綜合性企業集團，經營的業務遍及投資控股、商人銀行、財務、證券、期貨交易、航運、貿易、批發零售、地產、航空、旅遊、保險以及製造業等，投資的範圍亦已從遠東伸展到東南亞、澳洲以及南北美洲。不過，總體而言，會德豐經營較為保守，被稱為「藍燈籠」（公司股價在牛市即將結束時才冉冉上升，資深的投資者一看見會德豐系股票上升，便知道股市即將下跌，於是稱之為「藍燈籠」），在英資四大行中，位居末席。

從巔峰滑落：和記黃埔與會德豐被收購

70 年代中期以後，洋行時代開始式微，而香港的地產業卻蓬勃發展，一股勢力的下沉伴隨着另一股勢力的興起。這一時期，羽翼漸豐、雄心勃勃的新興華資開始覬覦英資洋行的控制權，正面挑戰英資洋行至高無上的權勢。

1950 年代的黃埔船塢
圖片來源：香港社會發展
回顧項目

　　首先發起挑戰的是新興華商李嘉誠。70 年代後期，香港股市仍然疲弱，一批持有龐大優質土地的英資上市公司，因經營保守，股價長期偏低。這批公司的大股東持股量均不足，對公司的控制權不穩。李嘉誠決定收購這些潛質優厚的英資公司。他首先看中的是在尖沙咀海旁擁有大量土地物業的九龍倉。李嘉誠於是不動聲色地吸納九龍倉股票，導致九龍倉股價不尋常的飆升。據傳聞，大股東怡和、置地得悉李嘉誠有意收購九龍倉，一方面緊急部署反收購行動之後，同時也向滙豐銀行求助。當時，出任滙豐董事的「世界船王」包玉剛正部署其「棄舟登陸」的策略，亦有意問鼎九龍倉。面對錯綜複雜的激烈競爭局勢，李嘉誠審時度勢，決定鳴金收兵，將所持全部九龍倉股票轉售予包玉剛，賺取了約 6,000 萬港元利潤後，全身而退。

　　李嘉誠轉而將收購的目標指向和記黃埔。和記黃埔的前身為和記企業。和記企業在祁德尊主政時代，是香港上市公司中發展最迅速的企業集團。可是，祁德尊過於雄心勃勃和冒進，結果，隨着 1973 年香港股市的崩潰，和記企業陷入財政危機，瀕臨破產邊緣。祁德尊被迫接受債權人滙豐銀行的收購，滙豐成為和記企業大股東。滙豐注資時曾承諾，待和記企業轉虧為盈，將會在適當時候出售和記，此舉為李嘉誠入主和記埋下伏線。1975 年 11

月，滙豐邀請韋理出任和記企業行政總裁，韋理出任後即大肆革新，制止虧蝕，改善集團管理層，又將和記企業與旗下的黃埔船塢合併，成立「和記黃埔有限公司」（Hutchison Whampoa Limited）。應該説，到李嘉誠將收購目標轉向和黃時，和黃已回復生機，基本走上正軌。

吸收上次收購九龍倉消息外洩的教訓，李嘉誠對這次收購的保密極為重視，在外界一無所知的情況下與滙豐銀行展開收購和黃股份的洽談事宜。1979 年 9 月 25 日，李嘉誠就收購和記黃埔股份事宜與滙豐銀行達成協議。根據協議，李嘉誠透過旗下的長江實業，以每股 7.1 港元價格向滙豐銀行收購 9,000 萬股和黃普通股，約佔和黃已發行股份的 22.4%，長實須立即支付總售價 6.39 億港元的 20%，餘額可選擇延遲支付的辦法，為期最多兩年。換言之，長實是以極優惠的條件收購和黃，成為該集團的大股東。翌日，消息傳出後，整個香港都沸騰起來，各大報刊紛紛發表評論，形容此舉是「蛇吞大象」、「石破天驚」。《遠東經濟評論》更直指此項收購為「使李嘉誠直上雲霄的一宗交易」。至此，首家英資大行落入了華商手中。

位於港島中環的會德豐大廈
圖片來源：Photograph by Wikipedia user: WiNG, 2008. Wikipedia Commons, https://bit.ly/3L8SrBY, CC BY-SA 3.0.

緊接着，包玉剛亦於 1980 年 6 月，成功取得置地旗下九龍倉的控股權，邁出實施「棄舟登陸」戰略的關鍵一步。其時，另一家英資大行會德豐亦因世界航運低潮而泥足深陷。自 70 年代中後期起，會德豐的投資策略就是大量拋售地產物業，將套取的資金投資訂購散貨輪船，壯大船隊。

　　1984 年，負債纍纍、面臨清盤威脅的會德豐船務被迫將所擁有的船隻賤賣還債，而會德豐船務的困境又觸發會德豐集團兩大股東馬登和張玉良家族的矛盾。會德豐主席約翰·馬登在失意之餘，加上年事已高，遂萌生退意，將所持股權轉售予東南亞富商邱德拔。1985 年 2 月 14 日，邱德拔隨即宣佈向會德豐提出全面收購建議。這為包玉剛入主會德豐提供了一個極為難得的契機。

　　包玉剛隨即與會德豐另一大股東張玉良家族接洽，透過九龍倉取得張玉良家族所持會德豐 23.5% 股權。2 月 16 日，包玉剛提出反收購建議，與邱德拔展開正面挑戰。到 3 月 15 日，九龍倉宣佈已取得會德豐逾 50% 的有效控制權，根據證券法例向會德豐提出無條件全面收購。當日，九龍倉主席包玉剛取代約翰·馬登出任會德豐董事局主席。邱得拔眼看大勢已去，遂宣佈退出收購，將所持 25% 會德豐有效控制權售予九龍倉。至此，包玉剛於 1978 年制定的「棄舟登陸」戰略順利完成。而會德豐的兩大股東 —— 馬登家族和張玉良家族則悄然退隱江湖。

　　在短短數年間，數家老牌英資上市公司，包括青洲英坭、和記黃埔、九龍倉、香港電燈、會德豐等，先後被華資大亨鯨吞，歷史悠久、聲名顯赫的英資大行四折其二；號稱「洋行之王」的怡和旗下的九龍倉被收購，並於回歸前將旗下上市公司從香港股市撤退；僅餘作風保守、雄健的太古尚能倖免。英資洋行長期支配香港經濟命脈的壟斷地位亦因而動搖、被逐漸打破，以致無可挽回地從其權勢巔峰處滑落。

　　不過，值得一提的是，回歸之後，香港兩大歷史悠久的英資洋行仍然取得相當的發展。其中，怡和透過收購新加坡上市公司怡和合發及印尼上市公司阿斯特拉國際，發展成為一家「亞洲中心的跨國公司」。該集團以香港為

基地，橫跨亞太區各個國家和地區，包括香港、中國內地、台灣、新加坡、印尼、馬來西亞、泰國、菲律賓、越南、柬埔寨、文萊等，其所經營的業務，涵蓋房地產、零售、酒店、工程和建築、機場和運輸服務、金融和保險等廣泛行業。有評論認為：「在香港歷史上，沒有一家企業像怡和這樣，如此深刻地影響過香港的成長與發展。香港割據、鴉片與苦力貿易的興起、中環和尖沙咀的繁華、20 世紀 70 年代亞太金融中心的崛起、80 年代的走資潮、90 年代香港回歸前夕的爭拗與震蕩……，幾乎在每一個重大歷史事件背後都有着怡和的身影。」

太古集團亦已發展成為一家全球性的跨國綜合企業集團。該集團總部設於英國倫敦，在香港、北京、悉尼、莫士比港、新加坡、台北、米爾福德、胡志明市設有地區總部，其核心業務主要集中在亞太區，其中香港和中國內地為集團的主要營運地。在香港，太古集團持有太古股份、國泰航空、太古地產等 3 家上市公司，主要經營地產、航空及相關業務、飲料、海洋服務、貿易及實業等，在香港聘用逾 4.2 萬名僱員，由集團管理的中國內地企業則有僱員約 3.2 萬人，全球員工更達 13.3 萬人。

最後的大商行：英之傑、利豐、捷成洋行

20 世紀 90 年代，隨着英資的怡和、太古，華資的和記黃埔、會德豐等轉型為多元化的大型企業集團，在香港傳統意義上的洋行 —— 貿易商行，基本上只剩下英之傑集團旗下的英之傑採購服務、太古旗下的太古貿易、華資馮氏家族的利豐公司、猶太裔商人盛智文旗下的 Colby，以及歷史悠久的捷成洋行等。

在歷史悠久、規模宏大的香港英資洋行中，英之傑集團（Inchape Plc.）屬後起之秀，進入香港的時間較晚。60 年代後期，英之傑開始進軍香港，透過英之傑（香港）展開連串收購活動，先後收購了 3 家在香港有逾百年歷史的老牌英資洋行——太平洋行、天祥洋行（Dodwell & Co., Ltd.）、仁記洋行（Gibb Livingston Co., Ltd.），以及 Caldeck Macgregor & Co.。其中，太平

洋行早在 19 世紀中已是香港一家著名的英資洋行，但到 20 世紀 60 年代業務發展不甚理想，旗下經營的升降機、電梯、冷氣機等業務大受打擊，整個集團每年利潤不過 400 多萬港元。

四家公司中，以天祥洋行最為重要。天祥洋行的前身為 W. R. Adamson & Co.，創辦於 1858 年，創辦人為英國絲織品商人亞當遜（W. R. Adamson），主要經營絲綢、茶葉等進出口貿易，並代理船運和保險等業務。其後，公司迅速在福州、杭州、香港和日本等地開設分支機構。1877 年，公司合夥人 G. B. Dodwell 收購該公司業務，並重組為天祥洋行（Dodwell & CO.），繼續經營茶葉貿易和船運代理。1949 年以後天祥洋行撤離中國，轉而加強在澳洲、東非及印度等市場的拓展。70 年代初，天祥在北美的投資並未取得預期成功，加上在日本的業務乏利，因而被迫將控制權出售。

到英之傑收購天祥時，天祥旗下仍擁有眾多企業，包括天祥貿易、天祥精品、天祥國際採購及天祥香港採購等。天祥併入英之傑後，仍沿用自己的品牌經營，1977 年英之傑購入銅鑼灣伊麗莎白大廈作為集團香港總部，旗下附屬公司亦相繼遷入，唯獨天祥繼續留守尖沙咀香港酒店的辦事處，彰顯其獨特的地位。可惜，天祥最終仍難逃被分拆的命運，其在香港及日本的業務被合併加入英之傑採購服務（Inchcape Buying Services），而在加拿大、肯尼亞、巴拿馬等的業務則歸入英之傑航運服務。

1987 年，為配合集團的戰略轉變，英之傑在香港進行結構和業務重組，成立「英之傑太平洋有限公司」（Inchcape Pacific Limited）作為該集團在香港的總部和控股公司。到 90 年代初，英之傑太平洋已成為香港最大的貿易商行，經營的業務包括汽車經銷、產品分銷、商業服務及貿易採購等，經營地域包括香港、中國大陸、台灣、澳門、菲律賓、越南、柬埔寨以及老撾等地區，員工多達 8,000 多人。其中，香港是集團的業務重心，各項核心業務在香港均非常活躍。從事採購貿易的，主要是旗下的英之傑採購服務，為當時香港最大的貿易公司。該公司成立於 1970 年，總部設於香港，其核

心業務來自集團收購的天祥洋行。

　　僅次於英之傑採購服務的，是華商的利豐公司（Li & Fung Co.）。利豐於 1906 年在廣州創辦，早期主要從事瓷器、煙花、炮竹等貿易業務，從內地採購貨品通過香港轉口到美國等海外市場，1937 年在香港註冊成立「利豐（1937）有限公司」。戰後，利豐將採購貿易的重點轉向成衣、玩家等產品，並於 1973 年在香港上市。1989 年，利豐被家族第三代馮國經、馮國綸旗下的經綸公司私有化，並於 1992 年經重組後再次上市。90 年代中期，英之傑集團結構重組，以鞏固其汽車經銷等核心業務，並計劃剝離採購貿易等非核心業務。在此背景下，1995 年 7 月，利豐成功收購英之傑採購服務。這次收購，使利豐的全球採購網絡進一步拓展到南亞、歐洲、地中海、拉丁美洲，以及埃及、突尼斯、墨西哥、阿拉伯聯合酋長、尼泊爾等國家和地區，營業額從 1994 年的 61.25 億美元大幅上升至 1996 年的 125.14 億美元，升幅超過 1 倍。英之傑出售英之傑採購服務等非核心業務後，在香港的發展轉趨低調，並主要集中於汽車經銷。

　　1999 年，利豐再接再厲，收購太古旗下的太古貿易（Swire & Maclaine Limited）及金巴莉企業有限公司（Camberley Enterprises Limited）。太古貿易創辦於 1946 年，總部設於香港，是一家大量採購勞動密集消費品的貿易公司，主要從事產品採購出口及提供品質保證服務。金巴莉創辦於 1979 年，是太古旗下一家成衣公司，主要從事設計、生產及採購高檔成衣、女士運動裝、最新流行時裝及家居用品，客戶包括英國、美國及日本的零售商、時裝品牌及設計師名下品牌。2000 年，利豐兼併了香港一家幾乎與利豐齊名的消費品貿易公司 Colby Group Holdings Limited。通過這一系列收購，利豐的全球採購辦事處網絡從 48 個增加到 68 個，員工增加到超過 5,000 人，一躍而成為香港最大貿易公司，並在全球構建起龐大的供應鏈管理網絡。

　　據統計，1992 年公司上市當年，利豐的營業額為 5.29 億美元，到 2011 年增長到 200.3 億美元，19 年間增長了 36.86 倍，年均增長率高達 21.1%；同期，利豐的核心經營溢利從 0.19 億美元增加到 8.82 億美元，增長了 45.42

倍，年均增長率高達 22.4%，創造了一個商業奇蹟。利豐總市值從 1992 年底的 11.25 億港元增加到 2010 年底的 1,815 億港元，18 年間增長了 160 倍，年均增長率高達 32.6%。2010 年，利豐成功躋身香港 10 大上市財團的第 7 位，在全球華商 500 強中排名第 45 位。利豐的全球供應鏈管理更多次成為哈佛商學院研究的經典案例。

可惜的是，2009 年全球金融海嘯爆發以後，全球的經貿環境及商業發展模式，發生了深刻的變化，特別是互聯網的興起使貿易採購的經營模式發生了重大變化，這對利豐的傳統業務發展構成了嚴重衝擊。自 2012 年起，利豐開始進入一個困難時期。2018 年以後，隨着中美之間貿易摩擦的深化，以美國為主要市場的利豐，其經營困難進一步加深。在此背景下，利豐宣佈第二度私有化，大股東馮氏家族與新加坡物流集團普洛斯中國聯合全面收購利豐。2020 年 5 月 27 日，利豐正式退市。現階段，馮氏利豐集團在全球 40 多個國家和地區仍設有 350 多個辦事處，聘用員工超過 26,000 人。

不過，香港還有一家歷史悠久的外資洋行在穩步發展，這就是丹麥資本的捷成洋行。捷成洋行（Jebsen & Co.）於 1895 年 3 月 1 日在香港創辦，創辦人為丹麥商人 Jacob Jebsen 和 Heinrich Jessen，前者的父親 Michael Jessen 早年出任商船船長，其後自己成立了汽船公司 M. Jesen Shipping Company。捷成洋行成立初期的主要業務是作為 M. Jesen Shipping Company 的代理商，後者擁有 14 艘氣船從事中國沿海貿易；又與英國曼徹斯特的兩家出口染色綢子公司 Hiltermann & Co. 和 Edmund Heuer & Co. 建立商務聯繫，並憑借這些物料在南中國發展了相當的業務。其後，捷成洋行取得德國工業巨頭 Badische Anilin und Soda Fabrik（BASF）的代理權，從事染料貿易，從而奠定公司在中國貿易中的基礎。1898 年，Michael Jessen 與德國政府簽訂協議，由捷成洋行經營上海、青島、煙台及天津之間的汽船服務，令捷成的業務更加穩固。

1903 至 1907 年，捷成洋行先後在上海和廣州設立分公司。1906 年，捷成收購了藍妹啤酒，後來成為香港最受歡迎及銷量第一的啤酒品牌。1911

年，捷成收購了香港和廣州的 A. Goeke 公司，開始大規模出口中國產品銷往歐洲、北美和澳洲。到 30 年代，捷成開始經銷汽車產品，首次將平治汽車引進中國市場。二次大戰後，捷成洋行重啟香港業務。1953 年，捷成洋行以空運方式向香港進口了首輛大眾甲殼蟲轎車；1955 年，捷成洋行向香港進口了首輛保時捷成轎車。1961 年，德國漢莎航空公司開通香港航線，捷成洋行成為該公司的代理。70 年代，捷成獨家代理約 25 家歐洲紡織機械廠商，其產品出口額佔當時香港製造業出口總量的 60%。1991 年，捷成洋酒部在香港成立，成為香港最大獨立洋酒進口及經銷商之一。

香港回歸後，捷成開始進軍內地市場。2000 年，捷成成立第一家合資企業 —— 捷馬（中國）有限公司（Mazzucchelli），將業務拓展至製造領域；翌年並引進首輛保時捷跑車到內地。2007 年，捷成創立美特·捷成（Mitec-Jebsen），成為內地首家生產汽車發動機平衡系統的外商獨資企業。2018 年，捷成與奧地利唯科公司（TCG Unitech）合作在大連建設新工廠，以分享中國高速增長的汽車市場。捷成還於 2017 年成立捷成資本，專注於大中華地區的成長型直接股權投資，並利用集團的專業知識，推動投資組合公司和合資夥伴實現卓越運營，並從事資本及資產管理業務。

經過 120 多年的發展，目前，捷成集團已從當初的一家船運代理機構發展成為一家專注於市場行銷、分銷及投資的跨國企業集團，旗下經營業務以統一的「捷成企業」為品牌，涵蓋汽車、飲料、消費品、捷成資本等 4 大核心業務，以及工業、物流兩條逐步完善的業務線，為超過 200 個國際品牌提供專業服務，涉及的區域包括中國內地、香港、澳門和台灣等大中華地區，以及東南亞、澳洲、德國、丹麥等國家。捷成集團的發展，為香港外資洋行的發展史留下了裊裊不盡的餘音。

百年洋行的滄桑變化，正是香港開埠以來整體經濟發展、轉型和時代變遷的一個縮影。

第十五章

維港變遷：
從九龍倉到葵青貨櫃碼頭

　　香港的維多利亞海港，與美國舊金山港灣、巴西里約熱內盧海港，並稱世界「三大天然良港」。香港作為全球最著名的「自由港」之一，經歷了早期從港島北岸銅鑼灣東角、灣仔、中環等港口碼頭的草創，到尖沙咀九龍倉的創辦，再到葵青貨櫃碼頭的興建、發展。在 20 世紀 90 年代最鼎盛時期，香港港口曾經連續 10 年蟬聯全球最繁忙貨櫃港首位，為這個國際大都會譜寫下輝煌的一頁。回歸之後，香港的港口碼頭繼續穩步發展，已形成一個規模龐大、種類齊備的海事服務產業群，並成為全球最具規模的海運中心之一。

開埠初期的維多利亞港與航運業發展

　　香港地處廣東珠江口東側，瀕臨南中國海和西太平洋，是中國南方最重要的門戶。它位居亞洲太平洋的要衝，處在日本和東南亞諸國的航運要道上。其中最具戰略和商業價值的，是香港島和九龍半島環抱的維多利亞海港，港闊水深，早期水域面積達 60 平方公里，其範圍東至鯉魚門，西至青州、青衣島南灣角及汀九（該水域又稱為「西錨灣」），包括青衣島、青洲、小青洲及九龍石等島嶼，以及藍巴勒海峽、硫磺海峽和鯉魚門等水道。海港最闊處 9,600 米，最窄處 740 米，平均水深 12.2 米，東面入口的鯉魚門水深達 42 米，最淺的航道是油麻地，約為 7 米，港內可同時停泊 150 艘遠洋輪船，吃水 12 米的遠洋巨輪可自由進出。港外有天然屏障，港內風平浪靜，是與舊金山、里約熱內盧齊名的世界三大天然良港之一。這種優越的地理條

件，使它在開埠後的 170 多年間，從對華鴉片走私基地發展為亞太區的重要貿易運輸樞紐和轉口港。

最早進入香港的英國船隻，大概可追溯至 1683 年從澳門航行到大嶼山一帶，並在該處停留了數月的東印度公司所屬商船「卡羅林那（Carolina）號」。1741 年英艦「流浪號」曾進入中國海面窺探，據說於鴨脷洲停泊維修。此時距英國佔領香港，尚有一個世紀。及至 18 世紀末，英國政府派出馬戛爾尼使團訪華，要求與清政府建立正式關係，但無功而還。使團回程時，部分船隻曾到大嶼山一帶勘查，搜集情報，並對當地留下極詳細的紀錄。1816 年，阿美士德爵士（Lord Amherst）來華，他率領的旗艦號（Alceste）艦隊前在往天津途中，停駐於香港附近的擔桿列島，並派遣小型船隻到香港仔補充新鮮食水。該使團曾提出報告，認為香港是世界上無與倫比的良港。

1834 年，英國駐華首任商務監督律勞卑（W. J. Napier）來華後，他立刻看出了香港的重要戰略和商業價值，提出佔領香港的建議。當時，英國首相麥巴尊和怡和洋行創辦人的渣甸均主張佔領舟山。不過，渣甸亦表示：如果認為「我們必須佔有一個島嶼或是佔有一個臨近廣州的海港」的話，那麼香港最為適宜，因為「香港擁有非常安全廣闊的停泊港，給水充足，並且易於防守」。事實上，這一時期，英國官方催促外交部長格雷伯爵（Earl Grey）已派遣戰艦佔領香港島。自此，英商用以走私鴉片的英國飛剪船便將鴉片屯放在急水門附近、伶仃島或尖沙咀對出水域錨泊的躉船上。佔領香港，無疑為英國在中國的擴張以及英商對華鴉片貿易奪得了一個最有利的據點。

1841 年 1 月 26 日，就在英國駐華商務監督義律（Charles Elliot）單方面宣佈已與清政府達成《穿鼻條約》的數天後，以伯麥（Gordon Bremer）准將為首的英國東方遠征軍就迫不及待地強行侵佔香港島，並舉行了隆重的升旗儀式。怡和洋行的馬地臣出席了該儀式。登陸的地點就是香港島上環水坑口街附近的「大笪地」，水坑口街的英文名是 Possession Street，即佔領街。同年 6 月 7 日，義律代表香港殖民當局宣佈將香港開闢為自由港，允許船隻自由出入，香港正式開埠。1860 年，中英簽署《北京條約》，訂明英方可佔

領界限街以南的九龍半島及昂船洲，自此，殖民地政府得以控制整個維多利亞港。初期，維多利亞海港被稱為「香港之港」（Harbour of Hong Kong），其後，英國人以女皇維多利亞的名字命名，稱為「維多利亞港」（Victoria Harbour）。

香港最早期的航運業，是由各洋行擁有的船隊推動的。鴉片戰爭前夕，怡和洋行已擁有一支由 12 艘大型帆船組成的船隊，正是由於擁有這支速度快捷、裝備精良的船隊，怡和洋行才能在對華鴉片貿易中建立壟斷優勢。香港開埠後，隨着各洋行進入香港，它們的船隊也遷入香港，以香港為基地穿梭於印度、香港和中國各通商口岸之間。19 世紀 60 年代，維多利亞海港中，停泊着大批多桅式帆船，滿眼是巨幅的風帆，纜索縱橫，彩旗飄曳，構成帆船時代的海港風情。

從 60 年代起，航運業從帆船時代過渡到輪船時代，香港的各大洋行紛紛投資航運業，組建輪船公司，在中國沿海和內河航線上展開激烈的競爭。這一時期，香港的航運業已擺脫了早期從屬於鴉片貿易和鴉片走私的地位，蓬勃地發展起來。最早在香港組建的輪船公司是省港小輪公司（Hong Kong & Canton Steam Packet Co.），創辦於 1848 年，由怡和、寶順以及絕大部分香港及廣州的主要洋行籌建。省港小輪公司擁有在英國建造的「廣州號」和「香港號」兩艘姐妹輪船，經營香港至廣州航線，從 1850 年 5 月開始，兩輪每週在穗港間通行 3 次。不過，省港小輪公司因經營不善，很快便於 1854 年停業。其後，鐵行輪船公司開始經營省港航線，並成為當時省港之間唯一的常規航班。該航班除載客外，還運輸金銀和鴉片。50 年代後期，鐵行輪船公司經營的航線，已從香港、廣州拓展到汕頭、廈門、福州等中國沿海通商口岸。1860 年，由怡和洋行參與投資的省港澳輪船公司（The Hong Kong Canton & Macau Steamboat Co.）成立，加入了香港、廣州及澳門之間的航運競爭。當時，正值第二次鴉片戰爭，香港政府執行戰時法令，統制各航業，該公司得到港府支持，發給特許證經營，因而漸漸壟斷了華南內河及沿海的航運。

19 世紀下半葉，香港的遠洋航運也有了快速的發展，1869 年蘇伊士運河開通後，大大縮短東西海上交通的航線，加上輪船較帆船具有不可比擬的優勢，促進了英國、美國、法國、意大利、加拿大、日本等國家的航運公司開闢至香港的航線。到 19 世紀末，香港已發展成為中國內河、沿海航運和遠洋航運中心，成為世界重要的港口。據統計，1844 年香港進港船舶僅 538 艘，載貨量 18.26 萬噸，到 1898 年已分別增加到 11,058 艘、1,325.27 萬噸，54 年期間分別增長了 19.6 倍和 71.6 倍。當時，停泊香港港口的船舶中，每 100 艘中有超過一半屬英商，其他分屬華商及其他外商。

1890 年，怡和洋行的威廉·凱瑟克表示：「作為一個轉口港，香港快捷的辦事效率使其成為航運中心，也是各郵輪航線的集中地和啟航出發的連接點⋯⋯在對外貿易方面，香港作為廣東一個重要港口，在與南北沿岸及本地人經商，以及與越南東京、西貢、暹羅、海峽殖民地及印度間進行貿易中，發揮商品中心的作用。」1900 年出版的《大英百科全書》對香港海港有這樣的描述：「香港或維多利亞港常給人一個生氣勃勃的印象，在一日之內曾經有多達 240 響禮炮鳴放，首府『維多利亞』，人口超過 166,000，其中 6,000 是歐洲人或美國人。鴉片仍是香港這個小鎮的經濟命脈，因為香港沒有製造業。」

維港發展：九龍倉的創辦與船塢業

航運業的崛起帶動了港口的建設以及倉儲碼頭、船塢業的發展。香港設有碼頭貨倉之前，船舶運到香港的貨物，全靠苦力及駁船卸貨，駁船靠岸後，由苦力將貨物運送到各家洋行或貨倉，頗為不便。當時，香港商界早已渴望有完整獨立的碼頭貨倉。早期，各大洋行均自設碼頭貨倉，如怡和洋行在東角的貨倉碼頭，就是香港最早期的深水碼頭。1844 年，雅賓利倉庫（Albany Godowns）在現今太原街附近落成，兩排共 16 座貨倉設有兩呎厚的牆壁，可儲存 3 萬包棉花。其後，香港轉口貿易發展迅速，其他公司爭相建立貨倉。當時，灣仔醫院山山腳沿皇后大道東一帶均是與碼頭連接的貨

倉區。

從 60 年代初開始，瓊記洋行（Augustine Heard & Co.）、蘭德斯泰洋行（W.R. Landstein & Co.）及巴路士洋行（Burrows & Sons）等先後在灣仔道醫院山山腳一帶建立貨倉。1863 年，麥奇利哥洋行（Mc Gregor & Co.）在灣仔春園修築了一座新的碼頭，長達 250 呎，伸入海中，潮低時水位亦達 26 呎，這是港島第一座可供輪船停泊的現代化碼頭。1874 年，鐵行輪船公司也在上環設立貨倉碼頭，專供旗下船隻停泊。鐵行嫌上環地點不佳，1881 年遷到今日中環街市原址，其時干諾道中尚未填海，德輔道中便是海旁。稍後，鐵行貨倉碼頭繼續東移，遷往德輔道中 22 號。

1871 年，英商保羅‧遮打爵士（Catchick Paul Chater）創辦了香港第一家碼頭貨倉公司 —— 香港碼頭貨倉有限公司（Hong Kong Pier and Godown Co.），在灣仔海旁建設碼頭及貨倉，依照英國標準，用優質木材修建碼頭，用水泥建築倉庫，並購入起重機及手推車作卸貨之用。不過，該公司創辦後，股東僅籌集到三分之二，資金不足，經營不理想，開業不久就負債纍纍，最後宣佈破產。70 年代期間，香港人口增加，需要更多土地建造住宅容納移民，灣仔的貨倉遂遷移至香港島西部的新建填海地區堅尼地城。自此，堅尼地城海邊滿是存放各類貨物的貨倉。該處自此用作貨倉區域超過一世紀，至 20 世紀 90 年代才發生改變。

當時，九龍尖沙咀廣東道一帶是另一主要貨倉區。1874 年，颱風襲擊香港，尖沙咀一帶不少倉庫和碼頭東主破產，投資者自願將地段交還政府。1885 年，香港政府將尖沙咀臨海地段重新拍賣，由保羅‧遮打投得。當時，該地段尚未發展，有充足的土地興建貨倉碼頭，且臨深海，可停泊大輪船，是建設貨倉碼頭的理想地點。1886 年，遮打和怡和洋行合作創辦「香港九龍碼頭及倉庫有限公司」（Hong Kong and Kowloon Wharf and Godown Company Limited，簡稱「九龍倉」），資本 170 萬港元，在尖沙咀沿海地段建設兩座碼頭，因其形狀得名「九龍倉橋」。九龍倉的創辦使維多利亞海港有了嶄新的碼頭及貨倉設施，奠定了這個深水港的重要基礎。

九龍倉除在尖沙咀興建貨倉碼頭外，又收購了鐵行輪船公司的上環碼頭及怡和洋行的上環碼頭。鐵行出售貨倉碼頭時，曾與九龍倉簽訂合約，該公司旗下輪船可使用九龍倉的尖沙咀碼頭貨倉，其收費 10 年不變。兩個上環碼頭後來獲香港政府批准填海，地價急漲，為九龍倉帶來可觀利潤。至於 1872 年倒閉的香港碼頭貨倉有限公司，當時碼頭及貨倉均付諸拍賣，由滙豐銀行以 8 萬港元投得，隨後轉售予灣仔貨倉有限公司（Wan Chai Warehouse and Storage Co.）。1896 年，灣仔貨倉有限公司發生困難，要求與九龍倉合作，以挽救倒閉危機。後來雙方簽訂合約，九龍倉在保證對方每年可取得投資 8% 利潤的條件下，取得了灣仔貨倉有限公司的控制權。自此，九龍倉增加了一座灣仔碼頭，以彌補尖沙咀碼頭之不足。

九龍倉創辦後一段時期，業務一度出乎意料的好，每年使用九倉碼頭的船舶直線上升，不少歐洲輪船公司都致函表示支持九龍倉，船舶到港時，即寄碇於九倉碼頭。1890 年九龍倉的盈利比上年度增加一倍。不過，在稍後的數十年間，九龍倉屢遭颱風、火災及戰亂的破壞，加上期間香港的轉口貿

1963 年香港九龍碼頭貨倉有限公司
圖片來源：嶺南大學香港與華南歷史研究部

易增長緩慢，故一直發展不快。儘管如此，到 20 世紀 40 年代，九龍倉已成為香港一家以效率著稱的大型碼頭貨倉公司，無論在漲潮或退潮時，其碼頭都能夠同時停泊 10 艘吃水 10 米以上的遠洋貨輪。九龍倉還備有容量約 75 萬噸貨物的倉庫，運輸貨棚備有專門設計的充足燈光和寬敞的貨場，貨倉是一座鋼筋混凝土的 6 層樓房，全都安裝了貨運電梯和起重機；其中，設有能夠貯存 500 噸黃金或其他貴重物品的金庫或保險庫。九龍倉還設有汽艇和駁船，為繫在水鼓上的船隻卸貨，並經營一般貨物的轉運業務。當時，香港大部分船隻均停泊於維多利亞港口最寬闊的部分，貨物借助駁船運到岸上，乘客及船員則乘坐渡輪橫過海港，這種運輸方法沿用至現代。

　　就在倉儲碼頭業繁榮的同時，香港的船塢業亦起步發展。早在 1843 年，英國人約翰‧林蒙（John Lamont）船長曾在香港島東角附近開設一個船排，製成了一艘載重 80 噸的小船「塞拉蘇號」。1857 年 6 月，港督寶靈爵士（Sir John Bowring）向英國申請在香港建造船塢，獲得批准，但要求把船塢水深由 18 呎增至 22 呎，面積則增至 330 呎乘 80 呎，以容納 3,000 噸的船隻。當年，林蒙船長和德忌利士洋行創辦人德忌利士‧拉伯勒（Douglas Lapraik）以每年 100 英鎊租金，分別投得香港仔 1 號和 2 號地段，建造船塢。其中，林蒙船塢於 1860 年建成，開始接收船隻。稍後，林蒙與拉伯勒、海軍上將賀普（James Hope）合作，在香港仔 2 號地段建造一座面積 400 呎乘 90 呎、水深 24 呎的船塢。1867 年 6 月，賀普船塢建成，由港督麥當奴（Sir Richard Graves MacDonnell）爵士主持揭幕儀式，他根據林蒙的遺囑，將新船塢命名為「賀普船塢」（Hope Dock）。賀普船塢設備精良，設有機器工場，可容納 6,000 噸的船隻，著名的皇家戰艦鐵「公爵號」（HMS Iron Duke）亦曾在此停靠。賀普船塢生意興隆，當時造得最多的一種船，是中葡合璧的帆船，船身是葡萄牙式，帆纜卻是中國式，名叫羅沙船。引發中英第二次鴉片戰爭的「亞羅號」，就是一艘羅沙船。

　　1863 年 7 月 1 日，怡和洋行、鐵行輪船公司、德忌利士洋行等幾家船東創辦了「香港黃埔船塢公司」（Hong Kong & Whampoa Dock Co.），由鐵

行輪船公司駐港監事托馬斯‧蘇石蘭出任主席。1865 年，黃埔船塢收購了賀普船塢。當時，整個香港仔船塢，包括其位於灣仔譚馬士根公司（Thomas Hunt & Co.）（今巴路士街及茂蘿街）旁的船業用品公司，均屬香港黃埔船塢公司所有。1866 年，黃埔船塢根據公司法組成有限公司，正式在香港註冊，資本 75 萬港元。由怡和洋行大班詹姆士‧惠代爾出任董事長，德忌利士輪船公司老闆拿蒲那任董事長秘書。這一時期，與黃埔船塢競爭的是於仁船塢（Union Dock Co.），於仁船塢於 1864 年由寶順洋行等牽頭成立，在紅磡地段（今黃埔花園位置）建造了一座 300 呎乘 84 呎、水深 19 呎 6 吋的船塢，該船塢於 1868 年建成，同年 8 月 15 日迎接了第一艘船——法國的三桅帆船「柏淘號」（Pactole），並舉行了開幕禮。船塢其後被稱為「九龍船塢」。1870 年 3 月，黃埔船塢與於仁船塢公司合併後，勢力大增，成為當時香港最大的船塢公司。

70 年代初期，黃埔船塢幾乎佔有了廣州黃埔、香港及九龍所有大型船塢。但 70 年代中期以後，香港、九龍又先後出現了 8 家船塢與之競爭。面對新的形勢，黃埔船塢改變投資策略，決定重點發展香港，將廣州黃埔的柯拜船塢及其附屬設施，以 8 萬銀元價格售賣予兩廣總督劉坤一，所得資金在九龍紅磡興建一座現代化的船塢。1880 年，黃埔船塢兼併了大角咀的四海船塢公司（Cosmopolitan Dock Co.），一躍而成為香港修船和造船業的巨擘。1882 年，黃埔船塢耗資 13.3 萬英鎊，在紅磡建造了另一大型船塢，這個被稱為「軍塢」（Admiralty Dock）的新船塢長 550 呎，備有各種機器，包括 75 噸承重吊臂及 10 噸承重蒸氣錘等。1900 年，黃埔船塢的規模已達到僱工 4,510 人，其設施不但能建造各式船舶，而且為來港商船及遠東海面的船隻提供各種修理服務。1919 年，黃埔船塢先後建成兩艘戰船——淨重 8,000 噸的「轟炸號」（War Bomber）及姊妹船「勇敢號」（War Trooper）。其中，轟炸號船長 400 呎、闊 52 呎、吃水 31 呎，為黃埔船塢有史以來建造的最長船隻。

能夠與黃埔船塢抗衡的是聞名遠東的太古船塢。正當黃埔船塢在香港銳

意擴張之時，太古洋行已提出在香港建造船塢的構想。19 世紀下半葉，太古洋行旗下的太古輪船公司已迅速發展成中國沿海及長江內河航運業的壟斷寡頭，對船舶修造業的需求日益迫切。1900 年，英國太古集團向英國政府提出申請，要求港英政府把它們在香港鰂魚涌投得的大片土地的租借期從 99 年延長到 999 年，以便興建一座規模宏大的造船廠。太古表示，船廠「對帝國來説將是極為寶貴的」，他們的申請獲得了批准。1900 年，太古集團的施懷雅家族、該集團的資深合夥人 J. H. 斯科特，以及藍煙囪輪船公司老闆 R. D. 霍爾特等合資創辦了「太古船塢公司」(Taikoo Dockyard Co.)，資本 80 萬英鎊，由太古洋行為其代理人。同年，太古船塢在香港鰂魚涌太古糖廠附近佔地 52.5 公頃地段興建大型船塢，船塢面積為 787 呎乘 88 呎，大潮時水深可達 31 呎 6 吋，塢內的設備不但能負擔維修兩三萬噸輪船的任務，而且能建造萬噸級的輪船及生產引擎等多種機器。太古船塢於 1907 年

1945 年 1 月太古船塢遭受砲火襲擊
圖片來源：嶺南大學香港與華南歷史研究部

建成，1908 年 10 月 3 日迎接第一艘船隻——松江號（Sungkiang）入塢。

太古船塢在草創時期，塢內所僱用的固定工人，經常保持在數百人左右，在接到建造或維修大船的任務時，則增加到千人以上。不過，最初的兩年裏，太古船塢遇到了黃埔船塢的激烈競爭，公司被迫將價格降到無利可圖的水平，每年的虧損額在 4 萬至 5 萬英鎊，陷入嚴重困境。經過長時間競爭和談判，1913 年兩家公司達成協議，共同壟斷香港的船舶修造業。1917 年，太古船塢為藍煙囪公司（Messrs. Alfred Holt & Co.）建成「殖民地所建的最大艘船隻」——奧圖里加士號（Autolycus），該船長 441 呎 6 吋、闊 52 呎 4 吋，由上甲板到龍骨的高度達 33 呎，總噸位 6,000 噸，載重能力達 8,000 噸以上。

後來，太古船塢有了很大的發展，它擁有當時最先進的技術設備，可與日本的造船業媲美，而其造價遠比英國本土的低廉。隨着航運業的發展，太古船塢不但為集團內各輪船公司以及香港英國海軍船艦提供了全面的維修服務，而且逐漸包攬了中國，特別是華南地區的造船業務。太古輪船公司後期新增加的船隻，幾乎全部都是由太古船塢建造的。太古船塢全盛時期，擁有僱員逾 5,000 人。1937 年抗日戰爭爆發後，中國沿海地區相繼淪陷，許多原來在上海等地維修的船隻，都要轉到香港，形成了太古船塢和黃埔船塢發展的「黃金時期」。1939 年，太古船塢再建成「香港船廠所建的最大型船隻」：一萬噸客貨郵輪「比幹索號」（Breconshire），打破奧圖里加士號於 1917 年所創下的記錄。這個黃金時期一直延至 1941 年日本侵佔香港才告結束。

二戰結束後，兩大船塢雖然繼續壟斷香港的船舶建造及維修業，但仍有不少中小型船塢在繼續經營，如位於長沙灣的香港船廠、位於牛池灣的財利船廠等。到 70 年代，在港島，仍有一批中小船廠分佈於香港仔、鴨脷洲、銅鑼灣、筲箕灣沿岸；在九龍半島則分佈於長沙灣、油麻地及油塘灣；在新界分佈於西貢、白沙灣、大埔、青山、馬灣、青衣及將軍澳。1975 年，港府在九龍廣東道原海軍船塢舊址建成政府船塢。

戰後維港的轉型與航運業的發展

　　戰後，香港經濟復蘇，轉口貿易再度蓬勃發展，對港口碼頭的需求增加。當時，在戰爭中遭炮火打擊的碼頭、儲備運輸地區、貨倉、沿海地段及船塢遍佈港九兩岸，急需維修。1946 年，香港政府耗資港幣 1,300 萬港元推行各項修復措施，當中 105 萬港元用於港口重建工程上。與此同時，政府決定就擴建碼頭及貨倉進行測量並擬定計劃，並購置新型港口設備，包括蒸汽吊車、拖拉車及疊堆機等。為了確保航道安全，政府重置和安裝航標及打撈沉船。為了推動維多利亞海港的發展，港府於五六十年代期間，先後展開多次填海工程以增加海濱面積，其中，三次大型填海計劃分別在北角、銅鑼灣和中環進行，填海所得土地主要用作興建公共設施、發展商業樓宇，以及優化港口設施，發展碼頭等。

　　50 年代初期，朝鮮戰爭爆發，以美國為首的聯合國向中國實行貿易禁運，香港的轉口貿易自此衰落，進出香港的船隻大幅銳減。50 年代以後，隨着香港工業化的進程，香港對外貿易再度蓬勃。在此背景下，九龍倉決定興建一座現代化的客運大樓。1962 年，九龍倉取得香港政府的資助，在九龍海旁和天星小輪碼頭旁，將原第一號碼頭重建為樓高 4 層的海運大廈，提

1950 年的卜公碼頭
圖片來源：嶺南大學香港與華南歷史研究部

昔日的海運大廈
圖片來源：Photograph by Wikipedia user: ken93110, 2015. Wikipedia Commons,
https://bit.ly/3JJcZ41, CC BY-SA 3.0.

供約 31.25 萬平方呎的主甲板面積，碼頭兩邊可同時容納兩艘郵輪或四艘中
型船隻。1966 年 3 月 3 日，海運大廈及郵輪碼頭落成，由瑪嘉烈公主剪綵
揭幕，第一艘巨輪「坎培拉號」首先停泊海運大廈碼頭。海運大廈還設有兩
層面積寬廣的商場，給公司帶來了可觀的租金收入。1965 年，九龍倉再接
再厲，與華商許世勳及陳德泰合作，建成香港酒店和海運戲院。這是九龍倉
從事地產投資的開端。

在 60 年代，維多利亞海港只有三條航道，即北航道、中航道與南航
道。隨着製造業的快速發展與對外貿易量的大幅增加，原有航道已日益
不能滿足經濟發展的需要。為此，香港政府於 1963 年推出西區海港計劃
（Western Harbour Scheme），以便使維港西部能夠提供寬闊而清晰的航道供
遠洋船隻使用。其後，港府設立紅磡航道連接中航道，直達海港中部，以配
合西區海港計劃的發展。紅磡航道作為中區海港計劃的重要一環，貫通了海
港東西兩個海域，提高了船隻進出維港的便捷性和效率。另外，西區海港計
劃的實施也改善了維港西部航運條件。

70 年代期間，香港的航運業進入貨櫃化時代，葵涌貨櫃碼頭相繼建成使用，九龍倉原有的功能日漸式微。1973 年 1 月，黃埔船塢與太古船塢合併，成立「香港聯合船塢」（Hongkong United Dockyards Limited），由黃埔船塢及太古船塢的代表輪流擔任主席。1976 年，聯合船塢在青衣西面（今青馬大橋下）取得 50 公頃土地重建船塢，新船塢水深 14 米，可容納 10 萬噸的船隻停泊。1978 年，聯合船塢正式開業，並隨即按計劃遷移紅磡及太古兩個船塢，太古船塢及黃埔船塢分別於 1978 年及 1980 年結業。其後，太古船塢原址建成規模宏大的太古城，只保留總工程師麥當勞所豎立的基石（現置於太古城中心）。黃埔船塢遷離後，原址於 80 年代後期建成大型住宅屋邨黃埔花園，建築師特別將黃埔花園商場的外形塑造成一艘輪船的模樣，以紀念曾在該處營運多年的著名船塢。此外，港府亦於 1995 年將政府船塢從廣東道遷往位於昂船洲，新船塢佔地 6.47 萬平方米，擁有一個 8.3 公頃的船池，在回歸前由政府船塢與添馬艦的皇家海軍船

這一時期，隨着香港工業化的步伐急速邁進，從日本進口的機器設備、原材料及從香港銷往歐美市場的產品大幅增加，刺激了航運業的快速發展。

1946 年從山頂遠眺維多利亞港
圖片來源：嶺南大學香港與華南歷史研究部

一批新興的航運集團乘勢崛起，其中最著名的，是包玉剛的環球航運，董浩雲的金山輪船、中國航運、東方海外，趙從衍的華光航業，及曹文錦的萬邦航運。包玉剛的環球航運公司創辦於 1955 年，一年後船隊急增至 8 艘貨運船，包玉剛將船隻租予日本公司以籌措資金建造新船。到 60 年代末，環球航運的船隊增加到 80 艘貨運船。到 70 年代末，包氏躍升為「世界船王」，旗下漆有集團標識「W」的船隻超過 200 艘，比排名第二位的日本三光船務公司超出一倍，超過美國和蘇聯全國商船的總和。

董浩雲創辦的航運集團遠比環球航運要早，1949 年他在香港創辦「金山輪船國際有限公司」，將航運基地從上海轉移到香港。50 年代中期，董浩雲購買油輪 Pacific Pride 和 Pacific Triumph，並與全球不同的船運公司簽下新船合約，組成包括油輪、散裝貨船與氣體運輸船的船隊。其後，他更將旗下東方海外實業有限公司在香港上市，大力發展貨櫃航運業。1980 年，東方海外實業斥巨資收購了英國最大的航運集團富納西斯輪船公司。經此一役，東方海外實業的總噸位從 1979 年的 46 萬噸躍升到 120 萬噸，成為董氏旗下實力最強大的航運公司。到 80 年代初，董浩雲成為全球最具影響力的航運巨頭之一，旗下漆有黃煙囪、標有「梅花」標識的船隻達 149 艘，總噸位超過 1,100 萬噸，附屬公司包括中國航運、金山輪船、東方海外實業等，業務遍佈全球各地，包括香港、台灣、新加坡、日本、英國、美國、加拿大、沙烏地阿拉伯等地，成為跨國性世界級航運集團。而董浩雲本人則被美國《紐約時報》稱為「世界最大獨立船東」。

趙從衍的華光航業創辦於 1952 年。1965 年，華光航業向日本 Sanoyasu 船塢訂購了第一艘 16,000 載重噸的散貨船「NEW VENTURE」，又先後訂造了多艘散貨船，包括當時新設計的 60,000 載重噸巴拿馬型散貨船，令船隊的規模迅速擴大。華光與日本造船公司合作不斷建造新船替換舊船，前後為華光航業建造了超過 100 艘新船，並長租予日本公司營運。到 80 年代初，華光船隊已發展到 50 多艘，總載重量超過 400 萬載重噸，其中包括當時海上一些最大，最先進的油輪和散貨船，以及汽車運輸船和集裝箱船。

曹文錦的萬邦航運創辦於 1949 年，早期稱為「大南輪船公司」。1966 年，曹文錦正式註冊成立「萬邦航業投資有限公司」，並於 1972 年在香港上市。70 年代中期以後，世界航運業漸漸陷入不景，曹文錦逐漸將旗下舊船出售，成功避過當時全球航運業大衰退的災難。80 年代中期以後，航運業逐漸復甦，曹文錦把握時機，趁低價連續購入多艘新船，令船隊規模再度擴大，到 90 年代初，萬邦船隊已增加到 16 艘（其中 4 艘在建造中），總噸位達到 63.2 萬噸，而整個曹氏家族的船隊更增加到 44 艘輪船，總噸位數達 157 萬噸。四大航運集團的崛起，並在國際航運界叱咤風雲，進一步鞏固和提升了香港作為國際航運中心的地位。

葵青貨櫃：「全球最繁忙貨櫃港」

進入 60 年代，國際航運業發生新一輪的革命，其中標誌之一是貨櫃運輸業的全球化趨勢，這對香港港口航運業的發展，產生了深刻的影響。

1966 年，香港政府為了配合國際貨櫃運輸業的發展，成立了一個專責委員會，以評估香港建設貨櫃碼頭設施的可行性。不過，考慮到相關建設所需資金龐大，以及發展前景尚未明朗，有關計劃直到三年後才開始啟動。1969 年 8 月，港督會同行政局根據專責委員會的建議和政府工務局提供的詳細工程可行性研究，決定由私人發展商在葵涌海床地段發展貨櫃碼頭。具體發展模式是：由政府負責投資提供基建設施，如道路、排水管、公共設施等，再以投標方式決定由中標的私人發展商負責碼頭填海、器械裝配、營運等支出等。

葵涌位於新界南部，屬荃灣新市鎮的一部分，其地段涵蓋葵涌、青衣、昂船洲一帶沿岸地帶。當時，適逢港府計劃擴展荃灣新市鎮，因此將貨櫃碼頭的選址定在葵涌醉酒灣的填海地上。1970 年 8 月，港府以私人協約方式批出葵涌貨櫃一號、二號、三號貨櫃碼頭發展權，其中，一號貨櫃碼頭由現代貨箱碼頭有限公司（MTL）投得，二號和三號貨櫃碼頭則分別由日本九龍貨櫃倉庫有限公司（Kin C W）旗下的大山船務公司和美國海陸聯運公司

（Sea Land）投得。不過，1973 年，日本大山船務公司將二號貨櫃碼頭權益轉售予香港國際貨櫃碼頭公司（HIT），1991 年，海陸聯運公司將三號貨櫃碼頭權益轉讓予海陸聯運（中國）有限公司（SLOT）。

現代貨箱碼頭有限公司（MTL）於 1969 年在香港註冊成立，原屬九龍倉的聯營公司，九龍倉持有其 25.6% 股權，其餘兩大股東分別為歐洲航務公司馬斯基和英國鐵行輪船公司。不過，1994 年後，馬斯基和英國鐵行輪船公司先後多次出售其所持股份，令九龍倉持有現代貨箱的股權大幅上升到 50.84%，其他股東則轉變為招商局（20.31%）、太古洋行（17.65%）、滙豐銀行（6.3%）及捷成洋行（4.9%）等，現代貨箱遂成為九龍倉的附屬公司。1972 年，現代貨箱建成並運營一號貨櫃碼頭的首個泊位，當年箱運有限公司旗下的「東京灣號」率先使用現代貨箱泊位，開啟香港貨櫃運輸的先河。

葵涌貨櫃碼頭
圖片來源：Photograph by Wikipedia user: ystsoi, 2019. Wikipedia Commons, https://bit.ly/3KEKt3s, CC BY 2.0.

1973 年，二號、三號貨櫃碼頭首個泊位也先後建成啟用。

　　1973 年及 1974 年，港府再以私人協約方式批出葵涌貨櫃四號、五號貨櫃碼頭發展權，分別由 HIT 和 MTL 奪得。80 年代期間，包玉剛收購九龍倉後，即透過 MTL 積極拓展貨櫃碼頭業務。1980 年，MTL 的香港貨倉大樓正式啟用。1988 年，香港的五號碼頭擴建工程竣工。1985 年，MTL 以港府授權的葵涌六號貨櫃碼頭半數權益，與 HIT 交換二號碼頭，並於 1989 年正式接收該碼頭。至此，其所擁有的一、二、五號貨櫃碼頭連成一體。1991 年，MTL 再獲得八號貨櫃碼頭 4 個泊位中的兩個，成為香港貨櫃碼頭業僅次於 HIT 的另一大集團。1995 年，MTL 的貨櫃處理量達 211 萬個標準箱，約佔葵涌貨櫃碼頭輸送量的二成半。

　　HIT 全稱是「香港國際貨櫃碼頭有限公司」，成立於 1969 年，其前身是香港黃埔船塢有限公司的貨櫃碼頭業務，負責統籌集團在紅磡、觀塘及北角的起卸業務。1974 年，HIT 奪得葵涌四號貨櫃碼頭發展經營權，遂將其位於紅磡、北角和觀塘三段貨櫃碼頭業務全部遷往四號貨櫃碼頭。1976 年，四號貨櫃碼頭投產啟用，並向九龍倉收購二號碼頭。1977 年，和記企業與黃埔船塢合併為和記黃埔，HIT 遂成為和記黃埔的附屬公司。1979 年李嘉誠收購和黃後，即透過 HIT 大力發展貨櫃碼頭業務。

　　1985 年，港府決定讓 HIT 和 MTL 共同發展六號貨櫃碼頭，HIT 以二號貨櫃碼頭換取 MTL 在六號貨櫃碼頭的半數權益，斥資 20 億港元獨力發展六號貨櫃碼頭。1988 年，港府改以招標競投方式發展七號貨櫃碼頭，結果，由 HIT 以 43.9 億港元的高價奪得七號貨櫃碼頭發展權，一舉奠定其作為香港最大貨櫃碼頭集團的地位。七號貨櫃碼頭的標價連同填海及購置設備等費用，總投資高達 70 億港元。當年，HIT 處理第 1,000 萬個標準貨櫃箱。1991 年，七號貨櫃碼頭落成；同年，HIT 與中資的中國遠洋運輸公司（COSCO）合資組成「中遠—國際貨櫃碼頭（香港）有限公司」（CHT），與港府達成協議，取得八號貨櫃碼頭（東）兩個泊位的發展經營權，並於 1994 年投產。至此，HIT 集團共經營葵涌的四、六、七、八號貨櫃碼頭的

12 個泊位，成為全球規模最大的私營貨櫃碼頭公司。1995 年度，HIT 連同 CHT 共處理的貨運量高達 530 萬個標準貨櫃箱，在葵涌貨櫃碼頭處理的總輸送量中所佔比重超過 50%。

80 年代中期，積極拓展多元化業務的新世界發展亦開始進軍香港貨櫃碼頭業，1985 年，新世界以 3 億港元價格向陷入財政危機的東方海外實業購入亞洲貨櫃有限公司 49% 股權（翌年將持股量減至 39%），並透過亞洲貨櫃公司斥資 40 億港元在葵涌三號貨櫃碼頭興建亞洲最大規模的貨櫃集散中心。其後，新世界再購入經營三號貨櫃碼頭的海陸聯運（中國）13.84% 股權。90 年代以後，新世界增持亞洲貨櫃股權至 45.92%，成為該公司最大股東。其時，亞洲貨櫃在三號貨櫃碼頭擁有的亞洲貨櫃中心，面積達 590 萬平方呎，是世界最大型多層式直達貨櫃貨運倉庫大樓，而新世界持有海陸聯運（中國）的股權亦增至 30.34%。

1992 年，隨着香港貨櫃碼頭業的高速增長，預期葵涌一至八號貨櫃碼頭的輸送量將於 1995 年達到飽和，九號貨櫃碼頭的興建遂提到議事日程。

	1972	1973	1976	1988	1990	1991	1994	1995
一號貨櫃碼頭	MTL							
二號貨櫃碼頭		Kin C W	HIT	MTL				
三號貨櫃碼頭		SeaLand				SLOT		
四號貨櫃碼頭			HIT					
五號貨櫃碼頭			MTL					
六號貨櫃碼頭				HIT				
七號貨櫃碼頭					HIT			
八號東貨櫃碼頭							COSCO	
八號西貨櫃碼頭								MTL

1972-95 年間經營葵涌 1-8 號貨櫃碼頭的承辦商的更替
注釋：COSCO- 中國遠洋運輸公司
　　　HIT- 香港國際貨櫃碼頭
　　　Kin C W- 九龍貨櫃倉庫有限公司
　　　MTL- 現代貨箱碼頭有限公司
　　　Sea Land - 海陸聯運有限公司
　　　SLOT- 海陸聯運（中國）有限公司
資料來源：香港特區政府海事處官網

同年 11 月，港府在未與中方磋商的情況下，宣佈以私人協議的方式，將九號貨櫃碼頭的發展經營權批予以英資怡和為首的青衣貨櫃集團（其餘股東包括海陸貨櫃集團、新鴻基地產及新世界發展等）、HIT、MTL 三個財團，九號貨櫃碼頭的 4 個泊位中，青衣貨櫃獲得其中兩個，HIT 和 MTL 各得一個。其時，正值香港新任港督彭定康上任伊始，並在施政報告中單方面提出對香港原有政制作重大改動的政制方案，中英關係陷入低潮。中方指責港英政府單方面批出跨越「九七」的重大工程是違反聯合聲明的侵權行為，未來特區政府將不予承認。九號貨櫃碼頭的發展遂陷入僵局，一拖達 3 年之久。

1996 年 1 月，中英關係轉趨改善，而香港貨櫃碼頭的發展更趨迫切，兩國外長終於就九號貨櫃碼頭的發展達成共識，並擬就一至九號貨櫃碼頭的泊位擁有權作重新分配。結果，HIT 除獲得九號貨櫃碼頭一個泊位外，再額外獲得一個支線泊位及港府批出一幅在九號貨櫃碼頭以北、佔地 2.49 公頃土地，可發展為商業樓宇。HIT 每年將增加 120 萬個標準貨櫃箱，令該公司的輸送量上升至 700 萬個標準貨櫃箱。MTL 則以八號貨櫃碼頭的兩個泊位交換青衣貨櫃在九號貨櫃碼頭的發展權，因而在九號貨櫃碼頭獲得 3 個泊位及額外一支線泊位。而獲得八號貨櫃碼頭兩個泊位的青衣貨櫃則重組股權，並易名為「亞洲貨櫃碼頭有限公司」。重組後，經營三號貨櫃碼頭的海陸貨櫃集團成為大股東，持有 29.5% 股權，怡和集團透過置地及怡和太平洋持有 28.5% 股權，新鴻基地產和新世界基建分別持有 28.5% 和 13.5% 股權。至此，九號貨櫃碼頭的爭奪逐告結束。九號貨櫃碼頭全部落成後，可處理 220 萬標準貨櫃箱。

隨着一至八號貨櫃碼頭的興建和投入使用，以及九號貨櫃碼頭的批出，葵涌貨櫃碼頭迅速崛起，成為全球最大的貨櫃碼頭港口。這一時期，恰逢中國改革開放，香港製造業大規模北移，與廣東珠三角地區形成「前店後廠」的分工格局，香港作為貿易轉口港的地位再度凸顯，推動了貨櫃運輸業的發展走上巔峰。1974 年，香港首次打破貨櫃輸送量的世界紀錄，每日處理達 3,561 個標準貨櫃，全年貨櫃處理量達 72.6 萬個標箱。1987 年，香港合共處

理約 343 萬個標準貨櫃箱（TEU），首次超過荷蘭的鹿特丹而成為全球最繁忙貨櫃港，1988 年和 1989 年更分別達到 403.3 和 446.4 萬個標準貨櫃箱。此後，香港連續多年蟬聯全球最繁忙的貨櫃港口榜首。貨櫃運輸的興旺，帶動了相關行業，包括貨櫃場、拖頭和拖架停車場、維修廠、貨櫃裝卸站和貨櫃倉儲等等，形成了一個龐大的貨櫃業群產業，成為這一時期香港經濟的一個增長點。這是香港海港的高光時期。

內河碼頭與九號貨櫃碼頭的興建

80 年代後期至 90 年代，隨着香港與珠三角貨物往來的日趨頻密，兩地之間載貨內河船明顯增多。這類船隻大多屬自行驅動的內河船和拖曳躉船，長度約 40 至 50 米，負責運載散裝貨物及貨櫃。當時，這些來往珠三角的內河船必須先進入並橫越香港港口，在公眾貨物裝卸區裝卸貨物，或是在香港不同地區的浮標及碇泊區進行中流作業，才能使用香港葵青貨運港的設施。內河貨運船數量激增，不僅佔據了大型貨櫃船隻的航道，同時也令港口擁塞，影響海上安全。為解決這一問題，適應發展的需要，從 90 年代初起，港府開始籌劃興建內河碼頭事宜。

1995 年 12 月，港府選定屯門作為首個內河貨櫃碼頭發展，並進行投標。當時，參與投標的主要是以和記黃埔和新世界發展為首的兩大財團，和黃財團（和黃佔 37%、新鴻基地產佔 37%、中遠太平洋佔 11%、怡和佔 15%）的標價為 11.4 億港元，計劃以海上穿梭系統配合中流作業碼頭。新世界財團（新世界基建佔 35%、恒基地產佔 35%、新鴻基工業佔 10%、越秀投資佔 10%，另海陸貨櫃碼頭公司有權認購 20% 股權）的標價則為 23.8 億港元，計劃發展為貨櫃碼頭。是次投標競爭激烈，兩大財團罕有地先後披露自己標書的內容，和黃的國際貨櫃指對方出過高標價，假若他們中標後收費會更高，公司將拒絕用屯門碼頭；而與新世界共同投標的海陸聯運則指國際貨櫃效率偏低，就在投標揭曉前一天，新世界發展董事總經理鄭家純公開表示，如果港府不以高價為中標準則，實有違反投標規則。結果，和黃財團

以較低價中標。港府則表示，新世界財團落敗的原因是其標書未符合 12 項招標檔內指定的要求。為此，新世界財團發出律師信禁制政府有關投標結果，但被法院駁回。

1996 年，以和記黃埔旗下的和記港口集團有限公司與新鴻基地產為首財團組建「香港內河碼頭有限公司」（River Trade Terminal Company Limited），雙方各佔 50% 權益。1998 年，位於珠江口和香港屯門西的香港內河碼頭落成啟用。該碼頭佔地 65 公頃，靠泊碼頭總長度達 3,000 米，共 49 個泊位，每年可處理 130 萬個標準貨櫃的內河貨物，另外還建有堆場面積 45 公頃，散貨倉 2.8 萬平方米，集裝箱維修中心 1.8 萬平方米。內河碼頭的主要功能，是用於集中處理香港與珠三角一帶港口間用船隻載運的貨櫃及散裝貨物，同時支持葵青貨櫃碼頭及中流作業的運作。為此，內河碼頭將利用連接到葵青貨櫃碼頭及中流作業公司的先進電腦系統，先將內河貨櫃分類整理，然後根據貨櫃離港次序，用快速接駁躉船將貨櫃運送到個別葵青貨櫃碼頭或中流作業公司；同時，經香港輸往珠三角的貨櫃亦會集中在內河碼頭處理集散，以提高貨櫃碼頭及中流作業公司的效率，並減少它們對後勤用地的需求。

不過，內河碼頭的發展並不理想，特別是近年來珠三角區內的港口設施急速發展，使內河碼頭的貨物處理量逐漸減少。2017 年，內河碼頭的泊位使用率僅為其容量的 24%。扣除雙重處理所產生的輸送量，純粹由內河碼頭處理的輸送量約佔香港港口貨櫃總輸送量 3%。有鑑於此，香港土地專責小組建議可以考慮將內河碼頭用地騰出另作其他用途。

就在香港內河碼頭興建的同時，葵青九號貨櫃碼頭的建設也同步展開。1998 年，HIT 和 MTL 先後簽署九號貨櫃碼頭協議書。2000 年 7 月，時任特區政府財政司司長的曾蔭權主持位於青衣島西南的九號貨櫃碼頭動土儀式。2003 年 7 月，HIT 旗下的九號碼頭（北）啟用，於 2005 年全面建成。2004 年，MTL 的九號貨櫃碼頭（南）也竣工投產。九號貨櫃碼頭佔地 68 公頃，共設有 6 個泊位，每年可處理達 260 萬個標準貨櫃。至此，葵青貨櫃

港一至九號貨櫃碼頭全部建成，共有 24 個泊位，泊位長度 7,794 米，水深 17 米，岸邊起重機約 100 台，堆場面積 279 公頃，每年可處理超過 2,000 萬個標準箱的貨運量。

經過多年的股權變更，目前葵青貨櫃港共有 5 家營運商，包括和記黃埔旗下的國際貨櫃碼頭（HIT），由九龍倉佔 68% 股權、招商局佔 27% 股權、捷成集團（Jebsen Group）佔 5% 股權的現代貨箱碼頭（MTL）、中遠太平洋與國際貨櫃碼頭聯營的中遠－國際貨櫃碼頭（香港）有限公司、亞洲貨櫃碼頭有限公司，以及 Goodman DP World。其中，HIT 共持有及經營四號、六號、七號、九號碼頭（北）等，共 12 個泊位及兩個駁船泊位；MTL 共持有及經營一、二、五及九號碼頭（南），共 7 個泊位及兩個駁船泊位；中遠－國際貨櫃碼頭（香港）持有及經營八號碼頭（東），共 2 個泊位；亞洲貨櫃碼頭持有及經營八號碼頭（西），共 2 個泊位；Goodman DP World 持有及經營三號碼頭 1 個泊位。亞洲貨櫃碼頭（ACT）原由香港置地、新鴻

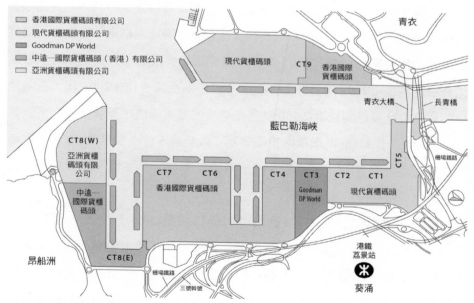

葵青貨櫃碼頭一至九號貨櫃碼頭分佈
資料來源：香港特區政府海運港口局官網

基地產、新創建等合資成立，其後，該公司股權經過數次轉換，分別由迪拜環球港務集團（DP World）和新加坡港務局（PSA）分別持有。2013 年，HIT 控股公司和記港口信託以 39.17 億港元收購 ACT 全部股權，成為和記港口信託旗下全資附屬公司。此舉，進一步增強 HIT 集團在葵青貨櫃港的實力。而 Goodman DP World 則為迪拜環球港務集團與新加坡港務局的聯營公司。

2012 年 11 月 14 日，全球最大的貨櫃船「達飛‧馬可波羅」號首航抵達國際貨櫃碼頭，該船是香港有史以來靠泊的最大型貨櫃船，可裝載 1.602 萬個標準箱。2017 年 4 月，超大型貨櫃船 MOLTRIUMPH（商船三井成就）首航抵達國際貨櫃碼頭，該船全長 400 米，寬 58.8 米，可裝載 20,170 個標準箱。2020 年 7 月，全球最大的貨櫃船 HMM GDANSK（現代格丹斯克）首航，停泊葵青 7 號貨櫃碼頭，該船全長 399.9 米，寬 61.18 米，可裝載 23,964 個標準箱，顯示了香港葵青貨櫃碼頭處理超大型貨櫃船的能力和世界級效率。

不過，踏入千禧之年以後，隨着香港的轉口貿易逐步轉為離岸貿易以及內地港口群的快速崛起，愈來愈多的貨物直接從深圳鹽田港等進出，香港貨櫃業務的增長開始放緩。2005 年，香港被新加坡超越，失去全球第一最繁忙貨櫃港地位；2007 年再被上海追上，排名跌至第 3 位。2008 年，香港港口的貨櫃吞吐量達到接近 2,500 萬個標準箱的歷史峰值，其後便趨向下跌，於 2016 年跌出 2,000 萬個標準箱俱樂部，跌至第 5 位；及至 2019 年，香港港口貨櫃吞吐量進一步跌至第 8 位，落後於上海、新加坡、寧波舟山、深圳、廣州、韓國釜山和青島。

對此，港口獨立顧問、《香港港口總體規劃 2020》主要作者之一的 Jonathan Beard 表示，香港港口的集裝箱處理量多年並未停滯不前，而是對手的進步更快。10 年前，香港的港口以效率高見稱，有着更好的設施、服務和基本配套，但「這種優勢已漸漸消失，其他港口能夠提供類似的服務質量。雖然香港的競爭力提升，但其他港口的改善速度更快」。2004 年，特

區政府曾委託顧問公司研究興建十號貨櫃碼頭的可行性，然而 10 多年過去了，有關計劃仍遲遲未能實施。為了應對區域內的挑戰，2019 年 1 月，國際貨櫃碼頭、現代貨箱碼頭、中遠－國際貨櫃碼頭（香港）及亞洲貨櫃碼頭等四家公司宣佈共同成立「香港海港聯盟」，達成聯合操作協議，旨在為靠泊香港的船公司提供更高效服務，以提升香港港口在區域內的整體競爭力。2020 年 2 月，香港海港聯盟於 8 號貨櫃碼頭以每小時 139 吊次的船時效率，為長榮海運貨櫃船 THALALSA DOXA 完成裝卸共 7,591 自然箱（13,582 標準箱），打破香港裝卸量的最高記錄。

儘管基於種種主客觀原因，香港港口地位有所下降，然而，經過多年的發展，時至今日，香港已形成包括葵青貨櫃港、香港內河碼頭、中流作業區、公眾貨物裝卸區、碇泊處、避風塘、浮塢、浮泡，以及五條船泊航道（龍鼓水道、北長洲海峽、西博寮海峽、東博寮海峽、藍塘海峽）等完整的港口體系。其中，中流作業區在青衣、昂船洲、青洲、屯門共 10 處，佔地 33 公頃，提供 3,310 米堤岸；公眾貨物裝卸區共 6 個，提供 4,852 米堤岸；碇泊處 24 個，其中 16 個可處理貨物；避風塘共 14 個，佔 419 公頃水域。此外，香港兩間最大的船廠位於青衣島西面，共設三個浮塢，其中最大的可起重 46,000 公噸。

據統計，2019 年，抵港的遠洋船舶和內河船舶共達 161,252 航次，抵港船船舶淨噸位 5.14 億噸；香港港口共處理了 1,830 萬個標準貨櫃單位。在總貨櫃吞吐量中，約 1,422 萬個標準貨櫃單位是在葵青貨櫃碼頭裝卸，其餘約 408 萬個標準貨櫃單位則經中流作業和其他碼頭處理。截至 2020 年底，香港註冊船隻共有 2,603 艘，合共約 12,972 萬總噸；其中，遠洋輪船 2,394 艘，約 12,960 萬總噸。以總噸位計算，香港為全球 10 大船舶註冊地之一，位居巴拿馬、利比里亞、馬紹爾群島之後而排名第四位。而在香港及珠三角地區水域範圍內營運的香港本地持牌船隻則約有 1.96 萬艘。

目前，香港船東管理或擁有的船舶約佔全球商船總載重噸位 9.6%，800 多家與海運相關的公司在香港發展，提供各種海事服務，包括船舶擁有、海

事保險、船舶融資、船舶註冊、船級社、船舶維修、海運設備、船務代理服務、船舶管理、船舶租賃、船務經紀、海事法律服務等，形成一個規模龐大、種類齊備的海事服務產業群。所有世界知名的船級社，包括美國船級社、法國船級社、中國船級社、DNV GL AS、英國勞氏船級社、日本海事協會、韓國船級社、意大利船級社（RINA）、俄羅斯船級社等，都在香港設有辦事處。香港眾多的代理商、經紀、貨運代理每年為數以萬計到港船隻提供各項代理服務。時至今日，香港仍然是全球著名的自由港和當之無愧的全球最具規模的海運中心之一。

第十六章

航空樞紐：
從啟德到赤鱲角機場城市

香港這座城市的驕傲之一，是它以彈丸之地成就全球性國際航空樞紐的地位。50 年代以來，隨着香港工業化的進程和整體經濟起飛，香港從中國的貿易轉口港演變為一個國際性商業大都會，這有力促進了香港航空業的發展。早期，香港機場設於九龍半島的啟德，90 年代以後，隨着啟德機場的容量達到極限，香港機場搬遷到新建設的大嶼山赤鱲角。自此，飛機以轟隆的巨響聲低空掠過九龍半島市區的景象成為香港一代人彌足珍貴的記憶。隨着赤鱲角國際機場的啟用，香港航空業邁進新的時期。根據香港機場管理局的遠景規劃，香港國際機場將通過實踐機場的多項元素，建設機場城市，從而提升及鞏固香港作為國際航空樞紐的地位。

啟德機場的起源與戰後發展

香港作為國際航空樞紐的發展，最早可追溯到 20 世紀初葉。1911 年，一名比利時航飛行家查爾斯‧溫德邦（Charles Ven Den Bom）帶着 3 架費文雙翼機（Henri Farman biplane）抵達香港。溫德邦最終於該年 3 月 18 日在沙田的淺灘上成功飛行，揭開香港動力飛行發展的序幕。

香港機場的建設，則最早可追溯到早期九龍灣北岸的填海工程。19 世紀 80 年代，隨着香港作為轉口貿易港地位的逐步確立，人口急劇增加，商人何啟的姐夫伍廷芳提出於九龍灣填海闢建住宅區的構思。1912 年，大律師何啟爵士與商人歐德合資創辦「啟德土地投資有限公司」（Kai Tak Land Investment Co. Ltd.），向港府申請在九龍寨城對開的九龍灣北岸進行填海工

程。該填海工程於 1914 年獲得政府批准，1916 年正式展開，新填地面積約 120 英畝，計劃發展成一個以合資公司名字命名的花園城市 ——「啟德濱」（Kai Tak Bund）。這是啟德機場的最早起端。1920 年和 1927 年，新填海地先後完成第一、二期工程。不過，1927 年以後，啟德公司的經營每況愈下，最終倒閉，相關填海工程最終擱置。

　　就在填海工程進行期間，1924 年，美國人哈利・亞弼（Harry Abbott）向啟德投資公司租用了一部分填海土地，開辦飛行學校；同年，啟德機場開始興建，跑道長約 365 米，寬約 274 米。1925 年 1 月 25 日，商業航空公司（Commercial Air Company）成立，公司旗下首架飛機從啟德起飛。當時，香港政府認為，啟德新填海地是香港可找到的最大面積土地，可用作興建跑道及停泊飛機，而毗鄰的九龍灣海灣則可供水上飛機降落及停泊，因此啟德是最適宜作機場用途之地。1927 年 3 月，英國皇家空軍的飛機開始在啟德新填海地停泊。同年 12 月，港府與陷入經營困境的啟德公司達成協議，以約 100 萬港元價格向啟德公司購回新填海地，計劃擴建機場。該幅土地先後成為英國皇家空軍機場、飛行會和飛行訓練中心。當時，啟德機場還只是一個只有簡單草皮的機場，為英國皇家空軍和香港航空會等提供服務。有趣的是，何啟和區德兩人與航空界並沒有任何聯繫，他們一生甚至連飛機都沒坐過，但其名字卻永遠與香港航空業緊密聯繫在一起了。

　　1928 年，香港政府開始在啟德機場修建了第一條混凝土下水滑道，供水上飛機在九龍灣升降之用。1930 年，啟德機場正式啟用，香港政府聘請首位機場監督，並由當時的海港署（Harbour Department）負責管轄各種飛行活動。1932 年，啟德機場處理旅客 1,185 人次，並開始徵收飛機降落費。1934 年，亞洲首間飛行學院 ——「遠東飛行訓練學校」（Far East Flying Training School）在啟德開辦。1935 年，首座指揮塔和飛機庫相繼落成。1936 年，是香港航空史上的重要年份，當年 3 月 24 日，英國航空的前身 ——「英國帝國航空公司」（Imperial Airways，即英國航空前身）旗下的第一班商業客運航班「多拉多」從檳城飛抵香港，揭開香港民航業發展的序幕。

此後，相繼有多家航空公司加入提供民航服務，其中包括泛美航空公司、法國航空公司、中國航空公司、歐亞航空公司（Eurasia Aviation Corporation）等，分別往來於從三藩市、印度支那半島至香港，廣州、上海、北京至香港等航線。1939 年，長達 457 米的首條正規跑道落成。這條東西走向的跑道位於現時新蒲崗一帶，飛機起降時需要將清水灣道（今彩虹道一段）的車輛截停。當時，英國皇家空軍在啟德機場側，鑽石山大磡村一帶建有一座飛機庫。

二戰期間，日本佔領香港，日本人擴建了啟德機場，新建了一條全長 1,371 米的南北向跑道，而原有全長 457 米的東西向跑道亦延長至相同的長度，為此相繼拆除了宋皇台、龍津石橋（清政府於 1875 年建造）和九龍寨城的城牆。不過，期間，啟德機場受到盟軍的猛烈轟炸，嚴重損毀。日本戰敗後，英國皇家空軍取代日軍進駐啟德機場，並將啟德機場作為駐紮基地。當時，英國皇家空軍的不少水上飛機都停泊在九龍灣海面。1946 年，香港政府成立民航處（Civil Aviation Department），取代原民航服務部，專責管理香港的航空服務，直至今日。1947 年，泛美航空公司的環球航線取道香港，兩年後澳洲海外航空公司開闢了來往香港、悉尼，途經達爾文及拉布恩的定期航班，此外英國海外航空公司每週均有來往香港及倫敦，途經羅馬、開羅、巴士拉、卡拉奇、加爾各答及曼谷的班機。自此，香港成為國際空運中心之一。

50 年代，隨着香港工業化的推進和整體經濟發展，港府開始制定啟德機場的發展計劃。1954 年，香港政府發表一份機場發展總綱計劃，為啟德機場進行大型擴建，包括興建一條新跑道和一座客運大樓，將啟德發展成國際機場。當年，港府耗資 1.35 億港元擴建啟德機場，在九龍灣展開大規模的填海工程。1958 年，13 / 31 跑道的建造工程竣工，這條西北 / 東南向的新跑道全長 2,529 米，從九龍灣延伸至維多利亞海港，同年 9 月 12 日正式啟用。該填海工程將啟德機場南移，原有兩條跑道隨即關閉，其中一部分被改建成停機坪，北面的部分則興建了新蒲崗工業區及太子道東，以及房屋協

會廉租屋啟德邨和黃大仙徙置區巴士總站。1959 年，新跑道燈光系統啟用。隨着跑道落成，啟德機場亦正式更名為「香港國際機場」。

60 年代以後，隨着香港經濟起飛，各業繁榮，啟德機場日益繁忙起來。為提高機場的效率，1962 年，啟德機場新客運大樓及停車場落成並投入使用，控制塔亦遷至新客運大樓，而舊有的客運大樓則於 1965 年拆卸。新客運大樓為當時最先進的建造設計，分為上下兩層，上層為離境大廳，中央部分有一條通往上層瞭望台的樓梯，成為不少團體和旅客出發前拍照留念之地，旅客可通過高架道路直接進入離境大廳，下層為入境大廳，各種配套設施一應俱全，整座客運大樓總投資近 100 萬英鎊。

從 1962 年起，民航處進一步投資 6 億港元，分四期工程對啟德機場展開擴建計劃，在 60 年代陸續完成前三期規模較小的工程，包括擴建機場的東西翼以增加旅客處理量；修建新的下水道和飛機庫；擴建滑行道至 27 米；建造 6 條方便客貨上落的活動跳橋等。第四期工程於 1974 年展開，1981 年

啟德機場新填海跑道
圖片來源：吳邦謀

完成，主要包括進一步延長跑道及擴建停機坪；建造新航空貨運大廈；將機場大廈面積擴大兩倍；重修機場大廈陳舊部分；啟用新海關大堂；增設航空交通管制中心和其他精密導航儀器；建造新機場消防局、貨運辦公大樓和停車場等輔助服務設備等。其中，為了適應大型噴氣式客機的升降，機場跑道於 1975 年擴展到 3,390 米長。

進入 70 年代，航空公司開始逐步淘汰以螺旋槳為動力的飛機，改用波音 707、DC8 等噴氣機。1970 年 4 月 11 日，由泛美航空營運的首班波音 747 定期航班降落啟德機場，揭開啟德機場發展的新一頁。當時，飛機的降落仍採用目視的方式，機師如要使用第 13 跑道，就必須在飛機飛近長洲時看得見跑道，才可降落。1974 年，這種目視進場的方式由儀錶導航系統取代。在該導航系統輔助下，機師只要在飛機飛抵九龍半島上空時能看見跑道便可。在天氣惡劣的情況下，這一系統大大提高了跑道的使用量。而自 70 年代起，英國皇家空軍已不再使用啟德機場，啟德機場成為全民航客貨兩用機場。70 年代中期，二次監察雷達開始被應用，以加強管制航空交通。1975 年，啟德機場跑道被延長至 3,390 米，以適應 31 家經營抵港航班的航空公司的需要。1976 年 11 月 5 日，可作超音速飛行的協和飛機首次在啟德機場降落。翌日，協和客機經新加坡再度抵港進行正式訪問。這一年，啟德機場的客運量為 400 萬人次。

與此同時，航空貨運運輸起步發展。1971 年，香港空運貨運站有限公司（Hong Kong Air Cargo Terminals Limited）成立，並於 1976 年正式啟用，以配合香港製造業對綜合空運處貨服務的需求。空運貨站由怡和、太古（各佔 30%），九龍倉、和記黃埔（各佔 15%），及香港政府（佔 10%）合資組成，獲得港府發出的航空貨運經營特許，擁有和經營航空貨運大廈，為世界最大的空運貨站之一。其中，貨運大廈由四家公司出資建造，港府則撥款興建貨運停機坪及有關滑行道和寫字樓。

空運貨站的航空貨運大廈共有兩幢，第一幢建於 1976 年，耗資 1.17 億港元，樓高兩層，每層共有 8 個貨倉，大廈旁設有 4 個橋位，可同時處理

4 架貨機，把機內貨物直接運入倉庫。第二幢建於 1984 年，耗資 2.35 億港元，樓高三層，每層可讓 12 米長的貨車直接駛入。大廈旁還有一個橋位，可同時處理兩架貨機。第二幢大廈建成後，第一幢用作處理進口貨物，第二幢則用作處理出口貨物。航空貨運大廈的自動化程度相當高，由貨物運抵大廈底層開始，所有貨車停泊位均設有量重裝置及顯示器，以計算運費和保證裝卸安全。貨物按其形狀和類別由合適的設備裝卸及處理後，除可經貨機泊位直接運上飛機外，還可拖出停機坪裝上其他貨機。貨運大廈並裝有先進的電腦系統，與航空公司、海關及貨運公司直接聯繫，自動顯示所有有關資料。1991 年第二幢大樓建成後，空運站的處貨能力提升到每年 150 萬公噸。

　　經過多次擴建，到 80 年代初中期，啟德機場的客貨空運能力大幅提升。1984 年，經啟德機場出入境的旅客達 825.7 萬人次（如包括過境旅客及不準進入香港的旅客共約 950 萬人次），處理空運貨物 41.7 萬公噸，國際航機班次 57,016 班。由於空運業務量大，機場設施使用率高，當時，啟德機場最繁忙時每小時處理旅客超過 6,200 人次（標識繁忙率為每小時 5,311 人次），跑道最繁忙時使用率每小時 27 架次（標識繁忙率為每小時 23 架次），香港成為全球主要的國際航空樞紐之一。

國泰航空：躋身全球國際航空公司

　　隨着啟德機場的興建，以香港為基地的航空公司也起步發展。1946 年 9 月 24 日，由美國和澳大利亞兩位資深飛機師羅伊·法雷爾（Roy Farrell）和悉尼·德·堪茲奧（Sydey De Kanzow）創辦的航空公司 ——「國泰太平洋航空公司」在香港註冊成立。法雷爾和堪茲奧兩人戰時都在美國泛美航空公司（Pan American Airways）旗下的中國航空公司服役。戰後，法雷爾買入一架 C-47 運輸機，並改裝為可運載 20 多人的商用 DC-3 型飛機，命名為「貝西號」（Betsy），從事遠東運輸業務。1946 年，法雷爾和堪茲奧創辦「國泰太平洋航空公司」（Cathay Pacific Airways）。在公司命名時，一種說法是法雷爾鍾情於近似中文「華夏」之意的古雅名字「Cathay」，其中文名則稱為

「國泰」；另一種說法是當時成立的計劃是在上海國泰酒店擬定，故命名為「國泰」。這是國泰航空公司的前身。

國泰航空創辦時，規模細小，只有兩名機師和兩個工作人員。當時，國泰主要經營不定期包機業務，來往於上海、曼谷、馬尼拉、西貢、新加坡、緬甸、印尼和澳洲等地。其中，香港至上海及澳大利亞的這條航線生意滔滔，刺激了另一家航空公司——香港航空公司加入競爭。香港航空公司由怡和洋行、英國海外航空及滙豐銀行等英資公司於 1947 年創辦。這一時期，經營香港航空的公司，還有號稱「兩航」的中國航空和中央航空，以及英國海外航空、泛美航空、法國航空、北歐航空、荷蘭航空等共 16 家航空公司，定期往來於香港至世界各大商埠，其中，僅中航和央航兩大航空公司就佔去啟德機場總用量的五成到七成。當時，香港已構成全球航空網絡的重要一環，成為各大國際航空公司必爭重地。這期間，世界民族獨立運動方興未艾，英國在亞洲的殖民地紛紛爭取獨立，其在亞洲的航空戰略據點，幾乎只剩下香港，是以香港的戰略地位日形重要。

1947 年，香港政府要求在港註冊的航空公司，必須符合一定的英資或本地資本的比例，才可以使用香港的航空權。1948 年初，國泰航空受到英國輿論和港府的強大壓力，要求它改組成一家以英資為主的航空公司，其時國泰亦急需資金注入。同年 2 月，英資太古洋行大班施約克（John Kidston Swire）親自到香港與國泰航空談判，結果以太古洋行和太古輪船名義，再加上澳洲國家航空，取得國泰航空八成股權，而法雷爾和堪茲奧則持有其餘兩成股權。其中，太古佔 45% 股權，成為大股東。這是太古洋行在戰後首次取得的重大勝利。稍後，重組後的國泰航空由太古洋行擔任代理，香港太古大班羅伯斯出任董事局主席，日常營運則由堪茲奧主持。

1949 年 5 月，在港府的協調下，國泰航空與香港航空達成經營協議，由香港航空專營香港以北航線，包括中國大陸、日本和台灣等地區，國泰航空則專責香港以南航線，包括東南亞和澳洲諸國。1949 年，中華人民共和國成立，香港航空失去中國大陸航空市場。受此打擊，香港航空經營慘淡，

1958 年國泰航空公司旗下的 DC-6 為第一架於啟德機場新跑道起飛的民航客機
圖片來源：吳邦謀

而雄霸香港航空市場的「兩航」更是一蹶不振。形勢的急劇轉變為國泰航空提供了發展機遇。當時，在施約克的領導下，國泰航空定位為一家區域性航空公司，業務迅速發展，機隊擴充到 8 架飛機，包括 7 架 DC-3 型客機和 1 架長達蓮娜水上飛機，航線從香港伸延到澳門、馬尼拉，曼谷、仰光及新加坡。1959 年，國泰航空在競爭中取得重大勝利，收購了香港航空公司，由此取得了往台灣和日本的航權，正式雄霸香港航空業，並進軍東北亞市場。國泰航空成為唯一一家以香港為基地的亞洲區內重要的地區性航空公司。

1962 年，國泰航空引入首架康維爾（Convair）CV-880 噴射客機，由康維爾 8 架 880-22M 開始，並逐步淘汰螺旋槳飛機。到 60 年代末，國泰機隊已全部採用新型噴射機，員工數目也增加到逾 1,300 人。當時，英國《金融時報》發表署名文章，形容國泰航空為遠東區內最大規模的區域性航空公司。到 70 年代，國泰航空的航線已拓展到整個亞洲地區，包括聯結日本、南韓、台灣的東北航線；聯結泰國、緬甸、印度的西部航線；聯結馬來西亞、新加坡、印尼的西南航線；以及聯結菲律賓、澳大利亞的東南航線。隨着航

線的伸延、航班的增加，國泰的載客量也大幅增加。1973 年 9 月國泰迎來歷史上第 500 萬名乘客。當年，國泰航空年運載乘客量已超過 100 萬人次，1977 年更超過 180 萬人次。

1979 年，國泰航空引入香港第一架波音 747-200 大型客機 B-HKG 號，序列號為 21746。70 年代末，英國保守黨執政，推行經濟改革，開放航空市場。當時，倫敦至香港的這條「黃金航線」航線長期由前身為英國海外航空的英國航空公司壟斷。國泰隨即申請開辦香港至倫敦航線，同時申請開辦的還有英國第二大航空公司 —— 金獅航空（British Caledonian Airways）。結果，香港政府批准國泰和金獅的申請，而英國政府僅批准金獅。事件引起香港方面極大的反彈，最終英國政府在龐大政治壓力下批准了國泰航空的申請。1980 年 7 月 16 日，國泰航空首航香港至倫敦航線。兩年後更首創由香港直飛倫敦不停站航線，最終後來居上，成為這條黃金航線的領導者。

隨着業務的發展，國泰航空的機隊也迅速壯大和更新。從 1974 年到 1983 年的 10 年間，國泰航空積極更新機隊，以波音 747 和洛歇超級三星兩種廣體客機代替載客量較少的波音 707 客機。當時，國泰航空的航線已衝出亞洲，伸展到中東、英國、歐洲、加拿大及美國，形成全球性航空網絡。1986 年，國泰航空於成立 40 週年之際在香港掛牌上市，獲得 56 倍的超額認購，並旋即成為香港 10 大上市公司。1989 年，國泰航空共擁有 36 架飛機，全部均為遠程寬體客機，其中當時最大的寬體客機 B747 型就有 19 架，年載客量突破 700 萬人次。這一時期，國泰航空以香港為起點的航線，已伸延到台北、高雄、上海、漢城、福崗、東京、大阪、馬尼拉、雅加達、吉隆坡、新加坡、曼谷、孟買、墨爾本、悉尼、布里斯班、溫哥華、法蘭克福、倫敦等約 30 個城市，從一家區域性的航空公司躋身全球主要國際航空公司之列。

1994 年，國泰航空收購華民航空，並更換企業形象，將機身原本的綠白間條設計改變為展翅標識，該航徽結合中國書法筆觸與飛鳥展翅的姿態，以體現國泰的「亞洲特色」形象。整個 90 年代，是國泰航空大發展的黃金

時期，除了 1998 年因亞洲金融危機而虧損以外，10 年來一直保持盈利。2000 年，國泰航空擁有飛機 75 架，年旅客運輸量達 1,186 萬人次，年收入達 345 億港元，稅後利潤首次突破 50 億港元，達 50.91 億港元，獲利能力在全球首屈一指。這是國泰航空的高光時刻。

　　1985 年，香港一批華資商人成立「港龍航空有限公司」，試圖改變國泰航空獨家壟斷局面。不過，港龍航空經營並不理想，其股權經過多次轉變，於 1996 年由中國航空取得 35.86% 股權，成為大股東。回歸之後，港龍航空的股權再次發生重大變化，2006 年，國泰航空以 82.2 億港元及發行新股（股份佔九成）全面收購港龍航空公司；同時，中國國際航空公司入股國泰，成為僅次於太古（佔 40% 股權，現增加至 45%）的第二大股東（佔 17.5% 股權，現增加至 29.99%）。至此，國泰航空再次一統香港航空市場。

　　隨着航空業的發展，與航空業配套的相關服務業，包括飛機維修、地勤服務、機場保安以及機艙膳食也相應發展。早在 20 世紀 40 年代後期，香港已開設兩家飛機維修公司 —— 由太古於 1947 年創辦的太平洋飛機維修有限公司（Pacific Air Maintenance Services）和由怡和創辦的怡和飛機維修公司（Jardine Air Maintenance Company）。1950 年，兩家公司合併為「香港飛機工程有限公司」（Hong Kong Aircraft Engineering Co., Ltd.）。該公司以啟德機場為基地，為國泰航空的龐大機隊，以及其他往來香港的定期及不定期班機提供維修、保養、翻新、改裝以及各種支援服務，並擔任啟德機場的地面設備保養工作。此外，太古還先後創辦了香港太古航空食品供應有限公司、國泰航空飲食服務（香港）有限公司，香港機場服務有限公司及航空護衛服務公司，形成一套完整的機場服務體系。

全球最危險、最繁忙的國際機場之一

　　啟德機場位於香港九龍半島南岸，三面環山，跑道伸向維多利亞海港。機場的北部和東北部的山高約 600 米，東部的山距跑道僅 5 公里，機場跑道盡頭是橫跨維多利亞海港的香港島，山高 520 米。整個機場只有西側和跑道

的東面方向對正的鯉魚門峽角沒有被高山阻擋。60 年代以來，隨着人口的增加，九龍半島的住宅區，包括高低大小的唐樓、公寓和拔地而起的高層建築等，如枝蔓一般延伸到機場附近。這種三面環山、地處九龍市區中心的地勢，使得啟德機場飛機的起飛和降落非常困難，並造就了啟德機場獨特的降落方式。

香港啟德機場只有一條被命名為「13 / 31」的跑道。該跑道可供飛機以相反兩個成 180 度方向升降，跑道的名稱則以其升降方向的角度捨去最後一位數字而成。在啟德機場正反兩個方向的跑道上，飛機的升降方向分別為 136 度和 316 度，故稱為「13 / 31」跑道，即 13 跑道和 31 跑道。由於香港盛行東風，使用 13 跑道降落的機會一般要比使用 31 跑道多。據相關資料介紹，要在 13 跑道降落，機師必須將飛機從長洲附近向西飛行（航向 270 度）並開始下降，繞過大嶼山西端轉向東北（航向 45 度），然後在大嶼山沙螺灣以北改向東進場（航向 88 度），經過維多利亞港海港西部，進入建築物密集的西九龍上空。等到飛機飛抵九龍格仔山（又稱「棋盤山」）附近時，機師要靠目測操作飛機，與山腰上的巨型「橙色方格棋盤」目標對準，然後在九龍半島的高樓大廈之間向東南方向做一個 40 度（一說「45 度」或「47 度」——稱為「47 度漂移下降」）的急轉彎（這個動作被稱為「棋盤轉體」），使飛機與跑道成一直線，再進行降落。

對此，特區政府民航處的描述是：「由西面進場降落 13 跑道，以時速 120 海浬，帶坡度轉彎斜傾 40 度向右轉一個半徑為 5,090 呎的彎至飛機與跑道成一直線，再直朝一個三千呎外的着陸點下降」；「當時的啟德，13 跑道的進場着陸仍然是牽引世界的焦點，引發出對這個獨特城市景觀的讚嘆」。飛機在 13 跑道着陸，對機師來説具有相當高的挑戰性，因為它超越了飛行計算機的能力，必須由機師手動操作。這時，機師必須把所有的制導系統關閉，而當飛機轉過拐角時，轉彎必須在 20 秒內完成。完成轉彎後，對準伸進海港的 13 跑道進行着陸。這時，飛機的高度可能已不足 200 英呎，離着陸點更是只有 2.6 公里。有着超過 30 年飛行駕齡的前國泰航空運營總經理

兼飛行員羅素‧戴維（Russell Davie）表示：「作為一名飛行員，在這裏飛行的體驗是獨一無二的。全世界只有這麼一個機場，才需要你在 150 米以下的低空急轉 45 度對準跑道，才需要你在高樓大廈之間飛行，接近那橙白相間的格仔山之後，朝着跑道降落。」

長期旅居香港的教師兼航空攝影師達里爾‧查普曼（Daryl Chapman）回憶他曾看見過的一次最驚心動魄的飛行經歷 —— 一架法國航空的波音 747-200 貨機在飛行高度極低的條件降落時的情形：「我們能聽見轟鳴，知道飛機將要降落，但完全看不見飛機着陸燈的光亮。當時一片黑暗。聲音愈來愈響，然後我們看見機身下方亮起的紅燈。它錯過了轉彎的正確時機，掠過停車場和控制塔，然後再次抬升，盤旋調整，準備再次降落。……」有評論表示：「這種同一時間在低空、群山和高樓大廈之間急轉彎的高難度飛行方式，全球只此一家。飛行員必須掌握每秒的風速和風向變化及飛機的高度和速度，半秒差異都會讓飛機偏離航道，有可能釀成各種驚險場面甚至災

1970 年，一班珍寶客機正在九龍城上空低飛並準備降落在啟德機場 13 跑道上
圖片來源：吳邦謀

難。」在啟德機場着陸，可以説是全球驚悚、最刺激的飛行着陸了！

這還是在天氣良好時的情況。倘若遇到香港天氣狀況不好時，特別是海港內刮起強勁東北風，飛機還要進行側風着陸。由於啟德機場附近有許多山脈，因此在跑道附近經常發生一種風切變，這種低空風切變是起飛和降落最嚴重的威脅，不僅會使飛機偏離方向，而且可能會失去穩定性。當颱風吹襲香港時，海港內刮起的是強度不穩定的陣風，下降時便更加困難。而若在夜間大雨中着陸，那又是另一種嚴峻的挑戰。在暴風雨的夜晚，一些飛行員不得不在空中等待、盤旋，等候適當的時機再嘗試降落。如果飛行員一旦判斷錯誤或處理不當，後果將十分嚴重。

另外，當飛機使用 31 跑道朝向九龍方向起飛時，橫梗在飛機正前方的是海拔約 500 多米高的獅子山、筆架山和九龍半島的高樓大廈，由於該跑道受到九龍城樓宇的限制，故實際滑行距離比 13 跑道短，對航班起飛爬升率的要求更高。飛機在離地後要以最大的上升率快速爬升高度，同時要向西轉以免避開山脈。

這種獨特的降落方式和機場的特殊環境，使得啟德機場的 13／31 跑道聞名於世，被稱為「世界十大危險機場」之一、「所有可怕機場之母」。經常來往啟德機場的乘客還為此起了個綽號，叫做「啟德心臟病」。不過，啟德機場也為航班乘客帶來前所未有的刺激體驗。有報道稱：「對機上的旅客，特別是坐在機艙右邊靠近窗戶的旅客而言，飛機在降落時就像是飛錯了航道一樣。可以感覺到飛機與地面距離愈來愈近，深水埗及旺角的街道、多層樓房及行人已清楚可見，但前方卻未見跑道蹤影。兩旁的建築物似乎快要撞到機翼，有時更可以清楚看見民居內的電視畫面或天台上晾曬衣物的顏色。此時，飛機正在九龍城上空轉彎，跑道也在前方出現。數秒以後，起落架已接觸到陸地，飛機降落在海港中央的跑道上。」據傳聞，居住在九龍城的居民曾有一種誇張的説法：「只要在大廈高層拿着晾衫竹就可以把飛機掃下來！」

13／31 跑道的獨特地理環境，使它成為世界各大航空公司的培訓教材，被公認為考驗飛行員的最佳挑戰。正因為極具挑戰性，風險太大，一般

航空公司在執行飛往香港啟德機場的航班時，都會特別小心謹慎，派出經驗最豐富的「老司機」飛行員執行航班，在飛行前還必須在模擬機上進行特別的訓練。因而，自啟德機場運營以來，絕少發生大型空難事故。

不過，期間也不可避免地出現過多次事故。據不完全統計，啟德機場前後共出現過 12 次空難，造成 270 人罹難。其中，最致命的是 1965 年 8 月 24 日美國海軍陸戰隊的一架洛克希德 C-130 大力士型運輸機，從 13 跑道起飛後失控衝入海港沉沒，事件造成 59 人死亡。1967 年 6 月 30 日，泰國國際航空 601 號班機的一架 SudAviation SE 210 客機，在颱風襲港期間降落，結果滑出跑道墜入海中，造成 14 死 56 傷。1988 年 8 月 31 日，一架從廣州飛往香港的三叉戟客機 2E 型客機在啟德機場降落，由於當天遭遇雷雨天氣，導致飛機偏離了正常的跑道路線，撞上了機場的護堤並墜海，導致包括機組、旅客在內的 7 人不幸遇難。1993 年 11 月 4 日，一架中華航空 605 號航班的波音 747-400 客機，在熱帶風暴中降落時也因地面濕滑衝出 13 跑道，跌入海中，幸而 396 名乘客和機組人員中沒有人死亡，僅造成 23 人受傷。

儘管面對上述種種不利因素和客觀環境，80 年代以來，隨着香港經濟日趨繁榮，特別是隨着香港製造業大規模北移廣東珠三角地區，香港與內地形成「前店後廠」的分工格局，往來香港的旅客和貨物大幅增加，啟德機場更加繁忙，啟德機場的航班數量已超過了它的承受能力。1986 年，啟德機場的全年客運量首次突破 1,000 萬人次。1985 年，港府為進一步擴大啟德機場旅客容量，耗資 5 億港元，對啟德機場展開第 5 期擴建工程，主要把機場客運大廈東面用作貨倉及將停車場的地段改建為客運大廈，並增設有關設備，使得機場處理旅客量的能力提高到每年 1,800 萬人次。該項計劃於 1987 年中完成，而機場入境管制亦全面實施電腦化。不過，儘管香港政府不斷擴建機場的其他輔助設施，但仍始於不能解決機場使用飽和的問題。

到 90 年代中期，啟德機場已成為全球最繁忙的國際機場之一。1996 年，啟德機場每天為 440 架飛機提供服務，幾乎每兩分鐘就接送一架航班，全年共為 2,950 萬名國際旅客提供航空客運服務，居全球第三位；而在國際

貨物空運量方面，則共處理了 156 萬公噸貨物，居全球首位。其中，主要提供貨物運輸的香港空運貨站的貨物運輸效率和失誤率，堪稱全球機場的楷模（1993 年為 1/15743）。啟德這一迷你型小機場帶動了香港的大經濟，創造了「世界飛行的奇蹟」！

赤鱲角新機場興建與啟德機場「熄燈」

到 20 世紀 90 年代，啟德機場的營運瓶頸已顯現，再無法適應香港作為國際化商業大都會繼續發展的需要。同時，位於飛機航道上的九龍半島鬧區，不但居民深受飛機雜音的嚴重困擾，建築物的高度也因為機場的存在而受到限制，難以再獲得新發展。

為了繼續保持香港作為國際航空樞紐的戰略地位，香港需要另覓土地建新的國際機場。80 年代初期，港府已就機場發展進行研究，當時曾考慮在新界大嶼山北岸的赤鱲角興建一個新的國際機場。為此，港府耗資 1.8 億港元聘請顧問工程公司進行研究，但因為建設費用太高昂而放棄，改為儘量擴建啟德以暫時容納需求。同期，香港商人胡應湘亦曾建議在南丫島及大嶼山之間以人工島方式興建機場。80 年代後期，鑑於啟德機場的容量已到極限，港府再次開始認真研究建設新機場事宜，最初的選址包括大埔區吐露港、南丫島南部及大嶼山赤鱲角等三個地方，最後認為由於大嶼山的可發展潛力最大，於是決定選址大嶼山西北的赤鱲角。1989 年 10 月，港督衛弈信（Sir David Clive Wilson）在立法局宣讀的施政報告時，宣佈將展開新機場及相關配套設施的龐大興建計劃，總投資約 1,247 億港元至 2,000 億港元。這成為香港歷史上規模最大的建設工程，也是世界上特大建設工程之一，據說比穿越英吉利海峽的「歐洲隧道」工程還要龐大。

不過，這項被稱為「千億玫瑰園計劃」的龐大工程，由於跨越「九七」、事前並未知會中國，且耗資巨大，引起中方疑慮，擔心巨額的建設資金將挖空香港多年累積的財政儲備，令即將成立的特區政府面臨嚴重的財政困難。當時，港府也承認，到 1997 年回歸時，留給特區政府的財政儲備僅剩 50 億

港元。為此，中英雙方透過中英聯合聯絡小組，就新機場的財務安排進行談判。1991 年 9 月 3 日，中英兩國簽署《關於香港新機場建設及有關問題的諒解備忘錄》，英國承諾新機場預算總成本不超過 1,000 億港元，在 1997 年撤退時留給特區政府的財政儲備不少於 250 億港元。至此，新機場建設才正式展開。不過，中英雙方的分歧並未結束，有關談判一直持續到 1995 年 6 月 30 日才告一段落。

赤鱲角國際新機場及相關配套設施工程，合共有 10 項核心工程，主要包括赤鱲角國際新機場、機場鐵路、青衣至大嶼山幹線（青嶼幹線）等。其中，赤鱲角新機場是整個計劃的最骨幹部分，該工程於 1992 年正式動工，在大嶼山以北的人工島上，包括原赤鱲角島、欖洲以及填海所得的土地，興建一個總面積為 12.5 平方公里的國際新機場，初期計劃原定於 1997 年年中完成，港督彭定康（Christopher Francis Patten）曾表示希望在政權交接後能夠從新機場離開香港。不過，新機場最終於動工 6 年後才建成，1998 年 7 月 6 日正式運作。機場鐵路工程是在赤鱲角機場及其後勤區北大嶼山新市鎮興建連接九龍及香港島的快速鐵路，該工程包括建造兩條路線，即機場快線及地鐵東涌線。青嶼幹線是唯一連接大嶼山和香港其他地區之陸路通道，由青馬大橋（連接青衣島與馬灣）、馬灣高架道路及汲水門大橋（連接馬灣與大嶼山）組成，全長 3.5 公里，其中，青馬大橋是全球最長的行車鐵路雙用懸索吊橋，以及全球第 5 長懸索吊橋。

其他的核心工程還包括西區海底隧道、三號幹線（部分）、西九龍快速公路、中區填海計劃第一期、北大嶼山新市鎮第一期等。其中，西九龍填海計劃是於九龍半島的西面填海造地，以興建連接新機場的道路（西九龍公路）與鐵路（機場快線和東涌線），以及作為其他發展之用。該填海區分為昂船洲、深水埗西（南昌站）、大角咀西（奧運站）及佐敦西（九龍站）等四個區，當中包括後來建成為全香港最高的「環球貿易廣場」。中區填海計劃第一期是在香港島上環與卜公碼頭之間填造約 20 公頃土地，將中區海岸線向前伸展最高達 350 米，填海土地主要用作興建機場鐵路香港站及擴展中

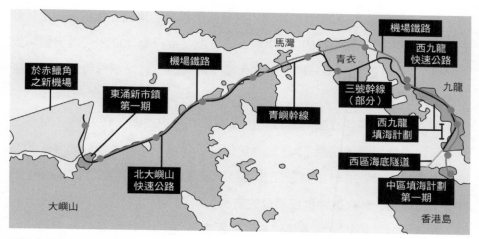

香港赤鱲角新機場十大核心工程

環商業區，包括後來建成的國際金融中心、香港四季酒店、港鐵香港站等。

赤鱲角新機場及相關配套設施的建設從 1992 年開始展開。赤鱲角原本只是大嶼山北岸對出一座小島，據說因為附近海域曾盛產名為「赤鱲」的魚類而得名。這座小島雖然只有 2.8 平方公里，但其歷史卻源遠流長，曾遺下各種痕跡，包括新石器時代的高把陶豆、青銅器時代的墓葬器物、唐代灰窰遺跡，以及元代的鑄爐等。赤鱲角機場建設工程規模浩大，除了將赤鱲角島上大部分土地夷平，填海的土地亦延伸至附近另一細小的無人島欖洲，將兩島合併為一，成為香港面積排名第 4 大的島嶼。由於在建設中一波三折，工程被一再拖延，赤鱲角機場最後延遲至 1998 年才最終完成，整項計劃歷時 8 年。1998 年 7 月 2 日，中國國家主席江澤民主持了香港新機場的開幕儀式。這項香港歷史上最龐大的發展計劃，大大擴展了香港的城市框架，改善了香港的基礎設施；更重要的是，為香港繼續維持和鞏固作為國際航空樞紐的戰略地位，提供了新的發展空間。

1999 年，香港新機場被美國建築博覽會評選為「20 世紀全球十大建築」之一（其他建築包括美國金門大橋、美國跨州高速公路、紐約帝國大廈、紐約世貿中心、拉斯維加斯胡佛水壩、英法海底隧道、悉尼歌劇院、巴拿馬運河、埃及阿斯旺水壩等）。耗資 1,550 億港元的香港新國際機場在建造上創

造了多項世界紀錄,如在最短時間內完成最大規模的建設工程;建成全球最安全的着陸跑道(屬最高的 3A 級別,即使能見度只有 200 米,飛機仍可安全降落);全球最大的單一機場客運大樓;最大航空貨站處理設施;以及空中管制系統居亞洲之首等。

隨着新機場的建成啟用,啟德機場完成其歷史使命。1998 年 7 月 5 日晚上,啟德機場終於結束 73 年的歷史任務:最後一班在啟德機場降落的航班,為當晚 23 時 38 分由重慶江北國際機場飛抵香港的港龍航空 KA841 號班機;而最後一班在啟德機場起飛的航班,則是 7 月 6 日凌晨 00 時 02 分起飛,從香港前往倫敦希斯羅國際機場的國泰航空 CX251 號班機。據説,為了見證啟德的最後時刻,爭取做最後一位登機乘客,一名外籍男子不惜上演一場鬧劇,於 11 時 30 分原定起飛時間仍在候機室不停抽煙,最後在乘務人員半推半送下登機,成為最後登機的乘客。

有人這樣形容啟德機場最後一日的盛況:「懷舊的香港人,蜂擁而至。極目處,四周的樓頂、街巷,機場的停車場的天台,擠滿了數以千計的『迎來送往』者,人們緊盯着一隻隻銀翅雄鷹,『嚶嚶』地尖叫着撲過來,『轟轟』

從大嶼山遠眺香港國際機場
圖片來源:Photograph by Wikipedia user: Ken'ichi,2007. Wikipedia Commons, https://bit.ly/3uchv4l, Public Domain Mark.

地怒吼着衝向天際。適逢假日，無數市民不顧警方的勸阻，拿着照相機擁向九龍城一帶，捕捉『啟德』最後一瞬：阿公阿婆帶着孩童，仰頭識看飛機型號標誌；青年男女體驗着碩大的機身俯衝而來的震撼感；精明的商家也不放過最後一次機會 —— 推出以『告別啟德』為賣點的酒店套餐、優惠顧客、旅遊團、攝影比賽等。其情其景，可以用『萬人空巷，告別啟德』來形容。」

當晚，駕駛最後一個航班離開啟德機場的英國飛機師金・沙曼，曾是第一位駕駛國泰客機從香港到倫敦的機師，在完成這班「最後的航機」任務後，他正式退休，與啟德機場一起告別各自的飛行歷史。這位曾駕駛客機出入香港 2,000 多次的 51 歲機師表示，3 個月前，他已多次向航空公司要求駕駛最後離開啟德的客機，以作為退休前最後一個飛行旅程，他對於能夠實現這一心願感到十分興奮。他回憶説，最令他難忘的是在惡劣天氣下降落啟德，較降落其他國家的機場更為艱難，是高難度的挑戰。他並表示，自己已將香港作為第二個家，兩兒子都是在這裏出生，所以希望可以與啟德同度最後一刻，退休後，他將在英國開設茶店。

當最後一班航機飛離啟德機場後，舊機場的歷史使命結束了。午夜 1 時，政務司司長陳方安生與民航處處長施高理（Richard Siegel）在機場控制塔內主持了跑道關燈儀式。施高理作了簡短致辭，他表示，有 73 年歷史的啟德機場，港人是會銘記於心的，現在最後一個乘客已經離開，是時候熄燈了。凌晨 1 時 16 分 55 秒，施高理以「Goodbye Kai Tak，and thank you!（再見啟德，多謝你！）」作告別之話，並隨即按動按鈕，機場跑道導航燈全部熄滅，獅子山的信標台亦同時關閉，正式替啟德機場的歷史畫上句號。從此，飛機以轟隆的巨響聲低空掠過九龍半島市區的景象成為歷史，也成為香港一代人彌足珍貴的記憶。對此，長榮航空公司香港機場主任葉忠文於 1998 年撰文表示：「一個曾經吒叱風雲，以高難度降落技巧聞名於世的機場，就此消失於歷史中。此刻，許多人突然驚覺而莫名懷念起啟德來了！」

與此同時，全球罕見的「一夜機場搬遷行動」在緊張而有序的狀態中進行，搬遷行動從 5 日下午 5 時 30 分開始，到 6 日清晨 6 時 30 分完成，歷時

13 個小時，以確保赤鱲角新機場能夠在 6 日清晨正式啟用。為此，有關方面動用 1,100 多輛車次、14 個航次躉船以及 30 架飛機，充分體現出香港世界一流的效率。6 日早上 6 時 30 分，赤鱲角新機場正式開始運作，首班抵達香港國際機場的航班，是由美國紐約甘迺迪國際機場起飛的國泰航空 CX 889 號班機，於早上 6 時 27 分降落新機場，成為第一班降落的客機，該航班稱為「極道一號」（Polar One）；開往馬尼拉的國泰航空 CX 907 號班機則成為第一班離港的客機，開出時間為早上 7 時 19 分。至此，香港航空業邁入一個嶄新的發展階段。

香港航空樞紐邁入新紀元：建設機場城市

不過，香港赤鱲角新機場剛啟用便遭遇巨大挑戰。7 月 6 日啟用當天，香港空運貨站在新機場的「超級一號」貨站突然癱瘓，被迫宣佈關閉 24 小時，這導致新機場的貨運系統頓時陷入一片混亂。接着而來的是客運大樓的電腦系統出現故障，機場的航班資料無法顯示。這場災難使新機場僅貨運一項的經濟損失就高達 300 億港元。面對危機，剛成立不久的特區政府一邊敦促貨運公司加快修復工程，同時請求中央政府伸出援手。中央政府破例允許所有在港有着陸權的飛機轉飛深圳黃田機場，並為香港空運貨物設立特別通道，海關將貨物貼上封條直運香港機場。對這些貨物按內地標準收費，降低香港客戶成本。很快，新機場恢復正常運作，並逐步達至國際航空業的通行標準。

赤鱲角機場全稱「香港國際機場」（Hong Kong International Airport），總面積 1,255 公頃，設有南、北兩條跑道，均長 3,800 米，寬 60 米，可以容納新一代大型飛機升降，可供飛行員在能見度（RVR）只有 200 米的情況下着陸。兩條跑道的最大容量為每小時超過 60 架次起降。其中，北跑道一般用於客機降落；而南跑道則一般用於客機起飛和貨機起降。1997 年 2 月 20 日，政府飛行服務隊的雙引擎飛機「超級空中霸王」在南跑道降落，成為在新機場首次着陸飛機。南跑道於 1998 年 7 月 6 日與新機場同日正式啟用，

北跑道則於 1999 年 5 月 26 日啟用。

新機場設有兩座客運大樓。其中，一號客運大樓（T1 航站樓）與新機場同時投入使用，由英國著名建築師諾曼·福斯特（Norman Foster）設計，靈感來自飛行概念，體現香港人的精神，結構呈 Y 字型展開，全長 1.3 公里，佔地 57 萬平方米，是世界上最大的單體機場建築之一，設有 49 個停機位。該大樓內設有抵港層、出發層，以及機場購物廊、機場客運廊、3 公里長的自動行人扶手電梯、無人駕駛軌道交通捷運系統、機場快線等設施，並設有地面運輸中心，提供機場巴士、的士、酒店專車泊位等服務，以方便乘客以最短時間到達或離開機場。一號客運大樓先後進行兩次擴建，西北客運廊於 2000 年 1 月啟用，而擴建後的東面大堂則於 2004 年落成。二號客運大樓（T2 航站樓）佔地約 14 萬平方米，為海、陸、空交通的樞紐，海路可接駁海天客運碼頭，陸路設有往中國內地、本地酒店及團隊的客車服務，於 2007 年 2 月投入服務。海天客運碼頭及相關快船跨境服務於 2003 年啟用，令香港國際機場與珠三角經濟腹地的聯繫更加緊密。

隨着新機場的啟用運行，相關的配套設施也相應發展。與新機場同時啟用的，有港機工程興建的新飛機維修服務設施，以及香港空運貨站位投資的「超級一號貨站」，該貨站佔地約 17 公頃，總樓面面積達 39.5 萬平方米，貨車停泊位共 313 個，每年可處理貨物為 260 萬公噸，是全球最先進及最大的空運設施，總投資達到 10 億美元。香港空運貨站的大股東為怡和集團，佔 41.67%，其餘分別為和記港口和九龍倉（各佔 20.83%）、中國航空（16.67%）。2004 年，總投資 1 億美元的敦豪中亞區樞紐中心在新機場投入使用，每天最高可處理 440 頓空運速遞貨件，進一步鞏固了機場在亞洲的速遞樞紐地位。

2007 年及 2013 年，由亞洲空運中心（Asia Airfreight Terminal）興建的「二號空運貨站」和國泰航空旗下的國泰航空貨運站也相繼建成投入使用。其中，二號空運貨站樓高 4 層，樓面面積達 17 萬平方米，貨車停泊位共 230 個，每年總儲貨量可達 150 萬公噸。亞洲空運中心的股東包括新加坡的

新翔集團和吉寶通訊、招商局港口控股、嘉里物流、聯邦快遞等。國泰航空貨運站由國泰航空旗下的國泰航空服務有限公司獨資興建，樓高 7 層，樓面面積 24.6 萬平方米，每年可處理 260 萬公噸貨物，總投資 59 億港元。三個空運貨站的啟用營運，將香港的整體空運處貨能力提升至 740 萬公噸。近年來，香港國際機場的空運貨站屢獲殊榮，先後被 Air Cargo News、Air Cargo News 等頒發「亞洲貨運、物流及供應鏈獎－全球最佳機場」、「航空貨運卓越獎－白金獎」、「2019 年貨機樞紐」等。

經過多年發展，截至 2020 年，赤鱲角國際機場共設有 212 個停機位，包括 119 個客運停機位、55 個貨運停機位、26 個長期及維修停機位、12 個短期停機位，為約 120 家航空公司提供航班服務，機場航線總數超過 220 條，通航城市超過 220 個（包括內地約 40 個航點）。機場擁有的基地航空公司共 5 家，分別為國泰航空、國泰港龍航空（已於 2020 年停運）、香港華民航空、香港航空、香港快運航空，其總部均設在香港。其中，國泰航空已發展為全球最重要的航空公司之一，旗下航空公司包括國泰航空、全資附屬公司華民航空（全貨運航空）、香港快運（廉價航空模式）、亞洲萬里通、國泰航空飲食服務、香港機場地勤服務等，國泰航空已形成以香港為基地，定期往來亞洲、北美洲、澳洲、歐洲和非洲等 35 個國家地區的 119 個城市（連同代碼共享協議直接聯繫 54 個國家共 255 個目的地）的龐大航線網絡，其中包括中國內地的 26 個目的地。目前，國泰航空是以美國航空和英國航空為首的「寰宇一家」（one world）空中聯盟成員，並且是全球第一家 4 次贏得 Skytrax「世界最佳航空公司」榮譽的航空公司。

隨着新機場設施的相繼落成、擴建和完善，香港作為國際航空樞紐的地位進一步提升。據統計，1998 年新機場啟用當年，香港國際機場處理旅客的人數為 2,863.1 萬人次，貨物輸送量為 162.87 萬公噸；到 2008 年，則分別上升到 4,858.5 萬人次和 362.7 萬公噸，10 年間分別增長 69.7% 和 1.2 倍。2010 年，赤鱲角機場超過孟菲斯國際機場，成為全球最繁忙的貨運機場。2016 年，赤鱲角機場客運量突破 7,000 萬人次。2017 年，赤鱲角機場的貨運及空

運郵件總量突破 500 公噸，成為全球首個於一年內處理超過 500 公噸貨物及航空郵件的機場。到 2019 年，香港國際機場處理旅客的人數達到 7,154.3 萬人次，貨物輸送量為 480.9 萬公噸，分別比 2008 年增長 47.3% 和 32.6%。

2019 年，香港在全球十大最繁忙機場中，客運量排第四位，僅次於迪拜、希斯路和史基浦；貨運輸送量則連續 10 年高居首位，遠超越排第二、三位的浦東、仁川；最繁忙時機場每小時的升降架次達 68 架次。多年來，香港國際機場以其卓越的管理和效率，先後超過 80 次被國際機場協會、Air Transport World、Asia Cargo New、英國獨立航空調查機構 Skytrax 等機構評為「全球最佳機場」、「亞洲最佳機場」、「年度最佳機場」、「貨機樞紐」等。

鑑於機場客貨運量的快速增長，為未雨綢繆，2011 年，香港機場管理局公佈《香港國際機場 2030 規劃大綱》，決定填海拓地 650 公頃建設第三條跑道系統。三跑道系統的一項主要特色，是建立一座以旅客為本，融合尖端科技和環保設計的全新客運大樓，提供 57 個停機位，每年可處理的客運量達 3,000 萬人次。2016 年 8 月，第三條跑道工程正式啟動，預計將於 2024 年建成啟用。

2018 年，香港機場管理局公佈 Sky City 航天城計劃，計劃在毗鄰機場的土地興建佔地 25 公頃的零售、餐飲及娛樂發展項目。2019 年 5 月，機管局進一步發表一份題為《從「城市機場」到「機場城市」》的報告，闡述香港國際機場的發展遠景，預計到 2035 年香港的客運量將超過 1.2 億人次，貨運量將達到 1,000 萬公噸，為適應發展需要，機管局將通過三管齊下的發展方針，即包括基礎建設、創新科技及建立地標等，具體包括：建設三跑道系統、擴建及翻新一號客運大樓、在機場南貨運區興建高端物流中心；持續投資科技，以提升服務及運作效率；發展集零售、餐飲娛樂、寫字樓及酒店於一體的航天城，發展亞洲國際博覽館和香港口岸上蓋，發展航空培訓中心等，從而推動香港國際機場從一個城市的機場發展成為「機場城市」。

2020 年，香港機場管理局公佈，在未來 10 年將投資超過 400 億港元，逐步落實「機場城市」的發展藍圖，提升香港機場運力與功能，塑造機場成

為香港的新地標；同時，並就鄰近機場的港珠澳大橋香港口岸人工島提出發展建議，提升機場服務功能，鞏固和提升香港作為全球國際航空樞紐的地位。與此同時，地產商新世界發展亦宣佈將投資 200 億港元，在赤鱲角機場與港珠澳大橋雙口岸之間興建 11 SKIES（11 天空）航天城，該項目設有 3 座 K11 ATELIER 甲級寫字樓，總樓面面積達 35.3 萬平方米，於 2022 至 2025 年分階段建成，屆時將成為集零售娛樂休閒、醫療健康及金融服務於一身的地區樞紐，以配合機場城市的發展。

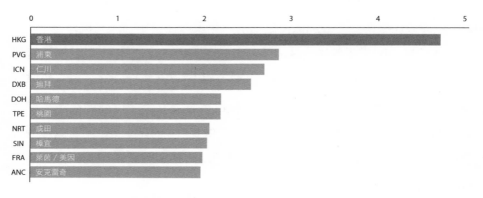

2019 年以國際貨運吞吐量計算的全球 10 大最繁忙機場
資料來源：《香港國際機場 2019 / 20 年報》

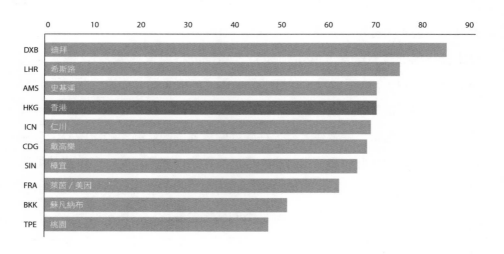

2019 年以國際客運吞吐量計算的全球 10 大最繁忙機場
資料來源：《香港國際機場 2019 / 20 年報》

第十七章

港股風雲：
從「四會並存」到「中國紐約」

在港島中環海旁，聳立着一幢令人矚目的商業大廈 —— 交易廣場，這裏曾在一個相當時期內是香港股市的交易場所。香港股市的發展，最早可追溯到 1891 年香港股票經紀會的創辦，期間經歷了 70 年代的「四會並存」時代、80 年代中後期「香港聯合交易所」的成立與改革及全球股災、千禧之年的「香港交易所」重組與上市。一個多世紀來，港股風雲突變，起伏跌宕，緊扣港人乃至全球投資者的心弦。時至今日，港交所已實現其在 90 年代初制定的戰略目標 ——「中國的紐約」，並成為香港這座城市作為亞太區國際金融中心的主要標桿之一。2019 年，港交所在其年報中表示：「我們的願景是要成為國際領先的亞洲時區交易所 —— 連接中國與世界。」

香港股市的早期發展與「香港會」成立

香港股票市場的發展，最早可追溯到 19 世紀 60 年代。1865 年，港府通過《公司條例》（An Ordinance for the Incorporation, Regulation, and Winding-up of Trading Companies and Other Associations,1865），為香港股市的發展奠定法律基礎。翌年，香港已有股票經紀行在港開業，並有證券買賣活動。當時，香港的外商除了買賣本地股票之外，也開始染指外國股票，因而英文報刊上經常刊登倫敦和孟買的股票行情。在 19 世紀下半葉香港首家證券交易所成立前，香港的股票交易並沒有一個確定地點，早期的經紀主要活躍於中區皇后大道中與雲咸街交界處。一名在 1870 年間訪港的遊客曾這樣描述當時的情況：「香港的證券交易所極其簡陋，範圍就是會所至皇后大

約 1860 年代的中環畢打街鐘樓，早期證券經紀聚集地
圖片來源：Pedder Street, Hong Kong. Photograph by John Thomson, ca. 1868/1871. Wellcome Collection. Public Domain Mark.

道之間的一段百多碼的街道，……觸目所及都是英國人、德國人、英籍印度人、由廣東來的中國人、由加爾各答來的亞美尼亞人、由孟買來的帕西人以至由巴格達來的猶太人……。」這一時期，華人已開始參與股票買賣，一些中文報刊如《循環日報》等，已刊登有關股票行情的資料。

　　19 世紀 80 年代後期，香港一些公司相繼將股票「上市」，向公眾籌集，股票買賣也日趨熾熱。1890 年 7 月，怡和洋行大班詹姆士·凱瑟克（J. J. Keswick）在立法局提出提案，要求修訂法例，抑制股票炒賣情況。在這種背景下，1891 年 2 月 3 日，香港第一家證券交易所 —— 香港股票經紀會（The Stockbrokers' Association of Hong Kong）在港註冊成立，發起人為著名英商保羅·遮打（Paul Chater）爵士，當時只有 21 名會員，會所就設在中環雪廠街 10A 號的交易所大樓（Stock Exchange Building）。這一年 7 月，香港政府根據詹姆士·凱瑟克的提案，通過了《公司（股票買賣）條例》，禁止股票炒賣活動。1914 年 2 月，為了提高經紀會的知名度和認受性，該會易名為「香港證券交易所」（Hong Kong Stock Exchange），由 F. Smyth 擔任主席，會所仍設在中環雪廠街 10A 號的交易所大樓。

自 1891 年起，香港證券交易所的會員為着要議定股票的價格，每日都聚集在會所兩次公開喊價，一次在上午十時，一次在下午二時半。會後會員通常在交易所附近互相研究市況，或趕坐黃包車出外見客（有的更攜帶傳譯員）。初時，股票的交投是按月結算的，股票的交收期往往延至三個月之長，令投機風氣愈來愈濃。1925 年，香港爆發史無前例的大罷工，股票市場出現恐慌性拋售，股價急跌，導致交易會一度停市數月。復市後，交易會為減低風險，改變以往交易方式，規定一切交易都使用現金，甚至禁止期貨買賣，並要求 24 小時內成交。後來，香港股市雖然取消了現金交收的做法，但 24 小時內交收的條例卻一直維持到戰後。當時，從事股票經紀的要求頗為嚴格，「首先要在滙豐開設戶口，那時在滙豐或渣打銀行開戶非常難，必需有特別的推薦人和財政上的實力。要成為股票交易所會員，除了需開設銀行戶口以外，還必須有財力，亦要有良好的信譽。那時交易所會員人數約只有二三十人。」

1921 年 10 月 1 日，香港出現第二家證券交易所 —— 香港證券經紀協會（Hong Kong Sharebrokers' Association），創辦人是嘉勞兄弟經紀行（Carroll Bro. Share & General Brokers）的嘉勞兄弟（A. H. Carroll 和 W. J. Carroll），會員則大多數是被香港證券交易所排擠的經紀，其中華人經紀佔了一個頗大的比例。該會的會址設在中環雪廠街 10 號，即香港證券交易會毗鄰。1924 年 6 月，前香港證券交易所的會員胡禮（J. F. Wright）及孔恩比（T. W. Hornby）等人因為不滿該會限制他們的資格，自行創辦了第三家證券交易所，註冊名稱為「香港股票及物業經紀社」（Share & Real Estate Brokers' Society of Hong Kong），會址設在中環廣東銀行大廈 3 樓。此外，當時還有一家小型的經紀會 —— 香港匯兌經紀會所（Exchange Brokers' Association of Hong Kong），會所設於中環太子大廈。不過，香港股票及物業經紀社和香港匯兌經紀會均屬曇花一現，到 20 年代末 30 年代初因會員業務欠佳而先後關閉。

1941 年 12 月至 1945 年 8 月日本佔領香港期間，香港證券市場全面暫

停營業，有的經紀自願當兵抗日，有的則被關進戰俘營。不過，仍有一些非正式的「地下買賣」，這些交易大部分是私底下進行，甚至是被強迫進行的。有資深股票經紀回憶，在日佔時期，有投資者曾在別人的威脅下以極不合理的價格出售手上股票。戰爭期間，香港公司註冊處的檔案被嚴重摧毀，1941 年以前的紀錄大部分被毀。戰後初期，由於早期股東名冊紀錄已失，人們紛紛就戰爭期間被迫出售的股份提出申索，使當時的證券買賣極受關注。

1945 年 9 月 13 日，剛恢復對香港管治的港英政府頒佈了一項暫行禁令，命令所有財務機構關閉，並禁止部分地皮的買賣。隨後，該禁令將證券買賣也列入禁制範圍。修訂後的《暫行禁令》規定：「任何人士未經金融總監（Financial Controller）事先書面批准，不得出售或轉讓任何股票、證券、債券、票據、無抵押債券或債股，或對上述任何一項活動收受徵費。」不過，儘管如此，非正式的證券買賣仍然進行。當時，從上海、廣州等內地大城市湧入的資金對股票市場的重新運作起了推動作用。初期，黑市交易只是零零星星，並不顯著，但到了 1946 年，情況已變得愈來愈公開，買賣日趨熾熱。1947 年中，港府開始對多家上市公司的股票發佈「暫行禁令」豁免通告，並於 1948 年 11 月正式廢除該項禁令。

然而，當時的整體經濟環境仍相當惡劣，生意額不足以支持兩家交易所。1947 年 3 月，在港府和部分證券經紀的推動下，香港證券交易會和香港證券經紀協會合併，重組為一家新的交易所，稱為「香港證券交易所有限公司」（The Hong Kong Stock Exchange Limited）。新交易所開業時已有 54 名會員，來自兩家前交易所者各有 27 名。交易所主席則由前香港證券交易會主席球樵（N. V. A. Croucher）出任。這就是後來「四會時代」所稱的「香港會」。當時，香港會的會員大部分為外籍人士以及通曉英語的華人，上市公司則主要是一些外資大行。

從戰後到 60 年代，香港股票市場的發展總體平穩，期間先後出現三次興旺期，分別為 1947 至 1948 年、1954 至 1955 年和 60 年代初期。1961 年

6月，英資的怡和公司在香港掛牌上市，引發股市熱潮。當年，香港股市無論在成交量和股價方面都創戰後新高，每日成交額在1,000萬港元已極為平常，每月成交額在1億港元亦非少見。不過，1962年以後，香港經歷了一連串的衝擊，包括美國限制香港棉紡織品進口、中印邊境衝突、越南戰爭爆發等；1965年及1967年，香港又先後爆發空前的銀行擠提風潮及大規模的政治騷動，導致港股大幅下挫。1967年，香港股市全年成交額僅2.98億港元，創60年代以來的最低水平。

根據前香港證券交易所理事、前香港經紀業協會主席朱頌田於1996年的口述，當時，「香港會尚未實行電腦自動對盤，而是用黑板和粉筆作交易。交易大堂內設有一塊大黑板，稱報價板，每隻股份都有買入和賣出兩個檔位，上面寫着買賣盤價錢。交易員在大堂收到客戶買盤的電話後，即跑上報價板前，在要買入欄上寫上價錢及代號，雙方同意便可成交。那時的買賣都是先口頭承諾，之後才交換正式買賣單據，俗稱『飛仔』。當收到『飛仔』後，交易便確實了。」

「四會並存」與香港股市的牛熊市

60年代後期，香港證券交易所設於中環雪廠街公爵行頂樓，共有會員經紀行53家，會員經紀人59名，交易所主席為A. H. 砵士（A. H. Potts）。當時，香港會裏華人經紀已佔多數，外資經紀則全都是本地的外國人，如砵士、施玉瑩（F. R. Zimmern）、卡利奧（M. Cario）等。當時，香港政治騷動結束，政局回穩，經濟亦進一步發展，一度外調的資金紛紛回流香港，而海外的資金尤其是東南亞的游資亦大量湧入香港，銀行資金充裕，對股票押款條件也相對放寬。因此，香港股市重新出現蓬勃景象，股市上的股票經紀，尤其是「駁腳」經紀（即經紀代理人）非常活躍，所謂「搶枱面」（即股票經紀在極短時間內買空賣空，賺取差額利潤）、「搶帽子」（即投機客戶在一進一出之間搶股價上落差額利潤）相當盛行。1969年，股市進入狂熱狀態，永高、南聯實業、環球電子、凱聯酒店及太古實業等多家公司先後上

市，股民申請認購熱烈，有的超額認購達 40 倍。該年，股市成交額達 25.46 億港元，幾乎相當於過去 5 年成交額的總和。

為配合股市發展，恒生銀行於 1969 年 11 月 24 日公開推出香港股市指數 ——「恒生指數」。恒生指數推出初期涵蓋 30 隻成份股，後來擴大到 33 隻，這 33 隻成份股選自各個行業實力雄厚、交投暢旺的「藍籌股」，約佔整個股市總值和成交總額的七成以上，以反映整體股市的基本走勢。恒生指數以 1964 年 7 月 1 日為基準點，當日的指數定為 100 點，1969 年 11 月 24 日公開推出時為 158 點，到年底收市為 155.47 點，較年初的 107.55 點，大幅上升了接近五成。

這一時期，香港經濟「起飛」，工業化進程接近完成，房地產價格穩步回升，工商業活動漸趨正常，許多公司都準備將股票上市以籌集資金。這些公司不僅包括歷史悠久的老牌英資公司，也包括許多新成立及有潛質的華資公司。然而，當時香港會訂定的上市條件仍相當嚴格，一家公司若要上市，不僅要有良好的營運記錄、盈利前景和資本素質等，還要與港府及交易所的會員有一定的聯繫。當時，香港會使用的官方語言是「英語」，一切上市文件、賬目、合約等的往來都要以英文進行。因而，種種正式或非正式的上市「門檻」，都抑制了不少規模頗大的華資公司的上市申請。這就導致了日後「遠東會」、「金銀會」和「九龍會」的誕生，形成所謂「四會並存」的局面。

首先打破香港會壟斷的是「遠東會」，全稱「遠東交易所有限公司」(The Far East Exchange Limited)，創辦人是李福兆、王啟銘等多位財經界人士。李福兆出身於富家世族，其父李冠春和叔叔李子方是東亞銀行的創辦人，據說 6 歲時就已經懂得炒股，被稱為「股票神童」。當時，遠東會的創辦遭到香港會主席和部分經紀的反對，對此，李福兆的回答是：「香港需要多些金融設施來支援工業發展，我們希望看到較細規模的企業也可以有機會獲得資金，從而平衡和減低籌集資金的成本。現時只有大公司才能公開集資，而交易所又往往將規模較細的公司拒諸門外。新交易所將會鼓勵較細規模的企業上市……。當然，在開始時我們會以現時已掛牌的股票作交易，之後，我

們會逐步引入新股票（企業）。」

最初，遠東交易所設於皇后大道中華人行 201 室，創辦時擁有會員經紀行 35 家、經紀 46 名。1969 年 12 月 17 日，遠東會正式開業，氣氛熱烈，成交額達 211 萬港元（當天香港會成交額 456 萬港元）。遠東會創辦後，在運作上打破了香港會的英式風格，如以粵語進行交易，並創建了不少新規例，如容許多於一個出市員出市、破例容納女出市員等，許多缺乏經紀資格的華商只要繳付 50 萬港元的會籍費就可成為會員。遠東會的業務發展很快，開業第一年成交額就達 29.96 億港元，佔當年股市總成交額的 49.5%，其後更超過香港會，成為佔香港成交總額比例最高的交易所，大部分成交活躍的上市公司都在遠東會掛牌買賣。遠東會的創辦，打破了過往股票交易和企業集資必須透過香港會進行的傳統，為香港證券業的發展開闢了新紀元。

遠東會的成功，刺激了其他證券交易所的成立。1971 年 3 月 15 日，由金銀業貿易場理事長胡漢輝等倡議成立的「金銀證券交易所有限公司」（The Kam Ngan Stock Exchange Limited，俗稱「金銀會」）正式開業。初期，金銀證券交易所的交易地點設在德輔道中大生銀行大廈，後來遷往康樂大廈（即今怡和大廈）。金銀會的業務發展很快，成交額逐漸超過香港會而僅居於遠東會之下。1972 年 1 月 5 日，由陳普芬等人創辦的「九龍證券交易所有限公司」（The Kowloon Stock Exchange Limited，俗稱「九龍會」）也正式開業，地點設在皇后大道中萬邦大廈。九龍會是四所交易所中規模最小的一家，其成交額也最少。

這一時期，香港還有至少 4 家證券交易所籌劃成立、開業，包括新界領袖陳日新創辦的「亞洲證券交易所」（The Asian Stock Exchange）、海外信託銀行董事張明添主持的「國際交易所」（The International Stock Exchange）、由 Thomas Tang 主持的「聯合交易所」（The Association Stock Exchange），以及由不知名人士組成的「世界交易所」（The World Stock Exchange）等。對此，香港會主席砵士（A. H. Potts）以「難以置信」來形容香港股市的發展。為了阻止更多的證券交易所成立，1973 年 3 月 1 日，港府緊急頒佈《證券

交易所管制條例》（The Stock Exchange Control Ordinance，1973），重罰經
營未經認可的證券交易所的人士。自此，「四會並存」的局面形成，並一直
持續到 1986 年 4 月。

　　遠東會、金銀會及九龍會的成立，一方面順應當時社會經濟發展的客觀
需要，通過下調「上市」門檻，刺激大批工商企業掛牌集資，另一方面也刺
激了廣大普羅市民投資股票的興趣和熱情，加上當時政治環境轉趨穩定，
外資金融機構介入股市，種種因素推動了 70 年代初期香港股市的上升，形
成戰後以來所罕見的大牛市。這一時期，是股市經紀、出市代表最風光的日
子。據股票老行尊董偉的回憶：「70 年代是股票經紀的黃金年代，經紀忙得
不可開交，當時每家證券行每天盈利動輒達 10 多萬至 20 萬元，而同一時期
每個美孚新邨單位只售 4.5 萬元！」當時，由於股市交投暢旺，股市經紀生
意應接不下，中午吃飯便毫不吝嗇一定要吃得好，甚至流行中午吃魚翅飯。
因而，「魚翅撈飯」成為當年股市賺錢容易大家都捨得花錢的代名詞。

　　從 1970 年起，港股持續大幅飆升，恒生指數從 1969 年 11 月 24 日的
158 點，飆升至 1973 年 3 月 9 日的歷史性高位 1,774.96 點，三年多時間升
幅超過 10 倍。1972 年 2 月，美國總統尼克遜打破外交常規突然訪問北京，
中美關係改善，消息刺激香港股市進入高潮。同年 10 月，英資怡和公司旗
下的置地宣佈將以換股方式收購牛奶公司，進一步推動大市上升。這一年，
香港股市的交投極為狂熱，全年成交總額達 433.97 億港元，相當於 1971
年的 3 倍。其中，不少股價升幅超過一至三倍。1972 年底，恒生指數升至
843.40 點，比 1971 年大幅上升接近 1.5 倍；當年新上市的公司達 93 家，
當中絕大部分為華資企業，吸收資金 19.3 億港元，均創歷史新高。據當時
《星島日報》的報道，「本港股票市場空前活躍，上自富商巨賈，下至工友
女傭，無不熱衷於股票買賣」，「茶樓酒館的顧客所談者，95% 均是股票買
賣。哪隻股票會上升或哪隻股票會『牛皮』諸類，均成為坊間談話的主題」。

　　由於每日成交額高企，各交易所不得不宣佈星期三加開半日市去處理繁
重的交收工作，以符合 24 小時交收的規定，即行內稱的「T+1」（Trading+1

天）。當時，香港證券交易所每宗交易的平均成交額是 13,000 港元，而半日市的平均成交額約為 2,000 萬港元。一名記者曾這樣形容當時交易大堂的情況：「簡直像『無王管』的課室，那些經紀就像一群不守紀律的學生，只顧爭先恐後的搶着用粉筆在黑板寫出他們的買賣價，⋯⋯那些擠在黑板前的人，又與坐在交易櫃檯那邊的同行遙相呼喊，真是喧囂震天。」

踏入 1973 年，承接 1972 年第 4 季的旺勢，加上越南戰爭停火、港府宣佈興建地下鐵路、各公司相繼派息並大送紅股，以及西方金融繼續動盪等因素的刺激下，香港股市更加狂熱，交投額大增，第一季全季成交額就高達 284.85 億港元。據《股市經濟週報》報道當時股民炒股的瘋狂程度：「大市向好，就算垃圾股都會起（升），鹹魚亦會『翻生』（重生），隨便買一隻股票，都有錢『搵』（賺），而且是『免漿熨』式（很容易）的『朝種樹，晚鎅板』（早上買入，下午賣出），故近來已不再問及公司的發展情況，更不理會有否派息或送紅股。」

當時，面對投機過度的股票市場，港府採取了多種措施試圖降溫，可惜均未能湊效。由於港股的暴升並未能與客觀經濟因素相配合，危機開始醞釀。1973 年 3 月 12 日，被譽為華資「地產五虎將」之一的合和實業有限公司因為發現了 3 張 1,000 股的假股票，要求暫停公司股票的買賣。消息傳出，市民擔心所持股票成為廢紙，紛紛拋售手中的股票，恰好遇上息率上調及銀根收緊，恒生指數遂由高位急速滑落。其後，在中東石油危機爆發、西方國家經濟衰退等種種外圍因素影響下，恒生指數從高位節節暴跌。

當時，《星島日報》報道指出：「經過大瀉狂潮後的股市，已經面目全非，只有 4 個月左右，恒生指數便由最高峰的 1,700 多點跌至 500 多點，高低相差約 1200 多點，許多炙手可熱的藍籌股，最低限度跌了七成半，或者僅及頂位的六分之一。至於一些被認為是『蚊蠅』的細價股，更有「滿目瘡痍」之感⋯⋯。有些更完全沒有買賣，連招牌都掉在底層裏，人們幾乎忘記了它們的存在。」至 1974 年 12 月 10 日，恒生指數跌至 150.11 點的歷史低位，跌幅比最高峰時高達九成以上，香港股市進入前所未有的大熊市，未

能在跌市前拋售離場的股民損失慘重。

四會合併、八七股災與聯交所改革

在四會時代，由於四家證券交易所各自獨立經營，在股票的報價及行政管理上均難以統一，使有意投資香港股票市場的外國投資者感到不便，政府在執行監管時也遇到很大的困難。因此，70 年代中股市低迷期間，港府開始積極推動四會合併。

1980 年 7 月 7 日，在香港政府的強大壓力和推動下，由四會會員組成的「香港聯合交易所有限公司」（The Stock Exchange of Hong Kong Limited）註冊成立，並由李福兆出任首任主席。同年 8 月 6 日，立法局通過《證券交易所合併條例》（The Stock Exchanges Unification Ordinance），批准合併後的聯交所日後取代四會的法律地位。其後，四會合併又經過了長達近 5 年的醞釀、爭論、協商，期間，香港經歷了 1982 年中英兩國關於香港前途的談判，地產、股市崩潰，佳寧集團破產及一連串的公司詐騙案，暴露了香港股票市場監管制度的多個重大弱點，更凸顯了四會合併的迫切性。

1986 年 3 月 27 日，香港會、遠東會、金銀會、九龍會在收市後宣佈正式停業，為四會並存時代畫上句號。4 月 2 日，會址設於中環交易廣場二樓的香港聯合交易所在備受矚目中正式開業，並透過新設立的電腦系統進行證券交易。當日，第一隻成交的股份是太古洋行，全日股票成交達 3,300 萬股，成交金額達 2.26 億港元。同年 10 月 6 日，在港督尤德爵士（Sir Edward Youde）主持下，聯交所經過 6 個月運作，宣佈正式開幕。自此，香港證券業進入一個新階段。

聯交所開業不久，恰逢英資太古洋行旗下的國泰航空在香港掛牌上市，引起轟動。4 月初，國泰航空在香港公開發售新股，以每股作價 3.88 港元公開發售 3.98 億股股份，集資 15.42 億港元。申請國泰航空新股的市民，在滙豐銀行總行大排長龍，形成空前的認股熱潮。在大戶和散戶一致追捧的熱烈氣氛中，國泰航空獲得 55 倍的超額認購，凍結銀行資金數百億港元，成為

香港有史以來最大宗的企業售股行動。

聯交所的正式運作，解決了四會並存所造成的種種問題，諸如激烈競爭所產生的上市公司質素參差不齊、各會報價不一等，再加上以電腦買賣代替過去公開叫價上牌的傳統買賣方式，令每宗交易都有時間的紀錄，買賣雙方身份均可追尋，使政府的監管工作能有效進行，改善了海外投資者對香港股市的印象。1986 年 9 月 22 日，聯交所獲國際證券交易所聯會接納正式成為會員，香港證券市場在國際化道路上邁出了重要的一步。

這一時期，恰逢中英兩國簽署《聯合聲明》，香港步入九七回歸的過渡時期，投資者信心恢復，加上銀行利率長期處於低水平，海外財團對香港的房地產興趣日增，大型收購合併事件此起彼落，而外圍股市如紐約、倫敦、東京等地則持續表現暢旺，種種利好因素刺激大市回升，進入新一輪牛市。1986 年 10 月底，恒生指數突破 2,000 點大關，報收 2,315.63 點。其後，股市節節大幅上升，於 1987 年 10 月 1 日報收 3,949.73 點，再次創下歷史性新高。

可惜，一場災難性的股市大崩潰很快以迅雷不及掩耳之勢襲來，其來勢之迅猛、規模之浩大，可謂史無前例。10 月 16 日（星期五），美國杜瓊斯工業平均指數大幅滑落 91.55 點，引發全球股市如骨牌般連鎖下挫。10 月 19 日（星期一），香港股市一開市，便受到周邊股市急瀉的衝擊，沽盤如排山倒海般出現，二三線股的跌幅更見凌厲。當日，美國股市繼續急跌，杜瓊斯工業平均指數下跌 508 點，跌幅比 1929 年股市大崩潰的「黑色星期二」還多兩倍，創下美國百多年來單日最大跌幅紀錄。紐約證券交易所主席費倫（J. Phelan）形容為「金融崩潰」。在此背景下，聯交所罕見地宣佈停市 4 天，期間更觸發恒生指數期貨市場危機，需要港府及滙豐、中銀聯合出資 20 億港元，以挽救陷入危機中的香港期貨保證公司。

10 月 26 日（星期一），香港股市於 11 時重開，沽盤再度以排山倒海之勢湧現，賣家跳價求售，15 分鐘後恒生指數已跌去 650 多點，午後市況轉趨惡劣，市場投資情緒悲觀到極點，斬倉盤入市，結果全日大市共跌去

1,120.7 點,以 2,241.69 點收市,跌幅高達 33.33%,創下全球最大單日跌幅紀錄,而恆指期貨合約價格更暴瀉 44%。

當晚,面對社會輿論的強大壓力,聯交所召開記者招待會。會上,一名澳洲記者直接質詢聯交所主席李福兆停市 4 天的決定是否合法,並懷疑李福兆下令停市涉及個人利益。李福兆勃然大怒,以英語怒斥該名記者,並以拳頭敲擊桌面,並聲稱該記者惡意誹謗,會發法院傳票給記者。很快,李福兆大發雷霆的照片成為全球新聞界報道香港股市的插圖。10 月 29 日,一份英文報紙以頭版位置刊登了一篇題為〈癌腫正蠶食香港的金融心臟〉的評論文章,毫不留情地批評李福兆的停市行動,並認為這個癌腫已嚴重損害了香港作為國際金融中心的信譽。同年 12 月 7 日,恒生指數報收 1,876.18 點,比最高峰時的 3,949.73 點,大幅下跌超過五成。

1987 年 10 月股災和聯交所停市事件,進一步暴露了香港證券市場存在的諸多問題。11 月 16 日,為恢復市場秩序及重建投資者信心,並將香港證券市場提升至國際水平,港府決定對整個證券體系作出全面檢討,成立證券業檢討委員會,並委任倫敦頗負盛名的專家戴維森(Ian Hay Davison)出任委員會主席。同時,聯交所改組,港府宣佈委任在英國度長假的霍禮義出任聯交所高級行政總裁。

1988 年 1 月 2 日,香港廉政公署根據《防止賄賂條例》第 30 條第 2 款,拘捕前聯交所主席李福兆、前行政總裁辛漢權及上市部經理曾德雄,指三人涉嫌非法收受利益。聯交所隨即根據章程宣佈設立一管理委員會暫時接管聯交所委員會職權,由余金城出任主席,黃宜弘出任副主席,並由霍禮義出任行政總裁。8 月 10 日,聯交所 6 名前高層人員,包括冼祖昭、王啟銘、湛兆霖、鍾立雄、馬清忠及胡百熙等,因涉嫌觸犯《防止賄賂條例》,被廉政公署拘捕。李福兆與 6 名被告所涉及的 25 項控罪中,24 項均與公司申請上市的股份配售有關。不過,除李福兆外,其餘 6 名被告因罪名不成立均獲釋放。1990 年,李福兆被判入獄 4 年。2014 年 12 月 27 日,被譽為香港「股壇教父」的李福兆在香港瑪麗醫院辭世,享年 86 歲,結束了其傳奇的一生。

由戴維森出任主席的委員會經過 6 個月的深入調查，於 1988 年 6 月 2 日發表了《證券業檢討委員會報告書》，即著名的「戴維森報告」。報告認為，香港證券市場存在的問題主要是：（1）由四間規模較小的交易所合併而成、在 1986 年啟業的聯合交易所內，有一撮人士將交易所視作私人會所；（2）香港期貨交易所管理雖然略佳，卻建立在不穩固的根基上，特別是期貨交易所、結算公司和保證公司組成的鼎足結構，令三方責任界線含糊不清；（3）負責監察整個行業的證券事務監察委員會和商品交易事務監察委員會，在工作上普遍缺乏方向；（4）設於政府架構之內負責兩個監察委員會行政工作的證券及商品交易監理專員辦事處，則備受限制。報告書並提出一系列的改革建議。

其後，香港政府根據戴維森報告的建議，展開了大刀闊斧的改革。不過，在改革進程中，香港證監會與由華資證券經紀主導的聯交所矛盾日趨尖銳。1991 年 4 月 25 日，聯交所理事會通過一項決議，確認理事有權優先獲配新股。由於違背公眾利益和公平原則，該決議其後在證監會的壓力下被否決推翻。受事件影響，聯交所第一副主席黃宜弘被迫宣佈辭職。7 月 20 日，香港證監會根據《證監會條例》向聯交所發出通知，要求聯交所在 45 日內按照證監會制定的模式對理事會進行改組。然而，證監會的高壓政策激起了聯交所會員的對抗情緒。9 月 26 日，強制改組方案在聯交所會員大會上被大比數反對否決。證監會隨即向聯交所發出限制通知書，要求聯交所按通知書指定模式改組。其後，在證監會的強大壓力下，聯交所會員大會於 10 月 30 日表決通過改組方案。根據該方案，聯交所理事會從 22 人增加到 31 人，其中，經紀理事按成交額分組產生，非經紀理事包括上市公司代表及市場使用者；同時，聯交所修訂組織章程，轉為非牟利機構。

1995 年 2 月，聯交所發表新策略性計劃《發展路向》，明確表示將致力向國際標準、擴展中國業務以及機構改進這三大目標邁進。至此，證券業檢討委員會報告書提出的所有建議，均已在香港證券市場全部實施或展開，香港證券市場進入一個現代化、國際化的新時期。不過，經此一役，外資經紀

在香港證券市場的影響力大增，華商自 70 年代初以來在香港證券市場所形成的主導地位，消失殆盡。

亞洲金融危機衝擊與港交所的重組上市

經歷了 1987 年 10 月全球性股災蹂躪之後，香港股市開始緩緩整固而上。特別是 1992 年鄧小平南巡廣東之後，在中國經濟增長強勁、內地與香港經濟合作全面展開以及香港經濟表現良好等一系列利好因素的刺激下，香港股市進入新一輪的牛市，恒生指數從 1995 年初的 6,967.93 點，急升至 1996 年底的 13,451.45 點，兩年間升幅幾近一倍。1997 年，在紅籌股狂潮的帶動下，香港股市繼續輾轉攀升，恒生指數在 8 月 7 日創下 16,673.27 點的歷史記錄，比年初再上升 24%。香港股市這種快速大幅上升的態勢，實際上已為日後的「大跌」埋下伏筆。

1997 年 7 月，驟起於泰國的亞洲金融風暴席捲東亞各國，並在其後一年多時間內曾四度襲擊香港。期間，香港銀行同業隔夜拆息率一度攀升至 280 厘的歷史高位，香港股市從 8 月 7 日的歷史新高 16,673.27 點節節大幅下挫，至 1998 年 8 月 13 日收市跌至 6,600 點，跌幅超過 60%，港股總值損失逾 2 萬億港元，香港經濟亦陷入戰後以來最嚴重的衰退之中，連續 5 個季度負增長。危機過後，成立不久的特區政府意識到有需要整頓和改革香港證券及期貨市場，以提升證券期貨市場的競爭力和穩定性，並符合金融全球化的發展新趨勢。

1999 年 3 月，香港特區政府發表《證券及期貨市場改革的政策性文件》，推出一項重大的三管齊下的市場改革方案和改革綱領，其核心內容包括：將交易所和結算公司實施股份化和合併，全面改革證券及期貨市場的規管制度，改善金融市場基礎設施。

改革之前，香港證券及期貨市場的監管體系逐漸形成了三個層次的組織架構：第一層是香港證券及期貨監察事務委員會，負責整個證券及期貨市場的監管；第二層包括兩家交易所 —— 香港聯合交易所和香港期貨交易所，

它們分別負責監管屬下證券及期貨兩個市場和各自的會員;第三層是三家結算公司 —— 香港中央結算公司、香港聯合交易所期權結算所有限公司和香港期貨結算有限公司,分別負責各自結算市場的交易和風險管理。

金融危機衝擊香港期間,香港這種監管模式的弊端暴露無遺。1998 年 8 月,特區政府為迎擊國際炒家行動,在股市和期貨市場兩條戰線上大舉入市,但期間聯交所和期交所卻各自為戰,兩家交易所之間存在立場與利益的矛盾,它們與特區政府之間在溝通上出現不協調。其後,特區政府儘管在股票和期指兩個市場上操作成功,但中央結算公司卻未能有效配合政府的行動,在結算日到底應該嚴格執行 T + 2 還是 T + 3 問題上模糊不清,最終給國際大炒家提供了脫身而逃的機會。在這種模式下,政府部門和市場機構,包括財政司司長、財經事務局、證監會、金管局、聯交所和期交所等,在制定和執行市場監管政策方面職能重迭,缺乏統籌和協調機制。

1999 年 7 月 8 日,香港特區政府發表題為《香港交易及結算所有限公司:鞏固香港的環球金融中心地位》的改革諮詢文件,建議將現有的兩家交易所和三間結算公司合併為「香港交易及結算所有限公司」(Hong Kong Exchanges and Clearing Limited,簡稱 HKEX)。2000 年 2 月,立法會三讀通過《交易所及結算所(合併)條例》。3 月 6 日,根據該條例,「香港交易及結算所有限公司」(簡稱「港交所」)註冊成立,全資擁有香港聯合交易所有限公司、香港期貨交易所有限公司和香港中央結算有限公司三家附屬公司。同年 6 月 27 日,香港交易所以介紹形式在其全資子公司聯交所掛牌上市,香港特區政府成為最大股東,持有港交所約 5% 股權。香港交易所擁有並營運香港唯一的股票交易所及期貨交易所,以及相關的結算公司。港交所的重組和上市,推動了香港股票市場的進一步發展,2007 年 10 月 30 日和 2018 年 1 月 26 日,恒生指數相繼創出 31,638.22 點和 33,154.12 點的歷史新高。

2012 年 12 月,香港交易所收購倫敦金屬交易所(London Metal Exchange,簡稱 LME)。LME 自 1877 年創立以來一直是全球金屬交易所的

香港交易所交易大堂
圖片來源：Photograph by flicker user: heycreation, 2005, https://bit.ly/37thaCx, CC BY-SA 2.0.

翹楚，港交所藉此將經營業務擴展到英國市場。根據港交所制定的《戰略規劃 2013-2015》，香港交易所將發展成為一家提供全方位產品及服務、且縱向全面整合的全球領先交易所，並做好準備以把握中國資本項下審慎、加速開放的機遇。在業務戰略方面，港交所將致力於建立一系列橫向整合的業務，覆蓋現貨股票、股票衍生產品、定息產品及貨幣以及商品等資產類別，同時就每個資產類別建立從產品至交易，及至結算的垂直整合業務模式。在平台及基礎設施戰略方面，香港交易所將整合及進一步推動現有各交易及結算平台的現代化，與本地、內地及國際市場業界建立更緊密聯繫。

　　2017 年 10 月 27 日，香港交易所在中環交易大堂舉行證券界聚會，宣佈告別場內交易，俗稱「紅衫仔」的出市代表全面撤出，為場內交易時代畫上句號。該交易大堂自 1986 年 4 月 2 日開幕後一直用作場內交易，見證了香港證券業的發展與進步。1993 年，聯交所正式推出自動對盤交易系統，香港證券交易開始全面電子化。1996 年，第二代自動對盤系統推出，證券交易可經安裝在交易大堂外的終端機進行。隨着科技發展，愈來愈多的交易所參與者選擇在自己的辦公室內進行買賣，場內交易大幅減少。有鑑於此，

港交所宣告結束場內交易，被俗稱為「金魚缸」的交易大堂將改造為具代表性的金融地標——香港金融大堂，用於舉辦與金融業相關的儀式、展覽、會議及投資者教育活動。

港交所願景：「國際領先的亞洲時區交易所」

20 世紀 90 年代，香港股票市場最重要的標誌性事件，就是引入中國內地企業的 H 股，目標是使香港聯交所發展成為「中國的紐約」。

這一時期，由在港中資企業上市所掀起的「紅籌股」（Red Chip）熱潮，正成為香港股市的一股潮流。隨着中國改革開放的深入，「中國因素」愈來愈受到香港證券市場的重視。1991 年，聯交所在擱置第二板研究工作的同時，成立了「中國研究小組」，着手研究中國企業在香港上市的可行性。當時的聯交所行政總裁周文耀表示：「我認為香港的市場將來一定會更依賴中國內地。在香港，可以上市的公司都已經上了市，現在只剩下九廣鐵路、地下鐵路、機場管理局等數間大型公共事業機構，其餘的已全部上市了。另外，香港的上市公司大部分都是地產股，就算不是房地產的公司，都沾上物業的成份，比率約有四成。香港沒有工業，而全部重工業都在內地，如果想香港的市場結構更理想的話，就一定要有紅籌股來港上市，這樣可讓投資者有較多選擇。如他們不喜歡投資地產，可以選擇投資工業、能源、公路、電子、化工等，在這方面而言，中國的企業自然可以補充香港的不足了。」

1992 年 2 月，中國研究小組發表中期報告，認為：「聯交所是一個位於重要金融中心，有公認地位的交易所，其監管制度及建設設施均屬一流。到 1997 年香港會成為中國的一部分，聯交所將會是直到境內的一間先進的國際性證券交易所，亦是中國通往世界各地的通道之一。」該報告並認為：「香港聯交所非常希望成為中國的重要集資中心之一」，長期發展目標是致力使香港成為「中國的紐約」。不過，報告亦認為，鑑於內地和香港在法律及會計制度等方面存在明顯差異，中國企業直接在香港上市有困難；但是，「倘若中國企業能夠願意設立一家在香港註冊的控股公司，便可解決聯交所對中

國缺乏全國性的公司法所引起的不少顧慮。」這一建議得到中國有關方面的重視和首肯。

時任聯交所主席的李業廣後來回憶說:「1992 年我們便寫了一份中期報告書給國務院及中國人民銀行,當時中國沒有自己的證監會,我們便向國務院及人民銀行提出國企在香港上市的方案,但有關公司必須是『優質國企』。到了 1992 年 4 月,我們更組團往北京探訪國務院及人民銀行,其後更見到了朱鎔基(當時的國務院總理),向他解釋有關的建議。他對國企在香港上市的計劃很感興趣,但我們強調要在香港上市,就必需要符合國際標準。當時國內領導人,如人民銀行的劉鴻儒和國務院的朱鎔基亦非常明理,均贊同上市的步伐寧可慢一點,也要跟隨國際標準,這樣中國公司若能在香港上市,就如同享有國際市場上市般的地位。」

在這一富有遠見的戰略推動下,1992 年 5 月,聯交所與中國有關當局展開密切的磋商,並聯合成立「證券事務內地香港聯合工作小組」,下設 3 個專責小組,分別為會計小組,法律小組,上市、外匯、交易、交收及結算小組。當年 9 月,中國國務院公佈了計劃在香港上市的 9 家國有企業名單。聯交所要求這些國企進行架構上的改組,使其能符合國際標準。9 家國企的重組改造工作進行了將近一年的時間,在香港有關會計師事務所、估值公司、投資銀行和律師行等協助下,有關企業按照香港上市公司的規定進行改造,包括資產清理、編制招股書、確定股權結構和股本總額等大量複雜細緻的工作。1993 年 6 月 19 日,香港聯合交易所、中國證券監管委員會、香港證監會、上海證券交易所和深圳證券交易所的代表,在北京簽署監管合作備忘錄,正式打通了中國企業在香港上市之路。

根據雙方達成的協議,在香港上市的中國內地企業,以 H 股(因香港英文 Hong Kong 首字母而得名,指註冊地在內地、上市地在香港的外資股)的名義上市。H 股在香港上市後,其發行人員必須遵守所有適用於海外註冊的香港上市公司的法定及非法定規則,並同意根據香港國際會計師準則編制帳目;該公司亦須承諾在其組織大綱及章程中納入香港公司法中所有有關

保障投資者的條文，將所有糾紛交由北京或香港的有關組織仲裁解決，以及在香港聘用保薦人至少3年等。H股為實物股票，實行「T+0」交割制度，無漲跌幅限制。

1993年7月15日，青島啤酒股份有限公司正式在香港聯交所掛牌上市，成為首家在香港發行H股的中國企業。當日，青島啤酒收市價報3.6港元，比招股價2.8港元上漲了28.5%，市場反應良好。其後，上海石化、北人印刷、廣州廣船、馬鞍山鋼鐵、昆明機床、儀征化纖、天津勃海化工及東方電機等首批9家國企也先後在香港招股上市，集資逾110億港元。

回歸之後，由於受到亞洲金融危機的衝擊，H股市場一度陷入低迷狀態。然而，進入2001年，受B股市場開放加上業績理想、中國進入WTO即將成為事實等多種因素刺激，H股展開新一輪的升勢。2006年，中國銀行、中國工商銀行先後在香港上市，其中，中國工商銀行股票的發行是首次以「A+H」的方式發行。僅工商銀行IPO一個項目，就融資220億美元，是2006年全球資本市場上單次融資額最大的新股發行。憑藉中國銀行、中國工商銀行的發行上市，該年香港新股融資額一舉超過美國，僅次於倫敦名列全球第二。

經過20多年的快速發展，到2019年，在香港上市的H股增加到262家，連同紅籌股168家、內地民營企業股714家，內地企業在香港主板上市公司達1,144家，佔香港主板市場上市公司總數的54.27%；總市值279,296.83億港元，其中，H股市值64,235.19億港元，紅籌股市值54,439.43億港元，分別佔香港主板市場總市值的73.39%、16.88%和14.30%；全年成交額為123,301.30億港元，佔香港證券市場全年成交總額的79.05%。

H股與紅籌股的崛起，對香港證券市場的發展產生了深遠的影響，改變了香港證券市場產品的結構、品種和規模。過去，香港股市一直以地產、金融類為主體，H股上市以後，原有的結構逐步向基礎產業、金融產業、資源性產業和高科技產業傾斜，特別是增加了一批超大型企業，如金融業的中國銀行、中國工商銀行、中國建設銀行、交通銀行、中國人壽、中國平

安、中國人民財產保險等；汽車類的東風汽車、長城汽車；通信類的中興通訊；以及礦產類的紫金礦業等。這一時期，香港證券市場發展的最主要特點，就是逐漸轉型為內地經濟發展與企業融資服務的平台，實現當年香港聯交所定出的戰略目標，即成為「中國的紐約」。

踏入 21 世紀以來，隨着資訊技術發展以及經濟全球化加劇，全球大型證券交易所聯盟和合併的案例不斷湧現。在此背景下，2014 年 4 月，香港交易所發佈公告，表示正與上海證券交易所洽談「互聯互通」（即「滬港通」）事項。在香港證監會、港交所和中國證監會、上海證券交易所、深圳證券交易所等多方的共同努力下，2014 年 11 月 7 日和 2016 年 12 月 5 日，滬港通和深港通相繼正式開通啟用，實現香港與內地股市的互聯互通。此後，港交所與內地交易所合作，不斷完善互聯互通機制，先後推出了針對機構投資者的特別獨立戶口，取消了總額度限制並提升每日額度，對北向通提供即時貨銀對付結算服務，推出了北向通投資者識別字等。此外，2017 年 7 月雙方更成功推出「債券通」（北向通），並於 2021 年 9 月實現債券通（南向通）。

據統計，經過 6 年的發展，在滬深港通方面，截至 2020 年底，北向的滬股通和深股通累計成交超 40 萬億元人民幣，累計 14 萬億元人民幣淨流入內地股票市場；香港和海外投資者通過滬深股通持有的內地股票（A 股）總額不斷增長，由 2014 年底的 865 億元人民幣，激增至 2.3 萬億元人民幣；內地投資者透過港股通投資港股的持股總額持續攀升，由 2014 年底的 131 億港元，增至 2.1 萬億港元。在債券通方面，截至 2020 年年底，共有 2,352 名來自 34 個司法權區的國際機構投資者參與債券通，淨流入總額達 1.2 萬億元人民幣，比 2017 年 1,334 億元人民幣，大幅增長 8 倍。

滬港通、深港通的開通，無疑是香港證券市場發展作為「中國的紐約」的另一個標誌性事件。正因為如此，港交所行政總裁李小加將滬港通正式開通的這一天稱為「歷史性的一天」，並認為這一市場機制將「重新定義香港」。5 年後李小加表示：「自開通以來，滬港通和深港通不斷贏得市場青睞，它們以最小的制度成本，帶來了最大的市場成效，為世界開創了全新的資本市

場雙向開放模式。滬深港通不但幫助中國投資者進行多元化的海外資產配置，也方便了國際投資者通過可靠、高效、便利的管道投資內地市場。」

2018 年 4 月 24 日，為了適應形勢發展的需要，港交所發佈 IPO 新規，允許雙重股權結構（同股不同權）公司上市，並允許尚未盈利的生物科技公司赴港上市。新上市規則於 4 月 30 日生效。這進一步推動內地互聯網科技公司和生物科技公司在香港掛牌上市，小米集團、美團、阿里巴巴等內地企業巨頭相繼進入香港證券市場。2019 年 11 月 26 日，阿里巴巴敲響了回歸港股的鑼聲，以募資 1,012 億港元奪得當年港股市場 IPO 募資規模冠軍。2019 年，港交所 IPO 募集金額高達 3,142 億港元，連續兩年奪得全球單個交易所 IPO 募資金額第一。

至此，港交所致力於成為「連接中國與世界」的「國際領先的亞洲時區交易所」的願景再邁出重要一步。滬港通、深港通、債券通的開通及「同股不同權」等上市規則的修訂，無疑有利於進一步整合香港、上海、深圳三地的證券市場，形成國際上僅次於美國紐約交易所的第二大市場，既可方便內地投資者直接使用人民幣投資香港市場，也可增加境外人民幣資金的投資管道，便利人民幣在兩地有序流動，進一步推動和支持香港發展成為人民幣離岸業務中心，從而進一步鞏固和提升香港國際金融中心地位。

2018 年，香港交易所制定 2019 至 2021 年戰略規劃，聚焦三大主題，包括：立足中國、連接全球和擁抱科技。其中，「立足中國」主要透過雙向資本流動，利用北向通系列計劃，促進中國內地資本市場國際化；利用南向通系列計劃，便利中國內地財富實行多元資產配置。「連接全球」主要體現在兩方面；進一步提升香港市場對全球資本的吸引力，並在香港市場提供更多亞太區投資產品。「擁抱科技」主要實現兩大目標，包括加快主營業務現代化進程，提效率、保增長，及拓展新機遇、探索新天地。通過三大主題，「積極在全球，尤其在亞洲推廣和鞏固香港的國際金融中心地位」，從而使香港交易所「成為國際投資者於中國及亞洲地區配置資本的首選市場及主要融資中心」。

第十八章

炒樓熱潮：
地產市道的「風景線」

　　二次大戰後，香港經濟蓬勃發展，各業繁榮，市民生活水平不斷提高，對香港的土地和房屋的需求形成強大、持續的推動力。在地少人多、通脹高企的背景下，香港的地產市道形成了週期性發展、螺旋式上升的總體趨勢，再加上 50 年代地產商發明「分層出售、分期付款」的售樓方式，大大減輕了炒家的成本，因而，香港地產週期性的發展總是伴生着一輪又一輪的「炒樓」熱潮，並成為這個國際城市發展的一道奇特的「風景線」。

戰後炒樓熱潮的起源與勃興

　　二次大戰後，香港經濟復蘇，人口急劇增加，「房荒」成為當時社會經濟中的一個嚴重問題。據 1946 年的統計，當時香港完全被毀壞的房屋達 8,700 幢，部分被毀壞的房屋達 10,300 幢，約有 16.1 萬人需要重新安置。與此同時，大批香港原居民紛紛從內地返回香港，幾乎每個月都有 10 萬人湧入香港。1945 年底，香港人口已增加到 100 萬人。1947 年，中國內地爆發第三次國內戰爭，政局動盪。內地部分企業家、富商、大戶人家開始移居香港，大批平民為逃避戰爭或饑荒，亦紛紛到香港避難。該年底，香港人口急增至 180 萬人，已超過戰前的最高水平。在這種背景下，以吳多泰、霍英東為代表的一些新興地產發展商，先後採取「分層出售」、「分期付款」的售樓方式，推動了地產業的起步發展。這種以「分層出售」、「分期付款」出售的樓宇後來被俗稱為「樓花」（尚未建成的樓宇），「分期付款」的售樓方式也俗稱為「賣樓花」制度，以買賣樓花、樓宇藉此賺錢的行為，則被稱為

「炒樓花」、「炒樓」。

據霍英東後來回憶：當時，「賣樓花方法一公佈，整個香港彷彿瘋狂了似的，普羅大眾捲進了房地產的旋風裏。我們負責發展、興建的樓宇的售樓處，每天都有很多市民從港九各地蜂擁而來，隊伍排成長龍，售樓盛況空前。當中，有政府的小職員，有月入兩、三百元的教師和打工仔，有普通的家庭婦女，有那些終身不嫁人的『自梳女』……有些人排隊買到樓花後，隨即把樓花轉售給別人，一天之間就已經賺一筆。」這是最早關於「炒樓」的權威描述。當時，炒樓尚未成風，除了真正的用家外，有能力炒樓的一般只限於有錢人。不過，到 60 年代中，炒樓、炒地觸發空前的銀行擠提風潮，這批炒家大都炒得焦頭爛額，損失慘重。

炒樓成為香港經濟的一個風潮，大概要從美孚新邨開始。美孚新邨地段坐落在西九龍風光明媚的荔枝角灣畔，原是一幅土地面積龐大的美孚油庫，業主是在香港已有幾十年歷史的美資美孚石油公司。60 年代中期，美孚公司眼見大批新移民湧港，市場對房屋需求日大，於是便將荔枝角油庫改建成香港第一個龐大的私人屋邨 —— 美孚新邨。美孚新邨佔地 40 多畝，共發展99 幢住宅樓宇，提供 13,110 個住宅單位，為當時全球最大規模的屋邨。美孚新邨分 8 期工程展開，從 1966 年底開始動工，到 70 年代中期全部完成。不過，當屋邨第一期落成時，剛好遇上 1967 年香港爆發政治騷動，樓價暴跌。當時，剛落成的位於尖沙咀中間道的何鴻卿大廈，每個逾千呎單位售價5 萬港元也乏人問津；九龍塘和渣甸山的別墅亦僅售 7 萬港元，美孚公司只好以低價推出屋邨單位。在低價、低首期的吸引下，不少家庭主婦投入炒美孚新邨的行列。政治騷動過後，樓價急速反彈，購買了美孚新邨的人都大賺了一筆。其後，美孚新邨出現不少由婦女主持的家庭式地產代理，成為今日華資地產代理的始祖。

1968 年，香港政局轉趨穩定，市民對經濟前景的信心恢復，那些在1967 年政治騷動期間離開香港的人士紛紛回流，不少海外資金尤其是來自東南亞地區的南洋熱錢大量湧入，這些資金和熱錢大量投入股票、地產市

場，使香港股票市場迎來戰後第一個繁榮高潮。到 1973 年春地產高峰時期，地價、樓價、租金受到股票投機狂潮的影響，不斷攀升，樓花炒賣異常活躍。當時，不少地產商均延遲樓宇銷售，寧願空置以待更高售價，甚至保存樓宇收租；而買家的要價更漫無標準，出現了有買家無賣家的局面。

1973 年以後，受到中東石油危機的衝擊，香港股市、樓市一度大幅下挫。不過，從 1975 年起，受到人口的膨脹、社會經濟結構的轉型以及中國改革開放所帶來的繁榮等多種因素的刺激，香港地產市道迅速復甦，並於 1981 年達到空前高潮。期間，地產發展商大規模投資興建各類樓宇，包括住宅樓宇、商業樓宇，尤其是寫字樓，以及工廠貨倉等，地價、樓價、租金大幅攀升，樓花炒賣再度盛行，投機之風熾熱，地產市道呈現空前的繁榮盛況。這一時期，港島的置富花園、太古城等大型私人屋邨相繼推出，更造就了一批炒家。據說，其中不少就是從美孚新邨移師過來的婦女。

1976 年，英資的置地公司將收購牛奶冰廠所得的薄扶林養牛場地皮，發展成大型屋邨「置富花園」，包括 26 幢高層及低層的住宅大廈，合共約 4,000 個住宅單位，於 1978 至 1981 年間陸續落成。當時，正值地產低潮剛過，發展商要動腦筋去打開銷路，置地在中區設置示範單位，大登廣告，並以每平方呎樓價 200 至 230 港元的低價促銷，結果引起轟動。不少市民提前一兩天去售樓處排隊。這一時期，地產經紀及炒樓集團尚未崛起，排隊者多屬置業自住市民，由於人龍太長，發展商開始派籌輪候。當時，置地對香港地產熱潮估計不足，將所建樓宇以樓花形式在 1976 年底至 1978 年中陸續全數推出，每平方呎售價從 200 多港元升至 600 多港元。由於置富花園的樓花出售期與入伙期相差約 3 年，期間，樓市不斷飆升，結果令炒家賺取的利潤遠遠超出地產發展商。

1974 年，英資的太古地產宣佈，將在面積達 230 萬平方呎的太古船塢地段興建包括住宅樓宇、商業中心、學校、戲院等的綜合大型屋邨，命名為「太古城」，包括 50 幢 28 至 32 層高的高尚住宅大廈，逾 1 萬個住宅單位，可供約 4.5 萬人居住。太古城從 1975 年動工，到 80 年代中期全部完成。期

間，太古城住宅樓宇的售價，從 1976 年售出首期的每平方呎 200 至 230 港元，到 1981 年上升到每平方呎的 1,300 港元，升幅高達 5 倍以上。由於樓價節節上升，炒樓之風愈演愈烈。

據香港《每週財經動向》雜誌當時的報道：「太古城第一期名為『翠湖臺』，首幢大廈『洞庭閣』早在 1976 年底便入伙。此後，售價一幢比一幢高，炒樓者亦趨之若鶩，賺個不亦樂乎。據說有一個師奶，以 5 萬港元做本，由 1977 年至 1979 年，共賺了 70 萬港元，純利是本金的 14 倍！其法不外是買『高層向海』單位，等幾個月便出售。錢也像滾雪球一樣，愈來愈多。」另有報道說，太古城在出售北海閣的前 5 天，便有「髮型仔」一類人馬在售樓處前輪候，在正式發售的那天早上 8 時，前六七名排隊者以 5,000 港元的代價讓出位置，平均每輪一天便有報酬 1,000 港元；到了早上 9 時臨近正式發售時，出讓位置的代價更上升到 10,000 港元。

80 年代初地產高潮時，最哄動的排隊買樓事件，要數在尖沙咀新世界中心售樓處輪購沙田第一城。沙田第一城由恒基地產牽頭，包括長江實業、新鴻基地產和新世界發展合組的「百得置業有限公司」填海發展。該屋邨前臨沙田海和城門河，背靠翠綠群山，環境幽靜，自成一角，屋邨內生活設施一應齊備。第一城首期在 1981 年 4 月推出時，正值地產高峰期。當時，由於輪候的人實在太多，場面極為「墟冚」（人山人海），有人在一個星期前已露宿街頭，有人更帶備木棒、鐵管自衛。「代人排隊買樓」，大概就從那時開始。當時，小店舖式的地產代理如雨後春筍般湧現，集團式炒樓活動亦應運而生。

70 年代末 80 年代初，炒樓風最熾熱時，香港出現集團式的大炒家，這些炒家索性整幢大廈炒賣，形成「炒地皮」、「炒大廈」、「炒酒店」熱潮。當時中環、灣仔、尖東等各繁華商業區頻頻傳出整幢商業大廈以高價易手的消息，其中最矚目的就是大炒家陳松青透過旗下的佳寧集團炒賣地皮、物業。陳松青的佳寧集團創辦於 1977 年，初期主要是經營殺蟲劑生意。1978 年，佳寧集團以 1,850 萬港元購入元朗一幅土地，藉此向馬來西亞的裕民財

務公司按揭貸款 6,000 萬港元，同年又將數月前以 170 萬港元購入的一幅土地向交通銀行按了 2,000 萬港元，比成本高逾 10 倍。就這樣，陳松青利用「滾雪球」的原理，藉銀行按揭套取大量資金，再利用這些資金購入更貴重物業，再按揭，然後再購買更昂貴的物業……，在短短兩年間購入約 30 個地盤，樓面面積達幾百萬平方呎。到 1979 年，佳寧已成為香港一家中型地產集團。1979 年，佳寧集團以每幢售價 800 萬港元的高價向市場推出 8 幢赤柱複式豪華別墅，該售價比當時市場價格高出兩倍，結果銷售一空（事後證實大部分由其附屬公司購買），在香港引起轟動效應。

令佳寧集團名震香江的是著名金門大廈的交易。1980 年 1 月，佳寧集團宣佈透過旗下一家附屬公司，以 9.98 億港元價格向英資的置地公司購入位於金鐘的金門大廈。金門大廈由著名的金門建築公司興建，1975 年怡和收購金門建築後，金門大廈成為怡和的物業。1978 年 12 月，置地以 7.15 億港元價格向怡和購入該幢物業。1979 年底，置地因要籌資金增購九龍倉股票，遂有意把該大廈「以高於一年前的購入價」出售。1980 年 1 月 10 日，陳松青與置地簽定買賣合約，透過旗下公司以 9.98 億港元價格向置地公司購入金門大廈。這項交易令置地在短短一年間獲利 2.83 億港元。這是香港有史以來金額數最大的一宗地產交易，消息傳出，震動香港內外。不過，1980 年 10 月，佳寧集團又突然宣佈，已以 16.8 億元價格，將整幢金門大廈售予百寧順集團。換言之，佳寧集團在不到一年時間透過買賣金門大廈，所賺取的利潤竟高達近 7 億港元。金門大廈在短短一年左右時間轉手三次，售價從 7.15 億港元上升到 16.8 億港元，升幅高達 1.35 倍，炒風之盛令人咋舌！不過，事後證明該項交易從未完成，整個事件基本上就是一項商業詐騙行為。

當時，熾熱的炒樓風進一步推動地價、樓價上升，遠遠脫離當時香港市民的實際承受能力。據統計，1975 年香港中小型住宅樓宇每平方呎約 230 港元，一個 400 平方呎住宅單位售價約 9.2 萬港元；而香港市民家庭平均月入 1,300 港元，購買一小型住宅單位的款項相當於市民 70.8 個月（即 5.9 年）

工資。然而，到 1981 年地產高峰時，小型住宅單位每方呎售價已升至約 1,000 港元，一個 400 平方呎住宅單位售價增加到約 30 萬港元，而市民家庭平均月入約 3,000 港元，即購買一小型住宅單位的款項已相當於市民 101.5 個月（即 8.5 年）工資

不過，1982 年地產市道崩潰時，炒樓者樂極生悲，不少人做了「大閘蟹」，損失慘重。那時期，愉景灣早期的別墅、沙田第一城的住宅單位、青衣島的美景花園、太古城第十期的星輝台以及和富中心等等，都成了炒家的滑鐵盧。據報道，有一炒家原本住在太安樓一個 400 多平方呎單位，炒樓賺錢後搬到太古城，一度還擁有 4 個單位。1981 年，他在地產高峰期一口氣買入太古城「星輝台」幾個單位，結果樓價急跌四成，連老本也蝕光，最後只好搬回太安樓居住。當時，炒家為了拋售早已跌去半價的樓宇，被迫向買家倒貼數十萬元。而炒金門大廈的大炒家陳松青旗下的佳寧集團，也因地產、股市的崩盤而轟然倒塌、破產。

過渡時期日趨熾熱的炒樓風潮

1984 年 12 月，中英兩國簽署關於香港前途問題的《聯合聲明》，香港步入九七回歸的過渡時期。隨着政治前景的明朗、經濟的蓬勃發展，地產市道快速復蘇，沉寂多年的炒樓風再度死灰復燃。當時，1982 至 1984 年地產低潮中「甩難」（及時離場）的炒家，捲土重來，其中不少已炒得「風生水起」。以 1984 年第三季推出的康怡花園為例，當時每平方呎樓價不過 560 港元左右，但到 1986 年初樓宇建成入伙時，平均每方呎樓價已升至 800 港元，一年半內售價升幅達 40% 以上。當時，在金鐘廊一個大型地鐵上蓋物業發售時，幾乎釀成暴動。黃埔花園只不過登廣告說何時開放其示範單位（並非公開發售），便已有滿口粗言、手臂紋花人士排隊，以致要勞動警察派人去登記身份證及拍照。

1985 年 7 月，港島柴灣大型私人屋邨杏花邨首期推出 448 個單位發售，開盤前 8 天，已有大批買家，包括代人排隊者、炒家和公司經紀大排長

龍、日夜輪候，人數多達數百人，群情洶湧，打破了香港有史以來排隊買樓時間最長的紀錄。期間，更有身刺紋青的黑社會分子「打尖」（插隊），險些釀成暴動，部分炒家甚至以每張 5 萬港元價格出售申請表，又出現假售樓回條。到了 9 月，恒隆與新世界發展推出旗下的屋邨「康澤花園」，引發數以千計的市民前往看樓，排隊抽籤，期間有「龍頭大哥」（黑社會）、「惡少」打尖插隊，導致申請抽籤人龍秩序大亂，近乎釀成動亂，需要動用軍裝警員前來維持秩序。為維持秩序，發展商被迫暫停派發申請表，並於翌日在報章刊登申請表格，申請人士可用郵寄方式將申請表連同一萬港元本票寄回，再隔數日之後才進行抽籤，希望用這種方式壓制日漸熾熱的炒風。及至 1986 年大埔海寶花園發售時，大約 20 人企圖「打尖」，結果發生炒樓集團僱用的「職業排隊人士」和維持秩序的警方人員之間衝突，事件中數人受傷，55 人被捕。炒風熾熱，成為這一時期地產市道的一道風景線。

1991 年 2 月，海灣戰爭結束，油價開始恢復正常，受到國際環境好轉等因素的影響，緩和了一年多的香港樓市蓄勢待發，升勢凌厲，尤其是設備齊全的大型私人屋邨更成搶手貨，包括黃埔花園、太古城、康怡花園、杏花邨、德福花園、華信花園等，黃埔花園和太古城的樓價在短短一個月時間即從每平方呎約 2,300 港元急升至約 3,300 港元。由於樓市活躍，地產發展商在港九新界推出的多個樓盤瞬即售罄，樓價急速攀升，甚至是尚未進行登記及公開發售的樓盤，售樓處已出現輪候人龍，惟恐機會稍瞬即逝。

期間，長江實業推出的「滙景花園」更掀起新一輪的炒樓熱潮。滙景花園因為是地鐵沿線最後一期的大型私人屋邨，倍受歡迎。1991 年 3 月下旬，市場傳聞滙景花園將於日內推出，瞬即在長實總部中區華人行的售樓處大排長龍，長實多次貼出告示勸喻市民離去不果，最終要警方出面驅散人群。及至 3 月 26 日，長實推出滙景花園 750 多個中小型住宅單位，平均售價為每平方呎 2,400 港元，結果發售第一天已售出九成。當時，一名炒家在一日內與用家達成轉售協議，賺取了 8 萬港元；另一炒家購入滙景一個單位，在一個月內成功轉手，獲利 25 萬港元。

由於地產市場交投活躍，在各種社交場所，人人都在大談樓價、交換炒樓經驗，銀行按揭部、律師行、地產代理均忙得不可開交，一些地產代理更是從早上 9 時忙到翌晨 1 時，以求賺取更多佣金。據業內人士估計，當時地產市場上現貨樓炒家約佔 55%，而樓花炒家所佔比例更高達 70%。通常，物業買賣合約總值與物業轉讓契約總值之比可用作粗略衡量投機活動程度的指標，因為在樓花買賣中，投機活動把同一個尚未入伙的住宅單位轉手多次，這將使物業買賣合約的總值相對於最終屋契的價值高。據田土廳的統計，這個比例在 1990 年是 0.8，到 1991 年已急升到 1.2。

1991 年底，香港的供樓負擔比率已達 93%，是 1983 年以來的最高水平。樓價的急升，一時成為社會輿論關注的焦點。在社會輿論的壓力下，香港政府終於在當年 8 月頒佈了七項打擊炒樓活動的措施，內容包括規定臨時訂金為樓價的 5%、在樓盤登記時每人只可登記一次限購一個單位、禁止使用授權書登記、設立抽籤揀樓程式等。有關措施推出後，售樓程式雖有好轉，但炒風並未受到明顯壓抑，樓價繼續急升。同年 12 月，香港政府再推出六項打擊炒樓措施，包括向買賣樓花者徵收樓價 2.75% 的印花稅、禁止內部轉讓樓花，登記買樓需交本票，以及促使銀行按揭貸款最高比率從過去的九成降低到七成。受此影響，熾熱的樓市於是在 1992 年第 2 季度逐漸轉趨淡靜，炒風收斂。

不過，從 1995 年第四季度起，地產市道再度反彈。到 1996 年第四季度，市場掀起豪華住宅炒風，價格急升，一些豪宅名廈，諸如帝景園、會景閣、嘉富麗苑、地利根德閣，以及陽明山莊等，均成為市場追捧對象，並由此帶動中小型住宅樓宇價格大幅上升。在樓市交投暢旺的氣氛下，部分發展商乘勢以低價推出豪宅新樓盤，包括火炭的駿景園、元朗加州豪園系列、將軍澳新都城、北角港運城、荃灣愉景新城、京士柏帝庭園、屯門恆豐園、怡峰園以及大埔御峰苑等，結果市民蜂擁認購，發展商乘勢加推及加價，仍無礙認購熱潮，炒風再度轉盛。其中，京士柏帝庭園一個排隊輪購的籌價高達 130 多萬港元。據統計，1996 年，豪宅售價的平均升幅達 30 至 40%，其

中，港島半山一些熱門豪宅升幅甚至超過 50%。

踏入 1997 年，在經濟蓬勃發展（首兩季經濟增幅分別是 5.9%、6.8%）、股市節節攀升（恒生指數從 1996 年底的 13,203 點升至 1997 年 8 月 7 日的 16,673 點）的整體形勢下，香港地產市道更見熾熱，年初尖沙咀區豪宅嘉文花園發售，傳聞當日一個 4 號籌以 203 萬港元的價格轉售，約值樓價的兩成。1997 年上半年，豪宅售價平均再攀升約三成。豪宅樓價的飆升亦帶動了整體物業市場。1997 年初，新鴻基地產推出將軍澳東港城首批 304 個住宅單位，在 3 日內竟獲 27,132 個登記，打破新樓盤登記有史以來的最高紀錄，超額登記 88.2 倍，凍結市場資金 94.96 億港元。

回歸前夕，香港的樓宇炒家大致可劃分為四大類：第一類是小型地產公司，部分小型地產公司在完成物業發展後，由於地價日益昂貴，所得資金往往不能再買地發展，因而轉向炒賣樓花或樓宇。第二類炒家是所謂「炒樓集團」，其中一部分來自小型地產公司，大部分屬本地或外地非經營地產的集團，他們在本行經營中賺取利潤之後看到地產業興旺，便轉而加入炒樓行列。這是炒家中最具實力的一群。第三類是大批的地產代理和物業經紀。他們除了在地產樓宇買賣中充當仲介人之外，亦以自有資金參與炒賣。每逢樓價急升、市道暢旺時，地產代理和物業經紀往往最為活躍。一有升值潛力的新樓盤開售，他們便會蜂擁而至或僱人排隊輪購，形成蔚為奇觀的炒樓熱潮。第四類是為數眾多業餘的炒樓者。他們多數有正常職業，憑着自己的判斷去買樓花，等待升值然後沽售獲利。其中，不少是「投資變投機」的炒家。

金融危機衝擊下的「炒家」與「負資產」人士

1997 年 7 月從泰國引發的亞洲金融危機席捲整個東亞地區，期間，香港的聯繫匯率制度首當其衝，導致處於高位的股市、地產節節大幅暴跌，對香港的地產公司、大大小小的炒家構成致命的打擊。數據顯示，到 1998 年 1 月，香港各區的大型私人屋邨，包括港島的太古城、杏花邨、海怡半島，九龍的黃埔花園、麗港城、美孚新邨，以及新界的沙田第一城、綠楊新邨、

嘉湖山莊等，其售價均已從 1997 年第二季度的高位大幅回落，跌幅普遍超過三成，大部分已返回 1996 年初水平，即等同於 1994 年第一季的高峰位。

從 1997 年 10 月開始的這一輪樓價下跌，前後整整持續了 6 年之久，到 2003 年 7 月終於跌至谷底，下行時間之久也創下歷史紀錄。根據香港政府差餉物業估價署的統計，私人住宅售價指數從 1997 年的 163.1，下跌至 2003 年的 61.5，跌幅達 62.3%，當年最低點更跌至 58.4，跌幅達 64.2%；而私人大型住宅價指數從 169.7 下跌至 71.8，跌幅達 57.7%。其中，在港島區，小於 39.9 平方米的小型住宅平均售價在 2003 年 7 月跌至最低谷的每平方米 2.34 萬港元，比 1997 年第 3 季度最高峰時的 7.37 萬港元，大幅下跌了 68.25%。

這一時期，受衝擊最大的，是一批專以炒賣地產物業為主的地產公司和大炒家。其中的典型，是黃坤旗下的上市公司明珠興業。黃坤原名黃煜坤，1966 年偷渡到香港，初期在茶餐廳做侍應，後到酒店學廚，因為廚藝精湛，在多家五星級大酒店擔任大廚，人稱「大廚坤」。80 年代中期，黃坤轉戰商界，以 15 萬港元資本創立明珠興業集團，專注短期物業炒賣，業務發展快速。有評論認為：「1993-94 年這段時期，個人炒樓方面，黃坤應該穩坐首位，唯一可以和他比高下的，似乎只有皇爵集團的主席羅兆輝。」1994 年，明珠興業在香港掛牌上市，成為一隻典型的「炒物業股」，該公司在招股書上美其名為「利用重新發展或修葺以增加物業的價值」。上市後，明珠興業佳訊頻頻，1995 年底市值達 59.20 億港元，1996 年底更衝上 224.46 億港元的高位，躋身香港十大上市地產公司之列，排名第 10 位。

1997 年 2 月，黃坤以 3.75 億港元，大手筆購入前滙豐董事沈弼擁有、後轉售予八佰伴集團主席和田一夫的山頂豪宅「天比高」；該年底再以 5.4 億港元向香港股壇名人香植球購入位於山頂施勳道 23 號、被譽為「山頂第一屋」的豪宅「創世紀」，這兩項交易的成交價都被列入吉尼斯世界記錄，成為當時全球最昂貴的獨立住宅，黃坤因而風頭一時無兩。黃坤購入天比高後，將該物業分拆為 5 間獨立豪宅，未興建已將其中 C 屋以 1.85 億港元出

售。受到一系列利好消息刺激，明珠興業股價一度突破 300 億港元。黃坤也被稱為「股壇大廚」。

可惜，亞洲金融危機襲來，香港股市、地產暴跌，買家紛紛撻訂，導致明珠興業股價急瀉，黃坤被迫將「天比高」和「創世紀」兩幢豪宅賤賣，分別以 3.2 億港元和 2.3 億港元，出售給藝人周星馳和地產商人許榮茂。其後，黃坤將明珠興業轉型為當時時興的科網公司，誰料 2000 年科網泡沫破滅，到 2000 年底公司市值已跌至 3 億港元左右，比最高峰時下跌 99%。2001 年，黃坤被迫將明珠興業控股權出售，辭去集團主席職位，淡出地產業，結束明珠興業作為香港一個地產炒賣「奇蹟」的故事。

這一時期，香港知名的大炒家之一，是號稱「神童輝」的地產大亨羅兆輝。羅兆輝出生於廣東潮州，移居香港後第一份工是地產經紀，後升職為置業顧問行豪宅部地產經紀，因而認識不少富豪。1988 年，羅兆輝自立門戶，成立皇爵集團，與人合夥買下 10 個商舖，然後分拆出售，賺取了第一桶金 —— 700 萬港元。1991 年，他以 1.4 億港元購入遭遇火災的尖沙咀重慶大廈商場，隨後投入 2,000 多萬港元裝修，更名為「意法日廣場」，一年後將其出售予力寶公司和明珠興業，賺取利潤高達 5.4 億港元。1994 年，羅兆輝成功購入以銷售中藥材而享譽港九的「東方紅集團」53% 股權，一躍而成為上市公司主席。其後兩年間，羅兆輝接連參與多宗大型地產交易，數額據報道高達 30 多億港元，他個人擁有的財富據說一度超過 20 億港元。

1997 年，羅兆輝向「殼王」陳國強購入其旗下上市地產公司國際德祥 30% 股權，作價 5.2 億港元，計劃藉此將旗下地產「借殼」上市。為籌集購買股權資金，他將東方紅股權抵押給銀行，並計劃將國際德祥分拆，轉售給其他買家。然而，在交易過程中，遇到亞洲金融風暴襲來，股市地產大跌，其他買家紛紛撻訂，他自己需要補交 10 多億資金完成交易。到 1997 年底，股市、樓市持續大跌，羅兆輝終於支撐不住，被迫將所持東方紅 34% 股權和國際德祥 30% 股權，以 3 億港元的低價全數售給陳國強。2000 年，羅兆輝本人變成負資產者，欠債 3 億港元，被恒生銀行申請破產。為此，羅兆輝

曾一度在銅鑼灣避風塘內的一艘遊艇上燒炭自殺，後被搶救過來，但最終於2011年猝死在東莞常平。

另一個知名的大炒家，是號稱「豪宅大王」的秦錦釗。秦錦釗早年從廣州偷渡香港，先後做過裝修學徒及經營工程機械廠，1983年第一次以10多萬港元購入荃灣中心一個商業單位，開始涉足地產買賣。1989年樓價下跌時，秦錦釗購入大埔康樂園及其他物業等多個單位，之後高價出售，獲得厚利。1996年，秦錦釗透過銀行按揭借貸，高調大手購入半山等具賣點的一線豪宅單位，包括帝景園單位、陽明山莊單位、地利根德單位、曉峰閣單位，以及山頂Altadena複式單位等。據説，最高峰時他曾擁有帝景園超過60個單位，成為除發展商新鴻基地產以外的第二大業主。秦錦釗大批購入帝景園單位，使得帝景園樓價在一年間急升一倍至每平方呎兩萬港元。到1997年，秦錦釗擁有豪宅物業多達94個，涉及資金達32億港元，被稱為「豪宅大王」。據地產中介稱，秦錦釗旗下的豪宅藏品甚是豐富，多是優質單位，其中更不乏極品。

不過，在突如其來的金融風暴衝擊下，這些極品豪宅均成為燙手山芋，秦錦釗的財富遭遇大幅蒸發。期間，他在接受傳媒訪問時曾承認，其投資損失超過20億港元。面對危機，秦錦釗通過退訂或撕毀合約取消部分物業交易，但此舉引發連串訴訟。1999年，他開始沽售持有的豪宅，部分豪宅尚不到購入價的一半。其後，秦錦釗被銀行追討高達16億港元的欠款。2002年7月，秦錦釗旗下公司建萊資源被香港高等法院正式頒令清盤，接管人安永會計師行其後分批出售其約46個豪宅單位來清償欠款。2004年，秦錦釗更因串謀下屬及前新華銀行3名高層，騙取該銀行逾2億港元信用狀貸款罪成，被判囚6年半（後上訴得直，獲減刑1年）。

股市、地產的大幅下瀉，還造成了一大批「負資產」人士。所謂「負資產」，指當物業估值低於按揭額的樓宇。1997年亞洲金融危機前，由於香港樓市一直處於長期升勢，相當部分的香港人均以為樓價有升無跌，於是紛紛向銀行貸款7成或以上購買物業，期望短炒獲利。然而，亞洲金融危機襲

來後，香港的樓價大幅下跌六至七成，令大批炒樓人士、業主及首置客資不抵債。當時，被套牢的股民，通常被稱為或自稱為「大閘蟹」、「蟹民」；而在樓市上被套牢者，手裏的樓房變為負資產，這些人士則被稱為「負資產一族」或「負資產人士」。期間，部分擁有物業的業主不幸因為經濟低迷失業或被大幅減薪，無法承擔供款而被銀行收回拍賣，不但變成「無殼蝸牛」，還要償還銀行所欠的樓價餘款，一時成為社會不穩定的一個因素。

根據香港地產代理美聯物業的推算，最嚴重時全香港負資產單位數目達17萬個。不過，這個資料受到部分業界人士質疑，被指有「報大數」之嫌。而根據香港金融管理局的資料，香港負資產問題最嚴重的時期為2003年6月，共有約105,697宗負資產按揭，佔所有按揭的22%，涉及金額1,650億港元，按揭金額與抵押的比例為128%，估計這些貸款的無抵押部分約值360億港元，意味着香港銀行單在按揭市場便需承擔360億港元的壞帳風險。這些負資產人士中，不少人花費一生努力工作，就是為了完成物業供款，退休後可以有屬於自己的物業安享晚年。然而，樓價大跌使他們花數十年累積的財富轉眼間化為烏有。

在演藝界，負資產的知名例子是影星鍾鎮濤，他與妻子章小蕙在1996年地產高潮期間以公司名義曾向裕泰興財務公司借貸，購買多個豪宅，總值超過1.5億港元，結果在金融風暴中因樓價大跌而成為負資產人士。據報道，到2000年，他的債務本息累計高達2.5億元。及至2001年，一度穩定下來的樓市再度下跌，房價回漲遙遙無期，苦熬幾年的鍾鎮濤終於捱不下去，被迫於2002年宣佈破產，從千萬豪宅遷入廉價公寓。至此，鍾鎮濤這個在70年代就縱橫港台影壇、歌壇的「阿B哥」，從萬人追捧的當紅巨星，變成身無分文的破產者。鍾鎮濤除了要上繳所有財產之外，在申請破產的4年間還要還錢，收入扣除最基本生活開支後，全部要上交破產管理局。在這4年中，他不可以購物，不可以搭的士、坐飛機，不能有除了基本開支以外的任何消費。2006年，鍾鎮濤解除破產令，他在接受媒體採訪時說：「這4年來，我在香港的房子是租的；拍戲時，製作單位沒有開車接我，我就搭地

鐵；逛百貨公司時，只能看不能買，因為我是破產的人。」

而一般的「打工仔」情形就更加徬徨，導致跳樓、燒炭等自殺案件時有出現。據報道，其中一個典型例子，是一位青山醫院心理治療訓練師曾耀光，曾經收入可觀，受人尊敬，在 1993 年斥資 800 萬港元買房，其中向銀行借貸 300 多萬，結果亞洲金融風暴襲來，成為負資產人士，除了房子虧損，還負債 300 多萬。他在接受中新社記者採訪時表示：最難過的時間是 1999 年、2000 年，全家 5 口人兩年未買一件新衣服，囊中羞澀不敢請朋友吃飯，買最便宜的車，過最簡單的生活，並同時在報章開 5 個專欄，每星期寫 15,000 字賺錢。後來經傳媒報道，曾先生成為港島知名的「逆境大使」。

不過，曾耀光還不是負資產人士中最慘者。據報道，一位公司車隊主管黎先生，在 1997 年在香港深水灣購買一套價值 722 萬港元的住宅，面積為 927 平方呎，即每平方呎約 8,000 港元，因為「二按」，黎先生連稅費加一起總共繳付了不到 80 萬，其餘從銀行貸款 667.8 萬港元，但該住宅到 2003 年只跌剩 250 萬港元，即每平方呎跌至 2,700 港元左右，跌幅高達七成。此時，黎先生又收到公司人事部發來的離職信和補償金，然而，更可怕的事情接踵而來，銀行打電話要求黎先生補交 330 萬現金或者抵押。結果，黎先生在萬念俱灰的情況下選擇了自殺。其後，他購買的住宅被銀行收回拍賣後，還欠下銀行 200 多萬巨額款項，由家人陸續償還。據報道，黎先生的自殺案例，成為引發 2003 年 7 月 1 日香港街頭大遊行的 32 個自殺案例之一。

地產大升浪下炒樓熱潮面面觀

2003 年以後，在多種因素的推動下，香港地產市道展開有史以來最長的上升階段，至今已長達十多年之久。在這次地產大升浪中，香港又湧現出一批又一批形形色色的炒家。其中，最矚目的，當屬一批當紅演藝界明星，而最成功者則要數香港小姐鄺美雲和電影巨星周星馳。

鄺美雲出身香港普通家庭，19 歲時奪得香港小姐亞軍，自此開始演藝、歌唱生涯。鄺美雲成名後開始接觸經商，80 年代，香港一套 200 平方

米的住宅僅需百萬港元,而且還可以有九成按揭,酈美雲看準時機,花幾萬港元首期,按揭買入價值 50 多萬港元的跑馬地山盛大廈單位,第一次從炒樓中獲利。其後,在機緣巧合之下,酈美雲獲得地產大亨鄭裕彤的指點,愈戰愈勇,靠炒樓賺得人生的「第一桶金」。據説,最高峰時,她曾一口氣買下 10 個住宅單位,月供款達到七位數。為了還貸,酈美雲頻繁地到美國、加拿大登台演唱賺外快。1996 年香港樓市高峰期,酈美雲憑藉多年積累的炒樓經驗和敏銳的眼光,果斷出手把所有房子變賣,成功躲過了金融危機。自此,她炒樓的手段愈來愈嫻熟,據説在 2002 年的時候就已經有了 5 億港元的財富,被稱為「香港炒樓女明星第一人」。

演藝界明星中,炒樓最成功的當屬被稱為「喜劇之王」的周星馳。1997 年以前,周星馳曾以 8,380 萬港元購入山頂普樂道 7 號,2002 年曾將該豪宅重新裝修。2004 年,周星馳再以 3.2 億港元,力壓信和置業和華人置業,購入普樂道 10 號「比天高」豪宅。該物業前身為滙豐銀行的大班屋。1990 年,滙豐銀行準備將總行遷往倫敦,以 8,500 萬港元高價,將其售予日本八佰伴主席和田一夫。1996 年,和田一夫遭遇財務困難,將物業以 3.7 億港元的高價,轉手予明珠興業主席黃坤。黃坤原計劃將「大班屋」一拆為五出售,不過亞洲金融風暴期間,黃坤虧損嚴重且因官司纏身,「大班屋」被花旗銀行查封。周星馳入主普樂道 10 號「天比高」後,曾考慮將普樂道 7 號和 10 號一併發展,其後因工程問題而打消,並於 2006 年將 7 號大屋以 1.17 億港元出售。之後,周星馳引入菱電集團作為 10 號豪宅項目發展股東之一,將其重建為 4 幢 3 層樓高的獨立洋房,分別命名為普樂道 10 號、12 號、16 號和 18 號。普樂道位於港島山頂最高處,是豪宅中景觀最佳位置,其中部分豪宅可以飽覽維多利亞海港及南區無敵海景,而且該道路是同區內最短街道之一,只有 8 個街號建有房子,整條街道的洋房不足 15 幢。

2008 年,周星馳及菱電曾計劃以 3.8 億港元出售普樂道 16 號,不過遇到金融海嘯,買家撻訂,到 2009 年分別以 3.5 億港元和 3 億港元將普樂道 16 號和 18 號出售,每平方呎售價超過 4.8 萬港元。到 2011 年,香港豪宅

市場大幅飆升，周星馳等再將普樂道 10 號以 8 億元出售，該洋房總面積為 8,302 平方呎，即每平方呎售價達 9.64 萬港元，創下香港及亞洲屋苑式洋房最高單價記錄。而普樂道 12 號屋則由周星馳保留自住，據說市值至少達 10 億港元。此外，周星馳成功投資的物業，還有九龍尖沙咀加連威老道的商舖、港島灣仔皇后大道東的鉅芝樓等。市場估計，周星馳從 1990 年開始炒樓，到 2006 年間，僅炒樓至少賺 20 多億港元，是影視紅星中名副其實的「炒樓之王」。有評論說：「周星馳擁有山頂豪宅『天比高』，堪稱影視界一個傳奇。」

隨着地產市道的全面上漲，炒樓熱潮更從傳統的炒住宅、豪宅單位，蔓延到車位、商舖、工商物業等另類投資領域。投資車位最聞名的當屬香港富商廖湯慧靄。廖湯慧靄是廖創興銀行創辦人廖寶珊第 8 子廖烈正妻子。從 90 年代中期開始，廖湯慧靄看到香港汽車即將暴增的商機，大量購入停車位和停車場。當時，在香港鬧區的停車場收費標準是每小時 30 至 50 港元，一個停放轎車的車庫，每個月的租金最高可達 5,000 至 6,000 港元。1999 年，廖湯慧靄花 6,000 多萬港元一口氣買下 200 多個停車位，又投資 2 億港元興建停車場，後來，這些車位售價均大幅上升，其中一個車位曾售出 1,300 萬港元的「天價」，廖湯慧靄的財富以幾何級增長，被譽為「停車場女王」。與此同時，廖湯慧靄又進軍商用辦公場所市場，先後購入新紀元廣場、信德中心、遠東金融中心、力寶中心、海富中心、中保集團大廈、柯士甸廣場等寫字樓物業，從早期的 500 萬港元起步，發展到擁有 200 多億港元的資產。根據《福布斯》2020 年全球富豪榜，廖湯慧靄擁有財富 42 億美元，在香港富豪榜中位居第 24 位。

除了車位，商舖亦成為投資熱點，升幅跑贏住宅。2012 年以後，香港的地產市道上升勢頭一發不可收拾，期間，炒家炒商舖更賺得盤滿缽滿，甚至湧現出一批躋身香港富豪前列的「舖王」。其中的代表人物，有鄧成波、梁紹鴻等。鄧成波原籍廣東佛山南海，窮困人家出身，移居香港曾經做霓虹燈光管工程學徒，60 年代末開始投資地產，透過超賣港島西環住宅樓花賺

取人生「第一桶金」。70 年代，鄧成波與友人合作在觀塘開設酒樓，對商舖有了深刻的認識，開始投資香港商舖。1990 年，鄧成波以約 6,000 萬港元購入九龍旺角一間名為「豪門」的酒樓，隨後投資 1,200 萬港元，將其重新裝修為 3 層樓高的主題商場 —— 旺角電腦中心，一年後開業，全部租出，鼎盛時期每月租金收入達 280 萬港元，鄧成波一舉成名。自此，他收購香港各區優質商舖一發不可收拾，其中的重點是地鐵沿線各站附近的商舖。他的名言是：「我叫啲舖做靚女，每日都想睇，買唔買都睇。」據報道，到 1997 年，鄧成波已擁有 100 多個舖位和多間商廈，市值逾 70 億港元。

鄧成波的營商哲學是「高瞻遠矚，刻苦勤儉，審時度勢，隨機應變」。1997 年金融危機期間，不少活躍於舖位市場的重量級投資者受到重創，鄧成波則通過不斷「踢契」（即解除合約）減少損失。2009 年特區政府開始

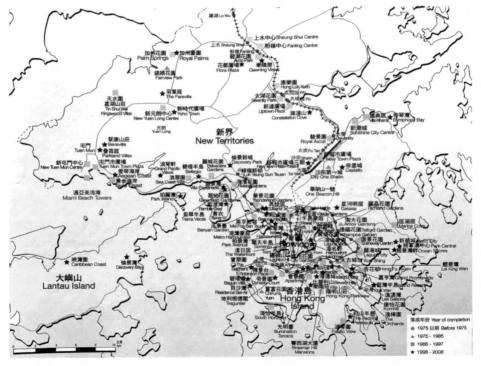

2008 年香港私人屋邨位置圖
圖片來源：薛鳳旋編著《香港發展地圖集》（香港：三聯書店，2010 年）。

推行「活化工廈」政策，鄧成波把握時機，購入一批工廈，改裝為商廈後出售，獲利以倍計算。其中最成功的是 2014 年將所持有的觀塘興業街 4 號工廈，活化成全幢為零售及食肆的商舖項目，其後以意向價約 9.6 億港元出售，較 5 年前購入價高出約 4.3 倍。2016 年地產市道繁榮，鄧成波的投資更趨積極，經常是整幢整幢大樓進行買賣，投資目標更從港九商業區擴展到新界等地區。據市場估計，僅 2016 至 2018 年兩年間，他就先後投資超過 160 億港元，不斷重組旗下資產，在最高峰時旗下擁有的工商物業多達 200 多項，被稱為香港「舖王」。近年，受到地產市道下調的影響，鄧成波的資產有所收縮。不過，根據《福布斯》2020 年全球富豪榜，鄧成波仍擁有財富 57 億美元，在香港富豪榜中位居第 14 位。

梁紹鴻出身望族，父親梁顯利為英商怡和公司買辦，富甲一方。梁紹鴻於 1977 年創辦香港大鴻輝興業有限公司（Tai Hung Fai Enterprise of Hong Kong），從事外匯和股票買賣，1997 年開始進軍商舖市場，期間雖然經歷亞洲金融危機，但仍然回報豐厚。2003 年非典型疫情爆發，香港地產市道受挫，梁紹鴻堅信商舖的升值能力，大舉購入商舖，據報道其購入頻率甚至高達「一個月買一個舖」，他並形容「當時櫃桶有一個仙都當兩個仙用」（抽屜裏有一分錢都當作兩分錢用）。隨後幾年，地產市道上升，他將所買商舖陸續套現，賺取高額利潤。梁紹鴻表示：「我做過股票、外匯、期貨、金、銀、銅，其中股票英、美、日市場都做過，但只有『磚頭』（地產）最真實。各種『磚頭』中，以舖位為佳。」他的名言是：「投資致勝之道，掌時機落重注！」2018 年，梁紹鴻家族將其所持有的銅鑼灣波斯富大樓地下面積僅 13 平方米的 N 號舖，以 1.8 億港元易手，創下香港最貴商舖記錄。據說，他擁有的舖位在最高峰時多達 150 多個，是香港另一位有名的「舖王」。目前，梁紹鴻透過大鴻輝集團，主要經營地產投資與開發，涉及零售商舖、寫字樓、住宅、工廈、停車場及酒店式公寓等業務。根據《福布斯》2020 年全球富豪榜，梁紹鴻擁有財富 48 億美元，在香港富豪榜中位居第 19 位。

「炒樓」的經濟社會效應分析

戰後香港的「炒樓」，最初是從「分層出售、分期付款」、「賣樓花」等制度衍生出來。「樓花」之所以受炒樓者歡迎，主要是買樓只需要預付樓價的小部分，而當樓價上升時，就可獲得厚利。例如，樓價是 300 萬港元，炒樓者在樓宇落成前只需付出樓價的 20%，即 60 萬港元；假如樓價在樓宇落成前上升了 30%，即 90 萬港元，炒樓者在賣出後便可獲得 50% 的高額利潤。「樓花」實際成為一種期貨，買家看好未來樓價走勢，才肯以現價買入。

從宏觀層面來看，戰前香港的樓宇需整幢出售、全額付款，因而買樓只是有錢人的投資，除了自住，主要用於出租，賺取租金。戰後，香港人口大量湧入，「房荒」成為嚴重的社會問題。在這種背景下，由吳多泰、霍英東等新興地產商先後採用「分層出售」、「分期付款」等經營方式，使得更多普羅市民有能力購買房屋，解決住房問題，發展商也可以更快地回流資金，加快建房速度，結果是從需求和供應兩個方面推動了房地產業的發展。從這個意義上說，「賣樓花」、「炒樓花」、「炒樓」對香港地產市場的發展，發揮了一定的積極作用。而從微觀層面來看，「炒樓」無疑給香港的投資者增加了一條有價值的投資渠道，一條可能發財致富的途徑，有利於社會階層的流動。

不過，從香港的整體經濟社會來看，在整體市場供不應求的大環境下，「炒樓」的負面作用已愈來愈大、愈來愈明顯。首先，炒樓在加快市場流通的同時，也大大加劇了香港地產市場的投機性，造成市場的虛假繁榮，扭曲市場的真實供求關係，甚至使市場出現「麵粉比麵包貴」現象，地產市道的崩潰就在此形成，並進而波及到金融、股市以至整體經濟，導致經濟發展的週期性和波動性。90 年代初中期地產高潮時，樓價已遠遠超出市民的實際承受能力，但由於銀行仍提供七成按揭貸款，大小炒家只要動用 3 億港元，便在市場形成 10 億港元的購買力。在虛假的繁榮下，地產發展商願意以更高的價格購入土地，刺激地價一再飆升，進而刺激「炒樓」的投機活動，形成惡性循環。1997 年 10 月以後在金融風暴衝擊下的地產市道崩潰，就是由

這種虛假繁榮促成的。

其次，炒樓之風蔓延，使香港社會投機風氣猖獗，參與投機、不務正業的社會思潮氾濫，嚴重窒息了社會的創新精神。1997 年前後，在地產、股市炒風的帶動下，香港相繼掀起炒的士牌、炒郵票、炒磁卡等種種熱潮。社會上炒風瀰漫，市民普遍存在幾種心態：一是不務正業，認為炒樓比打工好，炒樓一轉手便可賺二三十萬港元，甚至炒一個買樓籌碼就可賺逾 200 萬港元；二是賭徒心態，形成講膽識、一鋪定輸贏，贏了就發達的賭徒心態；三是不少人有挫敗及失落感，認為「辛苦工作賺錢，不及投機者多」。當時，社會上普遍流傳一句話：「High Tech 揩野（發展高科技就蝕錢），Low Tech 撈野（炒樓就賺錢）。」反映了社會上普遍存在着認為經商獲利不如炒樓投機的思潮，不少人紛紛轉而參與地產投機等活動。正是在這種大環境下，回歸以來，全球科技創新產業快速發展，香港經濟卻錯失這一轉型的良機，甚至落後於毗鄰的深圳。

更嚴重的是，炒樓對香港的「高地價」起到推波助瀾的重要作用，加劇了香港的不穩定和貧富懸殊。炒樓的實際效果，是大量的房地產、物業囤積在少數人手裏，加速樓價供求的失衡，進一步推高樓價，進而使得樓價遠遠超出市民和社會經濟的負擔能力。根據國際公共政策顧問機構 Demographia 在 2021 年 1 月發表的《2020 年全球樓價負擔能力報告》，香港已連續第 11 年成為全球房價最高的「極度嚴重地難以負擔」（Severely Unaffordable）的城市，樓價對家庭收入中位數比率 —— 樓價對入息比率（即坊間俗稱的「痛苦指數」）由 2013 年的 14.9 倍上升至 2020 年 20.7 倍（2019 年為 20.8 倍），即相等一個香港家庭不吃不喝不消費 20.7 年才能買樓，這一指標遠超過處於第二位的加拿大溫哥華（13 倍）和澳洲悉尼（11.8 倍）。可以説，與「炒樓」緊密相關的高地價、高樓價、高租金所導致的貧富懸殊，已成為香港社會矛盾尖鋭化的一個經濟根源和深層次問題。

第十九章

特色交通：
穿越百年的纜車、電車與渡輪

　　說起一個城市，就不得不提到這個城市的市內交通。時至今日，香港作為亞太區的商業大都會，市內交通發達，既有縱橫交錯的地下鐵路和輕軌，有從紅磡連接到羅湖乃至廣州的九廣鐵路，甚至有連接到中國內地的高鐵，更有各式各樣的公共巴士、的士、私家車等等。不過，令香港引以為傲的，還有百年以來見證香港變遷的三種特色交通，這就是歷史悠久的山頂纜車、有軌電車和天星小輪。經歷逾百年歲月，它們不僅依然擔負起運送市民旅客的職能，更構成香港這座城市的一種文化遺產和歷史沉澱。

見證山頂百年變遷的電動纜車

　　山頂纜車是連接港島中環至太平山頂的電動纜車。太平山（Victoria Peak），古稱「香爐峰」，又叫「扯旗山」，海拔雖然只有 552 米，卻是香港島最高的山峰。自香港開埠以來，它一直被視為香港的標誌。太平山山腳部分為中環和上環，是最早發展起來的商業區。大約 1868 年，港督麥當勞爵士（Sir Richard Graves Macdonnell）為享受太平山頂清涼宜人的居住環境，特別選址該處興建避暑別墅。因而，移居太平山逐漸成為了富豪顯赫與名流紳士所推崇的風尚。1904 年，居住太平山被正式列為上流社會及外國使節的專有權利，這個制度一直沿用至 1947 年才被廢棄。當時，從港島中環到半山及山頂的交通不便，出入都要靠轎夫。與繁華、喧鬧的中環不同，太平山頂一直保持着她遠離塵囂的恬靜與安詳，直到 1881 年才有了突破性發展。

　　19 世紀 80 年代以後，隨着香港人口急增，華人勢力逐漸滲入中環核心

山頂酒店
圖片來源：
山頂纜車有限公司

區，太平山半山和山頂逐漸發展成洋人的居住區及旅遊觀光勝地，山頂酒店亦已於 1873 年建成啟用，山上山下之間的交通日益重要。1881 年 5 月，曾在蘇格蘭高原鐵路工作的商人史密斯（A. F. Smith）向港督軒尼詩（Sir John Pope Hennessy）提議建造港島纜車鐵路計劃，其中一段路線就是後來的山頂纜車。同年 6 月，香港立法局華人議員伍廷芳提議在香港島興建電車系統，獲立法局議員兼任香港總商會主席奇利贊臣（F. B. Johnson）和議，並提出規劃草案，於 10 月由立法局特別委員會審核，最終於 1882 年 2 月通過《建築車路條例》。

當時，計劃在港島發展 6 段電車路線，惟因為財團只對連接中環花園道至太平山爐峰峽的路段感興趣，故此港英當局於 1883 年 11 月修訂條例，決定率先發展山頂纜車。為此，奇利贊臣聯同商人史密斯（A. F. Smith）、大衛·沙遜（D. Sassoon）、嘉活·曉士（W. Kerfoot Hughes）等，註冊成立「香港高山纜車鐵路公司」（Hong Kong High Level Tramways Company）。山頂纜車工程於 1885 年 9 月展開，1888 年 5 月 30 日竣工，並由港督德輔（Sir George William Des Voeux）主持剪綵儀式啟用，當日共接載 600 名乘客。

山頂纜車從花園道靠近政府合署的總站出發，像壁虎一樣緊貼着陡峭的山坡向上攀升，一直伸延到太平山頂，全長 1,350 米，坡度為 4 至 25.9 度，海拔為 28 米至 396 米，設有花園道總站、堅尼地道站、麥當勞道站、梅道

站、白加道站和山頂總站，來往兩座總站的車程約 8 分鐘。山頂纜車依靠直徑 44 毫米及破斷力為 133.9 公噸的鋼纜拉動，路軌軌距 1,574 毫米，屬於俄羅斯鐵路普遍採用的寬軌，也是香港唯一採用寬軌的鐵路。由於山路狹窄，山頂纜車大部分路段只鋪設單軌，但在梅道站和白加道站之間設有雙軌，可供兩列纜車交匯上落。一列纜車由兩個車卡組成，兩列纜車能夠同時以相反方向行駛，每小時可以載客 2,400 人次。

當時，纜車每天服務 8 小時，分三段時間開，早晚上下班，每一刻鐘開一班車，下午有一個時段則半小時一班。山腳和山頂車廂客滿準備啟動時，車上按鈴通知機房，信號是一聲長響，開動之時是按鈴三聲短響，機房便啟動主機。山頂纜車的運作，沿用一長三短鈴響，數十年如一日。車輛在上下山途中，沿途要停站，車長便使用另一套信號，當車廂距離車站 30 米時，就發出信號，接近 15 米時，再發出信號，機房操作員便將機器慢慢停止，車廂進入車站正確位置後，車長負責剎車。這套操作制度完善，故一百多年來未發生嚴重的交通事故。早期，坐山頂纜車雖然未必舒適，但比起坐轎子、黃包車之類要快捷方便得多。因此，山頂纜車啟業後，立即成了洋人和遊客上下山的主要交通工具。山頂纜車開業第一年，載客量達 15 萬人次，為當年香港人口約八成。

開辦初期，纜車使用燃煤蒸汽發動機的第一代木製車廂，可載客 30 人。當時，車廂的座位劃分為三等，頭等車收費 3 毫，二等車廂 2 毫，三等 1 毫，回程一律半價。其中，頭等座位專為政府高官和太平山居民（均為白人）而設，車廂首排兩個座位預留予香港總督及夫人專用，背後掛上了「此座位留座予總督閣下」（Reserved for the Governor of Hong Kong）的銅牌，這個規定直到 1949 年始告作廢；二等為英國軍人及香港警務人員而設；三等為其他香港居民，而攜帶貨物的苦力是不准上車的。種種規定，充滿濃厚的殖民色彩。

纜車公司在成立初期，由於乘客數量有限，財務狀況不理想。1905 年，遮打·保羅等英商收購了纜車公司，使得這一投資大、回本慢的公司得以繼

續經營，免遭關閉之殃。為了進一步增加經營資金，新管理層決定在股市發行股票，這使得嘉道理家族成為公司大股東，前景更加樂觀。1926 年，山頂纜車實施電氣化計劃，由蒸汽推動改為電力推動，並採用更加寬敞結實的第二代車廂，乘客人數從 30 人增加到 52 人，山頂總站和山腳總站均興建大型建築物，以容納機電設備和纜車車卡，同時興建了架空電纜。

二次大戰期間，香港山頂纜車受到炮火的損壞。由於在山腳車站附近有一個英軍軍營，日本人進攻香港時這裏發生過激烈的攻防戰。這時，纜車仍在行使，炮火在車廂邊炸開，令乘客膽戰心驚。當時，山頂也是日本人進攻的目標之一，對山頂機房造成嚴重的損害。戰事後期，英軍計劃棄守前夕，山頂纜車工程人員將所有重要電路截斷。日本人佔領香港後，要務之一是盡快恢復所有公用設施。不過，直到 1942 年，日本人才使山頂纜車恢復行使。香港淪陷期間，燃料嚴重短缺，發電廠急需燃料，日本佔領軍利用山頂纜車作運輸槽，把山下砍下的樹木運到山上發電廠，以致路軌損壞嚴重，在戰後一段時期，山頂纜車只能維持有限度的服務。

20 世紀初葉準備出發的山頂纜車
圖片來源：山頂纜車有限公司

1945 年，山頂纜車在戰後首次通車。1948 年，纜車公司改用第三代全金屬製車廂，載客人數增加到 62 人。1959 年，纜車公司再改用電動拖曳齒輪驅動的第四代全鋁製綠色車廂，載客人數進一步增加到 72 人，這成為現今全自動化車廂的前身。當時，山頂纜車採用雙向登山鐵路系統，期間雖然經過多次系統現代化與翻新工程，但仍沿用建於 1888 年的路軌運作模式。1971 年，纜車公司成為嘉道理家族旗下香港大酒店的全資附屬公司。

20 世紀 80 年代，隨着往來港島沿岸到山頂的交通工具日多，山頂纜車的功能逐漸側重於供來自世界各地訪港遊客到太平山頂觀光遊覽之用。1986 年，為了提升載客量及安全水平，纜車公司展開纜車系統現代化計劃，包括拆除原有的架空電纜，更改為由微型電腦控制電力驅動系統，並在總站月台地下開闢一個 1,650 立方米的新機房；纜車車廂也更改為第五代全新製造、可載客 120 人的酒紅色纜車。新的電力驅動系統，按照預先編定的程式，自動控制纜車的行駛速度，達致全自動化水平，最高時速則提高到每秒鐘 6 米。為實施該項龐大現代化工程，山頂纜車於 1989 年 6 月 20 日起暫停服務，並於當年 9 月 20 日由港督衛奕信爵士（Sir David Clive Wilson）主持啟動通車儀式。

第五代山頂纜車
圖片來源：山頂纜車有限公司

香港回歸後，特別是 2003 年中國實施內地居民赴港澳「自由行」政策之後，來自內地的遊客人數激增，乘坐山頂纜車到太平山頂，俯瞰維多利亞海港壯麗景觀，成為內地遊客必到之處。對於初次遊覽的客人來說，乘坐纜車上山，更是一項前所未有的刺激體驗，遊客在車廂內隨纜車沿陡峭的斜坡快速往上爬升，車外整個世界彷彿都傾斜了，路旁的樹木和高樓大廈迅速倒退，別具一番滋味。到了山頂總站，就來到了被譽為具有超現代建築風格的觀光勝地 —— 凌霄閣，那是觀賞香港全景的最佳地點。

　　凌霄閣前後經歷了三代建設。第一代始建於 1971 年，為太平山纜車總站旁的一座樓高兩層的觀景亭 ——「老襯亭」。1972 年 8 月 29 日，老襯亭首度向公眾開放，大樓頂層開設西餐廳，餐廳下層則為咖啡室；大樓底層租出經營中菜餐館 —— 爐峰，一直營業至 1981 年。1993 年，山頂纜車將原有建築拆卸重建，邀請英國著名設計師 Sir Terry Farrell 主持設計，在原址重建為一座樓高七層、總面積達 11.2 萬平方呎的「凌霄閣」（The Peak Tower），設計概念融合「碗與拱手示禮」的意念，呈現獨特的建築外觀。「凌霄閣」屹立於海拔 396 米的港島太平山與歌賦山之間的爐峰峽上，頂樓則位處海拔 428 米，和諧地融入四周大自然的懷抱之中，底層則為山頂纜車總站。該座超現代建築於 1997 年 5 月重新開放。

　　2005 年 3 月，凌霄閣展開第三代改造工程，由香港著名建築師呂元祥建築師事務所主持翻新工程，以進一步擴展商場部分的可利用空間，工程包括增加店舖、密封原設於 5 樓的觀景台作為概念觀景餐廳、遷建觀景台、在山頂廣場增設入口及大型多媒體顯示幕等。整項工程於 2006 年初落成，年中重新開幕，並舉行為期兩周的盛大活動慶祝重新開幕。凌霄閣經重新設計翻新後，以全新面貌對外開放，包括將觀景台遷至更高的頂層摩天台，盡覽香港維多利亞海港兩岸的美景；設計嶄新的中庭增加了 1,664 平方米可出租樓面，可容納更多的零售店舖和餐廳。翻新後營運首年，凌霄閣全部租出，平均租金約每平方呎 56 港元，年總收入為 6,600 萬港元，比翻新前最後一個營運年收入 2,300 萬港元大幅增加了 1.9 倍。

經過前後三代的建設，凌霄閣已成為香港市民和國際遊客前來觀光遊覽的熱門景點和新地標。這座集觀光、娛樂、購物及餐廳於一體的建築，除了售賣各式紀念品與工藝品的店舖外，亦設有娛樂設施與展館，包括「龍的傳說 —— 時光漫遊列車」（Hong Kong's Historical Adventure）、「信不信由你奇趣館」（Ripley's Believe It or Not! Odditorium）、「超動感影院」（Peak Explorer Motion Simulator）和英國著名的「杜莎夫人蠟像館」等。市民和遊客蒞臨凌霄閣摩天台，站立於海拔 428 米的無敵觀景台之上，可以 360 度飽覽香港這座國際大都會全景觀，在清晨、傍晚、夜間觀賞香港迥然不同景色。特別是當夜幕降臨之際，太平山頂的景色更為壯觀動人，放眼四望，到處是一派摩天高樓的璀璨景象，維多利亞海港就像一顆夜明珠鑲嵌在一片燈海之中，因而它被列為世界四大著名夜景之一。

　　自早期營運開始，山頂纜車和太平山頂一直就是藝術家、攝影迷在香港捕捉的焦點之一，他們以繪圖或拍攝形式記錄纜車行車片段和山頂景色。50年代期間，好萊塢電影公司慕名遠道前來香港，到山頂纜車與太平山取景拍攝，當中包括由國際巨星奇勒基寶主演的《命運戰士》，該電影的首幕與尾幕場景均於山頂纜車車廂內取景；著名美國電視劇《Love Boat》亦取景於山頂纜車。70 年代以後，隨着香港的繁榮以及山頂凌霄閣的出現，藝術家和攝影迷又有了新的題材。可以說，百年以來，山頂纜車和太平山頂始終是香港歷史中最熱門的拍攝景點之一，其景觀廣被全球數以百萬計的明信片和照片所取用。

　　2008 年，山頂纜車迎來 120 週年紀念，為此，公司早於 2007 年 9 月 18日於中環纜車總站建成「山頂纜車歷史珍藏館」，並舉行開幕儀式，館內設有 15 個主題展區，展出纜車文物及 200 多件在全球蒐集得來具紀念價值的珍貴物品。同年，纜車公司為慶祝該歷史珍藏館開幕，推出一套 4 張的紀念車票，共發行 3,000 套。2008 年 5 月 30 日慶祝活動當日，纜車公司將票價由平日的每張 33 港元降回至 120 年前的二等票價每張港元 3 毫，乘客更可獲得仿製當年的纜車車票，而職員均穿上維多利亞時代的懷舊制服。該活動

吸引了數以千計的乘客排隊輪候，踏上懷舊纜車之旅。當日的所有收益均撥捐予當年發生的汶川大地震的災民。

隨着纜車及山頂的改善，纜車載客量每年持續增長，特別是每逢星期日及公眾假期，等候乘搭纜車的遊客更是大排長龍，往往需要達兩小時才可以登車。2011年，山頂纜車錄得載客量580萬人次，每日平均載客量約達15,000人次，當中9成為遊客，創下歷年新高。有鑑於此，山頂纜車於2018年12月展開全面的纜車系統及設施升級工程，預計於2021年完成（其後受到新冠疫情影響而延遲）。整個發展計劃耗資約7億港元，發展計劃包括：添置全新的纜車，將每程載客量由現時的120人提升至210人；安裝全新的動力及拖曳系統和纜索、鋪設新的路軌、加固路軌地基及橋樑結構，以及延長現有纜車交匯處和花園道總站；全面翻新山頂總站，及擴建花園道總站，建造可容納1,300名乘客的舒適等候空間，並於排隊及候車區提供娛樂設施等。2021年6月27日，第五代山頂纜車在提供最後一天服務後，正式退役。

有評論表示：「山頂纜車是香港開埠以來最為久遠的歷史載體，見證了香港一個半世紀的殖民統治，陪伴香港走過風風雨雨，成為港人心中不可磨滅的印記。」乘坐山頂纜車到凌霄閣觀賞香港全景，已成為香港著名的旅遊熱門打卡地。

穿越港島百年的有軌電車

香港開埠早期，隨着維多利亞城的建設發展，往來於港島各處的交通日趨頻繁。當時，港島只有馬車、人力車及轎子等簡陋的交通工具，無法應付需求。1881年，香港立法局動議申辦一個電車系統，並獲得通過。翌年，港府頒佈《建築車路條例》，提議建設6段電車路，其中5段即後來的有軌電車系統，其餘一段為山頂纜車。不過，當時財團只對山頂纜車感興趣，故港島有軌電車遲遲不能動工。1901年，為了應付港島交通日益增長的迫切需要，港英政府頒佈《香港電車條例》，計劃在港島興建以電力推動的有軌

電車系統。1902 年，香港電車電力有限公司在英國註冊成立，資本為 32.5 萬英鎊，負責在香港建造及經營電車業務。同年底，香港電力牽引有限公司接管香港電車電力有限公司，並於 1910 年改名為「香港電車有限公司」（Hong Kong Tramways Limited），一直沿用至今。

1903 年 5 月，電車路軌工程開始施工，初期規劃範圍由銅鑼灣至港島最西端的上環堅尼地城和石塘咀；為單向設計。當時，石塘咀為著名的紅燈區（有「塘西風月」之稱），方便達官貴人、公子哥兒到該處玩樂。同時，電車公司從英國訂購了首批 26 部單層電車。該批第一代電車全部為單層式設計，其中 10 輛為頭等電車，車身中央為密封式，靠邊直放兩行長椅，而車頭、尾部分則採用開放式設計，可載客 32 人，車資為港幣 1 角。其餘 16 輛為三等電車，車身是全開放式，兩邊沒有旁板，橫放 6 排背對背長椅，可容納 48 人，車資為港幣 5 仙。1904 年 7 月 30 日，香港電車正式啟用，所到之處，途人站立兩旁欣賞，嘖嘖稱奇，成為當年的一件盛事。

1906 年，有軌電車從上環延伸到筲箕灣，貫穿港島東西兩端。當時，筲箕灣仍為一條小漁村，對外交通全靠船艇。電車公司為吸引乘客，大做廣告，鼓動市民乘搭電車前往筲箕灣享受漁村風光。運作初期，有軌電車曾遇到不少困難：部分行人因為好奇而聚集於車站，待車一停站便爬上車走一圈，對電車乘客造成滋擾；苦力們發覺把載着大量貨物的兩輪手推車推上鋼軌，會比在凹凸不平的路上運送容易得多，他們對電車構成嚴重障礙，如此等等。1911 年，港英政府立例禁止非法擅用電車路，違者罰款 20 港元或入獄一個月。

1912 年，電車公司引入 10 輛雙層電車，以緩解日益增加的乘客量的需求。此為第二代電車，款式為上層無蓋，設公園式座椅，分頭等、三等。1913 年，因雙層電車上層無蓋，乘客在下雨天不能安坐，遂在上層加設帆布帳篷，此為第三代電車。到 1915 年，電車公司共擁有電車 51 部，其中貨車、水車各 1 部，貨車主要運載豬、牛及蔬菜，水車則專運清水，供應海上船隻或飲食店。同年，香港電車載客達 978 萬多人次，成為港島東西交通的

早期有軌電車的筲箕灣總站
圖片來源：張順光

香港早期的有軌電車
圖片來源：張順光

一條主動脈，它對香港交通帶來的革命性轉變，情況就像後來的地下鐵路通車一樣。

1920 年，有軌電車服務延伸至跑馬地。三年後，電車上層開始裝置永久性木質上蓋，四邊有帆布捲簾。1922 年，香港電車公司將總部從英國遷回香港，成為一家獨立控股公司，股權主要由怡和洋行擁有。翌年，電車公司終止自行發電，改為向香港電燈有限公司購買電力。1925 年，第四代全密封式電車投入服務，上層為頭等，下層為三等。這款新設計電車，使上下層乘客均可獲得更多空間，乘客更感舒適。當年，銅鑼灣利舞臺戲院落成後，每晚均會有一輛「午夜專車」從戲院附近載客到石塘咀。1941 年，日軍襲港，香港淪陷，電車只能作有限度運作。當時，只餘下 12 輛電車仍可維持服務，行駛銅鑼灣至上環街市。

1945 年，經過三年零八個月的日軍侵港，有軌電車全數共 109 輛電車仍然能保存，但只有 15 輛電車可維持服務。1950 年，電車公司重新設計並自行組裝車身，形成第五代電車。到 60 年代中期，為了應付日益增加的乘客量，電車公司引入單層拖卡。拖卡是附設於普通雙層電車後面，作頭等車廂之用，可載 36 人。翌年，由於廣受乘客歡迎，車隊中的單層拖卡增設至 22 輛。單層拖卡於 1982 年全部退出車隊。

1970 年，有軌電車開始承載廣告。當時，一輛電車的車身可分為 8 個廣告區域，分別出租給不同廣告用戶，故此同一輛電車就可能會出現各種不同類型的廣告。1972 年，車廂的等級制度終於取消，劃一收費。1974 年，九龍倉收購香港電車有限公司，使之成為集團旗下全資附屬公司。1976 年，電車引入收費錢箱，不設找贖，一直沿用至今。香港電車於 1981 年全數淘汰售票員。

1986 年，電車公司對車廂作出多項改善，包括將下層車尾的電阻箱改放於車頂前端、上層的木製座椅改為硬塑膠椅、加闊上落梯級、照明系統改用光管。此為第六代電車。同年，電車公司建成第一輛充滿懷舊氣息的古董電車（車號 28），供公眾和遊客租用作私人派對或宣傳用途。古董電車的上

層為半開篷式設計，設有沙發；晚上行駛時，車上的小燈泡亮起，亮麗奪目。另外，車號 120 電車被更換成仿戰後電車（第五代），仿舊式設備包括座椅、照明、梯級、木質窗戶、車頭尾的車擋、底盤的車擋鏟等。到 90 年代，為進一步提高服務質素，電車公司再進行多項的改善工程，包括：在登車處及下車處的平台採用了新的地板物料，由原來的木板改為金屬地板；從澳洲購入新的避震系統，以令行車更穩定；新的齒輪系統和安裝於車底的「隔音裙」，以助減低噪音等。

2000 年 10 月，電車公司推出「千禧電車」。這款電車全在香港研發和製造，富有時代感。新電車原計劃設有空調系統，惟因技術問題和市民接受程度而放棄。2001 年，電車引入「八達通」系統，全面接受八達通付款。2004 年，香港電車公司為慶祝電車投入營運 100 週年，並回饋市民多年來的支持，決定於 7 月 31 日早上 6 時至深夜 24 時，即電車公司踏入第 101 年的第一天，讓市民免費乘坐電車，與公司一同分享電車運行百年的喜悅。同時，香港郵政也發行一套紀念郵票，以各時期的電車車款作圖案，見證香港電車百年來的演變。2009 年 10 月 16 日，美國《紐約時報》網站刊登題為〈有軌電車，老香港的流動地標〉文章，稱香港有廣受讚譽的有軌鐵路系統，車站清潔整齊，車廂裏覆蓋了良好的手機信號，一些月台甚至提供了可以免費上網的電腦；橫穿香港島的路程為八英里，乘坐地鐵僅需要 25 分鐘，列車準點率達 99.9%。

2009 年，法國威立雅交通（RATP Dev Transdev Asia，簡稱 RDTA）與香港電車大股東九龍倉達成協議，以少於 1 億歐元的價格，收購香港電車 50% 股權，並負責該公司的日常營運。2010 年，RDTA 進一步收購九龍倉餘下 50% 股權，使之成為該集團旗下全資附屬公司。RDTA 為一家以亞洲為基地的合資公司，由法國 RATP Dev Group 及 Transdev 兩家首屈一指的公共交通營運公司合組而成。RDTA 中國運營總監 Bruno Charrade 表示：「威立雅交通將中國看作全球長期增長戰略中最重要的市場，香港不單是中國市場的戰略性據點，也是未來該區域市場公共交通發展的藍圖。」2020 年 10

月，RATP Dev Group 全面收購 RDTA，香港電車成為該集團全資附屬公司。

RDTA 收購香港電車公司後，即對公司電車系統展開多項革新，包括 2011 年推出結合現代內部設計與傳統車身外貌的第七代電車，以鋁合金車身取代原來的木製車身，使用時間是原來的 6 倍。2012 年，電車公司再推出採用無綫射頻識別技術的實時定位系統，這是香港第一個地面的實時定位系統。利用實時定位系統，香港電車網頁的流動版及桌上出版均引入「實時電車到站」功能，並於所有電車站安裝 QR 碼。乘客可得知下三班電車之目的地及尚餘到達時間，以及有關服務受阻之即時特別資訊。2014 年，就在香港電車 110 週年之際，全球最大旅遊網站 TripAdvisor 將「2014 年度卓越獎」頒發予香港電車公司，表彰其卓越的服務精神和光榮的百年歷程。

在新專業公司的管理下，香港電車在推出現代化技術的同時，不忘進一步增強電車的歷史感和積澱。2016 年 1 月 15 日，香港電車在屈地街電車廠舉行「電車全景遊」啟動禮。參與「電車全景遊」的乘客，登上以 1920 年代樣式設計、擁有開放式上層與懷舊古典下層車廂的復古電車，享受一小時奇妙之旅。隨着電車穿梭港島各街道路，乘客可選擇八種不同語言的語音導賞服務，沿道為乘客介紹香港城市古今面貌的變遷及有趣景點。此外，電車上亦會播放比較香港今昔的錄像片段，懷舊角落亦展示古老照片及電車紀念品。2017 年 5 月，香港電車發佈全新的電車裝飾，

在香港，有軌電車被俗稱為「叮叮車」。在香港旅遊局一份關於《香港電車》宣傳冊封面上，香港電車公司以「香港電車，俗稱『叮叮』，源於電車鈴聲」，簡潔地介紹了電車的得名。「香港電車迷會」認為，「叮叮」聲是電車司機向行人發出的警號聲，主要用來提示行人留意，保證行車安全，而即將到站時發出的「叮叮」聲，亦起到報站提醒的作用。2017 年 5 月，香港電車展開了一個全新的宣傳活動，以「笑聲笑聲滿載叮叮」為活動口號，展示市民與「叮叮」共同創造的快樂回憶。除了透過網上宣傳，在電車車身和電車站亦有展示全新標誌，新標誌是香港雙層電車的經典形象，均以深綠色為背景，設計以綠色的「紫荊花葉」為襯托，象徵香港電車貫徹為香港竭

誠服務的精神；新標誌上還特別加入了車頭燈，並將電車的「泵把」化成微笑，表達香港電車的平易近人及忠實服務。2019 年，香港電車為慶祝 115 週年，推出了一系列以「叮點愛‧穿越 115 載」為主題的精彩活動及品牌聯乘產品，希望與市民和旅客回味 115 載的歲月人情，見證「笑聲笑聲滿載叮叮」的喜悦。

對香港這個一切都講求效率的城市來説，與風馳電掣般快速行駛的地鐵相比，與各種豪華的大巴中巴小巴相比，有軌電車確實顯得古來、笨重、過時。這些電車緩慢地穿行在香港擁擠的街道上，由於沒有空調，乘客們必須忍受香港熱帶氣候的潮濕。因而，在百年漫長的歲月中，叮噹的命運曾遭遇過多次考驗，有人不時以速度慢、佔道、噪音大等為由，想讓叮噹盡早駛進歷史博物館。70 年代後期，香港地鐵計劃發展港島線，令人一度揣測香港電車會否取消。據説，關於電車拆除的法案已一度到達立法局。1984 年，電車公司進行調查，結果顯示市民大多數傾向保留電車，結果香港電車成功避過一劫。這個決定亦間接使香港地鐵暫時擱置港島堅尼地城站至上環站段（現西港島線）的工程

市民之所以喜愛叮叮，首先在於它能給出行者帶來極大方便。跑外勤的天天東奔西走，首選的交通工具就是電車了，因其站多車密，而且一張月票處處通行，不必每趟乘車都需要付車資，又不用走地道、過隧道。在八九十年代，「遊電車河」還成為香港年輕人最廉宜的拍拖節目，尤其在夜靜更深時分，有着伴侶坐在樓上座位，任由晚風吹拂，看城市漸漸睡去，車廂外與車廂內，都有足夠的空間讓人浪漫詩意一番。對於外來旅遊觀光者，乘坐電車是最方便了解香港的項目。叮叮線路經過的都是港島最繁華的街道，沿途有不少著名景點，如銅鑼灣、時代廣場、賽馬場、太古廣場、中銀大廈、滙豐銀行、立法會大樓、置地廣場、西港中心、維多利亞港沿岸等等。一個名叫「港漂圈」的微博這樣描述坐「叮叮」車的體會：「在香港，浪費時間是一種奢侈。如果你想奢侈一下，就找個溫暖的午後，坐在叮叮車上層，打開車窗迎着小風，從柴灣坐到上環，看一看下香港的大街小巷，從繁華到古

舊，感受這城市最接地氣的一面。」南非攝影師及創意總監 Gideon de Kock 表示：「我差不多每天都坐電車出銅鑼灣或金鐘。在南非，那裏沒有電車，大多數都是私家車。而在我還未搬到香港之前，電車是我最先得知的香港資訊之一！你只需花費大概 2 元，就能得到優質的城市概覽，相信世上沒有多少地方能夠做到。」

為此，電車公司還設計了 7 個「主題之旅」，包括藝術之行、殖民地之行、文物之行、大自然之行、購物之行、家庭之旅和餐宴之行等，沿着電車軌道以在地人的角度去感受和觀賞香港。種種原因，讓叮叮電車頑強地存活下來了。香港旅遊小姐彭美詩表示：「電車並不是古老的。她還可以代表潮流，充滿玩味。」

一百多年來，世間萬物發生了天翻地覆的變化，香港島亦由昔日偏僻的小漁村，發展為摩天大廈林立的商業大都市。然而，唯獨這一橫貫港島東西的 13 公里電車軌道沒有改變，來回穿梭的有軌電車，伴隨着其清脆悅耳的「叮叮」聲，構成了香港這座現代化大都市的一道獨特而又美麗的風景線。正因為如此，港產片中，有軌電車成為重要的背景道具。2010 年，由張學友、湯唯等主演的電影《月滿軒尼詩》就曾出現叮叮車的身影。有評論指出：「夜晚降臨，華燈初上，香港顏值最高的交通工具，便成了一道最美的風景線。每次坐上叮叮車，腦海裏總是閃現港劇的片段，聽着港劇的主題曲，坐着叮叮車，仿佛身在港劇的片場裏。」

目前，香港電車共擁有 165 輛雙層電車，當中包括兩輛古董派對電車及一輛懷舊觀光電車，在港島的路線全長 13 公里，路軌總長 30 公里。其中，堅尼地城至筲箕灣段為雙線行車，共設有 120 個車站，營運 6 條主要路線，分別為：筲箕灣－上環（西港城）、筲箕灣－跑馬地、北角－石塘咀、銅鑼灣－石塘咀、跑馬地－堅尼地城，以及筲箕灣－堅尼地城。香港電車每日的載客量約為 20 萬人次，大約每一分半鐘就發出一輛電車。此外，公司還設有兩家車廠。電車廠早期設於銅鑼灣羅素街，1989 年被拆卸，原址興建時代廣場，新車廠則設於屈地街及西灣河。電車公司表示，該公司的願景是要

致力發展成為「全球最具標誌性及獨創性的有軌電車公司」。

　　現階段香港電車已成為世界上僅存的仍使用雙層電車的電車系統。2021年7月，香港電車獲得健力士世界記錄榮譽，成為「最大服務中雙層電車車隊」世界記錄保持者。有軌電車從歐洲引入，原屬於西方文化，甚至不乏殖民色彩，但經過近117年的發展，它已成為香港城市面貌的重要特徵之一，連接着香港人的歷史記憶。有評論表示：「如果説香港就像一齣舞台劇，電車就是舞台深處的精美佈景。捕捉她的身姿，記錄她的靈動，就能品味香港的今夕。」即便早在歐洲及其他城市已經消失，然而香港電車仍能屹立不倒，發揚光大，以其不緊不慢的節奏，伴隨着「叮叮」、「叮叮」的聲音，穿透百年時空，成為香港島的歷史標誌和文化遺產之一。

遊走維港兩岸百年的天星小輪

　　1860年，英國透過第二次鴉片戰爭，逼迫清皇朝簽署《北京條約》，割讓界限街以南九龍半島，香港的界域進一步擴展，往來維多利亞海港兩岸的交通需求也日益增加，這導致了天星小輪的創辦和發展。

　　天星小輪的起源最早可追溯至1880年，當時一位與九龍倉關係密切的酒店老闆羅魯治（Dorabjee Naorojee Mithaiwala）創辦了「九龍渡海小輪公司」，以一艘名為「曉星」號的蒸汽輪船開展其載客渡輪服務，使用九龍倉免費提供的尖沙咀碼頭，香港方面則停泊在畢打街碼頭。1888年，渡輪服務每相隔40分鐘至1小時開出一班穿梭於中環與尖沙咀之間，船費為每位港幣5仙，逢星期一及五則暫停服務，以便為船隊補充煤炭作燃料之用。1890年，九龍渡海小輪公司共擁有4艘單層小輪。不久，這4艘小輪均增設了上層客艙。

　　1898年5月1日，由著名英商人保羅·遮打爵士出任董事局主席的九龍倉收購九龍渡海小輪公司，並改名為「天星小輪有限公司」（The「Star」Ferry Company，Limited），新公司名稱主要取自轄下船隊的船名均包含的「星」字。其後，天星小輪在香港證券交易所掛牌上市，由遮打爵士兼任天

星小輪主席，羅魯治出任總經理。1904 年，天星小輪在當時九龍倉碼頭南端的九龍角興建新的天星碼頭，選址近今海運大廈一帶，於 1906 年 4 月 1日落成。由於新碼頭以木材興建，至當年 9 月 18 日被猛烈的颱風摧毀，於是便南移至現址全面重建，到 1911 年重新恢復服務。至於天星小輪在港島中環的碼頭，也曾經歷了幾度變遷。第一代碼頭亦十分簡陋，由木材加禾稈草搭建而成，1912 年在原址重建第二代碼頭，屬於維多利亞式建築。1958年，天星碼頭搬遷至愛丁堡廣場，並更名為愛丁堡廣場渡輪碼頭，碼頭上的大鐘是香港最後一個機械鐘樓，成為中環的著名地標之一。

　　1906 年，天星小輪已擁有 5 艘渡海小輪，全部由黃埔船塢製造，每隔15 分鐘從中環天星碼頭和尖沙咀天星碼頭對開，其中有 2 艘小輪設有雙層客位，頭等設於上層，華人乘客須衣履整齊，否則不受歡迎；二三等客位設於下層，乘客可攜帶行李雜物。當時，九龍倉員工大部分住在港島，每天須乘搭天星小輪到尖沙咀上班，九龍倉與天星小輪簽訂協議，由後者免費乘載公司員工。1916 年，往來於紅磡與羅湖的鐵路通車，鄰近天星碼頭的尖沙咀火車站亦落成啟用，天星小輪的乘客量大幅上升。1924 年至 1928 年間，天星小輪又陸續增加了 5 艘可乘載逾 500 人的雙層小輪船。1933 年，天星

20 世紀初葉的中環天星小輪
圖片來源：天星小輪

小輪取得來往尖沙咀至中環航線的專營權，同年引入其第一艘以「電星」命名的柴油內燃機輪船。天星小輪的設立，大大加強了港島和九龍半島的聯繫。到 1941 年日軍侵佔香港前夕，天星小輪每日載客量達 3 萬至 5 萬人次。

二戰期間，日軍侵佔香港，天星小輪的服務停頓了三年零八個月，損失嚴重。戰後，天星小輪恢復航行。當時，同時提供渡海小輪服務的還有 1923 年由華商創辦的「油麻地小輪有限公司」（The Hongkong and Yaumati Ferry Co. Ltd），主要經營中環至九龍油麻地、旺角和深水埗等 3 條港內航線，後來則擴展至新界及離島。50 年代初，尖沙咀天星碼頭重建，與對岸同期落成的愛丁堡廣場碼頭風格一致，均以簡樸實用為主。然而，由於鄰近尖沙咀鐘樓，因此碼頭建築並未設有標誌性的鐘樓。1953 年時，香港每天平均有約 9 萬人乘坐天星小輪跨越維港。1965 年 1 月，天星小路的中環至紅磡航線投入服務。

1966 年 4 月，香港因天星小輪加價引發社會動亂，成為當時輿論關注的焦點。事緣 1965 年 10 月，天星小輪向政府申請加價，將來往中環與尖沙咀航班的頭等座位收費由 2 角增加至 2 角 5 仙，3 等座位收費則維持 1 角不變。當時，橫渡維多利亞海港兩岸的天星小輪，是香港重要的交通工具之一，社會輿論對天星小輪加價反對強烈。市政局民選議員杜葉錫恩收集了超過 15 萬個市民簽名，反對天星小輪加價。1966 年 3 月，交通諮詢委員會開會，除杜葉錫恩之外，其他委員一致贊成批准天星小輪加價。委員之一簡悅強更表示，不願乘搭頭等的人可以選擇搭 3 等，結果引起公眾更大反感，一時間輿論譁然。

1966 年 4 月 4 日上午，27 歲的青年蘇守忠身穿寫有中英文的黑色外套，外套背上寫着「Hail Elsie! Join hunger strike to block fare increase」（支持葉錫恩，絕飲食，反加價潮），到中環天星碼頭站立，進行絕食抗議。他的抗議行動引起很多年輕人呼應，並得到部分公眾同情。翌日下午，警員以阻街罪名拘捕蘇守忠。當日晚上，約 1,000 人聚集在尖沙咀，沿彌敦道遊行，支持蘇守忠及反對加價。4 月 6 日，蘇守忠在西區裁判處受審，香港及九龍

出現零星示威。晚上 8 時，約 300 人向油麻地警署擲石及玻璃瓶，防暴警察加以驅散，但人群在彌敦道再度聚集，電影院散場後人數更倍增。有人在各處放火並搶劫商店，攻擊消防局及公共設施，警員更成為襲擊焦點。防暴警察於是以催淚彈、木彈及實彈鎮壓，當晚發射催淚彈 772 枚、木彈 62 枚、實彈 62 發，當晚約有 400 人被捕。是次騷亂直到 4 月 10 日才告一段落，最終導致 1 人死亡，18 人受傷，1,800 多人被捕。4 月 26 日，在騷亂發生後三周，港英政府通過了天星小輪加價申請。這就是著名的「天星小輪加價事件」，又稱為「九龍暴動」事件。

事後，港督戴麟趾（Sir David Clive Crosble Trench）委任一個四人獨立調查委員會，負責調查引致騷動的各種事態和原因。該委員會於九個月後發表調查報告，報告指出，爆發騷動說明政府與民眾之間存在隔閡，「在經濟和社會領域，都有值得注意的因素，免得它們提供火種，在未來有機會時，再爆發騷動」。報告更指，注意到 15 至 25 歲的青少年在騷動中非常活躍，而當時香港有一半人口是 21 歲以下，由絕食開始，示威的領導人就是青年人。報告並認同社會工作者的意見，要為青年提供較佳的受教育和就業機會、改善居住環境、增加青年福利和康樂設施，以及讓青年參與社會事務，培養他們的歸屬感。香港的繼續繁榮和成就有賴於解決青年的問題，必須對青年作重大的投資。

以絕食及遊行反對天星小輪加價，是六七十代香港連串社會運動的開端。1967 年 5 月，香港再次發生「六七暴動」，港島區實施宵禁，所有渡輪服務暫停。其後，中環至尖沙咀航線在同年 6 月恢復有限度服務，但中環至紅磡航線則一直停航，直至 1975 年 11 月配合紅磡火車站開業才重新提供服務。有評論認為：「1971 年，麥理浩上任為港督之後，在社會民生上作出連串革新，對教育、醫療、廉政等各方面皆作出重大的改善，部分原因便是對 60 年代兩次暴動的回應。」

70 年代以後，香港海底隧道及香港地鐵相繼建成啟用，過海交通大幅改善。不過，天星小輪雖然面對過海隧道巴士及地鐵的競爭，但仍憑其相對

低廉的收費及無須受塞車影響的優勢，每天吸引超過 7 萬名乘客搭乘往返香港島和九龍半島兩岸。1979 年 8 月 2 日，颱風荷貝來襲，一艘萬噸級的希臘貨船撞向尖沙咀天星碼頭，之後在九龍公眾碼頭擱淺，碼頭被迫停用數星期。

1998 年，天星小輪成立 100 週年，為此郵政署發行紀念郵票。翌年，天星小輪接辦原本由油麻地小輪經營的紅磡至灣仔航線。2003 年 7 月，天星小輪增設了一條「天星維港遊」的遊覽航線，由「輝星」號擔任，以尖沙咀為起點，在一小時內駛經中環、灣仔、紅磡後返回起點。船身設計仿照 1920 年代的天星小輪造型，帶給人時光倒流的穿越感。天星小輪事務經理梁瑞堅介紹說，該航線主打一小時遊覽維港四周景色的維港遊和低排放環保的海港遊，搭乘海港遊渡輪可以前往迪士尼碼頭，既環保又浪漫。不管是在白天還是夜晚，乘搭天星小輪遊覽維港，成了香港一項最質優價廉的觀光旅程。

踏入千禧之年，香港特區政府展開港島沿岸的填海工程，為此，原有的沿岸碼頭必須拆卸重建。其中，就包括位於中環愛丁堡廣場的天星碼頭。為阻止碼頭的拆卸，部分市民舉行一連串的示威、靜坐等抗議活動，但最終仍由政府房屋及規劃地政局局長孫明揚拍板決定拆除。天星碼頭自 1958 年啟用以來，已經歷了 48 年的歷史，聳立其中的鐘樓更成為香港的歷史標記之一。隨着填海工程的展開，天星碼頭於 2006 年拆卸，於同年 11 月 11 日晚上 12 時關閉。

據報道，在這最後一天，「天星碼頭儼如舉行大型嘉年華會，全日前往碼頭拍照留念的市民、遊客絡繹不絕，專程乘搭緬懷它最後之航的市民亦多不勝數，多年來陪伴碼頭見證時代變遷的人力車夫、小食店東主等，都不勝唏噓。小輪整天不停往來中環與尖沙咀，為滿足這批有心的新知舊雨，水手、船長都疲於奔命，努力為乘客提供小輪服務」。由於乘客太多，至中午過後，乘客更需等待 30 分鐘左右才可上船，直到入夜後仍需實施人潮管制措施，至晚上 10 時多，更因人數太多而停止讓市民入閘。碼頭內外，不少

第四代中環天星碼頭
Photograph by Wikipedia user: WiNG, 2009. Wikipedia Commons, https://bit.ly/3L6VElG, CC BY-SA 3.0.

攝影迷更手持長短相機，趁「最後一夜」前來拍照留念。當日，乘搭天星小輪的市民、遊客多達 15 萬人次，是平日的 3 倍，需要小輪加開至三百班次，為見證香江半世紀發展的天星碼頭劃上句號。

為紀念這個歷史時刻，天星小輪舉行「慈善告別航」。當晚 11 時 30 分，天星小輪開出往尖沙咀的最後一班船，據該班機長郭灶帶回憶：「當晚，最後一班船由我開，那麼晚了還有好多乘客來搭船。他們不停地給我和水手拍照，我們就像明星一樣。」其後，約 2,000 名於早前購買了慈善船票的市民、政府官員與業界代表，分別坐 4 艘慈善告別航班和一艘嘉賓航班，在踏正凌晨零時一同響號解纜，並駛離碼頭至尖沙咀天星碼頭，集體向中環天星碼頭惜別，而碼頭的鐘樓則連續鳴鐘 12 次。隨即，碼頭上所有燈光關閉，正式完成其歷史使命。自此，香港一代人曾經習以為常的沙啞的碼頭鐘聲，成為絕響。

翌日，第四代天星碼頭啟用，於清晨 6 時 20 分首航，正式投入服務。新碼頭位於國際金融中心對開的中環七號（由天星小輪尖沙咀航線使用）和八號碼頭（供紅磡至中環航線與天星維港遊航線使用，但於 2011 年停用後改為香港海事博物館），以第二代碼頭及鐘樓作為藍本，以重現天星小輪的地標性特徵及歷史意義。新碼頭包括中央大樓和碼頭兩部分，中央大樓模仿

維多利亞式風格建成，頂部設有電子仿古鐘樓，上層設有展出天星小輪有關物品的展覽廳，以及多間商舖，地面樓層則作為公眾休憩用地；大樓兩側則設有 10 個公眾碼頭。

不過，據天星小輪公司統計，由於現址較原來愛丁堡廣場碼頭遠了約 300 米，導致每天的乘客量流失達約有萬餘人，受影響的包括中環－尖沙咀、中環－紅磡的渡輪服務以及天星維港遊的渡輪服務。2014 年，灣仔碼頭的搬遷也出現了同樣情況。面對挑戰，天星小輪積極尋找應對措施，包括在新中環碼頭和新灣仔碼頭內引入了大批優質商舖及餐廳，為天星小輪非票務收入開拓了新商機，而中環新天星碼頭儼然成為中環海濱的新地標，吸引了大量遊客前來觀光、購物、用餐。

2012 年 5 月 29 日，著名的香港總商會為慶祝成立 151 週年紀念，全天贊助市民免費乘坐天星小輪。目前，天星小輪已經更新到第四代，於 70 年代初期投入運營，船身塗有標誌性的上白下綠配色，象徵着小輪連接着天與海。天星小輪共有上下兩層，可承載 500 多人。船身已見歲月的痕跡，原本紅色的實木地板顏色已經暗淡；白色的船舷，在海水侵蝕下已經泛黃，沾染着鏽跡。乘客的座椅，則還保留着上世紀六七十年代的風格，靠背是一排拉桿，可以自行調節高度。每一個座椅上，都有鏤空的小孔，排列出五角星的樣子，這是天星小輪的標誌。天星小輪雖說是「小輪」，其實並不小，全長 30 多米，寬約 8 米，整條船的面積比半個標準籃球場還要大。

目前，天星小輪共擁有 8 艘渡輪，經營兩條輪渡航線，停靠 3 個碼頭，分別是尖沙咀－中環線、尖沙咀－灣仔線（2011 年初天星小輪停止了中環－紅磡線服務）。尖沙咀－灣仔線更適合欣賞維港夜景，每晚 8 點「幻彩詠香江」燈光秀表演期間，不足 5 港幣的船資，就可觀看維港璀璨的夜景。尖沙咀碼頭緊鄰星光大道和海港城，賞景、購物都很便利。灣仔碼頭在地標建築金紫荊廣場和會展中心旁，步行只需約 10 分鐘。近年，天星小輪還推出「天星海港遊」服務，由旗下改裝的無煙環保渡輪「世星」號經營，駛出維港，帶領遊客和市民遊覽香港水域的景點。據天星小輪公司統計，2020 年

第四代天星小輪
圖片來源：天星小輪

儘管受到新冠疫情影響，每天平均仍有約 23,303 人次搭乘天星小輪。

百年之間，滄海桑田。如今的香港，城市交通早已變得四通八達，連接維多利亞海港兩岸的交通既有三條過海隧道，還有三條連接港島與九龍的地鐵線，而海面之上，還有大量的私人遊艇往返。天星小輪早已不再是往返港九兩岸的唯一公共交通工具，它早已從當年的主要交通工具轉變為輔助角色，乘客再不像六七十年代那樣擠得滿滿。不過，對於香港的「老街坊」而言，乘坐天星小輪過海仍然是最經濟有效的方式。正如香港老報人羅孚在「遊車河」裏所説，儘管海底隧道和地鐵比它快得多，有些人如不趕時間，還是寧願坐它過海，為的就是「貪圖這不到十分鐘卻能使緊張的神經放鬆的享受」。對於外地來的遊客，乘坐天星小輪則是遊覽香港的最佳交通工具之一：乘着清爽的海風，坐着微微搖晃的小輪，欣賞維多利亞海港兩岸的優美景色，實在是一趟質優價廉的觀光旅程。

長期以來，天星小輪一直被譽為香港的標誌之一，屢獲不同機構及國際媒體頒發獎項以表揚其獨特的風格和體驗。2009 年，天星小輪亦被《國家地理旅遊雜誌》列為「人生 50 個必到景點」之一，並獲美國旅遊作家協會（Society of American Travel Writers）評選為「全球十大最精彩渡輪遊」之首。在美國國家地理旅遊網站評選的「世界十大最佳城市渡輪」中，對排名第五的天星小輪作出這樣的評價：「著名的天星小輪只有約十分鐘的航程，卻能帶給你這個城市壯觀的天際線，特別在日落時。」美國網站 Global Post

更將天星小輪評為「宜居香港的 31 個理由」之一。多間國際傳媒亦將天星小輪評為「全球十大最精彩渡輪遊」及「香港十大必到景點」。此外，全球著名旅遊評論網站 TripAdvisor（貓途鷹）於 2015 至 2019 年連續 5 年頒予天星小輪「貓途鷹年度卓越獎」，並於 2019 年首度頒予「優等證書名人堂」認證。

正因為如此，天星小輪成為不少外國遊客訪港的必到之處。2001 年，加拿大總理克雷蒂安到訪香港，就專門乘坐天星小輪。2003 年，芬蘭聖誕老人團亦專門乘坐天星小輪遊覽維港。據説，不少外國遊客到香港旅遊，一定會去乘坐天星小輪，為的就是尋找電影《蘇黃絲的世界》裏東方之珠的浪漫印象。該片於 1960 年上映，講述的是到香港尋找繪畫靈感的羅勃與蘇絲黃的愛情故事。主角羅勃到香港的第一天，在天星小輪邂逅東方美女蘇絲黃，兩人在中環天星碼頭下船後，開始了一段浪漫的異國戀情。該影片有長達十分鐘的天星小輪背景特寫，成為外國遊客認識香港的典型的標識之一。

有評論表示：「在夏季的黃昏時分，如果你坐在靠窗的位置，溫熱的海風會吹拂你的髮梢，給你片刻的神清氣爽。略帶鹹腥味的維港海水氣息，吹散了以往你對香港的籠統印象和對維港景色的模糊感受，讓你近距離感受真實的香港：海面上時而來往的船隻、海上日落的壯麗景色、維港兩岸鱗次櫛比的高樓大廈和閃爍的霓虹燈外牆、海水拍打船身的節奏、周圍遊客呼喚同伴的『快看快看』……當你還沉醉於這種跨感官的風情和享受中時，天星小輪已經晃晃悠悠地靠岸了。」

穿越香港百年的山頂纜車、有軌電車和天星小輪，構成了香港交通史的一幅幅獨特的畫卷，並成為一代代香港人揮之不去的集體回憶和珍貴的歷史沉澱。

第二十章

電力供應：
港燈與中電的百年演繹

　　香港是亞洲其中一個最早有電力供應的城市，由兩家歷史悠久的電力公司 —— 香港電燈有限公司和中華電力有限公司提供。170 多年來，香港從昔日的小漁村演變為亞太區繁榮的國際大都會，電力供應在其中都扮演了不可或缺的重要角色。每當華燈初上，香港維多利亞兩岸璀璨的夜景，就是這一明證。目前，兩家供電公司的供電可靠性都高達 99.999%，在國際上首屈一指。據統計，在 2013 至 2015 年間，中電客戶每年經歷平均約 1.5 分鐘的意外停電時間，遠低於紐約、悉尼和倫敦的 17 至 28 分鐘。2020 年，港燈電力投資首次錄得每名客戶非計劃停電時間平均少於半分鐘的驕人成績。經過 100 多年的演變、發展，兩家電力公司不僅成為這個城市的重要組成部分，而且都發展為亞太區乃至全球的跨國電力巨頭。

香港電燈有限公司：香港第一家電力公司

　　香港電燈有限公司的發展，最早可追溯到 19 世紀 80 年代。1888 年，英國一位電機工程師威廉·屈咸來香港旅遊，遇見著名英商保羅·遮打爵士，遮打向他詢問起英國電力供應的情況，認為香港亦應發展電力公司，於是邀請他協助擬訂投資計劃。1889 年 1 月 24 日，香港電燈有限公司（The Hongkong Electric Co., Ltd.，簡稱「港燈」）註冊成立，這是香港第一家電力公司，也是亞洲歷史最悠久的電力公司之一。香港政府為支持港燈的發展，首先向港燈購買供應 50 盞新街道電燈的電力供應，而當時舊街道的街燈全部是由煤氣公司供應的煤氣燈。

港燈創辦後，即向英國購買發電機及聘請專業人士，在港島灣仔星街（今日永豐街的山坡上）興建第一間發電廠，發電廠的燃料為煤，發電機是兩組 50 千瓦的蒸汽機組，總發電量 100 千瓦。該廠於 1890 年 12 月 1 日正式供電，給 50 盞街燈提供照明，並供應電力將食用水抽上山頂。當時，明亮的街燈成為港燈的最佳廣告，中區的洋行、銀行以及華商的店舖，紛紛裝設電燈。除中環以外，今日的日街、月街、星街、光明街及電氣街一帶，是首先有電力供應的地區，日、月、星三條街道的命名與《三字經》裏的「三光」有關，源於《三字經》裏「三才者，天地人。三光者，日月星」，比喻電力帶來光明。1910 年，西環及洋人聚居的太平山頂亦開始有電力供應。

1891 年，港燈的客戶增加到 600 戶，並提供電力給 75 盞街燈照明。創辦 6 年後，港燈已有盈利，並首次派發股息。初期，港燈的輸電線是架設於上空的，1905 年開始藏於地底，延至今日仍用地底電纜輸電。1906 年，中區新填海區建成一批新廈，港燈為配合中區的發展，在雪廠街設立第一座電

1890 年 12 月 1 日下午 6 時，港燈開始為香港島部分地區提供電力，包括燃亮位於中環德輔道中的首批電街燈
圖片來源：香港電燈有限公司

**1913 年港燈灣仔星街發電廠
（1890-1919）**
圖片來源：香港電燈有限公司

站。兩年後，新落成的皇后酒店首先使用電動升降機和電風扇，港島的電力
需求大幅增加。

　　20 世紀初，港島灣仔已發展成繁華的住宅區和商業區，灣仔發電廠趨
於飽和，港燈遂向港府投得北角海旁地段，興建新發電廠，該地段由港燈填
海而成，即現今的電氣道、大強街（Power Street）地段。1919 年，北角發
電廠建成投產，擁有 2 台 150 萬瓦發電機。當時，適逢第一次世界大戰結
束、《凡爾賽和約》簽訂，港燈於是在中區皇后廣場和歐戰和平紀念碑舉辦
首屆「電燈節」作為紀念。從 1922 年起，港燈開始供應電力予在港島北部
行走的香港電車；而灣仔星街的發電廠亦於同年拆卸。

　　在第一次世界大戰期間，港燈由於發電機日久失修，負荷力弱，經常發
生故障，電流中斷，每星期都有兩三次停電，經過許久才能修復，以致公共
場所和酒樓餐廳都必須同時安裝煤氣燈以備不虞，令中華煤氣公司盛極一
時。當時，港燈只負責經營業務，一應電燈工程建設均由設於銅鑼灣的香港
電燈局管理，香港政府特許電燈局專利，凡大公司、大酒店欲自行安裝發電
機自用，須獲電燈局批准，否則將被檢控。港燈遂壟斷了港島的電力供應。

　　20 世紀 20 年代，港燈的業務已有很大發展。1925 年，公司將電壓從
100 伏特轉為 200 伏特，免費向港島客戶送出 24 萬個 200 伏特的燈泡，並
免費調校 15,500 架電風扇及 3,400 部其他電器。到太平洋戰爭爆發前，北

角發電廠的最高發電量已達 2,080 萬瓦。日軍侵佔香港期間，該廠受到嚴重破壞，1945 年發電量降為 780 萬瓦。1951 年，北角發電廠完成首期擴建工程，到 1964 年發電量增加到 225 兆瓦，該發電廠一直使用到 70 年代末。

中華電力：九龍、新界的發電公司

中華電力有限公司的創辦比港燈稍遲。20 世紀初，九龍半島市區開始發展，尖沙咀、油麻地、旺角、深水埗一帶新建樓宇如雨後春筍般湧現，居民移居者眾，商業繁盛。港燈的電力供應已難以應付。為此，港府批准在九龍地區成立新的電力公司。1901 年 1 月 25 日，由英商羅拔・舒安和保羅・遮打等人發起，中華電力有限公司（China Light & Power Co., Ltd.）在香港註冊成立，資本有 30 萬港元，大股東是當時頗有名氣的百貨公司 Shewan Tomes & Co.，指定羅拔・舒安當股東代表，兼任公司董事局主席兼總經理。當時，公司計劃在廣州、九龍等地設立發電廠，故註冊時以「中華電力」命名。

中華電力公司創辦後，即將大部分資金用於收購廣州一間小型發電廠，1903 年又在九龍紅磡漆咸道設立第一間發電廠，發電量為 75 千瓦。不過，在中華電力公司創立的頭 10 年，業務發展一直不理想，盈利停滯不前，1910 年公司盈利僅 2,661 港元。中電遂於 1909 年將廣州發電廠出售，套現 130 萬港元，集中在九龍半島發展。這段時期，中電經營困難，公司僅派息兩次，股東普遍對電力發展無信心，要求將公司清盤，唯主席羅拔・舒安力排眾議，苦苦支撐等候轉機。幸而 1911 年九廣鐵路通車，電力需求大增，中電重現生機，獲得發展。1914 年，公司盈利 25 萬港元，是創辦以來的最佳業績。

1918 年，香港政府徵用紅磡發電廠地段，作填海之用，建議用紅磡鶴園新填海地作為交換。新填海地段面積廣闊，但公司並無資金興建新廠，故進行改組，擴大股本，集資 100 萬港元，由嘉道理家族和何東家族分別注入，兩大家族遂成為公司的大股東。1919 年，中電開始為九龍區公共照明

系統供電。1931 年，中電開始向新界供電，其時城門水塘和銀禧水塘剛建成，電力輸到，解決了泵水問題。1933 年，以嘉道理家族和何東家族為首的董事局指責主席羅拔‧舒安經營不善，令公司開支龐大，要求他退休，並推舉金普頓（A. H. Compton）繼任主席。金普頓為專業人士，上任後即對公司組織結構進行改組，在九龍窩打老道及亞皆老街交界處設立總管理處，各部門集中辦公。此外，又在九龍塘興建一幢實驗室，供專家做研究工作。

到 1939 年，中電售電量已達 5,330 萬度，比 1913 年的 50 萬度增加逾 100 倍，客戶亦達 28,848 戶，比 1913 年的 670 戶增加 42 倍。1940 年，中電在紅磡鶴園發電廠建成投產，裝置新式機組，發電量大增，初期為 350 萬瓦，到 1941 年日軍侵佔香港前夕，已增至 3,200 萬瓦。自此，中電公司步入正軌，進入大發展時期。

1941 年底，太平洋戰爭爆發，日軍入侵香港，中華電力有限公司奉港府命令將鶴園發電廠主機炸毀，以免落入日軍之手。當時，公司損失慘重，公司主席金普頓和嘉道理一家被日軍扣押，後轉押到上海，艾利‧嘉道理（Elly Kadoorie）在上海日軍集中營病逝。1945 年，日本投降後，身為公司大股東兼董事的羅蘭士‧嘉道理（Lawrence Kadoorie）實際負起重建中華電力有限公司重任。當時，公司並無資金，羅蘭士憑藉家族的信譽向銀行貸款，向歐洲訂購新的發電機組。在各方面的配合下，中電的重建比預期的好，1946 年的供電量已恢復到香港淪陷前水平。50 年代，羅蘭士‧嘉道理出任中電董事局主席，自此，中電成為嘉道理家族的旗艦和核心業務。

50 年代以後，隨着大批工廠在九龍、新界興建，電力需求急劇增長，中電的業務迅速發展。1955 年，中電收購大澳合眾電力公司，開始為大嶼山居民供電。從 1950 年到 1960 年，中電的供電量從 5,050 萬瓦增加到 18,300 萬瓦，增長了 2.62 倍，售電量從 1.45 億度增加到 6.8 億度，增長 3.69 倍，客戶亦從 4 萬戶增加到 15.4 萬戶，增長 2.85 倍。

從「港燈」公司到「港燈集團」

20 世紀 60 年代，隨着香港工業化的推進和經濟起飛，港島的電力需求持續增加。這時，北角亦已發展成為人口稠密的住宅區，而且用煤作燃料不如用石油經濟，因此，港燈於 1965 年 3 月在港島南部鴨脷洲興建全電腦化的新發電廠，採用燃油發電，並以架空輸電網向港島各區輸送電力。鴨脷洲發電廠設有單機容量為 125 兆瓦發電機組 6 台、6,000 萬瓦發電機組 2 台，以及應急的 1,000 萬瓦和 5,500 萬瓦燃氣輪機各 1 台，總發電量為 1,061 兆瓦，相關設備均由日本三菱電機株式會社供應。鴨脷洲發電廠興建初期，三支長煙囱指向雲天，其排列有如三支巨型的拜神香，因而香港仔一帶居民認為對他們不利，為此，香港電燈有限公司再多建了一支煙囱。鴨脷洲發電廠於 1968 年逐步投產。北角發電廠在鴨脷洲發電廠啟用後，則逐步退為後備和調峰之用，直至 1980 年停止發電。

到 70 年代，港島經濟日趨繁榮，對用電量的需求日增，鴨脷洲發電廠已難以完全滿足相關需要。1978 年 9 月，港府批准港燈在南丫島興建更大規模的發電廠。南丫發電廠位於香港第三大島嶼南丫島西北部的鳳梨嘴填海地，佔地 58.9 公頃，計劃總電量為 1,800 兆瓦，總投資約 85 億港元。該廠的發電機組採用煤或油雙重燃料，日常操作全部以煤為主，以燃油作為啟動或後備燃料，發電機組的鍋爐、汽輪機、發電機和輸電設備等均由三菱重工業株式會社、三菱電機株式會社等日本製造商提供。南丫島發電廠分三期發展，第一期工程包括裝置 2 台 250 兆瓦燃煤發電機組和 2 台 125 兆瓦發電機組（其中一台 125 兆瓦發電機組由鴨脷洲發電廠搬過來，與另一台同功率機組並聯），於 1984 年完成。第二期工程包括裝置 3 台 350 兆瓦燃煤發電機組，一台 55 兆瓦及六台 125 兆瓦燃氣輪機，於 1993 年完成。第三期包括裝置 3 台 350 兆瓦燃煤發電機組，於 2001 年完成。而鴨脷洲發電廠則於 1989 年 12 月正式停止運作，其廠址後來與鄰近的蜆殼油庫合併，由和記黃埔發展成為規模宏大的住宅屋邨 —— 海怡半島。

與此同時，為了配合南丫島發電廠的建設，港燈在原有輸電網的基礎

中電位於紅磡漆咸道的首座
發電廠
圖片來源：中華電力有限公司

紅磡鶴園發電廠
圖片來源：中華電力有限公司

1960 年代港燈北角發電廠
（1919-1979）
圖片來源：香港電燈有限公司

上，展開大規模的工程，新敷設了一個 275 千伏的高壓輸電網。該輸電網由陸上地下 77 公里的電纜和 37 公里的海底電纜組成，其中，穿越東博寮海峽海底電纜的輸電量，據說是當時全球同類型的最大工程之一。此外，港燈還採用 132 千伏和 66 千伏兩種電壓輸電，供電則採用 11 千伏和 346 伏。除了數段短距離的 132 千伏為高架電纜外，全部輸電和供電電纜均在地底敷設。1981 年 4 月，港燈與中電兩家公司的電力系統，在北角與紅磡之間通過海底電纜實現聯網，使雙方能夠更經濟的交流電力，減少運轉儲備需求。該聯網工程包括在維多利亞海港敷設 6 條負荷各為 120 兆伏安、電壓為 132 千伏、長度為 12 公里的海底電纜。

1983 年，港府決定在香港組織核電投資公司參與廣東大亞灣核電站興建計劃，並購買其電力。港燈經過考慮，於 1984 年 3 月宣佈放棄參與該合營計劃，也不會購買其電力。港燈宣稱，由於南丫島發電廠第 5 台發電機組的地盤工程及各相關基建業已完成，該發電廠在 90 年代之前建成發電後，其發電量已足以應付港島區在 90 年代的用電需求，特別是考慮到核電輸電網的額外成本，認為其在南丫島發電廠的電力成本要比大亞灣核電成本低廉。

這一時期，港燈業務日趨多元化。為適應業務的新發展，1976 年，港燈重組為「香港電燈集團有限公司」（Hongkong Electric Holdings Limited，簡稱「港燈集團」）。港燈集團除了電力供應之外，還發展地產，工程承建、設計和管理，及貿易等業務。其中，在地產業，集團主要透過旗下兩家公司 —— 嘉雲發展集團有限公司和國際城市集團有限公司展開。嘉雲發展為該集團全資附屬公司，主要在港島北角炮台山興建多幢高級住宅「富澤花園」等；國際城市集團則由港燈集團與李嘉誠旗下的長江實業、會德豐等組建，將佔地 44 萬平方呎的北角發電廠舊址拆卸，重建為包括 10 多幢住宅和商業大廈的「城市花園」樓盤。

在工程承建、設計和管理業務方面，集團主要透過旗下全資附屬公司 —— 協聯工程有限公司和嘉雲建設有限公司展開，主要為港燈在南丫島

興建發電廠負責所有的廠房設計、設備安裝、海底和地下電力敷設、污染管制和環境保護等，此外還承辦中東和非洲國家的工程，並受聘為深圳計劃興建的火力發電廠擔任設計及施工的監督管理。在貿易業務，集團主要透過旗下全資附屬公司「豐澤有限公司」展開，主要經營銷售家用電器。1982 年，豐澤與意大利廠商合作，投資 1 億港元在大埔工業村興辦磁磚廠，生產高級磁磚以供出口和本銷，該廠於 1984 年投產。

這一時期，由於港燈的一系列投資發展，其中部分需要透過配股集資，因而港燈的股權都較為分散，沒有控制性大股東。80 年代初，英資的置地公司因為旗下聯營公司九龍倉被華商包玉剛收購，投資策略發生 180 度的轉變，在香港展開一系列大規模投資。1982 年 4 月 26 日，置地公司透過投資銀行怡富，發動「破曉突擊」，以高於港燈市價 27% 至 31% 的溢價，收購港燈 22,200 萬股股票，佔港燈已發行股票的 34.9%，一舉成為該公司的控股大股東。不過，同年英國首相撒切爾夫人訪問北京，香港前途問題凸顯，股市、樓市連番暴跌，置地公司因而負債纍纍，被迫於 1985 年 1 月 22 日，以 29.03 億港元的價格，將所持港燈 34.6% 股權售予華商李嘉誠旗下的和記黃埔。自此，港燈集團成為李嘉誠旗下的上市公司。

李嘉誠收購港燈集團後，於 1987 年對港燈展開重組，將集團中非電力業務分拆，組成嘉宏國際集團有限公司，並在香港上市，持有港燈集團 34.63% 股權。不過，1991 年，李嘉誠又將嘉宏國際私有化，以進一步調整內部結構。1996 年，和記黃埔將集團基建業務分拆，組成長江基建集團有限公司，改由長江基建持有港燈集團股權。港燈集團的電力業務於 1965 年起就非正式受港府的利潤管制協議監管，並於 1980 年正式簽署管制計劃協議，該協議從 1979 年起，至 1993 年底，為期 15 年。根據協議，港燈的准許利潤為固定資產平均淨值的 13.5%，再加上公司自 1979 年起股東為購置固定資產所投入資金的 1.5%。1993 年底，港府再與港燈簽署新的利潤管制協議，自 1994 年 1 月 1 日開始，為期 15 年。

南丫發電廠第一台發電
機組於 1982 年投產
圖片來源：香港電燈有限
公司

中華電力：合作興建青山、龍鼓灘發電廠

60 年代，隨着香港經濟起飛，對電力的需求進一步增加。當時，港府從英國聘請顧問，為管制香港兩家電力公司提供意見，顧問建議港府收購兩家電力公司，藉此避免客戶與公司股東的利益衝突。為此，中華電力有限公司急謀對策，邀得美國著名的東方標準石油公司（Esso Standard Eastern Inc.）加盟。

1964 年，中電與東方標準石油公司旗下的埃索石油公司（Esso Energy Ltd.，現稱「埃克森美孚能源公司」）合作，跟港府達成一份為期 15 年的管制協議，連消帶打化解了中電被港府接管的危機。當年，中電與埃克森合資創辦「半島發電有限公司」，拓展鶴園燃油發電廠，並斥資 7.78 億港元在新界青衣島南岸興建青衣發電廠，中電佔 40% 股權，埃克森佔 60% 股權。青衣燃油發電廠於 1969 年建成，裝機容量為 1,520 兆瓦，包括 6 台 120 兆瓦蒸汽鍋輪機組及 4 台 200 兆瓦燃油發電機組，年發電量 13.81 億度。

1978 年，中電與埃克森再度合作，合資創辦「九龍發電有限公司」，興建青山發電 A 廠。1981 年，雙方三度合作，創辦「青山發電有限公司」，興建規模更大的青山發電 B 廠。這兩家公司的股權，均為中電佔 40%，埃克森能源佔 60%。埃克森能源前後在 3 家發電廠累計投資達 10 億美元，成為美資在香港的最龐大投資項目。青山發電廠 A、B 二廠位於新界屯門踏石角海岸，佔地 63 公頃，其中，A 廠裝機容量為 1,400 兆瓦，擁有 4 台 350

兆瓦的煤、油發電機組，於 1982 年投產；B 廠裝機容量為 2,708 兆瓦，擁有 4 台 677 兆瓦油、煤發電機組，於 1986 年投產。全部設備均購自英國通用電力發電機公司，燃油由美國東方標準石油公司供應，燃煤則從南非、加拿大等地進口。

　　為配合將青山發電廠的電力輸往中電的各負荷中心，1978 年，中電斥資 30 億港元，架設一個 40 萬伏特的超高壓輸電網絡，整個網絡包括環繞新界的雙路架空電纜 87 公里、地下電纜 14 公里以及超高壓配電站 6 個。1984 年，中電接管長洲電力公司，在新界大埔建成新的電力系統控制中心，以取代原來 70 年代初建成的葵涌控制中心。新的電力系統控制中心設有兩間控制室，用來監察及控制發電、輸電系統及電路網絡。該中心還設有電腦組合遙控系統，協助控制室人員採取預防措施，減少雷電對輸電網絡的損害。1984 年，中電的用戶急增至 113.9 萬戶，電力銷售量達 114.4 億度，約佔香港電力銷售總量的七成；而港燈集團則約佔香港電力的三成左右。

　　踏入過渡時期，中電大股東嘉道理家族即着手部署加強中電與中國政府的合作關係。其實，早在 1975 年，中電主席羅蘭士·嘉道理在訪問北京期間，已提出了中電向廣東省供應電力的建議，其後雙方達成供電協議。1979 年 4 月，中電與廣東電力系統通過新界粉嶺與深圳間的架空電纜實現聯網，開始向廣東供電。當時，廣東正對外開放，經濟蓬勃發展，但由於電力建設嚴重滯後，電力供應嚴重短缺。中電向廣東供電，一方面有效緩解了廣東電力需求的緊張局面，同時也解決了中電在非高峰期發電機運轉儲備空載問題，提高了經濟效益。

　　80 年代初，中華電力着手與廣東合作研究興建核電站的可行性。1982 年，中國政府決定與中電合作在深圳大亞灣興建首座核電站。1985 年初，羅蘭士·嘉道理親赴北京，會見了中國領導人鄧小平等，並達成與中國合資興建深圳大亞灣核電站的協議。同年 1 月 18 日，中電旗下全資附屬公司「香港核電投資有限公司」與廣東核電投資公司簽署協議，決定合資組建「廣東核電合營有限公司」，興建 1,968 兆瓦水壓式大亞灣核電站，香港核電投資佔

25% 股權，廣東核電投資佔 75% 股權。根據協議，香港核電將購買核電站生產的七成電力，轉售予中電供應香港用戶。大亞灣核電站於 1994 年投產。

踏入 90 年代，嘉道理着手策劃中電跨越九七的多項計劃。1992 年，中電提前與港府達成新的管制協議。新管制協議規定中電每年可賺取固定資產平均淨值 13.5% 至 15% 的利潤，除稅後利潤超過准許利潤的部分撥入發展基金，不足差額則由發展基金撥出補足。新管制計劃容許中電將售電予中國的利潤，20% 撥歸股東，其餘 80% 撥入發展基金，同時將主要固定資產的攤銷年期延長 5 年，新管制計劃從 1993 年 10 月 1 日起生效，到 2008 年 9 月止，為期 15 年，即成功跨越九七。港府表示，提前延續中電的利潤管制計劃，將使該公司的經營前景明朗化，有利於中電投資 600 億港元興建新發電廠的資金籌措。1992 年 10 月，中電常務董事兼行政總裁石威廉親自去北京，向中國總理李鵬解釋剛獲港府批准的跨越九七的利潤管制計劃，並說明中電跨越九七的發展大計。該管制計劃在中英聯合聯絡小組獲得中方的批准及確認，顯示了中電與中方的良好關係。

1992 年，位於香港大嶼山的 300 兆瓦竹篙灣發電廠正式投入服務，這是中電發電系統的重要後備設施。同年，中電宣佈改組，由青山發電有限公

攝於 1969 年的青衣發電站
圖片來源：中華電力有限公司

司收購半島發電和九龍發電兩家電力公司，負責中電集團的全部發電業務。在此之前，中電宣佈與埃克森再度攜手合作，斥資 600 億港元在屯門爛角咀（後易名龍鼓灘）興建一間現代化的大型天然氣發電廠，以適應 1997 年以後香港的電力需求，並加強環保、減少排碳。這項龐大的投資無疑是嘉道理對香港前景投下的信心一票。當記者問嘉道理，為何在港人信心低落的時候還要作出這樣龐大的投資，嘉道理表示：「答案很簡單，沒有電力就沒有進一步的發展，我深信香港將繼續繁榮及進步，因此，我們有責任向前望，並作出一切準備」。

屯門龍鼓灘的新發電廠首期工程將安裝 8 台總發電量達 2,500 兆瓦的聯合循環燃氣輪機組，建造費用預計 240 億港元。新機組將包括燃氣發電鍋爐和蒸汽發電機，前者可把約三成半熱量轉化為電能，後者則利用餘下的熱量再發電，使整個機組的有效功率達到 45% 至 50%，而現有的燃煤發電機組有效功率僅達 36%。新機組將利用中國海南島附近海域生產的天然氣作燃料，天然氣將經過一條長達 800 公里的海底管道輸送到屯門龍鼓灘。據專家分析，天然氣發電廠比起燃煤發電廠，無論在興建時間及建造費用皆可節省不少，因為天然氣發電廠毋須大型貨運碼頭及煤儲存庫，如果要興建同樣規模的燃煤發電廠，建造費用將達 370 億港元，比天然氣發電廠的建造費用高出五成。

1992 年 3 月 12 日，中電常務董事石威廉、埃克森能源主席祁時利與中國海洋石油公司、美國阿科公司及科威特國家石油公司在北京簽署了一份《中國南海崖 13-1 氣田天然氣銷往香港的原則協議》。中國總理李鵬親自出席了簽字儀式，反映出中國政府對該項合作項目的高度重視。協議規定，崖13-1 氣田全部開發建設工程將於 1995 年底完成，從 1996 年起每年向香港供氣 29 億立方米，主要供應中電計劃在屯門龍鼓灘興建的新火力發電站，為期 20 年，敷設海底輸氣管的投資將由賣方負責。中電估計，在屯門龍鼓灘發電廠建成後，天然氣作燃料的發電量在中電總發電量中至少佔四成。這項協議是中電繼大亞灣核電站之後與中國政府的又一項重大合作。1994 年，中電與廣東電力局合作的從化抽水蓄能發電站亦建成投產，中電集團擁有使

用一半首期工程設施（600 兆瓦）的合約權利。

　　踏入過渡時期以來，中電在羅蘭士・嘉道理的主持下，業務發展一日千里。1995 年度，中電的客戶數目達 169.7 萬戶、年銷電量 231.2 億度，利潤 56.74 億港元，分別比 1984 年增長 49%、60% 及 4.68 倍。

電能實業：全球性電能跨國集團

　　回歸以後，港燈集團在繼續發展香港島電力供應的同時，積極拓展國際電力市場。在香港島，港燈集團與香港特區政府協商，獲得批准，在南丫島發電廠側填海獲得土地，以加建新的發電廠，計劃興建 6 台以天然氣為燃料的聯合循環機組。其中，第一台 335 兆瓦的燃氣機組原定於 2004 年建成啟用，但由於用電需求未達要求，該機組延至 2006 年 7 月投產併網，採用來自澳洲的液化天然氣，經位於深圳的天然氣接收站氣化後，透過全長 92 公里的海底氣體管道輸送到電廠。

　　2006 年，為支持再生能源發展及保護環境，港燈集團在南丫島大嶺投資 1,500 萬港元，興建香港首座風力發電站 —— 南丫風采發電站，發電機組的葉片直徑為 50 米，塔桿長度 46 米，裝機容量為 800 千瓦，全自動運作，在風速達 3 至 25 米時便會產生電力，並直接駁如港燈電網，每年平均可生產 100 萬度綠色電力，有助減少 800 公噸二氧化碳排放。2010 年 7 月，為使用更多可再生能源，南丫發電廠啟用一個 550 千瓦的太陽能發電系統，並於 2013 年 3 月擴建至 1 兆瓦，成為香港其中一個最大型的太陽能發電系統。該系統由 5,400 塊非晶硅及 3,162 塊雙結疊層式薄膜光伏板組合而成，預計每年可生產 110 萬度電力，直接供應給港燈的 380 伏電力系統。

　　回歸以後，隨着香港電力業務日趨飽和，港燈集團開始拓展海外能源市場。為此，港燈集團於 1997 年成立全資附屬公司「港燈國際有限公司」，以統籌發展集團的國際投資業務。2000 年 1 月，港燈國際與長江基建在澳洲聯手收購為期 200 年的 Electricity Trust of South Australia（ETSA）配電業務經營權，ETSA 為南澳洲唯一的配電商。同年 9 月，港燈國際及長江基建

再收購澳洲維多利亞省最大的配電商 Powercor Australia Limited（Powercor）。完成收購 ETSA 及 Powercor 後，港燈國際與長江基建成為澳洲最大的配電商。2002 年 7 月，港燈國際與長江基建進一步收購為澳洲墨爾本市及其周邊郊區提供電力的 Citipower。

其後，港燈國際先後在英國、加拿大、新西蘭、泰國及中國內地拓展能源市場，包括在英國收購一個配氣網 Northern Gas Networks Limited；在加拿大收購 Stanley Power Inc. 50% 股權，該公司擁有 6 個位於加拿大的發電廠部分股權；在新西蘭收購惠靈頓一家配電商 Wellington Electricity Network 50% 股權等。此外，港燈國際亦在泰國 Ratchaburi 籌建一家有 2 台 700 兆瓦燃氣機組的電廠，該項目是以泰國發電局所倡議的獨立發電商模式發展和運行，總投資額約為 9 億美元，於 2008 年投產；在中國內地，港燈國際收購了 3 家位於廣東省和吉林省電廠的 45% 股權，總發電容量達 2,800 兆瓦。

2011 年 2 月 16 日，港燈集團宣佈改名為「電能實業有限公司」，以配合公司的國際能源投資發展戰略。公司董事總經理曹棨森在記者會上表示，改名是為了反映出公司在全球業務上日趨多元化，在繼續香港本地投資的同時，會進一步發展海外能源及公用事業相關業務。他並透露，近幾年來，香港以外資產對公司盈利貢獻已從十年前不到一成增加到 2009 年的三成，相信未來幾年內將逐步達到公司整體盈利的一半以上。不過，曹棨森亦強調，未來公司也不會忽略香港市場，在從事本地電力業務時，仍將使用「港燈」的名稱。

2013 年 12 月，電能實業宣佈，透過股份合訂單位形式，將主營香港電力業務的「港燈電力投資與港燈電力投資有限公司（簡稱「港燈電力投資」）」分拆上市，市值估計 480 億至 634 億港元，電能實業持股 30% 至 49.9%，加上港燈須即時償還的 275 億港元債務，市場估計此次分拆將為電能實業帶來最多超過 700 億港元的收益。2014 年 1 月 29 日，港燈電力投資在香港掛牌上市。電能實業分拆港燈後，剝離受管制的香港發電業務，回籠巨額現金，更將主力投資海外能源業務；而電能實業的控股公司長江基建亦

得益於上市收益，可專注於海外受規管的基建投資。至於分拆後的港燈，將成為不折不扣的高息公用股，每年承諾派發 100% 的收益，年回報率介乎 5.5% 至 7.26% 之間。

經過多年的發展，目前，電能實業已成為一家全球性的能源跨國集團，經營範圍遍佈全球四大洲九個市場，包括香港、英國、澳洲、新西蘭、中國內地、美國、加拿大、泰國及荷蘭，經營業務涵蓋發電及輸配電、輸氣及配氣，以及輸油及配油等。截至 2020 年底，電能實業擁有的總發電容量達 9,974 兆瓦，其中，燃氣發電 4,354 兆瓦，燃煤／燃油發電 4,616 兆瓦，可再生能源／轉廢為能發電 1,004 兆瓦；擁有的輸配氣／石油管道 11.4 萬公里，供電網絡 40.07 萬公里；服務客戶 1,919.2 萬戶。2020 年度，電能實業公司股東應佔年內溢利 61.32 億港元（2019 年為 71.31 億港元），其中，來自英國 24.60 億港元（佔 40.1%），澳洲 13.29 億港元（佔 21.7%），香港 9.12 億港元（佔 14.9%），其他地區 14.31 億港元（佔 23.3%）；扣除流動負債的總資產為 861.46 億港元。

其中，英國自 2005 年以來一直是集團最大的業務市場，電能實業持有英國 4 家電力公司，包括 UK Power Networks（40% 股權）、Northern Gas Networks（41.29% 股權）、Wales & West Utilities（36% 股權）及 Seabank Power（25% 股權）等，總發電容量為 1,144 兆瓦，涵蓋發電、配電及配氣業務，客戶達 1,300 萬戶。澳洲亦是集團最大的營運市場之一，持有澳洲 5 家電力公司，包括 SA Power Networks（27.93% 股權）、Victoria Power Networks（27.93% 股權）、Australian Gas Networks（27.51% 股權）、CK William（20% 股權）、Australian Energy Operations（50% 股權），經營業務涵蓋可再生能源、轉廢為能、輸配電及輸配氣等領域。在中國內地，電能實業自 2007 年起進入內地市場，現時擁有一座位於廣東省的金灣發電廠（45% 股權），以及 2 個分別位於雲南省大理及河北省樂亭的風電場（45% 股權），主要經營燃煤發電及風力發電，其中，金灣發電廠營運兩台燃煤發電機組，總發電容量 1,200 兆瓦。

此外，電能實業在泰國持有 Ratchaburi Power Company 25% 股權，經營燃煤發電。在加拿大，電能實業透過 Canadian Power Holdings 持有 TransAlta Cogeneration 49.99% 股權及全資擁有 Meridian 電站，經營天然氣發電。持有經營輸油及儲油業務公司 Husky Midstream Limited Partnership4 8.75% 股權。在荷蘭，持有轉廢為能生產商 Dutch Enviro Energy Holdings B. V. 27% 股權。在新西蘭，持有配電網絡公司 Wellington Electricity Lines 50% 股權。

在香港，電能實業持有分拆的上市公司港燈電力投資 33.37% 股權，專責經營香港島的電力供應業務。港燈電力投資受香港特區政府「管制計劃協議」規管。2017 年，港燈電力投資與香港特區政府簽訂新的《管制計劃協議》，為期 15 年，從 2019 年起至 2033 年止。為了配合政府的環保政策及管制計劃協議內鼓勵應用可再生能源和推廣能源效益的要求，港燈電力投資於 2006 年啟用香港首台亦是至今唯一一台具商業規模的風力發電站，並於 2006 年至 2020 年先後引入 3 台天然氣聯合循環發電機組，其中，第 3 台於 2020 年 2 月正式投產。港燈電力投資並計劃於 2022 年及 2023 年再投產兩台燃氣發電機組，使天然氣發電比重從 2019 年的 30% 上升至 2023 年的 70%，以配合特區政府的氣候和環保目標。

港燈電力投資主要透過位於南丫島的南丫發電廠，經營電力業務。至 2021 年底，南丫發電廠共擁有 16 台發電機組，包括 6 台燃煤機組、3 台燃氣聯合循環機組、5 台燃油燃氣輪機組、1 個太陽能發電系統及 1 台風力發電機組，總發電量為 3,617 兆瓦，其中，燃煤發電佔約 50%，天然氣發電佔約 50%。港燈並擁有電纜長度達 6,734 公里，包括 6 條海底電纜，分別為華富至寶雲、田灣至華富、榕樹灣、南風至柏架、數碼港至華富及北角嘴等；以及 4,013 個變電站，為香港島及南丫島超過 58.4 萬客戶供應電力，供電可靠度自 1997 年以來一直保持在 99.999% 的世界級水準。2020 年度，港燈電力投資錄得營運收入 103.89 億港元。港燈為港島及南丫島供電超過 130 年，為香港發展注入源源動力。面對全球氣候變化，港燈將透過使用潔淨燃料和可再生能源，支持政府在 2050 年前達至碳中和的目標，協助推動香港的永續未來。

中電控股：亞太區首屈一指的電力巨頭

香港回歸後，隨着中華電力投資領域不斷擴大，集團決定重組組織架構，於 1998 年成立控股公司 —— 中電控股有限公司（CLP Holdings Limited），並將集團資產注入該公司。由中電控股分別全資持有中電、香港核電投資，以及中電在中國內地和海外的投資項目等。中電則持有青山發電公司 40% 股權及香港抽水蓄能發展有限公司 49% 股權（另 51% 股權由埃克森美孚能源持有）；香港核電投資則持有大亞灣核電合營公司 25% 的股權。

回歸初期，中電控股最主要的建設項目是龍鼓灘發電廠的興建。龍鼓灘發電廠位於香港新界西端屯門爛角咀湧浪，青山發電廠以北 4 公里，佔地 46 公頃，是一座 2,500 MW 的聯合循環發電廠。這是香港第一座燃用天然氣的電廠，也是世界上最大的聯合循環電廠之一，僅次於日本東京電力公司所屬的橫濱電廠（2,800MW）。其實，早在 1993 年，由青山發電公司投資的龍鼓灘發電廠的大型工程已動工興建，發電廠的設備供應合約批給由美國通用電氣公司（GEC-Al sthom）和英法合資的通用電氣阿爾斯通公司（GE[U. S.]）合組的財團。其中，美國通用電氣公司為該財團的主事方，阿爾斯通公司負責技術工作及有關業務的協調工作，中電則負責工程管理，包括廠址選定、土建、電廠安裝與運行等。

根據九龍及新界地區電力負荷需要，青山發電公司在規範書中要求該廠運行應具靈活性，包括大幅度的兩班制調峰運行的能力，並兼顧可靠性與經濟性。由於電廠負荷率較低，供貨方推薦採用有兩種汽壓，不帶再熱的蒸汽循環系統，燃氣輪機相應採用了世界最大燃氣渦輪 50 Hz、226.5 MW、9 FA 型機組，共 8 台，與 8 台餘熱蒸汽發生器和 8 台兩壓力雙缸蒸汽輪機，分別組成 8 個發電單元，每一單元都按單軸佈置，餘熱蒸汽發生器佈置在燃氣機排氣端，從而使 8 台獨立的動力單元可以用統一的輔助設備進行緊湊設置。

1996 年，龍鼓灘發電廠第一台發電機組投入營運，原計劃將於 2000 年以前全部投產完成，以適應 1997 年以後香港經濟發展對電力供應可能出現的龐大需求。不過，由於遇上 1997 年亞洲金融危機衝擊，有關工程延遲至

2006 年才完成，總投資近 240 億港元。龍鼓灘發電廠所需天然氣，由海南島崖城氣田供應，天然氣加工後，經過長達 780 公里的海底氣管直接輸送至龍鼓灘發電廠。除了使用天然氣發電外，發電廠亦可以燃油發電。龍鼓灘發電廠的投產啟用，令中電的發電能力種類從煤、燃油、核能、水力擴展到天然氣等多種能源。2007 年，中電發表《氣候願景 2050》，宣佈減排目標，爭取於 2050 年底前把集團發電組合的二氧化碳排放強度減少約 75% 至每度電 0.2 千克。2009 年，中電躋身道瓊斯全球指數及道瓊斯可持續發展指數。

2008 年，中電評估認為，龍鼓灘電廠每年需要使用約 34 億立方米天然氣，但在 2013 年後的十年，基於港電需求保持平穩增長，加上本地排放上限逐步收緊，屆時每年需要的天然氣預計可能增加到 60 億立方米，當中 20 億立方米必須來自南中國海多個規模較小的新氣田，以取代崖城氣田的供氣量。即使「西氣東輸二線」可及時延伸至香港，中電可以獲得額外的天然氣亦只有約 10 億立方米。因此，中電認為，必要從新的珠三角液化天然氣接收站輸入天然氣，才可應付香港龐大的需求。

為解決天然氣供應不足問題，同年 8 月，香港特首曾蔭權與中央政府簽訂諒解備忘錄，以確保香港未來 20 年的天然氣和核電供應。根據諒解備忘錄，香港將可從三方面取得天然氣氣源，包括：透過南中國海規劃中的一些新天然氣氣源供氣；利用「西氣東輸二線」從中亞土庫曼斯坦把天然氣輸送至南中國／廣東省，再將氣源延伸至香港；以及香港與內地合作在珠三角建設新的液化天然氣接收站，向香港供氣。不過，特區政府在簽訂諒解備忘錄後，即否決了中電在大鴉洲興建接收站的建議。對此，中電控股總裁及首席執行官包立賢撰文表示：「這意味我們損失了過去四年為香港引進液化天然氣的前期工作所取得的進展，而要重新在珠三角為合適的液化天然氣接收站選址，以及進行相關的環評審批等工作，這意味着我們將面對更加緊迫的工作時間表。」

2013 年 11 月，中電控股宣佈旗下全資附屬公司中華電力，與南方電網、埃克森美孚能源達成一項收購協議，中電將與中國南方電網公司的全

資附屬公司——南方電網國際（香港）有限公司，共同收購埃克森美孚能源所持有的青山發電有限公司 60% 股權。中電與南方電網各自收購一半權益（30%），作價分別為 120 億港元。此外，中電與埃克森美孚能源再達成另一項協議，將單獨收購由埃克森美孚能源所持有的香港抽水蓄能發展有限公司的 51% 權益，作價為現金 20 億港元。中電持有青山力電 70% 股權，及香港抽水蓄能發展的 100% 權益；而南方電網香港則持有青電 30% 股權。南方電網是中國內地一家國營電網公司，於國內從事電力輸配資產的投資、建設、營運與管理，覆蓋中國多個南部省份。交易完成後，中電控股在青山電力與美資的合作，轉變為與中資的合作。

中電集團首席執行官藍凌志表示：「這次收購凸顯中電繼續服務香港的承諾和決心。中電植根香港已經 112 年，一直為香港提供安全可靠的供電，推動經濟發展。今次投資 140 億港元，充份反映中電對香港電力市場的健康發展及公司未來充滿信心。」他並表示：「今次交易使中電取得發電業務的操控權，讓我們能夠靈活地管理發電與輸配電業務，以滿足香港迅速及多元化發展的需求。」是項交易於 2014 年 5 月 12 日完成。

2017 年 4 月 25 日，鑑於中電與香港特區政府簽訂的《管制計劃協議》將於 2018 年 9 月底終止，中電與特區政府簽訂新的《管制計劃協議》，從 2018 年 10 月 1 日起生效，至 2033 年 12 月 31 日。新《管制計劃協議》對電力公司的營運表現，包括供電可靠及客戶服務，將有更高要求及嚴謹的規管。中電表示，為支持香港政府於 2020 年將香港天然氣發電比例提升至約 50%，中電將在龍鼓灘發電廠興建一台新的 550 兆瓦燃氣發電機組（D1 發電廠），預期新機組可於 2020 年前投入商業運作，屆時每月能夠為約百萬家庭提供電力，並使香港達致 2030 年底前把碳強度降低 65% 至 70% 的目標。為此，中電透過旗下青山發電廠向西門子訂購全新聯合循環發電設備——SGT-8000H 燃氣輪機機組，主要設備包括由德國製造的一台 SGT5-8000H 燃氣輪機、一台 SST5-5000 蒸汽輪機、一台 SGen5-3000W 水冷發電機以及 SPPA-T3000 控制系統。這也是西門子 20 年來在香港獲得的首個電

廠設備訂單。

　　這一時期，與電能實業一樣，中電控股除了加強在香港的發展之外，亦積極拓展中國內地及亞太區市場。在中國內地，中電早於 1979 年已進入內地，為廣東省提供電力，並從 1985 年起開始投資內地電力業務。1997 年，中電在內地投資廣東省懷集水力發電項目，為集團拓展可再生能源踏出重要一步。同年，中電成立了在內地的第一家燃煤發電合營公司 —— 山東中華發電有限公司，這是內地第一批中外合資 BOT 項目。2008 年，中電位於廣西的防城港電廠一期投產。2009 年，中電與廣東核電簽署大亞灣核電站延長 20 年合營合同，雙方合作延至 2034 年。同年，中電全資擁有的雲南大理漾洱水電站投產。2011 年，中電全資擁有的吉林乾安風電項目一期投產。2017 年，中電完成向中國廣東核電力收購陽江核電有限公司 17% 股權。目前，中電集團在內地的業務遍及 15 個省市自治區，共 50 多個項目，其中，20 個全資項目，3 個控股項目，總投資接近 600 港元，涉及燃煤、核能、水力、風力及太陽能等多個領域，權益裝機總容量達 9,066 兆瓦（2021 年 6 月底），已成為中國內地電力行業最大的獨立發電外商。

　　在亞太區，1998 年，中電從泰國唯一獨立營運發電商 Electricity Generating Public Company Limited（EGCO）購入策略性股權，成功在泰國電力市場建立重要據點。2001 年，中電進軍澳洲電力市場，先是收購雅洛恩能源大部分股權，2005 年再收購澳洲第 5 大能源零售公司 TXU Merchant Energy（收購後改名為 TRUenergy），2011 年進一步收購澳洲 EnergyAustralia 能源零售業務，成為澳洲其中一家最具領導地位的綜合性能源企業。2002 年，中電首度踏足印度電力市場，收購了印度的 Paguthan Combined Cycle Power Plant（CCPP）；2012 年，中電位於印度哈里亞納邦哈格爾市的 1,320 兆瓦超臨界燃煤發電項目投產。

　　經過 20 年的發展，目前，中電控股已發展成為亞太區首屈一指的電力巨頭，投資遍及香港、中國內地、澳洲、印度、東南亞及台灣等能源市場，經營業務涵蓋煤炭、天然氣、核能、風力、水力及太陽能發電等，涵

蓋發電、輸電、配電服務及零售業務等。在澳洲，中電全資擁有的附屬公司 EnergyAustralia 是當地最大的綜合能源公司之一；在印度，中電是當地可再生能源市場最大境外投資者之一。據統計，截至 2020 年底，中電擁有的總發電容量（按權益計算及包括購電容量）高達 24,696 兆瓦，其中，香港 8,143 兆瓦（佔 33.0%），中國內地 8,990 兆瓦（佔 36.4%），澳洲 5,389 兆瓦（佔 21.8%），印度 1,890 兆瓦（佔 7.7%），東南亞及台灣 285 兆瓦（佔 1.2%），為 513 萬客戶提供服務，其中，澳洲客戶 244 萬。此外，集團擁有輸電及高壓配電線路 16,375 公里，為區內 508 萬個客戶提供供電服務。

2020 年，中電控股的營業收入為 795.90 億港元，其中，香港為 413.25 億港元，香港以外能源業務 376.87 億港元，其他 5.78 億港元；同年，集團營運盈利 115.77 億港元，香港電力及相關業務 80.88 億港元，香港以外業務 34.89 億港元；扣除流動負債的總資產為 1,982.26 億港元。換言之，香港仍然是集團的盈利中心。

在香港，中電控股透過與南方電網合組公司青山發電，營運青山發電廠、龍鼓灘發電廠、竹篙灣發電廠，以及中電綠源（前稱「新界西堆填區發展沼氣發電項目」），截至 2020 年底，總發電容量為 8,143 兆瓦，其中，青山發電廠總發電容量為 4,108 兆瓦，龍鼓灘發電廠為 3,725 兆瓦，竹篙灣發電廠為 300 兆瓦，中電綠源 10 兆瓦。中電同時從廣東大亞灣核電站輸電到香港，並營運總長超過 16,246 公里的輸配電線路和超過 15,443 個變電站，為九龍、新界和大部分離島地區約 267 萬客戶（佔香港八成人口）提供電力服務，2020 年年度售電量為 339.64 億度，供應電力的可靠度達到超過 99.999% 的世界級水平。

2021 年，中電控股迎來 120 週年華誕。中電表示：「120 年來，對明天的期盼把中電和香港聯繫一起，共同經歷過高低起伏，走到現在。當中那股堅毅、熱忱和創意，彰顯了中電與香港的獨有個性，為雙方譜寫了精彩的共同回憶。」展望未來，中電將運用各種嶄新科技，協助集團的業務組合逐步減碳，提升集團的營運表現，使業務演進和增長，邁向低碳未來。

主要參考文獻與資料

（按筆畫順序排列）

一、著作

Time Out Hong Kong 著：《舊城中環——漫步路線指南》，香港：香港旅遊發展局，2018 年。

丁新豹、王迺坤編：《四環九約——博物館歷史圖片精選》，香港：香港市政局，1992 年。

丁潔著：《「華僑日報」與香港華人社會（1925-1995 年）》，香港：三聯書店（香港）有限公司，2014 年。

土地發展公司：《市區重建十年（1988-1998）》，1999 年。

元建邦編著：《香港史略》，香港：中流出版社有限公司，1988 年。

方國榮、陳迹著：《昨日的家園》，香港：三聯書店（香港）有限公司，1993 年。

王于漸著：《公屋私有化評論》，香港：商務印書館（香港）有限公司，1998 年。

王賡武主編：《香港史新編》，香港：三聯書店（香港）有限公司，1997 年。

弗蘭克・韋爾什著，王皖強、黃亞紅譯：《香港史》，北京：中央編譯出版社，2007 年。

甘炳光、徐承德、呂大樂、葉肖萍、香港公共房屋政策評議會主編：《香港房屋政策論評》，香港：三聯書店（香港）有限公司，1996 年。

石琪著：《香港電影新浪潮》，上海：復旦大學出版社，2006 年。

《伊斯蘭在香港》，香港：明報周刊，2006 年。

全國政協文史資料委員會香港組：《香港賽馬繽紛史》，北京：中國文史出版社，2003 年。

朱瑞冰主編：《香港音樂發展概論》，香港：三聯書店（香港）有限公司，1999 年。

朱蓮芬著：《吳多泰與我》，北京：中國工人出版社，1994 年。

余繩武、劉存寬主編：《十九世紀的香港》，香港：麒麟書業有限公司，1994 年。

冷夏著：《文壇俠聖——金庸傳》，廣州：廣東人民出版社，1995 年。

吳多泰著：《私語拾記》，香港：國際鴻星投資集團有限公司，1994 年。

吳邦謀著：《香港航空業 125 年》，中華書局（香港）有限公司，2016 年。

宋軒麟著：《香港航空百年》，香港：三聯書店（香港）有限公司，2013 年。

李谷城著：《香港中文報業發展史》，上海：上海古籍出版社，2005 年。

李宗鍔著：《香港房地產法》，香港：商務印書館（香港）有限公司，1988 年。

李思名、余赴禮著：《香港都市問題研究》，香港：商務印書館香港分館，1987 年。

林友蘭著：《香港史話（增訂版）》，香港：上海印書館，1978 年。

林寶安著：〈市場、政府與財團——香港房地產的特質與社會經濟意義〉，高承恕、陳介玄主編：《香港：文明的延續與斷裂？》，台北：聯經出版事業公司，1997 年。

阿億著：《香港百年——中央電視台大型系列專題片「百年香港」解說詞》，廣州：廣東人民出版社，1997 年。

胡文龍著：〈新市鎮發展〉，載《香港城市與房屋：城市社會學初探》，香港：三聯書店（香港）有限公司，1996 年。

香港房屋委員會：《公屋與我》，1999 年。

香港政府：《都會計劃：初步提供的選擇》，香港：政府印務局，1990 年。

香港政策研究所著：《特區房屋計劃評估研究報告》，香港：香港政策研究所：1998 年。

香港特區政府發展局、啟動九龍東辦事處：《發展九龍東為智慧城市區－可行性研究－第二階段公眾參與》，2019 年 1 月。

香港特區政府發展局：《市區重建策略》，2011 年 2 月。

香港特區政府發展局：《啟動九龍東：2012-2016+》，2016 年 11 月。

香港經濟導報社編：《香港運輸倉儲》，香港：香港經濟導報社，1987 年。

《時代廣場的誕生》，香港：TIMES SQUARE IMAGES，1994 年 4 月。

張振東、李春武著：《香港廣播電視發展史》，北京：中國廣播電視出版社，1997 年。

張順光著：《香港電車（1904-1998）》，香港：三聯書店（香港）有限公司，2012 年。

張徹著：《回顧香港電影三十年》，香港：三聯書店（香港）有限公司，1989 年。

張曉輝著：《香港近代經濟史（1840-1949）》，廣州：廣東人民出版社，2001 年。

梁美儀著：《家——香港公屋四十五年》，香港：香港房屋委員會，1999 年。

莫應湛著：〈英商太古洋行在華南的業務活動與莫氏家族〉，《文史資料選輯》第 14 輯，北京：中國文史出版社，1988 年。

陳昕、郭志坤主編：《香港全紀錄》，上海：上海人民出版社，1997 年。

陳寧生、張學仁編譯：《香港與怡和洋行》，湖北：武漢大學出版社，1986 年。

陳謙著：《香港舊事見聞錄》，香港：中原出版社，1987 年。

陳鏸勳著：《香港雜記》，香港：中華印務總局，1894 年。

（美）麥高登著、楊瑒譯：《香港重慶大廈——世界中心的邊緣地帶》，上海：華東師範大學出版社，2015 年。

勞炯基、蔡穗聲著：《香港城市建設與管理》，廣州：廣東人民出版社，1992 年。

馮邦彥著：《香港地產史》，香港：三聯書店（香港）有限公司，2021 年。

馮邦彥著：《香港金融史》，香港：三聯書店（香港）有限公司，2017 年。

馮邦彥著：《香港英資財團（1841-1996）》，香港：三聯書店（香港）有限公司，1996 年。

馮邦彥著：《香港產業結構轉型》，香港：三聯書店（香港）有限公司，2014 年。

馮邦彥著：《香港華資財團（1841-1997）》，香港：三聯書店（香港）有限公司，1997 年。

馮邦彥著：《百年利豐：從傳統商號到現代跨國集團》，香港：三聯書店（香港）有限公司，2006 年。

楊穎賢主筆：《文化 · 地方 · 風情：灣仔風物誌》，香港：灣仔區議會屬下文化及康體事務委員會，2010 年。

置地控股：《香港置地 125 年》（Hong Kong Land at 125），香港：置地控股有限公司，2014 年。

詹幼鵬、藍潮著：《邵逸夫傳》，香港：名流出版社，1997 年。

趙善琪編著：《香港概覽》，上海：上海人民出版社，1988 年。

劉天賜著：《電視風雲二十年》，香港：博益出版社，1993 年。

劉蜀永主編：《簡明香港史》，香港：三聯書店（香港）有限公司，1998 年。

劉澤生著：《香港古今》，廣州：廣州文化出版社，1988 年。

潘慧嫻著：《地產霸權》，北京：中國人民出版社，2011 年。

鄭宏泰、黃紹倫著：《香港股史（1841-1997）》，香港：三聯書店（香港）有限公司，2006 年。

盧惠明、陳立天著：《香港城市規劃導論》，香港：三聯書店（香港）有限公司，1998 年。

霍啟昌著：《香港與近代中國》，香港：商務印書館，1992 年。

龍炳頤著：《香港古今建築》，香港：三聯書店（香港）有限公司，1992 年。

嶺南大學香港與華南歷史研究部：《香港港口與海事處》，2017 年 3 月，香港特區政府海事處官網。

薛鳳旋編著：《香港發展地圖集》，香港：三聯書店（香港）有限公司，2010 年。

鍾紫主編：《香港報業春秋》，廣州：廣東人民出版社，1991 年。

鍾寶賢著：《太古之道——太古在華 150 年》，香港：三聯書店（香港）有限公司，2016 年。

鍾寶賢著：《香港百年光影》，北京：北京大學出版社，2007 年。

鍾寶賢著：《商城故事：銅鑼灣百年變遷》，香港：中華書局（香港）有限公司，2011 年。

羅伯 · 佈雷克（Robert Blake）著、張青譯：《怡和洋行》，台北：時報文化企業出版股份有限公司，2001 年。

羅致光等著：《香港市區更新的成就與挑戰（行政撮要）》，香港：香港大學，2010 年 3 月。

二、機構官網

九龍倉置業地產投資有限公司官網

中信里昂證券官網

中華電力控股有限公司官網

天星小輪有限公司官網

太古地產有限公司官網

牛奶國際有限公司官網

西九文化區官網

希慎集團官網

和記黃埔有限公司官網

怡和控股有限公司官網

虎豹樂圃官網

長江和記實業有限公司官網

英之傑集團官網

香港上海大酒店有限公司官網

香港山頂纜車有限公司官網

香港內河碼頭有限公司官網

香港公共房屋委員會官網

香港文化中心官網

香港半島酒店官網

香港市區重建局官網

香港交易所官網

香港房屋協會官網

香港城市規劃委員會官網

香港科技大學官網

香港飛機工程有限公司官網

香港旅遊發展局官網

香港特區政府土木工程署官網

香港特區政府民航處官網

香港特區政府官網

香港特區政府海事處官網

香港特區政府海運港口局官網

香港特區政府啟動九龍東辦事處官網

香港特區政府康樂及文化事務署官網

香港特區政府規劃署官網

香港特區政府通訊事務管理局官網

香港特區政府發展局官網

香港特區政府新聞處官網

香港特區電影發展局官網

香港電車公司官網

香港機場管理局官網

香港賽馬會官網

國泰航空有限公司官網

捷成集團官網

港燈電力投資官網

馮氏集團官網

匯豐控股有限公司官網

新世界發展有限公司官網

新城市廣場官網

新鴻基地產有限公司官網

置地有限公司官網

電能實業有限公司官網

電視廣播有限公司官網

領展房地產投資信託基金官網

蘭桂坊集團官網

鳴 謝

（按筆畫順序排列）

山頂纜車有限公司

中華電力有限公司

天星小輪

吳邦謀

吳貴龍

邱健恩

香港社會發展回顧項目

香港電燈有限公司

高添強

張順光

許日彤

嶺南大學香港與華南歷史研究部

薛鳳旋

香港城市掠影

馮邦彥 ——— 著

責任編輯　白靜薇

裝幀設計　簡雋盈

排　　版　陳美連

印　　務　林佳年

出版

中華書局（香港）有限公司

香港北角英皇道 499 號北角工業大廈 1 樓 B

電話：（852）2137 2338

傳真：（852）2713 8202

電子郵件：info@chunghwabook.com.hk

網址：http://www.chunghwabook.com.hk

發行

香港聯合書刊物流有限公司

香港新界荃灣德士古道 200 - 248 號

荃灣工業中心 16 樓

電話：（852）2150 2100

傳真：（852）2407 3062

電子郵件：info@suplogistics.com.hk

印刷

美雅印刷製本有限公司

香港觀塘榮業街 6 號海濱工業大廈 4 樓 A 室

版次

2022 年 6 月初版

©2022 中華書局（香港）有限公司

規格

16 開（240mm x 170mm）

ISBN

978-988-8807-00-0